江苏省如东名人系列
江苏省如东名人文史研究会 主编

大医精诚 徐克成

袁金泉 —— 著

江苏人民出版社

图书在版编目(CIP)数据

大医精诚：徐克成 / 江苏省如东名人文史研究会主编；袁金泉著. -- 南京：江苏人民出版社，2023.1
ISBN 978-7-214-27794-7

Ⅰ.①大… Ⅱ.①江…②袁… Ⅲ.①报告文学—中国—当代 Ⅳ.①I25

中国版本图书馆 CIP 数据核字(2022)第 240615 号

江苏省如东名人系列

江苏省如东名人文史研究会主编

书　　　名	大医精诚——徐克成
著　　　者	袁金泉
责 任 编 辑	强　薇
装 帧 设 计	申　佳
责 任 监 制	王　娟
出 版 发 行	江苏人民出版社
地　　　址	南京市湖南路 1 号 A 楼，邮编：210009
照　　　排	江苏凤凰制版有限公司
印　　　刷	苏州市越洋印刷有限公司
开　　　本	787 毫米×1092 毫米　1/16
印　　　张	25.75　插页 10
字　　　数	425 千字
版　　　次	2023 年 1 月第 1 版
印　　　次	2023 年 1 月第 1 次印刷
标 准 书 号	ISBN 978-7-214-27794-7
定　　　价	98.00 元(精装)

(江苏人民出版社图书凡印装错误可向承印厂调换)

现代化最重要的指标还是人民健康,这是人民幸福生活的基础。把这件事抓牢,人民至上、生命至上应该是全党全社会必须牢牢树立的一个理念。

——习近平

"江苏省如东名人系列"丛书编委会

主　任　陈建华

顾　问　蒋树建

副主任　陆　茵　桑圣权　张　恺

成　员　王伟东　缪兴波　唐锦霞　葛　勇

序一

我与徐克成教授同年出生,都从事医疗卫生健康事业50余载,相识于2009年。当年,作为中国医师协会会长,我率领全国百家民营医院院长去徐克成教授创建的广州复大肿瘤医院参观,看到医院里一个个患者,尤其是贫困患者,动情地讲述自己在此起死回生的经历,让我十分感动。记得当时我情不自禁地紧紧握着徐克成的手,说:"我很感动,你们确实让我感动了。"稍后,我阅读了徐克成主编的新书《肿瘤冷冻治疗学》,感到他正在做"不一样"的工作。

卫生健康是全人类的共同话题,也是世界性难题。尤其是癌症,作为人类卫生健康的"第一杀手",严重威胁着人们的生命健康。

早在20世纪80年代,徐克成教授就已是我国著名消化病专家。90年代末,受时任卫生部部长陈敏章的鼓励,到广州创办肿瘤医院。17年前,徐克成自己患上"中位生存期只有19个月"的癌症。他没有屈服,甚至认为医生患了癌症也许是"好事",可以更深刻了解哪些治疗对患者是"最适合"的。他在自己身上实践各种治疗方法,撰写并出版了《我对癌症患者讲实话》一书。随后,他将让自己"活下来"的策略和方法服务于病人,创造了一个个生命奇迹,并逐步形成独特的"控癌"系统理念,又编著出版了《跟我去抗癌》一书,成为患者心目中的"癌症克星"。我有幸见证了徐克成教授从"与癌共存"到

"中国式控癌"理念创造的过程。

2016年,在北京,我出席了央视为徐克成的新作《与癌共存》举办的新书发布会。我国著名肿瘤专家吴孟超、王振义和汤钊猷三位院士为该书写序言,发表视频讲话,认为这是医学界首次以书的形式提出"与癌共存"新理念,是一种探索和创新。记得当时我这样评价本书:阐明了癌症的本质,让患者不失去希望,让社会不再谈癌色变,让医生治疗时"手下留情"。

2018年,我有幸为徐克成编著、汤钊猷评述的《践行中国式控癌》写了序言。其后,又出席了在广州召开的新书发布会。这本书融入中西思想文化精髓,提出"中国式控癌",书中记载的"与癌共存"长期生存的病例,独特而感人,充满医者爱心和智慧。记得在发言中,我十分感慨地赞赏这本书是徐克成的"灵魂之作","控癌"而不是单纯"抗癌",是体现中国哲学思维的高水平创新。

一年后,徐克成的又一新作《氢气控癌:理论和实践》出版。这本书的问世得到许多"大家"的支持。已故的吴孟超院士将"氢气控癌"誉为癌症康复的"颠覆性探索",王振义院士认为是"革新性课题",汤钊猷院士表示"我确信不疑",钟南山院士评价是"值得赞赏的真实世界探索"。氢气医学十分年轻,将氢气引入癌症康复,徐克成是最早的实践者。记得在2019年6月1日于广州举行的新书发布会上,我曾说,创新是民族进步的灵魂、国家兴旺发达的不懈动力。"莫道桑榆晚,为霞尚满天",徐克成一生勤奋,终生奋斗,是真正的老骥伏枥、志在千里的"时代楷模"(徐克成2014年被中共中央宣传部授予"时代楷模"称号)。

著名报告文学作家刘迪生曾以《南国高原:徐克成和他的医学世界》一书记载了徐克成的一生,著名作家、中国作家协会主席团成员李一鸣曾点评其"是一部深具思想张力和艺术构建的独具匠心的作品"。对于那本书中所叙述的徐克成在改革开放前沿演绎的激动人心的故事,我一直感动于心。作品以新颖的角度切入,记录了"叛逆者"徐克成及其创办的广州复大肿瘤医院,如何在布满荆棘的生命旅途中,勇攀医学高峰,恪守职业精神，承担医者使命与责任的动人故事，为文学创作者书写医疗卫生题材提供了有效借鉴。

现在来自徐克成家乡的作家又写了《大医精诚——徐克成》一书，长达28万字，前后跨度80余年，用真实的故事，展现了徐克成教授的仁者之心和医学人生。

更可贵的是，本书通过大量事实，总结出徐克成的"治癌观"，概括起来就是：践行"消灭"加"改造"的"中国式控癌"，让患者长期健康地"与癌共存"。

本书用很大篇幅展现徐克成教授是一个有情有义、懂得报恩的人。比如，书中记载了2017年底，徐克成专程前往北京，看望已处于弥留状态的已故陈敏章部长的夫人，为的就是感恩20多年前陈部长嘱托他兴办一所"优秀"肿瘤医院，"好好做人、好好做事"。我为徐克成教授不忘初心的精神所感动，也感悟到，徐克成教授多年来的努力，实际上是在履行陈部长生前给他的"使命"。作为与陈部长共事数年的同事和朋友，我感到无限欣慰。

徐克成教授生于江苏如东，那是著名的"文化之乡""好人之城"。如东出了徐克成这样的杰出人物，家乡理应骄傲。我们虽非同乡，但有着共同的人生成长经历。我们都是出生于农村的"穷小子"，考上大学，找到的志同道合的爱人，都是出生城市家庭的"富家女"，几十年来，相濡以沫，风雨同舟，一直怀着感恩的心，爱家乡、爱妻子、爱子女，这也是《大医精诚——徐克成》这本书给我带来的共鸣之处。

无论作为徐克成同道的医生或长达数十年的卫生行政领导，我都真心赞赏这位具有奇特经历和作出贡献的、年龄比我长两个月的兄长。他是中国医生的榜样，一位高尚的、纯粹的、有道德的、有益于人民的中国式"白求恩"（徐克成2012年荣获卫生部颁发的白求恩奖章）。

让我感慨的还有：本书作者将徐克成一生"挖"得那么深刻，写出的故事那么动人，既真真实实，又透析出道理，特别将主人公的"控癌"理念结合实践讲得清清楚楚，恍如读了一本专业书。"精华在笔端，咫尺匠心难"，作者深邃的思想和非凡的文字功底可见一斑。显然，这也可见作者背后的本书策划者的睿智和匠心独具。作为徐克成的朋友，我对他们的辛勤而卓有成效的努力，表示感谢。

祝贺《大医精诚——徐克成》出版，也乐于向读者推荐。

殷大奎

2022年春节于北京

殷大奎，教授，原卫生部副部长、中国医师协会终身名誉会长、中国健康教育协会会长、国家卫健委健康教育首席专家。

序二

首先万分感谢第十一届全国政协副主席李金华欣然应邀题写书名。

一方水土养一方人,一片天地铸一种魂。

如东,自古以来就是诗书礼仪之乡、钟灵毓秀之地。这块古老厚重的土地上,科技巨擘、医学名家、文体精英、经济大家、时代楷模等层出不穷,他们匠心钻研,敬业奉献,成为时代发展的脊梁,也共同构成了如东一张张亮丽的地域名片。暨南大学附属复大肿瘤医院创始人、总院长、教授、博士生导师——徐克成,就是这些名片中一个醒目的符号。我为我们如东拥有如此的名人大家而激动,而自豪。

《大医精诚——徐克成》,为孙思邈之"大医精诚"提供了精彩注脚。孙思邈对"大医精诚"的阐述,被誉为"东方的希波克拉底誓言"。它明确说明了作为一名优秀的医生,不仅要有精湛的医疗技术,还要拥有良好的医德。"大医精诚",字字千钧,而徐克成当之无愧!身为一名医生,一名专攻肿瘤治疗的医生,他行医半个多世纪,从事抗癌研究40余年,始终坚持"厚德行医、医德共济",赢得海内外无数患者信赖。在他的心里,不只有眼前饱受煎熬的患者,更有无数罹患癌症的病人;也不只有当下癌症救治的大智慧,更有助力健康中国的大胸怀。同时,他又是一名患者,一名特殊的癌症患者,其特殊在于,在他自己遭遇并战胜"癌王"后的17年里,毅然救治了来自全球100多个国家的

8000余例癌症病患。他在中国率先开展肿瘤冷冻消融治疗，带领医院团队，创造了单个医院从事冷冻治疗肿瘤例数位列中国和世界前茅的成绩；他是全世界经皮冷冻治疗胰腺癌技术的首创者之一，曾在日本、俄罗斯和奥地利多次获冷冻治疗大奖；他创建了亚洲冷冻治疗学会，并先后当选为国际冷冻治疗学会副主席、主席。荣获中国卫生界最高奖"白求恩奖章"、中宣部"时代楷模"、两次全国道德模范提名奖、感动广东人物……"大医精诚"，实至名归！

《大医精诚——徐克成》书中所写的冷冻治疗、氢气控癌、与癌共存等方法与理念，为人类与癌症的鏖战，带来莫大的信心。癌症已是常见病，任何人，不管是否愿意，都无法回避。一直以来，人类与癌症的"大战"从未停息。徐克成，正是抗癌大战中的英勇"斗士"。面对攻克癌症的世界级命题，面对"谈癌色变"的芸芸众生，他梦想"让癌症成为慢性病，让生命发光"，挑战了一个又一个"无法治疗"的"不治之症"的极限。透过《大医精诚——徐克成》，我们触摸了"与癌共存"的全新理念，以及"氢气控癌""冷冻控癌"等前沿理论，感受了以"消灭＋改造""与癌共存"为核心的"中国式控癌"的艰辛探索，分享了"五朵金花"患病的绝望和重生的喜悦，读懂了任恢忠、齐海纳等患者从怀疑的目光到信任的嘱托，更看到无数控癌案例，那些本无生存希望的病人，真真切切而且快快乐乐地活了下来……无论风雨中的彩虹，抑或愁容后的笑靥，都成为这场抗癌大战胜利的希冀。特别是徐克成那句"抗癌，跟我走"，让无数癌症患者跟着徐克成走上了与癌和谐共处的阳光大道！相对于枯燥的抗癌资料，《大医精诚——徐克成》将"抗癌"的深奥理论，通过丰富的笔墨、真实的故事，进行通俗易懂的阐述，既饱含实践真知，也充满科学智慧。因此，这本书，对患者，是一种就医指引，一束希望之光；对常人，也可从中获得知识和教益。

《大医精诚——徐克成》，不仅是一本书，其记述的，虽然是一个个体，但映射的，是一段历史；传承的，是一种精神。近年来，如东名人文史研究会站在如东历史和未来发展的高度，对如东名人资源进行系统梳理，特别是通过对如东名人大家人生历程、功德事迹、思想价值等的深入挖掘，力求推出一批思想精深、艺术精湛、创作精良、涵育人心的文化精品，以呈现出一幅幅如东名人群像。《大医精诚——徐克成》是江苏省如东名人系列丛书的首发之作，书中那些感人肺腑的故事，在徐克成50余年的从医经历中，只不过是沧海一粟。感谢徐克成用自己浑厚起伏、荡气回肠的人生，成就了本书的龙骨。借此《大医精诚——徐克成》付梓的良好开端，后续，还会有更多作品相继问世，这些作品，将启发我们进行深度思考，如何去做一个有益于人民的人，有益于民族的人，有益于国家的人。

故土养育名人，名人反哺桑梓。迈入新时代的如东发展之路，更加迫切需要放大家乡名人效应，传递家乡榜样力量，形成崇德向善、见贤思齐的浓厚氛围。我们坚信，《大医精诚——徐克成》所蕴含的人文精神、价值理念、大爱情怀、道德规范，必将引领如东走得更好、更远。

是为序。

陈建华
2022年7月于江苏如东

陈建华，十四届、十五届政协如东县委员会主席，如东名人文史研究会会长。

目录

引　子　　　　　　　　　　　　　　　1

上篇

风中有朵雨做的云

第一章	徐克成与卖菜农民的"真实世界"	19
第二章	生命之光	27
第三章	时代呼唤健康	39
第四章	两位不同寻常的志愿者	47
第五章	如何让自己活下来	59
第六章	《氢气控癌》的颠覆性探索	68
第七章	结识杜元伟	80
第八章	拔苦凝乐，向死而生	86
第九章	傅达仁的安乐善终	92
第十章	从理论到实践的追寻	105
第十一章	苏州河畔的远望	113
第十二章	防治新冠，新加坡出书	120

中篇

岁老根壮骄叶阴

第十三章	为完成陈敏章部长的遗愿	129
第十四章	一项冷冻技术成就一所肿瘤医院	135
第十五章	结缘国际冷冻奠基人柯本教授	146
第十六章	走上世界舞台	158
第十七章	竞选国际冷冻治疗学会主席	175

第十八章	提出"与癌共存"新理念	182
第十九章	践行"中国式控癌"	200
第二十章	"五朵金花"的故事	215
第二十一章	我也是"中国人"	226
第二十二章	从心存疑虑到满心信任	233
第二十三章	她与徐克成一同亮相CCTV	245
第二十四章	风雨过后是彩虹	251

下篇 燃烧的金色年华

第二十五章	在革命家庭的熏陶中成长	263
第二十六章	天之生人也	273
第二十七章	伉俪情深风雨路	282
第二十八章	与恩师孟宪铺教授夫妇的非凡岁月	295
第二十九章	肝癌诊断的创新与突破	311
第 三十 章	铭记恩情存如血	318
第三十一章	一次改变命运的诊断	331
第三十二章	大鹏展翅"鹏城湾"	342
第三十三章	袁庚的"特色酒"	348
第三十四章	"手臂延长"无止境	363
第三十五章	厚德行医,党建引领向远方	374

| 后　记 | 384 |
| **情透纸背写乡贤**/刘迪生 | 390 |

引子

创造生命!

提出这个课题的人,名叫徐克成——暨南大学附属复大肿瘤医院总院长、教授、主任医师、博士生导师。

有人说,他是癌症的克星,缘于他倡导的"与癌共存"理念和开创的癌症综合治疗新模式。他一直站在学术研究的最前沿,践行和致力于"中国式控癌"的研究和实践,成为中国以冷冻消融为中心的肿瘤微创治疗和以免疫、氢气为中心的肿瘤康复的先行者,创造了一个又一个生命的奇迹。

有人说,他是南国高原,缘于他站立于东、西方医学成果之峰巅,被中华人民共和国卫生部称为"中国冷冻治疗肿瘤第一人"、世界卫生组织(WHO)讲坛誉为"冷冻技术杰出贡献人"。他在中国南方开创了中国第一所民营肿瘤医院,被原卫生部部长陈竺院士称誉为中国民营医院"三面红旗"之一、原卫生部副部长殷大奎誉为"民营医院的楷模"。南国本无高原,他创建的医学"高原",让世人不无仰视。

有人说,他是虔诚的布道者,缘于他医者仁心,海纳百川、兼容豁达的民本情怀。在呼唤人生价值回归、倡导社会主义核心价值体系的新时代,他本着一切为患者着想,用仁慈、善良、温情、诚信、微笑和精湛的医术之水,浇活了芸芸众生中那些即将枯萎的生命,拯救了众多的癌症患者,为健康中国的美好明天,点燃了一道又一道生命之光。

有人说……

而他却说:我是一名医生,一个研究肿瘤的医生,又是一名癌症患者,一个初步战胜了"癌王"的幸存者。在同癌症的抗争中，我做了巨大的努力；在探索最佳治疗的道路上，我有痛苦，也有快乐。我常跟病人开玩笑地说"Follow me"（跟我走），意思是，你的经历我都经历过了，我是幸存者，也是胜利者，跟我走，没错。

他说这句话的时候，表情谦逊，微笑的眼睛里闪烁着仁爱的光芒！

2021年5月，我飞赴广州专程采访了这位"白求恩奖章"得主、获中宣部表彰的"时代楷模"徐克成教授。

徐克成教授出生于江苏省南通市如东县，与我同乡。飞机穿云破雾，降落在白云机场。机场外早有一辆黑色SUV贵宾车在等候，司机姓林，他热情地帮我拎包拿行李，让我顿生回家之感。看他干净利落的样子，在庞大的机场内不用导航，驾轻就熟地驾驶车辆，飞驰在机场高速上，我不免问了一句：你常来机场接客人吗？他纯真地一笑，说，是的，有时一天要跑几趟。他告诉我，到机场接客人，是徐院长定的规矩，三天前，医院办公室就安排他前来接机了。除了接各方客人外，医院里还专门成立了接送病人的车队，接机送机，全免费。

一阵清风从打开的窗外扑面而来，路边茂密葱绿的树木，间或有鲜花怒放，从车窗外掠过，忽而能闻到阵阵花香，心中不免有了一丝感慨：广州，真不愧为一座闻名遐迩的花城！

徐克成教授创办的肿瘤医院全称为暨南大学附属复大肿瘤医院，位于广州市天河区棠德西路2号。医院大楼，绿树环抱，住院部大楼面向大道的墙壁上竖写的"厚德行医"四个绿色大字，与周边苍翠的树木交相辉映，洋溢着春天的气息，让人不由想起"律回岁晚冰霜少，春到人间草木知。便觉眼前生意满，东风吹水绿参差"的诗句来。我想，住进这里的患者，一定会像诗中所描绘的草木一样，在春风的吹拂下，消融了冬天冰霜侵袭的寒意，迎来绿意盎然的人生。就在我陷入遐想之际，耳边忽然响起绵柔的女声："您是袁记者吧？"一位文静秀美的戴着眼镜的年轻女士来到我面前。她是徐克成总院长的秘书陆天雨。

在徐院长宽敞明亮的办公室，小陆秘书告诉我，徐院长这两天去深圳讲学了，已经安排了医院的其他领导、医务工作者和患者先接受采访。

一件小事，让我至今不能忘怀。在得知我血糖偏高的情况下，小陆打电话给医院食堂，请食堂师傅不要做甜食，菜里不放糖，做清淡的菜。果然，晚餐是几盘蔬菜外加一条清蒸大鲈鱼，还为我专门蒸了一碗荞麦小米饭。陪同用餐的医学博士牛立志院长风趣地说，你享受的可是"时代楷模"的待遇哟！原来，徐克成院长平时在食堂吃饭，就是吃的荞麦小米饭。

何止这一件事，在未见到徐克成教授的两天里，我遇到的一件又一件小事，都让我心潮澎湃、感慨万千。

第二天晚上，小陆安排广东省徐克成关爱健康工作室的志愿者香港人Amy女士陪我参观广州塔。璀璨的广州塔魔幻般的灯带，色彩斑斓，把脚下的珠江映得波光粼粼。Amy女士神采奕奕，一条红色丝带围在脖子上，随风飘扬，碎花的连衣裙，在她轻盈的步履振动下，荡起一层层犹如珠江水面泛起的细浪。她选择不同的角度，用手机帮我拍照留念，完全看不出她已经年过半百，更让人想象不到她竟然是一位患有乳腺癌，而且多次复发，癌细胞转移到肺部和骨头里，曾经到了死亡边缘的癌症患者。

她说，是癌魔终结了她17年的香港国泰航空公司的空姐生涯，坠入人生的深渊；在濒临死亡的危难时刻，是徐院长这位"天使"将她拉回人间，让她有了第二次生命。今年3月份，她毅然离开香港，在广州租了一间房子，到广东省徐克成关爱健康工作室当了一名关爱健康的志愿者。

选饭店、找座位、点餐，她欢快得像一只在溪水边、芳草地上飞舞的小蜻蜓。晚餐后，她又忙着去结账，我一个男人，一个健康的绅士，岂能让一女士、一个癌症患者去买单？她用带着港腔的普通话，似乎央求着说："不要为难我啦，徐院长吩咐过的，请你吃饭，我不能失信啦！"

看她眼里都噙起泪水，我放下账单。她的脸上露出少女般羞涩的笑容。

我知道，她的笑容里，有战胜了病魔的喜悦，有完成了徐院长交办任务后的自豪，更有一种不可言传的振奋，那就是，她感到自己有了生命的高度，有了人生的价值，而且人生还在大踏步向前走，遇见美好，生活还在继续！在我眼里，她完完全全是一个健康、活泼、好客的充满青春朝气的美丽女子。

在关爱健康工作室当志愿者的，还有一位早Amy女士先到的名叫彭细妹的癌症患者。对彭细妹的遭遇，我并不陌生，因为新闻媒体早以《恢宏交响诗，将生命大写在人间》为标题,对徐克成和医护人员救治她的事迹进行了全方位的报道。这位家住广东茂名的乡下妹子,在28岁那年,身患卵巢腺癌,因无钱治疗,已经奄奄一息。不知是命中注定,还是好运降临,总之,在她万念俱灰的悲伤时刻,遇到了前来义诊的徐克成教授。幸运从天而降,彭细妹得救了,陪伴她三年多的55公斤重的巨大肿瘤及囊液被切除。徐克成教授挽救了她的生命,她又用生命还给中国医学一个传奇,并让传奇在延续。在三年后的一次演讲活动中,当主持人问她最大的心愿是什么时?她竟脱口而出:我的心愿就是要成为像徐院长这样善良的有仁爱之心的共产党员,当一名志愿者,为大家的健康服务!

当我来到位于广州市阳光酒店内的广东省徐克成关爱健康工作室,见到彭细妹时,我的脑海里立刻浮现出几个词:鲜活、阳光、青春、健康。任凭我怎么想象,也想象不出,11年前挺着巨大肿瘤的彭细妹会是这样的阳光健康。穿着玫瑰红志愿者马甲的彭细妹热情地接待了我,不仅认真细致地向我介绍工作室,楼上楼下领我参观,还真诚邀请我体验由钟南山院士、汤钊猷院士、王振义院士和徐克成教授等专家倡导并研究的促进人体健康的氢氧雾化机等新科技设备。彭细妹,结实的身材,朗朗的笑声,忙碌的身影,无不向人昭示,这是一个新生的彭细妹!她还不好意思地拍拍自己的肚子说,吃得太好。她胸前那枚红灿灿的党徽,告诉我,在复大,彭细妹不仅获得了身体的重生,而且赢得了政治生命,实现了自己成为一名光荣的共产党员的心愿。她莞尔一笑,感激地说,没有徐院长,就没有我彭细妹的生命。

记得曾有一首关于生命的诗这样写道:"生命诚可贵,爱情价更高。若为自由故,两者皆可抛。"在中国共产党已成百年大党的今天,我不免想起无数的革命先烈和仁人志士,为了新中国的成立,为了广大穷苦大众翻身得解放,为了中华民族的崛起和复兴,用自己宝贵的生命换来了广大人民的生命和自由,这是多么难能可贵呀!而徐克成教授,在和平年代,在全面建成小康社会和开启全面建设社会主义现代化国家新征程的伟大历史时期,用自己的仁爱之心、科研成果和拥有49年党龄的一名老党员崇高的使命感,拯救了一个又一个鲜活的生命,为患者创造生命、为病人追逐生命、为天下平民百姓赋予健康、为健康中国赋能!

古人曰:民亦劳止,汔可小康,惠此中国,以绥四方。小康社会是中华民族千百年来孜孜追求的朴实梦想。中国共产党人赋予"小康"新的内涵,使它成为"中国式现代化"的代名词,成为一个历史阶段的现代化奋斗目标。小康社会的一个重要目标,就是人民的身心健康,试看今日的中国:到处都是活泼生动的创造,到处都是日新月异的进步,富裕代替了贫穷,康健代替了疾苦,智慧代替了愚昧。徐克成教授一直践行的由汤钊猷院士倡导的"中国式控癌",已经成为"中国式现代化"进程中关乎大众健康的一项重要的不可或缺的内容。

无论是香港的 Amy 小姐,还是内地的彭细妹,作为中华民族大众的一分子,她们的健康,是徐克成教授矢志不渝的追求。作为一名医者,他做到了;作为一名党员,他更是把责任和义务一肩挑。

在没有看到徐克成教授的短短的两天采访和体验时间内,我竟然先被这样一群人所感动:热情接机的林司机,细心周到的秘书陆天雨,睿智、儒雅的一天做三台手术也不休息的医学博士牛立志院长,传承第一任支部书记徐克成优良传统的、把医院党委引领成为全省"优秀基层党组织"的医院党委书记刘建国,护士长出身的党办主任廖春英,退休了也要留在医院干的护理部主任韦昌群,把自己父亲用的氢氧雾化机让给病人先用的被病人称为"小廖哥"的策划部主任廖茂钦,从美国留学归来跟随徐克成教授的医疗一科钱伟教授,被徐克成人格魅力所吸引而从公立医院辞职来复大的三病区护士长李燕红教授,等等,还有徐克成关爱健康工作室的孔小锋医学硕士和志愿者 Amy、彭细妹以及住院患者深圳的"老蔡"、沈阳的"宫先生",等等,他们无不向我发出一个强烈的信号:徐克成教授身上有一种魔力,能让人快乐幸福;有一种魅力,让人无限敬仰;更有一种神力,如磁石一般吸引人去追寻、探秘……就在我迫不及待想见到这位"癌症克星""健康使者""仁慈菩萨""平民医生"的时候,晚上 10 点,徐克成教授从深圳打来电话:"袁记者好,这两天因参加会议,未能陪你,见谅!今天晚上赶回,明天我在医院一楼门诊坐诊,9 点我让司机来宾馆接你!"

乡音未改,温润肺腑,直通心灵。

5 月的羊城,榕树苍翠、桉树挺拔、米兰飘香、凤仙争妍,坐落在天河区的复大肿瘤医院宁静祥和。

在医院一楼大厅,有四棵高大挺拔的棕榈树。圆柱形的树干粗壮直立,高达 10 多米,生于茎顶的棕榈叶丛翠绿,向外展开,呈扇形。"青箬笠,绿蓑衣,斜风细雨不须归",在古典诗词中,常有蓑衣形象出现,而古人制作蓑衣用的材料就是常见的棕榈叶。传说古时虞尧为种田人出生,他登位时无衣可穿,就剥来毛棕编成蓑衣,穿着接受百姓的祝贺。后来蓑衣就成为圣服,不但可避风雨,且可防猛兽。岭南多雨,古时,蓑衣更是不可少,成为南方农民劳作时专用的雨具。《诗经·小雅·无羊》记载:"尔牧来思,何蓑何笠。"蓑,所以备雨;笠,所以御暑。肿瘤医院大厅里种植能编织蓑衣的棕榈树,是否寓意要为病人遮风挡雨呢?可见医院主人的匠心独具!

大厅内引人注目的是一尊白求恩大夫的金色头像,底座上镌刻着"白求恩奖章"获得者徐克成字样,落款是人力资源和社会保障部、卫生部、国家中医药管理局,时间为2012年12月。大厅走廊橱窗里徐克成教授和汤钊猷院士微笑着向观者挥手致意的巨幅照片和"中国式控癌"五个红色的大字直扑眼帘。

周三是专家门诊日。上午九点,82岁的徐克成教授,步履矫健地走进医院一楼专家门诊为病人坐诊。

我如约而至。我曾经到过一些大城市的大医院看过专家门诊,真应了琼瑶阿姨那本《庭院深深》小说的标题。看一个专家门诊,要爬多少楼层、穿多少走廊、拐多少弯,然后才能找到专家门诊。然而,在复大,专家门诊室就设置在医院大厅,这对病人是多么的方便啊!

德国哲学家康德曾说:有学问,然后有先见;有先见,然后能力行。坐在徐教授旁边,体验徐教授给病人诊断的过程,仿佛进入了圣洁的殿堂,对康德的这句名言有了更深的理解。"不要急,慢慢说!""没有事,请相信我!""可采取联合免疫治疗法,一定要有信心!""要打运动战,不打歼灭战,可以与癌共存,请跟我走!"……徐教授耐心细致地一一解答患者的提问,对患者不理解的地方,还不厌其烦画图告知;对病人不能亲自到场由家人前来问诊的,通过手机与病人视频对话,询问病情并提出治疗方案!

一位来自深圳的32岁的女青年患了乳腺癌,辗转上海、北京,乃至香港,希望保持乳房的完整,接受了多次化疗,但病情却越来越重,开始恶化,在希望破灭之后,经朋友介绍来到复大。她含着泪水对徐教授说,徐院长,我已经期待了三年,宁可死,也不要做切除手术,这是父母的血脉,也是一个做女人的尊严。陪同她来看病的母亲也央求地说,徐院长,我就这一个宝贝女儿,她还想让她将来的孩子喝上一口自己的奶水,徐院长你救救她吧,我们做父母的已经尽心了。这位母亲用纸巾不时擦着已经流到嘴角的泪水。其实,泪水也已经模糊了我的双眼。看得出,徐教授眼里也有泪花在闪动,他平静地对母女俩说,我们先用联合免疫法治疗,好不好?再根据发展情况进行综合治疗加康复治疗,如氢氧气吸入等,我们完全可以与癌共存,不仅要让生命延续下去,而且要活得有质量,明白了吗?

为了让母女俩弄懂整个治疗过程,徐教授很认真地在纸上画下一个简易的治疗方案流程:对复发肿瘤第一步采取局部冷冻消融、碘粒子植入,减少瘤负荷;第二步维护免疫平衡(抗PD-1)和采取联合免疫疗法(CIC);第三步改造残癌,分化诱导,配以"松友饮"中药干预;第四步配合氢气吸入,增强免疫功能,进行康复治疗。最终达到与癌共存、延长生命的目的。

不要小看这个简易的治疗方案,它集中了当今中国医学界权威专家的智慧。通过后来的深入采访,我得知:第一步的冷冻消融是徐克成教授从美国引进并研究的先进技术;第二步的联合免疫疗法,是中国工程院院士,被誉为"癌症诱导分化开创者"的王振义教授一直倡导的治疗理念;而第三步的"松友饮"中药则是中国工程院院士、"小肝癌研究奠基人"汤钊猷教授和夫人、中国消化疾病专家李其松教授,传承中华五千年中医宝典研究的成果;第四步的氢气吸入,则是中国工程院院士、著名呼吸病学专家钟南山教授首先引入临床,由吴孟超、王振义、汤钊猷等院士极力支持和徐克成教授首先引入癌症康复治疗的新型手段。

母女俩忧愁的脸上渐渐有了笑容。徐教授看着这位年轻的癌症患者,心里十分痛惜,对身边的助手和医护人员说,我们一定要为病人想办法,太年轻了,必须救治她!并当场联系关爱健康工作室医生孔小锋硕士,让患者去工作室体验氢气吸入。

整整一个上午,徐教授一口水也没喝,接诊了来自四川、湖南、江苏、北京、安徽、深圳等地12名患者,一直到中午12点20分把预约挂号的患者看完才去吃饭。

"我们做医生的,要时刻为病人着想,病人大老远跑来,来回有的要几天时间,病人是带着希望来的,我们千万不能让病人失望而归!"略显疲倦的徐克成教授直抒胸臆。他端起助理递来的一杯茶,连喝几口,对我说:"我一周就坐诊一次,时间不够用,病人都是冲着我来的,能多看一个就是一个,减少去卫生间的时间,就可以多看一到两个病人,对我而言,只是众多患者中的一个,而对这个患者来说,则是他和全家人的全部希望和期待,要善待病人呀!"

难怪半天时间,徐教授不喝水,是为了减少去卫生间的时间。我悄悄地算了一下,从上午 9 点开始,到中午 12 点 20 分结束,12 个病人,200 分钟,平均用在每个病人身上的时间为 16.6 分钟。而且要知道,复诊挂徐克成教授的专家号只收费 30 元,在复大肿瘤医院普通门诊挂号只需要 4 元钱。

被毛泽东主席称赞为伟大的国际主义战士的白求恩大夫,是一位胸外科专家,为了帮助中国人民抵抗日本侵略者,不远万里来到中国,在晋察冀军区模范医院开幕典礼上,白求恩说过:"一名医生,一名护士,一名护理员的责任是什么?只有一个责任,就是使我们的病人快乐,帮助他们恢复健康,恢复力量。你必须把每一个病人看作是你的兄弟,你的父亲。"

是呀,善待病人的徐克成教授不就是这样一位把病人当亲人的大夫吗?荣获"白求恩奖章",他当之无愧!为帮助病人恢复健康,他奉献了自己的心血和智慧,所到之处,无不给病人带来快乐,荣膺"时代楷模"实至名归。

下午 2 点,徐克成和往常一样到病区查房看望病人。

"老蔡,我来看你了!"在 3 病区 11 床,身患十二指肠乳头癌的深圳患者蔡先生听到徐院长的声音,忙从病床上坐了起来。

他爱人阿娟一边帮"老蔡"按摩腿,一边对徐克成说,徐院长呀,老蔡天天盼着您来呀,恨不得天天是星期三。

患者蔡先生脸色红润,激动地告诉我:"徐院长都 80 多岁了,我才 50 出头,他居然尊称我为'老蔡',我高兴呀!去年,徐院长还专门跑到深圳乡下看望我,真的是菩萨再世呀!"

"他现在活得是越来越好了,哪里还像个病人!"谈及丈夫四年多来的控癌经历,阿娟感慨万分,"现在他不疼了,能吃,能睡,能长胖,还经常在家唱歌呢!"

"能唱歌?"在我建议下,他们夫妻两人共同哼起了他们的保留节目,演唱了李克勤、容祖儿合唱的《依然相爱》粤语歌:"发现既然分不开,相信依然可相爱……爱在风雨夕阳,愿能一起奔往……"

歌词里充满了浓浓爱意,是对健康人生的眷念,也是对爱人和家庭的不舍,歌声飘过病房,他们的真挚情感和对幸福生活的美好向往在我心中回荡。看老蔡夫妻俩恩爱的样子,我在心里默默祝福他们快乐安康。

"让病人快乐,是一剂良药!看望病人,就是要让病人快乐,其实我也不是什么神仙,但病人认同我、相信我,甚至把我看成救星,我来看望一下,会给他们心理上带来愉悦和希望,所以再忙,我也要抽时间看望病人!"徐克成边走边对我说。

蔡女士原是上海一家银行的行长,不幸患上了癌症,在经过一段时间治疗后,下周就要出院了。见到徐克成来看望自己,显得格外高兴。她对徐克成说,我是您联合免疫疗法的受益者,我要捐赠50万元给您,进行联合免疫疗法的深入研究,以解决更多癌症患者的痛苦!徐克成欣慰地说,非常感谢,这笔捐赠,我们将放入徐克成关爱健康工作室博爱基金,你出院之前,我们来做一个捐赠仪式。

大爱无疆,大道无垠。当爱融入血液中,人的快乐不再是拥有多少财富,而是能为社会奉献多少财富。蔡女士的快乐就是建立在这种"舍"的基础上。在物理学科有一个词语叫"裂变",是指原子的原子核在吸收一个中子以后会分裂成两个或更多个质量较小的原子核,同时放出两个到三个中子和很大的能量,又能使别的原子核接着发生核裂变……整个过程持续下去被称作"链式反应"。蔡女士的捐赠,可以说就是"爱的链式反应",其原子核就来自徐克成教授的博爱之心。

在接下来跟随徐克成教授形影不离的三天采访中,我的思想在与徐克成教授面对面的交流中碰撞出火花。彭细妹、铭仔、郭林、娜娜、伟添、伊丽莎白夫人,还有"象面人"、卫生部部长、哲学教授等一个又一个生命在燃烧中怒放;我的心在与徐克成教授寸步不离的贴身采访中沸腾。徐教授跌宕起伏的人生经历、献身中国医学研究的拼搏精神和面对自己身患癌症的淡定与从容,使其生命火焰,穿越时空,璀璨夺目。

徐教授淡然一笑,平静地说:"发展有中国特色的医学,是中国崛起所带来的历史使命,践行中国式控癌,为人类的健康贡献一份力量,是我的梦想和追求,也是凝聚了几代中国医学人的夙愿。"他特别强调,中国古老的中医学对人类健康的贡献是不容忽视的。尤其《黄帝内经》是老祖宗传下来的医学典籍,顺应自然法则,达到天人合一,是一笔宝贵的文化遗产。

初心砥柱天地间。

如果从1963年南通医学院毕业算起，徐克成教授已经从医58年。岁月沧桑，如今，他已经进入耄耋之年，帮他梳理一下人生，可以分为三个阶段：第一阶段，是在毛泽东思想哺育下，茁壮成长，走上医学道路；第二阶段，是在改革开放的春风吹拂下，壮志凌云，南下创业发展，借鉴并运用国外先进的氩氦冷冻技术，创办了中国第一所民营的治疗癌症的复大肿瘤医院；第三个阶段，是在习近平新时代中国特色社会主义思想指引下，初心不改，奋进在中国特色社会主义道路上，老当益壮，倡导"与癌共存"新理念，全面践行"中国式控癌"，探索研究氢医学，为构建人类卫生健康共同体，砥砺前行，贡献力量。

徐克成教授曾主编中国最早的消化病治疗专著《消化病现代治疗》和中国第一本胰腺病专著《临床胰腺病学》。近年，主编专著9本，其中主编中国第一本《肿瘤冷冻治疗学》和世界第一本 *Modern Cryosurgery for Cancer*（《现代肿瘤冷冻治疗》），以及中国第一本《肿瘤消融新技术：不可逆性电穿孔》；发表论文500余篇，其中涉及肿瘤消融、免疫和康复的SCI论文100余篇。出版《非常故事》《我对癌症患者讲实话》《跟着我抗癌》《与癌共存》《践行中国式控癌》《氢气控癌：理论和实践》等科普著作，总字数达到1000万字以上。以50年的医学生涯计算，平均每年要写20万字。2020年，为配合抗击新冠肺炎疫情，他用三个月的时间，用英文编著了 *Hydrogen-Oxygen Inhalation for Treatment of COVID-19*（《氢氧吸入对新冠肺炎的治疗》）一书，钟南山院士欣然作序，由总部设在新加坡的世界科学出版社（World Scientific Publisher）出版，向全世界发行。

泰山半腰有一段平路叫"快活三里"，一些人爬累了，喜欢在此歇脚。然而，挑山工一般不在此久留，因为休息时间长了，腿就会"发懒"，再上"十八盘"就更困难了。徐克成就是这样的"挑山工"，在向人类卫生健康共同体的"泰山之巅"攀登的崎岖山路上，并没有因为出了众多学术成果，曾获"感动广东十大人物"、"白求恩奖章"和"时代楷模"称号等荣誉，取得了辉煌成就，赢得了世界的瞩目而懈怠，而是越攀越高，不断追寻心中"险峰"上那"无限的风光"。

徐克成教授自豪地说，自创建复大肿瘤医院以来的 20 年，有三件事令自己最为快乐。

第一件事就是 2001 年的时候，把氩氦冷冻技术从美国引进到中国来，并凭这一技术创建了复大肿瘤医院，建立起"冷冻治疗学"，被世界卫生组织（WHO）邀请到瑞士日内瓦去进行演讲，并被誉为"冷冻技术杰出贡献人"。成为第一位当选国际冷冻治疗学会主席的中国人，成为亚洲冷冻治疗学会创始人、法人和名誉主席，获国际冷冻医学领域多项大奖，把冷冻治疗肿瘤的技术推广到全国、全世界。现在，全世界讲到冷冻治疗肿瘤，必提复大。运用冷冻治疗法，解决了许多癌症患者肿瘤不能切除的世界性难题！

第二件事就是从 2006 年自己患肝癌以后，思考如何通过联合免疫治疗达到"与癌共存"的目的，逐步形成了独特的较为系统的"与癌共存"的理论体系，并遵循汤钊猷院士提出的"消灭加改造"的理论，研究和践行"中国式控癌"，运用哲学的辩证法，用"控"替代"抗"，走出了"抗癌大战"的误区，努力解决中晚期癌症病人的生存问题，将癌症变成可以控制的慢性病。

第三件事就是从 2018 年起，把工作和研究的重点放在氢气控癌和促进全民健康上，引进、研究并实践吴孟超、汤钊猷、王振义、钟南山等院士以及吕有勇、吴沛宏、师建国、孙学军、王小宁、尹芝南等专家、教授倡导的氢气医学理论与成果，在氢医学理论与实践中率先创建"氢气肿瘤康复"模式。2019 年出版了《氢气控癌：理论与实践》专著，倡导不仅要让患者活下来，还要活得有质量、有尊严。让患者在没有明显副反应的情况下，能够得到长期的康复，达到促进健康的目的。

如今，这一研究成果得到广泛应用。在广东省委的大力倡导和支持下，徐克成教授个人先期投入 100 万元，成立了广东省徐克成关爱健康工作室，在防控癌症的基础上，积极探索氢气的健康促进作用，为健康中国探索一条绿色之路。徐克成告诉我，他正在主编《氢气健康学》，60 万字，将在上海出版。

广州的夜晚，霓虹闪烁，灯火璀璨，行人匆匆，车流如织。晚 7 点半，从设立在阳光大酒店 42 层的广东省徐克成关爱健康工作室康养新技术阳光健康促进中心采访归来，徐克成教授出乎意料地对我说："今晚我带你领略一下广州特有的小吃——广州肠粉！"

于是，我的手机里有了这样一段小视频：一位单肩斜背着双肩挎包的八旬老人，步履矫健,行走在星光与灯火交融的广州街头,在路边一家霓虹灯闪烁着"广州必食,百年手艺"字样的"荔银肠粉"店前驻足,认真地挑选着招牌上推介的肠粉品种,用手机扫码买单、拿桌号、找座位……这哪里有我们传统观念中耄耋老人的老态龙钟?谁能看出他是一位已经生存了10多年的癌症重症患者?正如复大肿瘤医院行政部工作人员、海归青年诗人牛涛所说,我们的徐爷爷,比年轻人还年轻,比青年人还新潮,演讲的PPT都是自己做,电脑上、手机里的生活和工作软件样样精通,跟他出差,订房、打车、用餐,他在手机上全都搞定。

在等待肠粉的空隙,我打开手机,点开兼任《南粤诗刊》主编的牛涛给我发来的公众号链接,里面是他写给徐克成教授的一首诗,由广东广播电视台资深主持人侯玉婷老师朗诵。

苍生在上
——致敬时代楷模敬爱的徐克成教授

一生风雨任你岁月流转

这颗初心早已百炼成钢

我题诗向你致敬

我们的徐克成总院长

我的徐爷爷

致敬你,为苍生而战的一生

致敬你,与癌魔决斗的一生!

水墨丹青,撒上南粤的金光点点

再蘸一笔患者们重生时

感动的泪花

我要描绘出

你慈祥温暖的模样

> 那一抹笑容,那一声声叮嘱
>
> 长留此地,辉映长空
>
> 你是南粤挺起来的丰碑
>
> 你是搏击风浪不言败的战士!
>
> 山水迢迢,风尘滚滚
>
> 你的足迹,却布满了一条条
>
> 通往山水深处
>
> 贫困患者的家中
>
> 苍生在上!你用生命顶起来一个个奇迹
>
> 苍生在上!一生的故事留在我们心中
>
> 用诗、用词、用乐章
>
> 歌颂您千百回
>
> 这乐章取名叫——
>
> 《苍生在上》!

苍生在上,人民至上,生命至上!

2021年8月8日,《人民日报》在头版头条发表了习近平总书记关于健康中国重要论述综述《为中华民族伟大复兴打下坚实健康基础》,第一条就是"把保障人民健康放在优先发展的战略位置"。习近平总书记强调:"现代化最重要的指标还是人民健康,这是人民幸福生活的基础。把这件事抓牢,人民至上、生命至上应该是全党全社会必须牢牢树立的一个理念。"

人民至上,生命至上!这是时代的呐喊,也是百姓的心声;这是大国的姿态,也是构建人类卫生健康共同体的承诺;这是人民幸福生活的基础,也是民族昌盛和国家富强的重要标志。

夜色下,远处五彩的广州塔腰身上,"庆祝中国共产党成立一百年华诞"和"学史明理、学史增信、学史崇德、学史力行"的彩色标语在不停地旋转,把珠江映成一条猎猎作响的红绸带,飘向远方!

"徐院长,祝您生日快乐!"2021年8月23日,辛丑年农历七月十六,是徐克成81周岁生日,复大肿瘤医院领导和部分员工与徐克成院长共同点燃生日蜡烛,合唱生日歌。在欢声笑语的氛围中,徐克成怀着感恩之心,写下生命感悟:

> 秋高八月又一年
> 生命长河浪击恬
> 医路耕耘半世纪
> 生命再建慰心田
>
> 心系复大二十载
> 诚信为民誉四海
> 功在同仁感恩多
> 共绘蓝图向未来

徐克成为医院同仁分生日蛋糕

创造生命的意义,追寻生命的价值,用挚爱呵护苍生,徐克成教授不仅用渊博的理论对健康中国进行了科学阐述,更是用行动践行了这一伟大的工程。如果说,中华民族伟大复兴是一部壮丽史诗,有高昂激越的音符、荡气回肠的旋律、感天动地的剧情,那么,健康中国,则是这部壮丽史诗中的一个音符、一首旋律、一段大爱筑梦的篇章!徐克成教授正是健康中国的追寻者、践行者和守护者!

我忽然感悟,在复大肿瘤医院大厅里那四棵葱绿、高大、挺拔的棕榈树,除了有为病人遮风挡雨的寓意外,还被赋予了更为深刻的内涵,那就是——让天下芸芸众生的生命之树常青!

上 篇
风中有朵雨做的云

　　"风中有朵雨做的云,一朵雨做的云。云的心里全都是雨,滴滴全都是你……"这是多年前风靡全国的一首脍炙人口的粤语歌的歌词。多么温馨的一幅美丽景象,让人心动的真情告白!大自然有风雨雪霜,人生四季有疾病痛伤,无论是当今肆虐全球的新冠肺炎,还是世界性疾病癌症,只要医生心中"滴滴全都是你",你的世界就会有"氢"云直上的人生,滋润万物的祥瑞之雨。

　　诺贝尔物理学奖获得者埃尔温·薛定谔说:"我们的任务,不是去发现一些别人还没有发现的东西,而是针对所有人都看见的东西做一些从未有过的思考。"氢气,这种天然之气,也是生理之气,通过人们的观察、体验、调查和描述,进而思考和研究,使其承担起对生命健康全过程呵护的任务,造福人类,可谓"天人相应""道法自然"。这正是发生在徐克成关爱健康工作室里的"真实世界"的故事,彰显了以术泽世,见证了生命的力量。

第一章　徐克成与卖菜农民的"真实世界"

生命的交响,在于真实!世界的娇艳,在于真实!

我们渴望生命,就是渴望真实的存在,如夏花般的绚丽灿烂;我们憧憬美好,就是憧憬真实的世界,如彩虹般的五彩斑斓。

与疾病顽强抗争的作家史铁生在《务虚笔记》中写道:"真实,并不在我的心灵之外,在我的心灵之外并没有一种叫作真实的东西原原本本地待在那里。"

真实存在于心灵!

2021年3月21日,北京的初春,阳光和煦,花红柳绿。徐克成从广州匆匆飞到北京,下榻北京喜来登酒店,他要在这里专门接待一对"贵宾"——癌症患者张女士夫妇。

这是一对普通的农民,他们从随身携带的布包里拿出在医院拍的CT片给徐克成看。徐克成很认真地看了又看,发现原来的病灶明显改善,情况朝着预定的方向发展,两口子露出了久违的笑容。丈夫吴先生激动地说:"徐院长,你大老远跑来,专门为我们来诊断,您是我们家的大恩人,本来我们应该请您到家里做客的,由于正赶上我们住院,不方便,但我要请您吃饭,感谢您!"

徐克成说:"应该感谢你们对我的信任,感谢你们相信氢医学,在酒店吃饭,太贵了,饭就不吃了,这样吧,我们加一个微信,今后好联系,好不好?"

吴先生赶紧拿出手机与徐克成加了微信好友。不一会儿,吴先生听到"嘀"的一声微信提示音,打开微信一看,原来是徐克成给他转来2000元钱。这让吴先生不可思议,社会上只有病人给医生红包的,那有医生给病人发红包的呀?

徐克成微笑着对他们夫妇俩说:"这两千元,是感谢你们用真实的事例,为我们研究氢气控癌做出的贡献,收下吧!"

吴先生、张女士,这两位朴实的农民,流下了激动的泪水。

中国工程院院士、著名呼吸病学专家钟南山在2019年为徐克成主编的《氢气控癌:理论和实践》一书进行评述时说:这是值得赞赏的对"真实世界"的探索,对于"氢气控癌",我们期待开展更多的实验研究,并尽快转化为临床研究。

3月22日,吴先生从微信上给徐克成发来一段肺腑之言:

> 徐院长您好,非常感谢您昨天在百忙之中这么关心我们的病情,昨天是我们家患病以来最开心的一天,是您救了我们这个家,我没有想到您这么一位德高望重的大院长还想着我(太太)这个普通的患者,我现在真正地理解了网上所说的您是当代的白求恩。我看到彭细妹,还有好多的案例,相信在今后有您陪伴的日子里,我们更有信心成为一个出色的案例。

为患者解除病痛,不论身份,做"大家的医生",这是徐克成一生的追求。徐克成也迅速给他发去了回复:

> 吴先生,你好。麻烦你把上次你讲的你太太治疗经过写来,尤其在病情加重时如何转危为安的。谢谢!

遵循真实的原则,笔者现原文照录吴先生与徐克成之间的微信对话。

2021年4月6日14:09,吴先生给徐克成发来妻子张女士患病与治疗的前后经过。

> 我和我老婆,来自湖北农村。2003年,跟亲戚来到北京,在一个农贸市场花了8000块钱买下2个蔬菜摊位卖菜,由于没有干过这个,不懂,买的摊位位置也不好,别人好位置一斤菜赚5到8毛钱,没办法就只能便宜卖一斤菜赚2毛钱,也因为我们卖得便宜就有好些饭馆和食堂在我们这里买菜。后来我们给人家把菜送到家,慢慢也给多家饭馆送菜,我老婆就每天晚上11点钟和我一起去批发市场进菜再拉回来卖,一直忙到第二天下午四五点才忙完。每天

拉 3000~4000 斤菜，每斤菜搬上搬下搬进搬出需要搬五六回，一天下来就要搬 2 万多斤重量的菜，不管刮风下雨下雪我们都没停下来过。就这样日复一日，年复一年，直到 2019 年 10 月份，有天我老婆的左胳膊疼，于是去了医院（医院名省略）检查，医生说可能是她搬菜时拉伤了让我们回来休息几天，可是回来休息几天还是疼，就又去医院拍照片医生也没有看出来毛病，后来越来越疼，我们就要求医院做了核磁检查才发现有肿瘤影相（像）。因这家医院看不了肿瘤，让我们去了一家肿瘤医院，去那里又排队挂号又预约做检查，到 11 月 25 日才把检查结果拿到，再去胸外科看医生，当时外科医生看了说你们这个病已经太晚了，已经多发转移和远端转移没有了手术的机会，让我去找内科医生。那天医生让我老婆在外边等着，我一个人在诊室听到医生说的结果，我当时头都蒙了两条腿都软了，我也不知道我后来是怎么走出诊室的，再找到内科医生做了活检和基因检测，结果肺腺癌 EGFR21 号外显子 L858R 突变，他让我们去做了一个新靶向药 AZD3759 对比吉非替尼的临床试验。当时是抽签方式，我们抽到吉非替尼组。2019 年 12 月 5 日开始吃吉非替尼，前 3 个月复查肿瘤还是缓解状态，到 2020 年 4 月 15 日复查时脑部的肿瘤有了变化，医生让我们出组改吃奥西替尼和做全脑放疗，我们又做基因检测，结果改变成了阴性。4 月 19 日开始吃奥西替尼，4 月 23 日准备做全脑放疗。由于当时北京朝阳区疫情暴发，医院停止收治入院病人，医生又让我们自己找医院做全脑放疗，后米我们找到另一家医院（医院名省略）于 4 月 28 日住院 5 月 2 日开始全脑放疗，5 月 29 日做完全脑放疗出院，这期间一直吃奥西替尼，医生让我们 1 个月后复查，6 月 15 日我们做了肺癌全基因检测和骨扫描，检测结果还是阴性没有基因突变后，准备去做一个 PD-1 免疫联合化疗的临床试验，后来因没有办法提取活检没能入组，我们又回到医院想请医生做 PD-1 免疫联合化疗，被医生拒绝了，让我们继续吃奥西替尼。当时病人的情况是越来越糟糕，放疗 1 个月后，7 月 6 日复查脑部放疗结果，不但没有好转还越来越严重，每天头也疼走路需要扶着，走不了几步，之后就大小便失禁。我和我儿子天天急坏了，就在网上找治疗的案例方法，有一天就看见了您的氢气控癌还看见一些实例，有一个叫何志华的吸氢以后脑部的转移瘤消失了,我和孩子一起商量我们也试试这种办法,就开始找联系方式。那天就找到了你们医院镇医生的电话,电话打过去镇医生是一个非常热情的人,我把所有的情况都给她讲了一遍,那天电话打了快一个小时(之前我们在肿瘤医院几次花 500 元挂一个号,医生 10 分钟就把我们打发出去了,都说没有什么好办法)。我问镇医生有没有什么好办法,她很耐心跟我说,血的基因检测不一定准确,应该做一个活体检测,如果没有突变再用免疫和其他治疗方法加上吸氢,建议我们过来找徐院长看一看,我当时跟她说病人的情况实在是不好,怕是经不起这个折腾,我说能不能帮我买一台这个氢气机器,她知道情况后第二天就帮我联系了买机器的事。一个素不相识的医生对我们这么好,于是我就给她发了一个红包,可是人家根本就不收,还说我们复大的医生是不会收红包的,这真的太让我感动了。我们是 7 月 19 日开始吸氢的,大概吸了半个月病人的情况就明显好转了,头也不那么疼了,后来每次复查都一点一点地好转了,那时在我们自己的坚持下,医生也同意免疫联合化疗的治疗方案。我看到您说冷冻消融能有远隔效应,到了 10 月份的时候病人基本上就可以走路了,我就想来你们医院做冷冻治疗,那次做完治疗回来后,我女儿说你们医院的医生都太好了,环境也好医院也干净。真的是太感谢你们了,救了我老婆,我没什么文化,无法用文字来表达我对你们的感激之情。现在她每天早上 6 点钟起床做饭,吃完饭 7 点半就去做健身操和走路,10 点回来,下午 1 点半开始吸氢到 4 点,晚上 7 点钟又出去跳舞和走路,到 9 点半回来再开始吸氢 2 个半小时,下半夜 2 点我去拉菜时再给她定 2 个半小时时间吸氢,每天就坚持这样做,所有的感觉是越来越好,后来复查的片子您也帮我们看了,情况比起吸氢前区别太大了,前几天我们去天坛医院复查时,那里的医生都不敢相信有这样的奇迹。也许以后还会有大风和大浪,但是有了你们这些好心的朋友,我们一定会好起来,我们会更加坚强地走下去,谢谢!

全篇近 2000 个字,出于一个在菜市场卖菜的没有多少文化的农民之手,这是怀着多少感情在手机上一个字一个字地敲打呀,笔者不知道他用了多少时间完成了这篇情况介绍,但从字里行间里读懂了一个患者家属对徐克成的信任和对生命的渴望。

这让徐克成很感动,他在微信中鼓励吴先生:"好好继续目前的治疗,巩固成果,保持联系!"

4个月过去了,徐克成没有忘记吴先生妻子张女士的病情,8月14日下午,主动在微信上询问:

吴先生,你太太目前情况如何?盼告。

吴先生很快答复:

徐院长您好,谢谢您这么关心我们的病情,这一次我们做免疫治疗之前检查,肝功能受损,所以目前免疫治疗还没有做,在打保肝药。最近1个多月她老是有点咳嗽,于是我们吃了很多治咳嗽的药,可能是药吃得有点多,然后肝功能受损了,还有就是上一次做增强CT发现原来肿瘤的那个地方有一个新的小洞,这个情况会不会跟咳嗽有关系,还想请您帮我们分析一下,谢谢!

徐克成答复:

肝功能异常可能是药物反应,停药后应好。肺部空洞是否肿瘤坏死?另外脑转移怎样了?请你将肺和脑CT或MR拍照片发过来看看。

9月9日11:55吴先生发来微信:

徐院长您好,打扰您了,谢谢您又帮我们看片子,这次我们用了两台机器吸氢,10多天后头部感觉比以前好多了,咳嗽了两个多月,这次也基本上好了,这两天很明显走路特别轻松,也特别清醒,我们感觉吸氢真的效果特别好,真的有点不想再做化疗了。还有一个情况就是我们20多年前的两处烫伤疤痕经过这一年的吸氢现在已都变平坦了。

9月9日14:56徐克成回复:

我认真看了片子,确实好多了。继续恰当治疗。很高兴。

11月9日12:22徐克成又主动发信息询问情况:

吴先生,近期你太太情况怎样了?能否将片子寄来。一年来用药情况按顺序告知。以便我为她做些考虑。

吴先生按照徐克成的要求将具体情况进行了答复。为了帮助张女士尽早摆脱病魔的折磨,徐克成时时关注着张女士的病情发展情况。

11月18日17:25徐克成又发出微信:

听说你夫人脑转移有加重情况?具体病情怎样?不要紧张,我已有一种复合疫苗,就是在我书中写的,将来可以提供给她。现在我需要你提供几个情况:(1)她在放疗后脑转移加重时,肺部病变怎样?有无加重?(2)她有无测定血液肿瘤标记例如CEA、CA125等;(3)请告诉我她生病后、放疗前后等几个时间血液中性粒细胞(N)和淋巴细胞计数(绝对值)。

吴先生答复:

徐院长您好,是这样的,她的脑部目前控制得还可以,就是影像学(医生)说有一个地方有点增大,我找主治大夫她说从电脑里对比看不是很明显,肺部的影像肿瘤也控制得可以,但是肺上的条缩影增多,主治医生说是发生了轻微的间质性肺炎,这一次停了PD-1,PD-1总共用了21个周期,现在的方案改用替吉奥＋安罗替尼,我还是有点担心,因为她的CEA从今年1月份开始一点点往上升,现在的值是27.6,CA125和其他的肿瘤指标都是正常的,我跟主治大夫说想给她加替莫唑胺,大夫没有同意说疗效不是很好而且副作用大。我想去找个中医看看,我正在为这个事发愁,就看到您发的微信,谢谢您这么关心我们,又给您添麻烦了,下面我把血液检测结果找出来发给您,没有查免疫指标。主治大夫现在就给她用这两种药,我害怕肿瘤会不会反弹。

徐克成答复:

这两种药可以。看药物副作用多大。目前维持最好,不可能全部消除癌症,稳定就好。过度治疗会有反作用。

吴先生:

谢谢您,是您的方法让我们从只有2个月的生存期走到今天,我们如果用常规的治疗方案不可能有这么好的效果,在北京的几家大医院看病,说我们在病情这么重的情况下,还能这样生存下来已经是了不起的奇迹。我也非常希望能得到您的再次帮助,您的这个疫苗还需要哪些准备工作您告诉我,我们听您的安排,我明天把8月份和10月份做的检查片子都一起寄过来,我等候您的佳音,谢谢您!

徐克成:

我就是想在你太太身上创造奇迹。另外拍张你太太的生活照片来。

吴先生：

好的，谢谢您，是您给了我们生的希望，是您的关怀使我们有了走下去的决心，我们非常愿意跟着您去创造一个又一个的奇迹，在这里我们全家衷心地感谢您！

12月11日10:47徐克成再次询问：

你太太近况怎样？有无头痛、咳嗽，生活能自理吗？现在治疗用什么？有无效果？疫苗可以有了。

吴先生：

徐院长您好，她现在用的是替吉奥＋安罗替尼，有咳嗽没有间质性肺炎，没有头疼生活可以自理，除了咳嗽其他都还好，您看我们什么时候可以来做，谢谢您了！

徐克成：

问题是现在的治疗对她有没有效果。建议疫苗用于以往治疗失败后，因为常规治疗最终都是失败的，只是时间长短。疫苗相信可以有长期效果。希望在北京复查一下，有对照。不急，我一定帮助你。

从2021年春到年底，为了一个普通的患者，徐克成把病人时刻挂在心中，他要用"真实的故事"赢得"真实的世界"，做"真实的探索"。

第二章　生命之光

一元复始,万象更新。2020年元旦,美丽的花城处处鸟语花香,生机盎然,一派欣欣向荣的景象。广州市天河区黄埔大道宽阔整洁,车流如织;天河公园绿树成荫,繁花似锦。广州阳光酒店在午后的阳光照耀下,显得格外典雅、和煦、温馨。

印尼企业家捐款共建工作室

1月3日下午,"共建'广东省徐克成关爱健康工作室'捐赠签约仪式"及答谢会在广州阳光酒店举行。80岁的徐克成,精神抖擞,神采奕奕,带着儒雅的微笑,迎接来自社会各界及海外友人的到来。

原卫生部副部长、中国医院协会原会长曹荣桂,广东省政协原副主席、广东省医学会会长姚志彬,中宣部新闻局原副局长张文祥等老领导加挚友,风尘仆仆赶来了;广东省文明办副主任吴祖清,广东省委宣传部原副部长、省文明办原主任、广东省志愿者总会主席顾作义,广东省政协提案委员会主任、原卫计委主任陈元胜,广东省外事办公室原副主任苏才芳等领导,带着祝贺赶来了……

马来西亚"2014年十大杰出青年奖"获得者刘丽宝女士以及泰国、缅甸的国际友人,专程从国外飞来,参加当天的活动。

暨南大学附属复大肿瘤医院、广州阳光酒店、上海溦美医疗科技有限公司、马来西亚Yast Group、泰国Panacee Group、缅甸Gold Coast房地产发展集团等单位和苏用发、曾国奎、Siriya Thepcharoen、林信涌、左建生、刘建国等荣誉理事长以及众多爱心企业家、医学专家出席了本次活动。

会议室内，高朋满座，喜气洋洋。柔和的灯光映衬着一张张喜悦的笑脸，当捐赠仪式的两位主角印尼苏钢集团董事长苏用发先生、印尼 Mulia 集团董事长曾国奎先生与徐克成签下"向徐克成关爱健康工作室每年捐款 25 万元，为期 5 年"的协议时，全场爆发出热烈的掌声。

徐克成抑制不住内心的激动，向大家表示感谢。他在致辞中感激地说，徐克成关爱健康工作室在胡春华书记的倡导下成立以来，得到各级领导和社会各界的关心与支持，一步步发展壮大。如今，爱心企业和人士齐聚一堂、携手共建，为工作室进一步扩大服务范围、提高服务质量提供了有力支持。

徐克成说，作为一名医生，就是要把每一个患者的生命延续下去，而且患者要活得很好，活得很开心。苏用发先生现在的状态，让我非常感动。作为一名中国的医生，能挽救一名华裔企业家，让企业家能用他的生命和精力去为社会服务，是一种无法言语的感动。

这次签约会缘起苏用发先生的建议。说起这个建议，徐克成讲了一个故事。

2019 年 10 月 30 日，徐克成在日本参加一个国际性的冷冻治疗学术会议，结束后准备回国。在飞机场，徐克成突然接到苏用发先生打来的电话

"徐教授您好，我是苏用发，我现在在中国，今天晚上你能回来吗？"

"苏先生好，我正在飞机场，快要登机啦！"

"太好了，您回来以后一定要到我这里来一下，我现在在太谷汇，在珠江新城文华酒店。"苏用发在电话里显得十分兴奋。

"等我到广州可能太晚了，先告诉我，有什么好事情！"徐克成被苏先生的激情所感染，迫不及待地问道。

"来了再说，见面谈、见面谈，保证是好事情！"苏先生卖了一个关子，最后加了一句，"不见不散，你不管多迟都要来哟！"

下了飞机，徐克成让司机直接将车开到珠江新城，走进文华酒店大厅，只见苏先生西装革履，打着红领带，快步迎了上来。

与苏先生多次打交道，他还是第一次这样正规着装。徐克成不由得疑惑地问了一

句:"苏先生,你今天怎么这么神气?"

苏先生显得略带神秘的样子说:"你知道今天是什么日子吗?"

"什么日子?"徐克成想来想去,也没有想到今天是什么特殊的日子。"不就是10月30日吗?"

"对,10月30日,这是我再生的3周年生日!"苏先生眼里噙起泪花,"徐教授,是你们救了我,让我重生!"

原来,5年前,苏先生患上了扁桃腺癌。早期扁桃腺癌,相对而言,是好治疗的,可是苏先生开始时,没有重视,等到肿瘤一直长到很大的时候,他才感觉出了问题。到医院一检查,整个颈部全部都是肿瘤,甚至转移到了淋巴结。他跑到新加坡去治疗,医生建议他化疗,他说,化疗你能给我多长时间?医生说,最多只能活一两年。他一想,只能活一两年,我还化疗干什么呢?他又跑到台湾一所著名大学的附属医院去治疗,医生对他说,你这个治疗已经失去机会了,第一不可能开刀;第二放疗和化疗也不会有效果;第三,我们不做任何结论,你自己考虑怎么办吧。这让他很失望,但没有放弃希望,继续寻找治疗的办法,听说日本的名古屋有一家著名的医院,可以放疗,他又赶到日本,但同样被告知,没有机会了,也没有其他办法治疗。就在他万念俱灰的时候,有一个朋友建议他到中国广州的复大肿瘤医院试一试。他曾经也听说过徐克成教授的冷冻治疗,救治了许多罹患"不治之症"的病人,于是他联系到广东省外事办公室副主任苏才芳,请求帮忙。

2016年的10月30日,经苏才芳副主任介绍,苏先生住进复大肿瘤医院。

根据苏先生的身体情况,医院给苏先生进行了全面检查。苏先生的肿瘤已是Ⅳ期,常规的治疗办法是不行的。必须打破常规进行治疗!徐克成带领团队反复思考、想办法。最后,决定给苏先生采用局部消融、血管介入和全身性联合免疫相结合的综合治疗法。治疗过程很复杂,包括切开气管,但神奇的是,苏先生身体逐渐恢复了。一年后,他接受了颈部淋巴结手术清扫,切下的组织经过病理检查,竟然找不到癌细胞了。

一年后的2017年11月,徐克成从新加坡转飞至印尼棉兰,看望康复后的苏先生。

11月29日晚上,苏先生在接待晚宴上高兴地说:"我很高兴还能在这里和大家讲话,宴请我的恩人徐克成总院长!一年前,我基本上讲不出话,气喘吁吁。现在我的身体恢复了99%,走路、吃东西、睡觉都很正常,呼吸顺畅,即使在3000米高的云贵高原打18个洞的高尔夫球也完全没有气喘,感觉体力充沛、神清气爽,现在讲话几个小时声音清晰响亮,而且不累……"

徐克成当晚特意穿上了一件东南亚国家的服装,拉近了与当地华人和印尼人的距离。他风趣地说:"今晚这顿饭,我盼望了一年。苏先生住院期间要请我吃饭,我说,我们医院有规定,病人不能请医生吃饭,只能医生请病人吃饭。所以,我请苏先生苏太太在广州吃饭。我说过,等你康复之后,我会到棉兰看望你,你再请我吃饭。"

"我真盼望能有一天到印尼棉兰与苏先生吃饭,今天实现了!"徐克成的这番话让台下嘉宾发出欢快的笑声。晚会临近结束时,徐克成将一幅寿字图赠送给苏先生:"祝愿您健康长寿!"

徐克成看望康复后的苏用发先生

三年过去了,苏先生再次约见徐克成。"都三年了,时间过得真快,祝贺您,获得新生!"望着苏先生感激的神情,徐克成感慨万千,心中涌起了一阵喜悦。

"徐教授,我要感谢您,您给我用的曾治疗好您自己癌症的那种复合疫苗,让我的癌症3年没有复发,也没有经历任何治疗痛苦,而且没收一分钱,您这份恩情我怎么报答呀?今天请您来,就是想了解一下,您有什么要求?"苏先生一脸真诚。

"我个人没有什么要求,你健康了,就是我的要求!"徐克成诚恳地回答。

"徐教授,您不是有一个关爱健康工作室吗?为了让更多的病人得到您的关爱,我来支持您设在阳光酒店的关爱健康工作室,如何?"

"那太好了,那就让我们共建健康工作室,为大众谋健康,为社会和公益慈善事业多做贡献吧!"徐克成紧紧握住苏先生的手,久久没有放开。于是就有了 2020 年元旦期间的这次捐赠仪式。

苏先生是国务院侨办授予的"热心海外华文教育杰出人士",不愧为印尼著名企业家、慈善家。在印尼,他创办了幼儿园到大学一系列学校,帮助了无数的贫困学子。在复大住院期间,苏才芳等领导多次前来看望。后来,苏先生又介绍印尼 Mulia 集团董事长曾国奎先生一同捐款,来共建徐克成关爱健康工作室。

成立癌症康复协会

共建徐克成关爱健康工作室,这是时任广东省委书记胡春华的嘱托与期望,如今徐克成将这一嘱托变为现实,许多企业家纷纷前来捐款、捐物,为工作室积聚爱的力量!

说起工作室,徐克成又谈起同是他担任会长的广东省生命之光癌症康复协会。他说,非常感谢广东省和广州市各级领导的关怀和支持,是他们为 5000 多名癌症患者搭建了一个保障健康的"加油站",让生命绽放光芒!

那是 2013 年 9 月,徐克成在北京荣获由中共中央宣传部、中央文明办、总政治部、全国总工会、共青团中央、全国妇联共同颁发的"全国道德模范提名奖"。回广州后,时任广东省委书记胡春华亲切接见了他。胡春华与徐克成亲切握手,说道:"徐院长,你是全省人民学习的榜样,现在你有什么要求,尽管提!"

握着胡春华书记的手,徐克成十分激动,他说:"我个人没有什么要求,只是我们有一个癌症康复协会,希望省政府能给予注册登记,成为一个正规的法定组织。"

原来,广州市有一个癌症病人自发组织的癌友协会,全部都是癌症病人,有 5000 多个会员,开始叫癌症俱乐部,后来叫生命之光癌症康复协会,但由于种种原因,癌症康复协会到民政部门申请登记注册时未能通过。

胡春华当即对身边的省委秘书长说:"这个你帮助协调一下,解决好!"说完又对徐克成说:"还有什么要求?"

徐克成当时虽然已经年逾七旬,却还有 20 岁年青人一般的闯劲,见省长、副省长等省委、省政府等领导都在场,索性一股脑地把自己的想法说了出来:"胡书记呀,癌症康复协会建起来了,还要有活动经费,才能真正为癌症病人办点实事啊!"

胡春华笑笑说:"徐院长,你说,要多少钱?"

徐克成脱口而出:"500 万!"

胡春华说:"行,关爱癌症患者,促进全民健康,这是民心工程,我们支持徐院长!"说完又继续吩咐身旁的省委秘书长:"这件事也帮徐院长办一办。"

后来,徐克成拿着申请报告和胡春华的批示,亲自跑到省民政厅,办理审批手续。民政厅厅长半开玩笑地对徐克成说:"胡书记有批示,还要你这个道德模范亲自跑一趟呀,让一个秘书来办,不就行了吗?"

不久,省政府 500 万元拨款到位,这给徐克成莫大的鼓舞,他亲自担任广东省生命之光癌症康复协会的会长,策划和组织开展了一系列关爱癌症患者的公益活动。

一个月后,广州市委召开局级以上干部大会,徐克成和其他几位基层代表应邀到会发言。散会时,市委领导特地留住徐克成,说:"徐教授,你是活菩萨,救了那么多人。市政府决定也支持你们协会 500 万元。"

徐克成用省、市的拨款,为协会买了一栋办公用房和两辆汽车,置办了一些办公用品,经常性开展群众性文化体育健康活动。同时聘请专业人员(主要是志愿者),从生物学、行为学、心理学、遗传学、基因学、社会学诸方面,对病人开展与癌症康复、预防相关的系统性科学指导、教育和研究。几年来,广东省生命之光癌症康复协会在"抱团取暖、集体抗癌、科学治疗"等理念的支持下,会员的生存率和生活质量得到普遍提高,5 年以上控癌勇士达到 85% 以上,已经达到发达国家康复水平。

建设关爱健康工作室

2014 年,徐克成经广东省委宣传部推荐,当选受到中宣部表彰的"时代楷模"。7 月

2日上午,胡春华亲切接见徐克成先进事迹报告团成员,强调要以这次报告团在广东宣讲为契机,进一步宣传好徐克成同志的先进事迹。

胡春华说,徐克成同志今年74岁,曾身患癌症,先后动了5次大手术,但仍抱病奋战在抗癌第一线,创办广州复大肿瘤医院,成功救治和缓解癌症病人7000多人次,并为400多名贫困患者提供医疗救助。徐克成同志用自己的模范行动践行了社会主义核心价值观,为全省人民树立了典范,是全省人民学习的榜样。①

胡春华强调,广东的发展进步需要更多像徐克成一样的先进人物。要进一步挖掘和宣传好徐克成同志的先进事迹,弘扬他身上具有的创新创业精神和崇高的道德情操,引导广大干部群众向他学习。学习他在癌症治疗与医学科研上进行艰苦探索的创新精神;学习他退休之后创办民营医院,生命不息、奋斗不止的人生追求;学习他崇德向善、乐于助人的道德风范。要充分发挥榜样的示范引领作用,使创新创业的时代精神和崇高的道德风尚在全社会蔚然成风。全省各级党委、政府要关心和爱护像徐克成同志一样的模范人物和先进典型,大力宣传他们的先进事迹和优秀品质,不断增强社会正能量,促进社会文明进步。②

在随后举办的座谈会上,胡春华关切地对徐克成说,像你这样的时代楷模要给社会多做贡献,不能局限于在医院里面为病人看病了。医院里的事,让年轻一代去做,要保证你的工作范围扩大到社会层面上去。

胡春华笑着对徐克成说:"徐院长,这次你有什么要求,可以继续提!"

徐克成把自己长时间的思考直接说了出来:"胡书记呀,我们不但要给癌症患者一个活动的平台,我们还要为社会各界人士搭建一个促进健康的平台!"

胡春华说:"徐老,你这个想法很好,健康是人生的第一财富,是事业成功、家庭幸福、社会和谐的基础,促进大众健康,也是我们党委、政府的惠民工程,这样吧,我们给你成立一个关爱健康工作室,如何?"

一句话,说到了徐克成的心坎上,徐克成苦苦寻求的人生目标有了更加明确的前行

---

①②《胡春华会见徐克成先进事迹报告团成员:广东需要更多徐克成式先进人物》,《南方日报》2014年7月3日。

方向。

事实上，随着年龄的不断增大，闲不下来的徐克成一直在不断思考自己的人生方向。他觉得，今后自己的精力应该放在研究和促进全民健康方面，用自己的威信、思路和所研究的理论、实践的成果，来更好地发展促进健康的公益事业。"生命不息，冲锋不止"的追求，犹如珠江之潮，在他的血液里涌动。他的儿子徐宏汇对自己的父亲有一句精彩的评价："我父亲目前是80岁的身体，却有20岁人的理想和干劲！"

在广东省委宣传部的组织协调下，2015年，经民政部门批准，徐克成关爱健康工作室正式成立了。

这次，徐克成没有要省里出钱，他遵循胡春华书记提出的"公益事业要号召社会力量共同来办"的指示精神，走共同筹办工作室之路。他自己率先拿出了积蓄100万元，作为工作室的开办经费，在位于天河区的阳光酒店的大力支持下，工作室就设立在阳光酒店大楼内。

引进氢医学

"时代在进步，医学也在进步，但是很遗憾，目前很多疾病依然让医生束手无策！关爱健康，从何起步？"徐克成想到了自己近年来对氢医学的研究，他决定把氢医学引进健康工作室。

他总结：寻氢，是医学发展的需要、生命延续的需要、人生追求的需要、社会大众的需要。

本着对生命负责的严谨态度，徐克成亲赴各地随访病人，发现他们使用了同一种氢氧雾化机吸氢，得到了很好的康复效果，于是他用这部机器前瞻性地观察吸氢使用者，再进一步研究这部机器，发现它的数据符合氢医学研究的一些规律。

然后，他找到这家医疗科技有限公司，请他们赞助了几十台氢氧雾化机，放在徐克成关爱健康工作室供市民免费吸氢。除此之外，工作室还为群众提供疾病预防、健康教育等咨询服务，定期开展健康知识讲座，依法开展义诊活动，组织义工志愿服务，定期举办学术交流会，免费开展氢医学相关的体验咨询，不少病患和亚健康人士因氢受益，还开通了网络健康直播室,通过多平台直播联动方式,将健康知识和关爱传递到千家万户。

2018年,徐克成将复大肿瘤医院的医学硕士孔小锋调至工作室,主持日常工作。

曾为冰心、杨绛、艾青等文化名人撰文的资深媒体人、作家徐斌,慕名前往工作室采访,在报道中写道:在徐克成关爱健康工作室,我看到,这些原本失去生存信心的患者们,将氢氧之气由鼻腔吸进,继而分布全身,送入神经末梢,以"气"载道,收获着身心齐舒同乐的神奇美妙境界,养生吸氢的一呼一吸之中,不单给吸氢者单一健体的营养成分,更带给了他们心灵的慰藉和对生命信心的升华。正所谓,鼻吸心悟,沁入肺脾,大气励志,修为契道,去浊重生。

为了让更多患者受益于氢医学,也为了更好地服务广大患者,2019年4月10日,徐克成关爱健康工作室又在广州市中山二路粤运大厦,建设了一个近200平方米的体验中心,正式向社会大众免费开放。

在当天的启动仪式上,生命之光癌症康复协会会员、鼻咽癌患者洁梅分享了吸氢体验,还送上亲手书写的"氢医学造福百姓健康"条幅,恭贺体验中心开幕。

洁梅在患癌后的第10年开始出现烂牙,接着舌基逐渐萎缩导致口齿不清,听力受损,吞咽困难,嗅觉也出现问题。医生告诉她,这是鼻咽癌放疗的后遗症,没有特别好的治疗办法,只能通过按摩、做康复操等手段"控制病情发展"。

2018年10月18日,她来到工作室吸氢四天后,奇妙的事情发生了!"以前气候转变,有温差,我就鼻塞、耳鸣。吸了几天后,我从室外走进空调房,发现情况大为改善。另外,耳朵流脓也减少了。"随后她推掉了所有社会活动,全心全意到工作室吸氢。吸了一个月后,耳朵里一点儿脓也没有了,鼻子呼吸顺畅了,生活质量大大提高。

2020年,由于受到新冠肺炎疫情的影响,工作室将线下健康知识的宣传,转移到线上进行。建立"关爱健康直播室",开设"徐克成关爱健康"公众号,并通过西瓜视频等新媒体拓展健康知识的宣传,已经建设了8~10个平台同时进行推广,让更多的人了解疾病预防知识。

徐克成亲自走进直播间,普及健康知识,开设专题讲座,如"徐克成谈什么是氢医学?""徐克成谈健康的标志""徐克成谈看病的人文艺术""徐克成谈健康'六要素'""徐

徐克成在直播室普及健康知识（右一为主持人孔小锋，左一为癌症患者、志愿者Amy）

克成看病：勉强的刀，千万别开！"等。同时邀请医学专家、一线医生讲解平时生活中经常遇到的健康问题，如"发现乳腺增生或结节怎么办？""饮食与癌症防治""别把胃痛只当成慢性病""查出幽门螺杆菌，离胃癌还有多远？""冠心病的防治""健康养生：家庭常用针灸法""牛博士谈胰腺癌纳米刀治疗""新冠病毒下，肿瘤患者如何应对？"等。2020年，收听收看的受众在400万以上。

绽放生命之光，健康工作室让众多的患者从中受益，也受到了亚健康人群的普遍欢迎。除本地患者和市民前来体验吸氢外，全国各地打电话来预约吸氢者也是络绎不绝。孔小锋医生每天都要做接听、登记和接待工作。据孔小锋统计，几年来，已经有四川、湖北、湖南，甚至北方的患者到工作室附近租房子，体验吸氢带来的神奇效果。

为苏用发先生庆生

2021年12月12日，冬月初九。徐克成在儿子徐宏汇的陪同下，从上海赶到苏州，应邀参加印尼华侨苏用发夫妇五十周年金婚纪念晚宴。

夜幕下的苏州,灯火璀璨,流光溢彩。酒楼宴会大厅里,高朋满座,笑语连连。73岁的苏用发先生红光满面,在宴会上激动地说:"今天是我与太太五十周年金婚纪念日,我把国内能请到的苏姓家人和朋友都请来了,但我还破例请来了一位不姓苏的异姓朋友,他就是我的救命恩人徐克成院长!"

在众人敬佩的目光中,徐克成站起来向 100 多名苏姓来宾挥手致意,同时他宣布:"在今天这个特别的美好日子里,我作为苏用发先生的一名主治医生,我宣布,经过五年的治疗与检查,苏先生完全康复!"

"哗——"全场响起热烈的掌声。人们纷纷向苏先生敬酒祝贺,表达喜悦之情。

徐克成抹去眼中流下的激动的泪水,不由得想起自己的老朋友——四年前去世的日本朋友隅田幸男先生。隅田幸男先生是日本一所著名大学的教授,心血管外科专家,也是冷冻医学的创始人之一。30 多年前,他在日本成立了低温医学学会,集中了日本一些有名的教授进行研究。从 2008 年开始,每年都邀请徐克成到日本去研讨、交流,参加学术会议,鉴于徐克成在冷冻治疗方面的贡献,授予徐克成冷冻治疗胰腺癌金质奖章,并助推徐克成当上第 18 届国际冷冻治疗学会的主席。

2017 年,隅田幸男不幸患上喉癌,与苏用发的扁桃腺癌部位差不多,在日本接受了正规的放射治疗。过去,徐克成到日本参加低温医学国际年会后,他都要请徐克成等人到日本银座吃日本料理,年年如此。让徐克成惊奇的是,每年都在同一个酒店,而且是同一张饭台,同一个位置,这让徐克成既惊喜又感动。

这年年会后,已不能行走的隅田幸男,还是请秘书带信邀请徐克成和奥地利的柯本教授到东京见面。

他是躺在担架上被医生抬进酒店的,由于肿瘤已经扩散糜烂,他进来后,整个房间弥漫了一股肿瘤腐败的臭味,喉部插着管子,气管已经切开,饭自然不能吃了。看到多年的友人被病魔折腾得如此惨相,徐克成心里十分难受,前几年还为他庆祝了 80 大寿,现在说不行就不行了,徐克成不由得当场痛哭起来。他走到隅田幸男面前,拉着他的手,已经无法用语言交流了,只能在纸上写下:"隅田幸男教授,我们爱你!""希望你健康起来!"隅田幸男也拿起笔在纸上写下了一句表示感谢的话。然后写下:老朋友们,这是我们最后一次见面了,再见了,我亲爱的朋友们,我们一起拍张照片吧!

徐克成泪流满面，在心里默默为他祈祷，和隅田幸男一起拍了合影。隅田幸男叫他秘书陪徐克成等一起吃饭。那顿饭，是徐克成有史以来吃得最压抑的一次饭，很无奈，也很沮丧。不久，隅田幸男与世长辞，这给徐克成带来深刻的思考。隅田幸男，一位在日本乃至全世界都是很了不起的医生，而且住在最现代化的国家的最现代化的医院，为什么不到一年的时间就去世了，而患同一病理类型癌肿（鳞癌）的苏用发却幸运地活了下来。面对世界性的癌症治疗难题，今后如何走？

徐克成的思绪被庆祝苏用发五岁新生的祝贺声所打断，苏用发端着酒杯来到徐克成面前，对徐克成再次表示感谢。他说："谢谢徐院长，你让我坚定了到中国来投资兴业的信心，有了好的身体，就有了干事业的本钱，我要在苏州工业园区扩大投资，把事业做得更大！"说完，他舒心地笑了起来。

要知道癌症五年生存期是一个坎。一般癌症五年复发率居高不下，这也是徐克成对苏用发先生的最大担心。为此，在苏先生接受治疗五年后的2021年11月，徐克成请苏先生到复大进行了一次全面检查，结果显示，一切正常，这让徐克成和苏先生喜出望外。当晚，徐克成在广州阳光酒店订了一桌酒席，请苏先生夫妇等人一起庆祝苏先生新生"5周岁"生日，并请酒店专门做了一个大大的蛋糕庆生。

蛋糕上摇曳的烛光，虽然微弱，却给人带来希望。这是喜庆之光，更是生命之光！

第三章 时代呼唤健康

人生,犹如四季,有春天的和煦、夏天的火热、秋天的金黄、冬天的雪霜。美景固然美好,但难以持久。疾病时有侵袭,生命需要健康,时代呼唤健康。

"吸氢大姐"全老师

2018年8月6日下午,广东省徐克成关爱健康工作室举办了一场"氢分子医学和健康"讲座,徐克成向与会听众推荐了一位癌症患者全老师。

当全老师走上讲台,全场的目光都聚集在这位60岁ⅢC期的卵巢癌患者身上。她神清气爽,光彩照人,步履矫健,完全看不出是一个癌症晚期患者。

全老师向现场听众分享了她的故事。全老师本来有一个幸福的晚年生活,子女在英国学业有成,定居当地,她一个人在国内乐得逍遥。但不幸在五年前被确诊为卵巢癌ⅢC期并有转移,肿瘤指标物CA125翻倍增长,最高达2000左右。这给全老师的晚年生活带来了极大的痛苦,她不得不接受让人备受煎熬的化疗。

四个疗程的化疗,让她痛不欲生。好不容易熬过了化疗,又经历了一次子宫、卵巢、输卵管全切手术。三年后,她的CA125又开始升高,腰也开始疼痛,一做CT,发现腹腔布满了肿瘤,癌症复发了。

全老师又陷入了"万丈深渊",进行了两次癌细胞减灭术后再次开始化疗。化疗了5次,每一次的化疗,白细胞跌到1点左右,中性粒细胞绝对值跌到0,血小板跌到20点左右。也就是说,全老师每一次的化疗都是与死神擦肩而过。化疗没能帮助全老师有效控制病情,她的CA125在前5次化疗中并未明显下降。同时,由于化疗导致免疫力低下，她还患上带状疱疹。

"医生说我对化疗药耐药，要换化疗药。这时，我听说徐克成关爱健康工作室能免费吸氢气，氢气的选择性抗氧化能清除多余及有害的自由基，对控癌有帮助。"于是，全老师从2018年6月30日开始吸氢，吸了5天后，抽血复查肿瘤指标，结果肿瘤标志物比上次下降了70多个点，差不多下降50%。全老师喜出望外，她做出了一个大胆的决定——停止化疗，继续吸氢一个月，看是否能达到控癌的效果。

8月6日，全老师起了个大早，赶到医院抽血化验。CA125比原来又降了50多个点，指标已降到正常范围了！她太激动了，第一时间把这个好消息分享到工作室的吸氢服务群中。群里一片沸腾，大家都衷心地为她感到高兴。

"吸氢给了我一个大大的惊喜。以前我走十几米都累得不行，吸氢后一天好过一天，吸氢半个月后，步行几千米都不累。最近，我去了趟英国参加儿子的毕业典礼，十几个小时的长途飞行，居然一点儿都不疲惫！"

这以后，全老师一直坚持吸氢，同时乐此不疲地给众多癌症患者现身说法，讲述氢分子控癌的神奇疗效，她成了徐克成关爱健康工作室一名特殊的志愿者。癌友们送她一个雅号——"吸氢大姐"。

奔波于两座城市之间的李阿姨

李阿姨是一位家住佛山市的退休职工，她每天往返于广州与佛山两座城市，不是为了旅游，也不是为了谈业务，而是赶到位于广州市天河区阳光酒店的徐克成关爱健康工作室，吸上一口氢气，为病弱的身体赋能。

她每天早上9点从南海区盐步家中出发，步行约15分钟到车站，坐30分钟左右公交车到滘口站，乘40分钟地铁到员村后，还要再坐一趟公交车，到达工作室一般是11点，然后插上吸氢鼻管，尽情享受吸氢带来的清新与愉悦。

是什么原因促使她如此大费周章，长途跋涉？一切要从她几年前患病讲起……李阿姨在2013年底查出卵巢癌Ⅲ期。这个结果对她无疑是晴天霹雳，她无奈接受了6次化疗，病情有所稳定。2016年她的癌症复发了，又接受了6个疗程化疗。病情稳定仅1

年,癌症二度复发,等待她的又是 4 个疗程的化疗。一面要承受"化疗—复发—化疗—再复发"的煎熬,一面还要照顾患病的老伴。身心的双重打击,让她患上失眠,只有靠安眠药才能勉强入睡。"凌晨三四点就醒,很难再睡着。"睡眠对一个癌症病人康复有多重要,李阿姨自然知道。

2018 年 8 月,她到广州大佛寺参加癌症康复营时结识了同患卵巢癌的全老师。她见全老师精神焕发、神采飞扬,全然不像癌症病人。两个同病相怜的人走近交流后,她了解到,原来全老师从 6 月份开始到工作室吸氢,肿瘤指标下降到正常范围并持续稳定,并且还吃得香、睡得好。

"真有这么神奇?氢气能改善睡眠还能控癌?"李阿姨决定试试。在工作室义工的帮助下,李阿姨开始了免费的吸氢体验。

在吸氢过程中,她会拿出自带的米饭或粥,津津有味地吃完。下午,再花两个小时返回家中。每天奔波于广州与佛山两座城市,别人看来费时费力,她却乐此不疲。"吸了 20 多天后,我开始不用吃安眠药也能睡了!"这个变化让她欣喜万分,坚定了她继续吸氢的决心。

像李阿姨这样的老人到徐克成关爱健康工作室吸氢的还有很多。

与氢结缘的曹大妈夫妇

2018 年 10 月 30 日,一场特殊的运动会在广州荔湾运动馆举行。这些运动员来自不同的地方,有着不同的生活阅历和职业背景,上到耄耋老者,下到青葱少年,他们有一个共同的大家庭——广东省生命之光癌症康复协会。

这是协会举办的第六届运动会,也是曹大妈加入协会后参加的第一个运动会,她显得格外激动。在过去的几年里,她被化疗后的严重副作用折磨得够呛——手脚麻木,走路不稳,还经常眩晕。得益于氢气,她的膝关节疼痛明显改善,第一次走进了运动会赛场。

曹大妈在 2012 年时,不幸患上乳腺浸润性导管癌,而且是三阴性的。这意味着,内分泌治疗和针对 Her-2 的靶向治疗对她都不管用。同年,她做了右乳全切和 8 个疗程的化疗。

化疗使得她的末梢神经受损,手脚有像被针扎似的刺痛感。同时由于膝关节疼痛感强烈,她无法久站,上下楼梯都要扶墙缓行。

"加入'生命之光'五羊站六年多了,我从来没参加过一次运动会。今年,我终于可以参加了,不仅参加了入场式,还站了将近一个小时!"曹大妈激动地说道,这样的经历,在以前想都不敢想。这都源于与氢结缘。

9月中旬,她听说,氢气能改善放化疗副反应,对癌症康复也有一定帮助,于是她拉上丈夫一起来到工作室体验。

据曹大妈介绍,丈夫患有慢性肾炎超过25年了。2018年2月春节期间,他突感胸口剧痛,紧急入院检查,被诊断为急性渗透性胸膜炎、双肺多发炎症。经过半个月的住院治疗,病情稳定出院。"当时医生特地把我叫到办公室,说:'他的胸腔积液是浑浊的,很难被吸收。'"

出院后,他又吃了一个多月的消炎药,复查的结果显示,白细胞仍超标。听说氢气能消除炎症,曹大妈劝丈夫不妨一试。吸了半个月氢后,夫妇俩有一次到儿子家带孙子。"以前他上两层楼都喘得不行,当时居然可以一口气上到六楼,还有力气抱孙子。"夫妇俩喜出望外。

11月曹大妈陪丈夫做了一次复查。复查的结果更是让两人大吃一惊:这么多年不正常的白细胞指标第一次正常了!被医生认为难以消除的胸腔积液也基本被吸收了!

"腿脚好,气不喘!"吸氢让夫妇俩都有收获,现在他们经常到海珠湖,一走就是上万步,走得轻松惬意。

到访的英国皇室贵族

徐克成关爱健康工作室不仅为普通老百姓提供了一个促进健康的乐园,还引起一位英国皇室贵族的关注。

2018年8月5日下午,工作室迎来了一位雍容华贵的英国皇室成员——伊丽莎白女士。

伊丽莎白是徐克成教授的老朋友,两人的友谊始于2014年。当年6月,为"保卫乳房",伊丽莎白女士不远万里来到中国。

乳腺癌是女性最常见的恶性肿瘤之一,发病率占全身各种恶性肿瘤的7%~10%,已成为威胁妇女健康的主要"杀手"。其发病率随着年龄的增长而上升,20岁前较少见,但20岁以后发病率迅速上升,45~50岁较高,绝经后发病率继续上升,死亡率也随年龄增加而上升。

徐克成与伊丽莎白交谈

伊丽莎白女士,虽为贵族,但疾病不看身份,不幸患上双侧乳腺癌,在英国寻找不到令她满意的治疗方式,她将目光投向中国广州暨南大学附属复大肿瘤医院。

治疗期间,她受到医护人员的悉心照料,手术非常成功,徐克成医德共济的品格也给她留下了深刻印象,与徐克成有了深入的交谈。

徐克成问她:"你来自一个发达国家,为什么来我们医院治疗?"

她深深叹了一口气,告诉徐克成,她的丈夫已在半年前死于喉癌。"两次手术,30多次放疗,数月的化疗,他遭受了太多的苦了!"说着,她的眼睛湿润了。隔了一会儿,她又说:"我唯一的弟弟也快走了。他也患了癌症,接受了一次次治疗,日子过得如同在地狱中。"她说,"我不能重复他们的命运,因此,选择了中国复大!"

为了感激徐克成院长的精心治疗,出院之前,她要求在复大肿瘤医院设立一个救助基金——伊丽莎白基金。签字仪式上,她快步走到签字桌前,步履利落,与徐克成握手,问候,坐下,签字,无不显示出她的高贵和教养。她说:"复大的冷冻技术水平极高,整个治疗过程中没有让我感到疼痛,让我的乳房完好无损。徐教授有仁爱之心,值得信赖。我要让我们国家的医生认识到,对于一个女性来说,乳房是多么重要!建立救助基金,是为了让更多的癌症病人像我一样,少受病痛的折磨。"

当她得知徐克成是国际冷冻治疗学会主席时,她说:"希望阁下能帮助我的国家培养这方面的人才!"

徐克成仔细端详着这位贵族夫人,虽然她已70岁,但高挑的身材,一头西方人特有的浓密的白发,长睫毛下一双绿色的眼睛闪着亮光,一看就知道是一位气度不凡的显贵,难怪她不愿意接受手术、接受化疗。这让徐克成不由得联想到2500多年前,36岁的波斯王后阿托莎(Atossa)身患Ⅲ期乳腺癌,用布裹住自己癌变的乳房,毅然决然地命令手下的奴隶用刀将她的乳房割下来。这种对付癌症"大刀阔斧"的疗法,实际上沿用至今。这与徐克成倡导的"温情疗法"有天壤之别。

回到英国,伊丽莎白夫人与徐克成仍保持着邮件联系。2018年,她告诉徐克成,自己身体不错,恢复良好,就是腰椎不大好。徐克成说,吸氢气也许能解决腰疼的问题。他郑重邀请伊丽莎白夫人来广州做康复体检,并到他的工作室参观,体验一下氢气的魅力。

2018年8月2日,伊丽莎白夫人在随从的陪护下抵达广州,在复大进行了体检和康复治疗。8月5日下午,她应邀来到位于广州阳光酒店708室的工作室贵宾接待室,徐克成热情接待了她。

徐克成向她介绍,吸入人体的氢气由氢氧雾化机产生,机内装有特殊电极,能将纯净水分解,产生66.6%的氢和33.4%氧,无色无味。仪器能自动控制气体流量,用鼻管吸入时,流量一般为3升/分钟。

伊丽莎白听得入迷,要求马上进行体验。徐克成贴心地为她讲解吸氢时的吐纳方法。

徐克成说:"我每天至少吸氢1小时,常常在跑步机上跑步时,一边吸氢,一边看电视或听音乐。一段时间后,我自感睡觉比以前香了,胃口好了,疲劳感少了,同事和朋友说我的皮肤变嫩了。"说着,徐克成拉高衣袖,露出自己的手臂,给伊丽莎白看自己的皮肤。伊丽莎白也伸出手臂与徐克成比较,她惊叹氢气竟有这么神奇的效果。

徐克成说,氢气具有选择性抗氧化作用,能消除体内多余有害的自由基,采用氢气祛"毒"(活性氧自由基)的方法,健康工作室新开辟吸氢体验区后,面向社会、服务大众、关爱健康、万人受益。

听完徐克成的介绍后,伊丽莎白女士连连点头。她表示,徐克成的做法她十分赞赏,这与她一贯奉行的慈善事业是一致的。

关爱女性癌症患者

2019年12月7日,虽是隆冬季节,但刺骨的寒风阻挡不住广州风车广场上的欢声笑语。

华丽的服装、曼妙的舞姿、婉转的歌声,还有激情洋溢的朗诵……这既不是哪个商家搞的大型户外秀,也不是哪个专业团队的演出,而是一群女性癌症患者在演出。

由中国抗癌协会康复会、北京爱谱抗癌患者关爱基金会主办,广东省生命之光癌症康复协会协办的首届"爱携航"嘉年华活动,吸引了众多癌症患者和关爱女性健康的热心市民参与。

作为广东省生命之光癌症康复协会会长的徐克成准点来到会场。他在致辞时深情地说道,习近平总书记说,没有全民健康,就没有全面小康。如今建设健康中国已经成为国策。我国每天约有1万人确诊癌症,抛开如此庞大的癌症群体去谈健康,健康从何谈起?关爱全民健康,必须做好健康文化的宣传。而癌症文化是健康文化中不可或缺的重要组成部分。我认为癌症文化的核心应该是:不回避,不惧怕,合理治疗,积极康复,活下来才是硬道理!

对癌症病人来说,最难面对的是死亡。人总要死,死亡是人类共同的终点,是生命交替的媒介,是新生命的开始。话虽这么说,但没有人想死,即使活到100岁,死了也是"不幸逝世",正如苹果CEO乔布斯说,即使那些想上天堂的人,也想活着上天堂。

活动现场,广州"生命之光"俱乐部癌友患者表演的舞蹈《一个也不能落下》,舞姿优美,歌声嘹亮,催人泪下。

生命就像一棵草,在蜿蜒曲折中长高;

生命就像一株芽,顽强破土后开花;

生命就像大海里的水,微不足道但很重要;

生命就像一杯酒，蕴含酸甜苦辣的味道。

生命的珍贵，要不舍不弃；生命的意义，是自强不息。顽强的生命，要好好去打拼；不息的生命，应时刻去奋进；顽强的生命，要坚持到底；不息的生命，应时时去珍惜！

演出完毕，徐克成走上台去，和癌友们相拥在一起，问候、握手，那一刻，大家没有抱怨、没有忧愁。都是癌症患者，虽然不知来年是否还能在这舞台上演出，但这不重要，重要的是"不息的生命，应时时去珍惜"！

徐克成告诉在场的女性癌友们，乳腺癌和卵巢癌是女性最常见的两种癌症，并不可怕，良好的心态，积极的治疗，生命就会像歌词里唱的那样"顽强破土后再开花"。他对参加活动的癌症患者给予极高的评价，对她们说："相比许多人谈癌色变，害怕被打上'癌症'标签，你们能参与当天活动，能够勇敢地站出来，走上台，积极展示自我风采，传播正确抗癌观，难能可贵。你们就是寒冬中一抹亮丽的风景线，让人赞赏。"

他在活动现场大声疾呼："与癌共存，抗击癌症，我们是同一战壕里的战友，我们一起走！"

时代呼唤健康，生命需要顽强破土后开花。2021年，徐克成关爱健康工作室积极参与广州市福彩公益慈善大赛，发起了"徐克成癌症救助项目"，帮助癌症患者向社会募捐，关爱生命，关爱健康，为"癌"减负。

第四章　两位不同寻常的志愿者

爱美的 Amy

爱美,是女人的天性,尤其是当空姐的,更注重形体美。

来徐克成关爱健康工作室体验的市民常常会被一位身材婀娜多姿、穿戴得体的志愿者所吸引。她叫 Amy,香港人,原是香港国泰航空公司的一名空姐,齐眉的刘海、水灵的眼睛、姣好的面容、轻盈的脚步,身上穿着印有"广东省徐克成关爱健康工作室"和爱心标志的玫瑰红志愿者马甲,热情地为吸氢者提供着健康服务。

与伊丽莎白夫人一样,她也是一名乳腺癌患者,而且也是一位为保护乳房而战斗的"保乳派"。

穿梭全球大大小小的机场,飞上万米云端;见过形形色色的人,游遍世界角落……作为香港国泰航空的机舱主管,Amy 享受了光彩夺目的人生上半场。

"仿佛从一万米的高空突然坠入迷雾深谷……"2009 年初,一张突如其来的乳腺癌诊断书,让她美好的生活戛然而止。她被迫辞去空姐一职,开始接受癌

右一为志愿者 Amy,左一为志愿者彭细妹

症治疗,那是她有生以来最灰暗的日子。

Amy选择了保乳手术,术后病理浸润性导管癌,右腋窝淋巴结转移(1/3),ER(+)、PR(+)、HER(-)。她拒绝了术后常规的化疗和内分泌治疗,转而接受自然疗法加吃中药调理。

2014年5月,她发现右乳及右侧腋窝肿物较前明显增大,破溃出血,但她始终不愿意做化疗,之后,Amy右乳肿物不断增大。当地医生建议她再做电子扫描,如果癌细胞没有扩散,就先做4~8次的化疗,争取让肿瘤缩小后手术切除。不愿意接受传统治疗的Amy,向美国一家自然疗法机构中心咨询,表示想去匈牙利或者墨西哥的疗养院先做两周的自然疗法治疗,再回香港做后续治疗。但是这家机构考虑到Amy的肿瘤太大,拒绝了她。眼见肿瘤越长越大,还破溃出血散发出阵阵恶臭,曾经美丽动人的蓝天丽人,此时走到了几乎崩溃的边缘。

正当她沉浸在深深的痛苦中时,一位印尼的朋友向她介绍了徐克成教授的两本书《与癌共存》和《我对癌症患者讲实话》。Amy一口气读完这两本书,书中的故事、观点和设想,旷达敏捷、生动流畅、通俗易懂,让她茅塞顿开——只要拥有良好心态,秉持正确理念,采用创新策略,接受适合方法,就有可能与癌"和平共处",拨开生活的阴霾,让生命充满阳光。

2016年初,Amy来到徐克成所在的广州复大肿瘤医院,检查发现已有骨转移,入院接受了3次右乳腺癌介入治疗术和"右乳腺癌根治性切除术+右大腿取皮+右乳游离皮瓣移植术"。术后,主刀医生王建南教授亲自为她换药,并轻声地对她说:"手术的成功七分在手术台,还有三分靠术后换药。"一位大教授竟然会为病人亲自换药,这让Amy感动得热泪盈眶。

结合Amy病情的实际情况,徐克成又大胆给她试用由几种疫苗配合应用的非特异性免疫治疗。

2020年新冠肺炎疫情暴发,Amy没能前往广州继续接受免疫治疗。当年4月,她在香港复查发现左侧胸腔少量积液。7月,她感到胸闷气促,CT显示胸腔积液增多。她第一时间想的就是把"生命权"再一次交给她最信任的祖国内地的医生。

在徐克成指导下,先行介入化疗。治疗期间,她坚持到徐克成关爱健康工作室吸氢。Amy 欣喜地发现，吸氢，让她做介入治疗一点儿不感到痛苦，能像正常人一样吃喝生活。治疗结束后，Amy 的病情得到有效控制，2021 年 3 月 2 日，Amy 做客"徐克成关爱健康直播室"讲述抗癌经历。

她决定不回香港了，在工作室附近租了间房子，做起了一名健康促进志愿者，用自己的亲身经历鼓舞病患者，让更多人了解氢氧气的魅力。

她在给徐克成的感谢信中这样写道："十分感激徐院长，给了我一次又一次延长生命的奇迹。我想余生都跟着徐院长走，过着抗癌控癌的健康生活！"

什么是健康生活？

徐克成从 Amy 身上总结了八个表征：气色好、精力旺、吃得下、能长胖、大便通、小便畅、脑子清、走路爽。

从正常的观点来看，按照 Amy 的病史和现在尚存在的癌细胞转移来看，她并不"健康"。但她完全符合"健康"的八个表征。作为晚期乳腺癌病人，Amy 的控癌路走得尽管有一些波折，但在接受了恰当的治疗后，最终都有惊无险，转危为安，健康生活。

每天上下班，穿梭于吸氢者之间，楼上楼下做服务，Amy 每天过得开开心心，她好像又回到了蓝天白云之间，闻到了芳华时代的青青气息。

看到 Amy 快乐地做着志愿者，徐克成心里也是万分高兴，他时时回味着胡春华书记讲的"共建工作室"的话。把病人转变成一位快乐的志愿者、健康的工作者，这是"共建"带来的效应，让病人健康、快乐，这是徐克成医学人生的不懈追求！

幸运的彭细妹

早 Amy 前来工作室做志愿者的，还有一位被徐克成从死亡线上"拉"回来的癌症晚期患者彭细妹。

救治彭细妹可以说是"惊心动魄"。

让我们把镜头拉回到 2009 年 12 月 19 日，这是一个星期六。

广东省湛江市，虽地处中国南端，但临近冬至，气温仍降至 11℃。下午，徐克成随广东省中西医结合学会消化病专业委员会组织的消化病和肿瘤义诊的 6 位专家，来到湛江市中心人民医院门诊广场上,为从各地赶来的患者开展义诊活动。坐在门诊广场上临时搭起的帐篷下,虽然穿了一件长呢外衣,脖子上围了一条羊毛围巾,但徐克成还是感到有几分寒意。

患者一个接一个,虽然有点累,但参加这样的义诊活动,徐克成心里还是快乐的。下午3时许,一位面孔瘦削的年轻女子,挺着硕大的肚子,艰难地挪动着脚步来到徐克成面前。她脸色苍白,毫无血色,不合时宜的连衣裙下,掩盖着膨大的腹部。

"教授您好,麻烦您帮我看看!"她喘着气,用一种恳求的语调对徐克成说道。

徐克成应她的要求,揭开连衣裙,大吃一惊:原来她没有穿裤子(没有合适的裤子可穿了)!下腹部皮肤水肿延伸到会阴部和下肢,下肢肿胀,色紫皮燥,状如象腿。腹部皮肤紧绷发亮,皮下血管清晰可见,按压腹部感觉紧张而缺乏弹性……

这位奇特的病人,让徐克成很震惊。交谈中,徐克成得知,女子名叫彭细妹,28岁,家住广东省茂名市化州市官桥镇富联坡村,因为没有钱看病,两个月来,她一直就住在医院门诊大厅里,靠着"好心人"施舍一点儿食物和衣服度日。因为行走困难,只能"尽可能住在离厕所近的地方"。

徐克成拿出身上仅有的200元钱,请护士长陈娟先帮她做一次超声检查。陈护士长不肯收徐克成的钱,只是先让专家开了申请单,就护送彭细妹去超声室。事后徐克成才知道,陈护士长没有拿他的钱,而是自己为彭细妹缴了140元超声费。

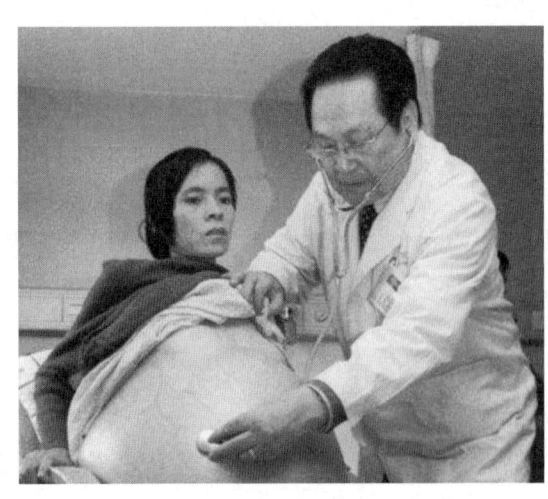

徐克成在为患肿瘤的彭细妹做检查

超声显示病人腹部巨大囊性病变,充满液体,内有分膈。由于腹水太多,肾肝脾在超声上看不清楚。沉重硕大的腹部压迫她的大腿、会阴部被挤到了身体下后部,下地最多只能勉强走三四步……徐克成估计彭细妹患的是卵巢肿瘤。他请同来的专家会诊,这些至少有着40年医龄的老专家一致认为:是肿瘤。但谁都未见过这样大的腹部肿瘤,更没有把握能够治好。

同行专家们会诊的结果让徐克成心中举棋不定。从衣着打扮和病情来看，这是一个贫穷的患者，而且已经到了生命的尽头，虽说是义诊，但后续治疗费用是巨大的，而且能不能救治还存在一个大大的问号。不救治，从原则上讲，没有什么问题，更没有人来追责！但彭细妹那无助的眼神里透出的求生的亮光，让徐克成内心隐隐生痛，无须多想，医生的天职就是治病救人！徐克成对彭细妹平静地说："我是广州复大肿瘤医院的医生，是专门治疗肿瘤的，我来帮你进行治疗！"说着，徐克成把刚才本来准备给她做检查的200元交给她，让她在附近找一间旅馆先住下，天气很冷，不要冻着。徐克成寥寥数语和这两张红色人民币，对彭细妹而言，无异在生命的茫茫黑夜里，亮起了一盏明灯！

彭细妹点着头，哭了，没有回答。这些日子，这些年来，彭细妹第一次听到了好像是从天上飘下来的关切自己生命的"救世主"的梵音。

她想起自己辛酸的身世，泪流满面。彭细妹出生在化州市农村，父母、三个哥哥和一个姐姐都是农民。她念书到初中毕业，曾有过一个比她大两三岁的男朋友，在她还没有生病之前，两人曾合伙开过一家小杂货店。2007年底，她发现下腹部有些胀大。2008年2月，她来到湛江市中心人民医院，做了超声和CT检查，医生告诉她是卵巢肿瘤，可能是癌。她问医生能不能治好，医生说：如果确诊为癌，及时做手术和化疗，可活一两年，而如果不治，同样，最多也能活一两年。

治与不治，是一样的结果，彭细妹选择了出院回家。而给她更大打击的是相处了两三年的男友知道她的病情后，提出与她分手，甚至要她写下字据——保证以后不再回来找他。生性善良的彭细妹独自承受了这一切。她对自己的家人隐瞒了病情，一个人去了海南，准备了却残生。身上只有过去开小店积攒的8000元，住院已花去一半，她要计划着用剩下的钱，维持最后的生活。她在海边租了一间渔棚，每月租金100元。每天彷徨在海滩，从渔民那里买些小鱼虾，回到小屋简单烹饪后当药吃下，以维持营养。4个月后，她腹部已胀大到如怀孕8个月，不得已从海南回到姐姐家中。姐姐家经济也十分困难，待了几日，她不想影响姐姐的生活，拿着大哥和姐姐给的200元钱，来到茂名市，露宿在公园里和街沿下，凳子和水泥板成了她的睡床。

腹部一天天膨大，她不止一次想到了死。一天傍晚，刚下了一场大雨，她来到桥头，看着桥下正在奔流的浑浊河水,她将一只脚跨上桥栏,就在她侧身准备将另一只脚跨过桥栏杆时,突然发现积水的地面上有一群蚂蚁沿着桥上的灯柱急匆匆地向上爬行,一只、两只、三只……她脑子一震,求生的本能让她猛然惊醒,这么小的生命都晓得逃命,自己为什么要死呢?她收下了架在桥栏杆上的腿,慢慢挪下身子,走到桥旁树林中,在一块石头上坐下,不知不觉睡着了……

第二天一大早,太阳从东方露出了晨曦,一位拾荒的老太太叫醒了她,塞给她两个馒头。对她说,姑娘,外面冷,早点回家!

她望着老太太离去的身影,眼泪扑簌簌地流下来——这世上还有人在关心着自己啊!

活下去!活下去!一定要活下去!可是,到什么地方去呢?对于彭细妹而言,生和死似乎都不那么容易。天下之大,她能想到的,无非是最先为她诊断出癌症的湛江市中心人民医院。这是湛江最大的医院,在这儿也许会有奇遇吧?

2009年10月,她又来到湛江市中心人民医院。这个时候,她都已无法蹲下大小便了,走路也愈来愈难,常常每走三五步就心慌气喘。她感觉到,自己在这世界上的时日已不多了,她最大的希望是自己不要死在马路上,因为那样太难看。之所以寄身医院流浪,就是想着在这里可以方便处理后事,寄住医院门诊大厅,在门诊广场流浪,她每天都在计算着可以生存的时间。

12月19日,幸运真的从天而降……对于彭细妹而言,徐克成就宛如佛教故事里有求必应的救苦救难的观世音菩萨降临。

巡回义诊结束回到广州上班后的第一个早晨,徐克成就召集医院主要领导开会,向他们通报了彭细妹病情,准备接彭细妹来医院治疗。

彭细妹当时的状况显然没法坐长途客车,徐克成安排医院的救护车前往湛江。第二天早上天还没亮就出发,到晚上8点,救护车来回行驶了近1000公里,终于将彭细妹送抵医院。

徐克成带着医院领导一起来到车门口,小心翼翼地搀扶着彭细妹,将她一点点向车门口移动。身材高大的穆副院长一下子抱住彭细妹,将她抱到平推车上,此时彭细妹憋了5个小时的尿一下子撒出来,将穆院长衣服弄湿了一大片。一旁守着的护士马上给彭细妹插上氧气导管,将她直送8楼病房。

入院检查,彭细妹体重220斤,从肚脐那里量腹围,有170厘米。护士长韦昌群和三位护士帮她洗澡,好不容易将她搀扶到卫生间,却无法蹲下上厕所,韦护士长只好找来一只纸箱子,让她站在里面,然后用塑料袋子接小便。多少日子的流浪,让彭细妹头发也打了结,散发出令人作呕的气味,护士们只好将她的头发剪短了,反复冲洗。徐克成见她衣服又破又脏,外面罩着一件破大衣,就拿出2000元给韦护士长,让她派人买来棉大衣和最大号的羊绒衫和内衣、内裤。韦护士长和两个护士帮她全身好好洗了一个澡,换上干净的新病服,此刻的一切,让彭细妹恍若梦中。

治疗进入规范程序,但彭细妹腹部的肿瘤实在太大了,做CT检查,不能进入CT检查孔,无法扫描。而到了当天晚上,彭细妹突然气急,心跳每分钟达到140次,神志模糊,被紧急转入ICU。闻讯赶来的呼吸科专家为病人会诊,结论为呼吸性酸中毒合并代谢性碱中毒,属于Ⅱ型呼吸衰竭。

徐克成召集牛立志、穆锋、李海波等医院里的几位医学博士一起参加抢救彭细妹。这几位专家都有着丰富的心胸外科治疗经验。他们综合分析后认为,病人呼吸困难是腹腔内压力太高,横膈上抬,挤压肺和心脏所致。唯一的方法是紧急放腹水,减少腹部压力,使肺活量增加。

从常规来看,腹腔穿刺放液在技术上毫无困难,但放腹水有几个顾虑:一是腹水放出后,血管内水分、蛋白质和电解质必然要补充到腹腔,会引起血管内容量不足,患者将发生休克和肾脏功能减退;二是急剧的腹腔压力降低会打破原来的胸腹腔之间压力平衡,导致心脏和循环功能障碍;三是腹腔内情况不明,如果腹水是癌肿引起,腹水外又包以囊膜,穿刺会引起癌肿播散。

彭细妹精神疲惫,但头脑尚清醒。她知道会诊结果后,拉住徐克成的手,说:"我知道我不行了,你们治吧。如果我能活下来,将来就在你这里干活,当义工;如果我死了,我的身子送给医院做研究……"

徐克成听着彭细妹的话语,看着她毫无血色的面容,为这个可怜的人感到一阵阵的心疼,他鼓励彭细妹说道:"我们会想办法的,给你治疗的都是专家,请相信我们,好不好!"

病人的腹腔长期被肿瘤和腹水撑大,腹壁和横膈张力弱,要先锻炼腹式呼吸,否则术后痰液不易咳出。另外,病人长期处于"负氮平衡"状态,也需要时间予以纠正。

徐克成有治疗肝硬化巨大腹水的经验。他认为练习腹式呼吸最简单有效的办法是让病人天天吹气球。这个办法不但能治病,还使长期受病痛折磨的彭细妹找到了一些欢乐。同时,医院还请来营养专家会诊,每天让病人服用一大瓶蛋白粉以保证营养供给,提升身体素质。

在徐克成统一组织下,放腹水手术取得圆满成功,从这一天起,每天放出腹水5000~7000毫升,彭细妹度过了危险期。

时间跨入新年2010年。元旦这天,彭细妹的腹围已从刚进院时的170厘米缩小到110厘米。她在病床上终于可以有滋有味地品尝医生和护士们送来的蛋糕、水果了。治疗到了1月5日,彭细妹的体重减少到60公斤,换句话说,从病人腹腔内放出了至少50公斤腹水,相当于100瓶啤酒,快到她体重的一半了!病人经上述治疗后,腹式呼吸能力明显增强,面容也像变魔术一样,一天一天鲜活起来,变得又红又胖。

解决了腹水难题,接下来就是手术了。

2010年1月12日上午8时,手术正式开始。这是一次最高规格的手术,集中了各个领域的高级别的专家进行了一场"围歼战"。

彭细妹被准时送入手术室。复大肿瘤医院和从外院请来的妇科、泌尿科、心血管科和呼吸科专家已等候在旁。8点20分麻醉,气管插管;8点40分,腹壁切开,分离肠管;15分钟后,"病魔"暴露:西瓜大小的肿瘤,表面高低不平,长出大量菜花样小瘤,表面不断渗出液体。瘤子根在左侧卵巢,连累到小肠、子宫,包裹住左侧输尿管,右侧卵巢也有小瘤开始长出。妇科专家先把卵巢切除;泌尿科专家吻合输尿管;普外科专家切除受累肠管……最后,冷冻治疗专家将残存的小瘤一个个冻死。

手术切下来的肿瘤被送到两个病理中心检查。结果确定为:卵巢腺癌。

在徐克成率领的医疗团队的精心护理下,彭细妹很快康复了。10天后,她参加了医院的新春联欢晚会。那天晚上,她身穿病房的医生和护士赠送的红羊毛衫、内衬雪白衬衫,下着牛仔裤,脚穿轻便鞋,面庞红润,大大的眼睛闪着光,风一样走上舞台,流着眼泪,向台下为她庆贺的医生、护士深深鞠躬。她说,是爱给了她新的生命,她要像爱她的人那样,爱所有的她应该爱的人,她要把余生奉献给这个充满爱的医院、这个美好的社会,来做义工,回报爱自己的人……

彭细妹的一席肺腑之言,让徐克成感慨万千,医院虽然帮彭细妹花了20多万元医疗费,却让大爱精神延续,在这个时代奏响了爱的交响曲,值得!徐克成为彭细妹拥有一颗感恩之心而高兴。他有了在南通医学院工作期间常常爬上狼山之巅俯瞰浩瀚长江时的感觉。狼山没有云遮雾障的美景,却有松石笔立的风骨和大江东去的壮阔。狼山广教寺山门两侧有副对联:"长啸一声山鸣谷应,举头四顾海阔天空。"用医者之心救治彭细妹,实质就是一种仁爱之心!作为一名医生,就要常怀这种仁爱之心,而作为一名共产党员,就要时刻把人民的疾苦放在心中,让更多的"彭细妹"获得新生。徐克成感到创造生命的世界就在眼前!

彭细妹回家没有路费,徐克成又掏出2000元塞给彭细妹,然后派车把她送到了汽车站,让她回家与家人团聚,过一个幸福的春节。

2011年,彭细妹实现了自己的诺言,来到广州,开始到复大肿瘤医院当义工,为住院治疗的癌症病人进行"话疗",她用自己的经历鼓励病人树立战胜疾病的信心。

有一个来自广东湛江的患者是她的老乡,情绪低落,对治疗自己的病情失去了信心,想回老家。彭细妹细心地做他的思想工作,并鼓励他说,徐院长是我的救命恩人,救了我的命,也一定能救你的命。第二天,她找到徐克成说:"徐院长,我有一个老乡生了癌症,刚住进医院,能不能请您去看望一下,帮助诊断诊断。"听了彭细妹的介绍后,徐克成忙完了一天的工作,晚上抽出时间来到病房,帮助病人察看病情。

在工作室做志愿者的彭细妹
(笔者2021年采访时摄)

在徐克成的检查下,这个病人原来患的是阿米巴肝脓肿,不是癌。现在这种病很少见,因此,很多年轻的医生不熟悉,常将其误认为是"肝癌"。

一听说自己患的不是癌症,病人精神大振,对彭细妹说:"细妹,幸亏你帮我找来徐院长,否则我吓也吓死了!"

治疗阿米巴肝脓肿,对于徐克成来说,非常简单。早在 20 世纪 70 年代,徐克成和孟宪镛在《中华消化杂志》上就发表了《灭滴灵治疗阿米巴肝脓肿》的论文。灭滴灵治疗阿米巴肝脓肿,徐克成可算是中国第一人。用甲硝唑即灭滴灵治疗,既便宜又有效。一个星期不到,患者就康复出院了。

彭细妹露出了开心的笑容,她为自己帮助一位患者脱离了病魔的折磨而骄傲。

2012 年,彭细妹遇到了人生的伴侣,与一位开运输车的司机结了婚,有了自己的小家庭。2018 年 5 月,徐克成将自己的癌症治疗战线延伸至肿瘤康复领域和健康促进上,在徐克成关爱健康工作室开设了免费的吸氢体验后,彭细妹也"转战"到工作室,继续为大家提供贴心服务,传递爱的能量。

法国思想家、文学家,诺贝尔文学奖得主罗曼·罗兰说,爱是生命的火焰,没有它,一切将变成黑夜。是徐克成带领复大肿瘤医院的医务工作者,用爱点燃了彭细妹的生命之光,点燃了她对美好生活的向往,在她的血液里注入了"爱的基因",彭细妹又把这种爱传递给更多的人。

2016 年,彭细妹老公一位在海南的朋友被当地医院诊断为肝癌,其三个儿女到处为其父求医,最后他在海南一家医院接受了化疗。治疗后呕吐、腹泻,好多天吃不下饭,消瘦了十几斤,他说什么也不肯再接受化疗了,也不想治疗了,就在家等待医生说的三个月寿命的终结。彭细妹知道后,亲自来到海南,做病人的思想工作,对病人劝说:"反正是死,为什么不做最后的努力?我幸运地遇到徐院长,他把我救过来了,说不定你也有我这样的运气!"她用自己的亲身经历说服了这位病人跟她来到复大肿瘤医院,并找到徐克成帮助诊治。

徐克成看了海南那位"肝癌"病人带来的 CT 片,他的肝脏里有好几块占位性病变,肺里也有几块病变,当地医生诊断为肝癌伴肺转移。慎重起见,徐克成帮助他在医院里做了一系列检查。一周后,病区主任告诉徐克成,做了肝穿刺活检,一共取了 8 块肝组织,病理检查均为"炎症",没有找到癌细胞。

为了对病人负责,徐克成又嘱咐医生给他肺肿块做穿刺活检,3 天后,病理报告:结核。

听到这个消息,病人泣不成声,对彭细妹感激地说:"没有你的苦口婆心,没有你动员我到复大诊断,我恐怕早进黄土了!"

彭细妹认真地说:"我只是做了我应该做的事,真正救活你的是徐院长呀!"

正是因为彭细妹受爱心驱使,极力动员病人不轻言放弃,才有了罗曼·罗兰说的"生命的火焰",结核(炎症)和癌症,是治疗方法完全不同的两类疾病。没有彭细妹,这个病人也许会因错误治疗而耽误了病情。

徐克成对彭细妹说道:"细妹,你是真正的志愿者,我们关爱病人的健康,需要更多像你这样的志愿者!"

彭细妹憨厚地一笑,心中涌起无比的快乐与甜蜜,忽然,她有了一个更大的愿望!

平时,徐克成特别关照彭细妹,什么学术会议、公益演讲、党建活动等,徐克成都会让办公室通知彭细妹参加,或感受氛围,或参与演讲,或做志愿服务工作。

2016 年,广州市天河区召开庆祝建党 95 周年大会,邀请徐克成做演讲报告。徐克成讲话刚结束,主持人突然将早已在后台等待的彭细妹请上台,主持人问道:"彭细妹,今天见到你的救命恩人,你现在最大的愿望是什么呢?"

"我要成为一名像徐院长这样时刻把病人放在心上的共产党员!"彭细妹脱口而出,"是徐院长给了我第二次生命,从徐院长身上,我看到了一名共产党员的高贵品质和热爱人民的一颗红心,我也要成为这样的人。所以,我申请加入中国共产党,为社会贡献自己的一份力量!"只有初中文化的彭细妹,抑制不住内心的激动,把珍藏在心底很久的愿望说了出来,说了一遍又一遍。

会场上顿时爆发出热烈的掌声。徐克成也被彭细妹质朴的感情所感染,对医院党委书记刘建国深情地说:"彭细妹的理想非常好,我们要支持她、培养她、发展她,帮助她实现这一崇高的理想!"

有人把医生分三重境界,第一重叫治病救人,就是能看好病;第二重叫人文关怀,就是不仅能看好病,还有悲天悯人之心;第三重就是进入病人的灵魂,成为他们的精神支柱。而徐克成,就是这样一位医生。彭细妹动情地说:"徐院长是我在心里经常喊他爸爸的一个人,是徐院长给了我第二次生命。"

两年后,彭细妹终于实现了自己的理想,光荣地成了徐克成关爱健康工作室党支部的一名预备党员,一年后顺利成为正式党员,成了一名戴着党徽上岗的党员志愿者。2020年,她被评选为广州市天河区徐克成关爱健康工作室党支部的优秀共产党员。转眼12年过去了,彭细妹,创造了生命奇迹,她和Amy等工作室的志愿者们,一直履行着志愿服务的承诺,在关爱医患、促进健康的大道上奉献着自己的光和热!

第五章　如何让自己活下来

在 2021 年 5 月一个风和日丽的下午,应徐克成教授的邀请,笔者走进徐克成关爱健康工作室设在阳光酒店 42 层的康养新技术阳光健康促进中心。

宽敞的房间内,窗明几净,带有图纹的地毯一尘不染。墙壁上悬挂着几幅抽象油画,颜色鲜艳,以红色和蓝色为主调,用细腻的笔触勾勒的图案,赏心悦目,充满律动感,彰显出旺盛的生命力。透过高大的落地窗,俯瞰,能看到近处天河公园内,花团锦簇,湖水荡漾;远眺,可见大厦林立,山峦叠翠。室内,每台沙发旁边都摆放着一台氢氧雾化机。在另一个房间内还有量子石墨烯健康舱、赫兹频谱能量仪、眼谱健康指标测量仪等先进的健康养生设备,几位女宾在工作室孔小锋医生的指导下正在体验。

徐克成热情地招呼笔者坐下,以商量的口吻说:"怎么样,我们是不是一边吸着氢,一边接受你的采访?"

笔者当然乐意了,志愿者 Amy 和彭细妹熟练地拿来鼻吸管给笔者和徐教授戴上,按下氢氧雾化机的开关按钮,设备一侧透明的氢化杯里的水瞬间翻滚起来,绿色的灯光映照着一朵朵翻腾的水泡,将 66.66% 的氢气和 33.33% 的氧气,从导管里送入鼻腔中,顿时有一种清新、舒适的气体流进全身,好像走进了远处的深山里,感到精神亢奋起来。

"那我们开始,好不好?"徐克成向后挪了挪屁股,倚靠在沙发的后背上对笔者说,"你想了解我为什么在研究了冷冻治疗后,现在把主要精力放在氢医学的研究上,这要从我患肝癌讲起。"

于是,徐克成给笔者讲起了他身患肝癌的经历。

我清楚地记得,那是 2006 年 1 月 18 日,我急匆匆地从国外赶回国内,因为还有几天就是中国的传统节日大年三十了,争取在春节前把手头上的一些急事处理完毕,好回家和家人过一个团圆年。

晚上8点,时任医院医务主任的郭德鸿医生来电话,说已为我安排了明天的PET-CT常规体检。

对体检我一直不重视,总感觉一直很好,无"病"无痛,认为"不会有问题",便对郭主任说"以后再说吧"。"已为你约了三次了,这次一定要检查。"郭主任语气中带着"命令"。"那我就查查心脏吧。"因为我已年过花甲,老年人的心脏总会有这样那样的问题,再说,郭主任已经安排三次了,不能辜负人家的一片好意,我同意了明天体检。

第二天早上8时,我准时到了PET中心。为我检查的尹主任安排我上午查腹部,下午查胸部。尹主任是广州有名的影像专家,自然要服从他的安排。检查一切都是那么顺利。我来到贵宾休息室,坐在松软的沙发里,一面看报纸,一边享用中心提供的牛奶,以解空腹之饥。

一刻钟后,尹主任来了,神色有点凝重,问我过去有没有发现肝脏有什么问题。我脱口而出:"没有什么大问题呀!除了脂肪肝。"尹主任问:"有无占位性病变?"啊!我突然想起来了,"血管瘤?"我说,"那是多年前就发现的,多次超声、CT和MR证实的呀!"我脑中一下子"糊"了,定了定神,起身走到对面的PET中心控制室。电脑屏幕上正显示我的肝脏,在左叶内侧清清楚楚有一几近圆形的红色区,大约钱币那么大。

啊!癌症?不会吧?我脑中一片模糊。

虽然我从医40余年,经手诊断的癌症患者无法计数,但发现自己得了癌症时,心中仍然充满恐惧。我瘫坐在沙发里,心怦怦直跳,极力控制不让眼泪流出。

尹主任看着我,说:"徐院长,CT片还须处理,还要大家会诊。PET-CT也有假阳性的。"我知道,这是安慰我的。

我眼前闪现母亲35年前患肝癌,在我面前惨死的情景,脑海里像放电影,一幅幅图像反复呈现:患有心脏病的老伴、被我从美国动员回来正在国内创业的儿子、年仅2岁可爱的孙子,还有亲自创建尚在发展中的肿瘤医院、正在编写准备出版的冷冻治疗专著,还有经我治疗的一个个病人……

医院总经理左建生来了,关心地问道:"刚才尹主任来电,说你肝脏有血管瘤?"我看着他,此时他的眼里已泛出泪花。我说:"建生,明天给我做肝动脉造影。"他问:"要不要我陪你去上海、北京找专家会诊?"我恼怒地说:"你不知道我从事的是什么专业吗?"我莫名其妙地发起"无名火",但说完就懊悔了。

其实这"无名火"是向自己发的。我又恨又惭愧:作为一个研究肝病几十年的医生,竟然误诊自己的病长达8年。早在1998年,就查出有问题,但因为病变大小几年来一直没怎么变化,就认为是"血管瘤",没有大问题,也就没有引起重视。

"唉——"讲到这里,徐克成在沙发里深深地叹了一口气。

其实,笔者从这几天的采访中已经知道,这8年来,不是徐克成不重视自己,而是繁忙的工作和为病人操劳,让他没有时间顾及自己的身体。这8年正是他把氩氦冷冻技术引进肿瘤治疗领域的关键时期;这8年,经历了SARS肆虐后,医院刚起步,正在最艰难的阶段,一个个来自国内外的癌症患者等着治疗……他要做的事情太多太多了。

徐克成微微动了动身体,继续回忆起来。

20日,我躺在了血管造影诊疗台上。血管介入专家罗鹏飞医生为我做造影检查。结果显示肝内病变不是"血管瘤"。毫无疑问,肯定就是肝癌了。我对陪着我做血管造影的胡以则教授说:"老胡,你为我主刀吧!"胡教授是我30年的朋友,曾在英国皇家医学院研修,是广州数一数二的肝外科专家。从创建复大肿瘤医院那天起,他就是我院的首席外科医师。胡教授拉住我的手,说:"放心,我一定将你那个'东西'连根拔除。"

当天晚上,我忧心忡忡回到了在深圳罗湖的家。爱人阮荣玲准备了丰盛的晚饭,我却没有心情吃,席间无语。阮荣玲问我,怎么啦?是不是遇到麻烦事了?

她根本就没有往癌症方面想。

告诉，还是不告诉她？我进行着激烈的思想斗争。我的爱人从40岁时心脏就出了问题，又有甲状腺功能亢进，还有三叉神经痛，为了支持我的工作，退休在家，把家务活全包了。说出病情，万一她一紧张，刺激心脏，后果不堪设想。但这个病，不是小病，瞒是瞒不住的，迟早是会知道的，而且万一手术时有个三长两短，怎么办？

爱人端来一杯水，放到茶几上，深情地望着我。我终究忍不住了，轻轻地对她说："荣玲，我的肝脏出问题了，过两天就要动手术！"

我爱人也是医学教授，她是传染学科的专家，她从我的语气和神态中，已经猜出了病情的严重性，她帮我擦去脸上的泪水说："克成，我知道了，明天我通知儿子过来！"

本来约好了，我从国外回来办完事，就一起回上海与儿子一家团圆过春节的，没想到天有不测风云。我内疚地对爱人说："荣玲，对不起了，这次又食言了，不能陪你回上海和儿孙们团聚过年了！"

25日上午，离春节还有四天，我作为病人住进深圳罗湖医院。我曾是这家医院肝病中心主任，院长是我的好朋友。住入病房，医生来问病史，做常规检查。下午3点，主治医师来了，告诉我明天做手术，让我在病人告知书上"手术意外"这一栏签字。

平时，我们给病人或病人家属签字时，还没有切身感受到他们的心情，这次看到"手术意外"栏内列出的"出血""器官损伤""术后感染""伤口裂开、不愈合"等字眼，心里还真有点担心。

主治医师抱歉地说："徐老师，这是常规流程，对不起。"

我说："没事。既然接受手术，就要承担风险。"我爽快地签了字。在《麻醉知情书》"可能发生的意外，包括心搏骤停、呼吸抑制、休克和过敏反应"一栏上签字时，我的手似乎更为沉重，心脏不由得怦怦跳动起来。

讲到这里，徐克成加重了语气对笔者说："做手术，麻醉是关键，麻醉出了意外，会出人命的。过去我曾在麻醉下接受过胃肠镜检查,那是浅麻醉,而这次需要气管插管,麻醉时间不会短。如果说手术的成功取决于主刀医生的知识、悟性和技艺,那手术的安全性则主要取决于麻醉。所以,当我看到麻醉知情书上有'麻醉意外'时,说不担心是假的。"

笔者能理解徐克成当时的心情,虽然他是一位医生,而且是一位具有几十年临床经验的医疗专家,但他也是血肉之躯,有着和常人一样的感情。更何况对手术的风险他比一般人有更多的了解和体会。

他接着讲述。

给我手术的团队请来了麻醉专家卢教授,我相信她的技术,但手术是"真刀真枪"上战场,未知因素很多,我不敢擅自行动,一切遵照医嘱。晚餐是一碗稀饭,半个鸭蛋,晚 8 点后禁食。我爱人陪在一旁,但我们心照不宣,似乎最好的安慰是相互什么也不说。我口服了一片硝基安定药,很快入睡了,睡梦里见到我已开完了刀,发现不是恶性肿瘤,而是良性腺瘤,大家向我祝贺,我开心地笑了,笑得很厉害,以致我爱人把我推醒了,那时已是凌晨 5 点。我开始真正考虑起我肝内那个"东西"来。凭我的肝病知识和经验,我推测那个"东西"不是一般的肝细胞癌,而是胆管细胞性肝癌,因为这种癌起病缓慢,一定时间后加快发展。

早晨 7 点,护士为我插了胃管。插管插得很顺利,几秒钟就进了胃里,当然我自己的配合也很重要。手术室护理员推着车来了,我自己上了车,车子两旁护着我的家人、同事,我把手表从手腕上脱下交给从上海赶过来的儿子,对他说:"爸爸此去,生死难测。有两点你要记住:一是照顾好妈妈,她心脏不好;二是要知道做人,知道感恩,你刚从美国回来,对那些有恩于你的人,都要报答一下。"还想跟他们多讲几句话,但我已被推过手术室大门,进入那未知结果的特殊"禁区"。

进入手术室,我没有让护士帮助,而是自己"勇敢"地爬上手术台。随之,两只手被绑在台子两侧,左右各有一位护士,迅速将两根粗针分别穿入我的左右手的静脉,接上悬挂在两侧的输液瓶。麻醉师卢教授俯身对我说:"徐教授,我们给你上麻醉了,你马上就会睡了。"说着,将一个面罩罩在我的口鼻上,只几秒钟,我就听不到任何声音了。

不知过了多久,我听到耳边有呼喊我的声音:"克成、克成,你醒醒、醒醒!我们在你身边……"我极力睁开眼睛,看到我的爱人阮荣玲在我耳边一遍一遍地呼唤我,还看到我的同事左建生、牛立志,还有深圳罗湖医院的好友叶平院长和刘锦涛主任……只听到"好了,醒过来了",都是熟悉的声音。

我看到了插在我鼻腔里的胃管,记得是昨天护士给我插的;看到腹部被绑上了白色腹带,从腹带缝隙中伸出几根管子,断定是腹腔引流管。我突然明白胡教授已给我做了手术。我极力抬起头,见到面前的胡教授,他把头靠近我,说:"老徐,放心吧。整个肝左叶切除了,那东西完全被清除了。"

"肿瘤多大?"这时我已完全清醒了。

"和术前估计差不多,3厘米左右。"胡教授比画着一个核桃那么大小。

"有无转移?"

"没有,肯定没有!"胡教授讲得很肯定,"我仔细查了,没有血管侵犯。"

胡教授是个很细致和认真的人,我相信他的判断。又问:"有无做病理?"这是最关键的,因为我急于知道那个病变是否真的就是胆管细胞性肝癌?

"做了冰冻活检,如你所料,是胆管细胞性肝癌,高分化为主。"胡教授显得很轻松,又说,"没有输血。"

他知道我非常关心输血,所以特地补充了一句。一方面,不输血意味术中出血少,无疑对术后康复有帮助;另一方面,据研究,输血会促进癌症转移和复发。我在20世纪80年代曾统计肝癌手术治疗效果,发现术后复发率接受输血组明显高于未输血组,而且与输血量呈正比,原因不明,可能与输血抑制免疫功能有关。

我坚持要亲自看看切下来的肝脏组织。在一旁的同事看看胡教授,似乎有些疑虑。老胡却说:"好、好,让你看看。"他可能也想证实刚才的说法,让我定心。

几分钟后,肝组织取来了。那是一块巴掌大的深褐色肝左叶,在与右叶相邻处,有一灰白色块状硬结节,边缘尚清楚,除此之外,没有看到"子灶"。在左叶的另一侧,有一个水泡样病变,凭我经验是"囊肿",不是恶性病变。肝脏是人不可缺少的脏器,但也是易发生最多疾病的场所。我手捏肝组织,看了又看,心里说不出是什么滋味。我曾经在日本专门学习和研究过肝脏病理,那是研究其他人的肝脏。能够亲自看、亲手触摸自己肝脏的人,除了我,在这个世界上有几个呢?

当时我身上插了包括胃管、中心静脉插管、两根腹腔引流管、导尿管和背部麻醉管6根管子,这让家人看了心里都十分难受。儿媳妇从上海赶来,一下子呜呜哭起来,说:"爸爸那么神气的人,怎么一下子变了个样?"当医生时间长了,面对病人和家属的痛苦有时习以为常,现在自己有了体验,以后对病人和家属要更加体贴、关怀。我心里暗暗想着。

讲到这里,徐克成稍微停顿了一下,调整了一下坐姿,然后喝了一口水,继续讲述。

其实,最大的痛苦来自心理。第三天我就半坐起,要来手提电脑,上网浏览相关文献。很快查到一篇文献:320例边缘性胆管细胞癌患者,手术后3年生存率为10%,5年生存率为5%。我的心一阵揪痛,强忍住眼泪没有掉下来。我设想着"未来"。突然,我似乎有些"高兴"。我想到:医生生了癌,也许是"好事",可以了解什么治疗是应该做的,什么是不该做的。文献中说,对于胆管细胞性肝癌,常规放疗和化疗均不能带来"生存受益"。我决定在自己身上试验,寻找让我活下来的治疗方法。我又突然醒悟到,既然我的生命不会太长,那将来的生命都是属于社会的,属于我的病人的。腹部伤口拆线了,我想象着早日坐到办公桌旁,走进病房去查房。

然而,意想不到的事情发生了。在手术后第十天,护士帮我打开腹带,我第一次看到自己上腹部正中的横切口,足有20厘米长。肝叶切除必须这么长的切口。术前胡教授与我讨论手术方案时,我就同意不要太顾及切口长短,以充分暴露为准。当我看到切口时,令我震惊的是,切口处充血,部分隆起。

我意识到麻烦来了:脂肪液化。由于我的腹部脂肪肥厚,手术切口的血管被切断,皮下脂肪得不到充分血液供应,发生了液化。这在腹壁脂肪肥厚者常常遇到。几天后,我的整条伤口全部液化,只好将缝线全部拆除,将切口暴露,让液化的脂肪全部液化,再予以清除。没有特殊药物可以应用,唯一的处理就是每天在切口上"换药",清除坏死物,保护新生的"肉芽"。

伤口液化,打乱了我的设想:我原想一旦伤口拆线,就回病房看病人!

氢氧雾化机氢化杯里的绿光忽然熄灭了,原来是预定时间到了。一个小时的吸氢不知不觉过去了,徐克成也讲完了他患肝癌做手术的经历。

"再来一小时吸氢,好不好?"徐克成笑着对笔者说。

在氢氧气的陪伴下,真的一点儿也不觉得累。我调好录音笔,志愿者 Amy 和彭细妹又帮我们定好一个小时的吸氢时间。然后继续听徐克成讲与氢气结缘的故事。

前面已经说到,手术后第三天,徐克成就从网上看到胆管细胞癌,即使手术切除肿瘤,病人也很难长期生存。他又想起了母亲,40 多年前,母亲生了肝癌后,不到 3 个月就离开了人世,弥留之际,妈妈紧紧拉着他的手,目不转睛看着他,似乎在说:"你这个医生,怎么没有办法呢?"如今,自己也患了癌症,他决心一定想办法活下去,既完成母亲的心愿,也要为更多的癌症患者找到一条生命之路。

徐克成心中忽然涌起一种从未有过的使命感和责任感。手术后第 14 天,他从深圳罗湖医院出院,回到广州自己创办的复大肿瘤医院。他将自己安排在离办公室不远的一间"特殊病房"内,准备一边治疗,一边工作。

第二天,医院医务部主任来见徐克成,转弯抹角地说:门诊来了一位脸上长了巨大瘤子的女孩,家长吵着要见徐院长,随即说:"院长,你不用操心,只是向你汇报!"徐克成似乎一下子来了"精神",叫来护士,用绷带把切口"加固"捆住,硬是让医务部主任扶着他,乘电梯从八楼下到一楼门诊。

患者味凤,由哥哥带着前来,她的右脸上长了一个巨大的瘤子,将右眼完全压住了。徐克成帮她做了检查,决定让她住院。门诊医生为难了,说患者只带了 1000 元。徐克成有点发火了,说:"人命关天,不要谈钱!"

味凤得的是恶性纤维肿瘤。其后几天里,徐克成邀请了全市几大医院的专家前来,亲自主持了全市大会诊,不但成功地为味凤做了肿瘤切除,还保住了她的右眼视力。3个月后,徐克成到离广州300多公里的梅州乡下,看望味凤,给她读书的小学赠送了全套教学参考用书和台式电脑。一年后,徐克成找回味凤,为她右眼整形,两年后,得知味凤上了中学,但学校离家要步行一个小时,徐克成再次去她家,送给她一部电动自行车。

救治味凤,让徐克成对生命的价值有了更多的思考。"癌症手术后,不仅要活下来,而且要活得有质量!"作为个体,他要为自己找到一条生命之路;作为医生,他更要为天下芸芸众生探索一条健康之路!"能为患者多工作一天,就是我人生的意义!"徐克成感慨地说。

WHO曾经宣称:要让癌症成为一种可以控制的慢性病。让患者长期活下去,才是硬道理。因此,对癌症治疗后的康复研究,成为徐克成心中一项崭新的课题。

第六章 《氢气控癌》的颠覆性探索

人为什么活着？可能只有面临死亡的人才最关心这个问题。2006年，徐克成患上肝癌，在面临死亡的时候，他有过"人为什么活着"这样的思考，有过"人活着"是多么美好的感悟！

如何让面临死亡的癌症病人活得有价值、有尊严，让生命得以延长？"活过来"的徐克成，作为医学教授、肿瘤医院院长有了新的思考和探索。

俄国作家列夫·托尔斯泰说，人生的价值，并不是用时间，而是用深度去衡量的。

研究氢医学

具有医生和癌症患者双重身份的徐克成坦言，总是担心不知哪一天癌这个"内奸"又会突然蹿出来"犯上作乱"。因为作为癌症治疗专家，他深深懂得，我们常说癌症"5年生存率""10年生存率"，而不讲"治愈率"，是因为癌症是慢性病，随时有可能复发，即使像乳腺癌这样一种"5年生存率"高达70%的癌症，20年后仍可复发。自己患的癌症比乳腺癌"恶"得多，因此要格外预防复发。为此，他几乎阅读了国内外有关氢气生物学的全部文献，发现氢分子有益于健康，可预防和治疗许多疾病和病理状态，对防止癌症复发有所帮助。

寻找和研究有效的癌症康复手段，这是徐克成关爱健康工作室最主要的内容，也是为自己寻找一条健康之路。为此，他找到了"氢"。

从2018年开始，徐克成把主要精力放在氢气控癌研究上。他惊喜地发现，大量的文献资料表明，46亿年前宇宙大爆炸，形成浩渺无际、物质形态多样、不断运动发展的星系。在整个宇宙中,按原子百分比来说,氢是最多的元素。而在组成人体所有元素中,氢虽然仅占9.5%,却给生命带来了举足轻重的化学能量,是维持生命健康不可缺少的重要物质。

而一篇报道更是激发了徐克成探索的欲望。1975年美国Baylor医学院和A&M公司的

举办氢医学讲座

Dole等在《科学》(Science)上报道了氢气对癌症的作用。紫外线诱导的皮肤鳞状细胞癌裸鼠模型,在含有2.5%氧气和97.5%氢气的8个大气压的腔室中,肿瘤明显缩小和退缩。

更多的资料显示,氢对人体健康极为安全,且没有发现毒副作用。1978年,美国Roberts等报道高压氢对白血病细胞有抑制作用。1988年,美国Rostain等报道使用含有49%氢气、50%氦气和1%氧气的产品Hydreliox,可有效防止潜水员在海平面500米以下工作时出现减压病和氮麻醉反应。

让徐克成教授尤为兴奋的是:1996年,我国山东教师杜元伟在自己身上试验,率先提出探索氢对于生命的意义。他在一篇出席国际会议的论文摘要中提出"氢气对生命体的重要作用",认为水电解后产生的氢气对植物(丁香花枝条)、动物(小白鼠)、人体的生命活动均有较明显的促进作用,并指出癌症的发生,不管哪种学说,其本质都是生物代谢过程中底物的氧化和过氧化,氢气在生物体内可能会起"清道夫"的作用。

其实,在我国医学宝库中现存成书最早的医学典籍《黄帝内经》中就有这样的表述:癌肿是"毒"的大集大聚,包括热毒和湿毒等,中医最常用的疗法就是"解毒"。现代生物医学认为体内最强大的"毒"就是毒性活性氧(ROS)。

如何解毒?众多文献研究成果表明,氢分子具有抗氧化作用,可以消除毒性活性氧,控制炎症,调节细胞生长、重塑能量代谢,起到抗细胞凋亡的作用。

我国清代名医张锡纯在他所著的《医学衷中参西录》中曾记载:"炉心有氢气,人腹

中亦有氢气,黄者能引氢气上达于肺,与吸入之氧气相合而化水,又能鼓胃中津液上行,又能统摄下焦气化,不使小便频数,故能治消渴。"徐克成感到氢气生物学蕴藏了无限的奥秘,需要探索和实践的东西太多太多。

海军医科大学(原第二军医大学)是国内最早开展氢气医学研究的学术机构。2011年吴孟超院士和他的团队发现氢能防护肝损伤,抑制导致肝硬化和肝细胞代偿性增生的过程,夏照帆院士在国际上率先提出氢复苏概念,孙学军教授主编的《氢分子生物学》以及他与日本太田成男教授合著的 Hydrogen Molecular Biology and Medicine,重点介绍了氢气治疗疾病的机理,为氢气生物学及其应用的研究提供了重要参考。

2018年,钟南山院士及其团队在国内10多家医院开展的慢性阻塞性肺疾病急性发作的氢气辅助治疗研究,给徐克成很大启发,他决定将氢医学引进肿瘤康复,从而开启了"氢气控癌"的"真实世界"探索。

试验从自己身上开始。他开始吸氢,每天至少一两个小时,常常在跑步机上跑步,同时一边吸氢,一边看电视或听音乐,称为"家庭康复三结合"。一段时间后,明显感觉睡眠比以前香了、实了,胃口增加了,疲劳感少了。同事和朋友都说他的皮肤变"嫩"了。

"作为临床医生和肿瘤研究者,最为重要的是亲自看到病人,了解病人的整个病史、感受获得各种临床证据。"为此,徐克成和他的团队开始了访"氢"之旅,他先后去了台北、上海、北京、山东、新疆以及东京等地,访问了100多名癌症患者,他们吸氢数月甚至几年。在对过去几年内"居家"吸氢的癌症患者回顾性访问的基础上,又在徐克成关爱健康工作室内对自愿吸氢体验的数百名患者进行了前瞻性观察。前已述及,徐克成是广东省生命之光癌症康复协会会长,该会有5000多名会员,都是癌症患者,也是他的"粉丝"。徐克成的研究自然获得了这些"粉丝"的拥护和参与,这使得研究进行得非常顺利,并充满情怀。

数据证实了,氢气控癌符合"ABC原则",即有效(available, A)、简单(brief, B)和便宜(costless, C)。他和团队将这些"真实世界"的数据记录下来,完成了《氢气控癌的"真实世界"调查:82例进展性癌症吸氢患者随访报告》。继开创以冷冻消融为中心的癌症治疗新模式之后,徐克成又将氢医学引进肿瘤康复,为践行"中国式控癌"增加了新内涵。

众院士评说氢气控癌

2019年6月1日下午,徐克成主编的《氢气控癌:理论和实践》出版发布会暨氢医学癌症康复论坛在广州阳光酒店会议大厅举行,这一颠覆性的探索,吸引了500多名医学工作者、各大媒体新闻记者、各地癌症康复协会领导和患者代表前来参加。

"这是一本开创性,几乎是颠覆性的探索之作。用氢气控制癌症,实现患者生命的延续,这是全新的理念和全新的技术。天然之气,居家康复;生理之气,无药为医。作为天体间最古老最丰富的天然之气,用氢气造福于人,是为'天人相应';作为人体内无时无刻不在生成的生理之气,氢气维护健康,是为'道法自然'。"羊城晚报出版社对该书做了如此评价。

中国科学院院士倪嘉缵,中国工程院院士、"小肝癌研究奠基人"汤钊猷,中国癌症基金会理事长赵平等应邀莅临发布会现场并致辞。中国科学院院士、"肝胆外科之父"吴孟超和中国工程院院士、"肿瘤诱导分化开创者"王振义发来贺词。中国工程院院士、著名呼吸病学专家钟南山因公未能前来,但以"氢医学建立和前景"为题,特意录制了一段视频送给大会,对《氢气控癌:理论和实践》一书的问世,表示祝贺。

钟南山是我国最早开展氢医学临床研究的专家,他认为:氢分子医学在中国前景广阔,《氢气控癌:理论和实践》是首次对这一领域"真实世界"的探索,也是一种值得赞赏的尝试,他对本书作者表达了自己的敬意。他特别提到,书中"82例进展性癌症吸氢患者随访报告"中,Ⅲ期患者持续吸氢后稳定率达到84%,Ⅳ期患者持续吸氢后稳定率达到49%,这是非常了不起的数据。本书提出"居家

徐克成与钟南山(左)

康复"符合"大健康"的内涵。

钟南山说,应用氢气控制癌症,在理论上是有依据的。目前,已有不少实验表明,氢气对癌细胞的生长、运动、侵袭性,具有抑制作用。对于"氢气控癌",钟南山表示,期待开展更多的实验研究,并尽快转化为临床研究。氢气吸入至少可用于以下方面:第一,作为癌症的辅助治疗。是"护台"(主流治疗),不是"占台";是"补台",不是"拆台"。已有研究表明,氢气在减少化疗副反应的同时,不影响其治疗作用。第二,作为癌症的"替代"治疗,主要用于各种治疗失败或不能接受常规治疗的患者。第三,用于对症处理。睡眠减少、食欲不振、疲劳和疼痛,虽然不是癌症独有,但却是困扰癌症患者的主要问题。鉴于氢气对全身各个系统均有正面影响,因此用其改善全身状态应是很好策略。第四,用于"未病先治"。这里包含癌症的预防,将癌症的治疗向"前"推移,特别对那些"高危人群",例如有家族史、长期吸烟或在污染环境下的工作者,也包括已接受有效治疗而预防复发(第三级预防)者。

《氢气控癌:理论和实践》全书约 25 万字,从氢分子生物学、氢气医学的创建,讲到氢气如何维护健康,进而介绍氢气控癌的科学基础,再到实验证据、"真实世界"病例调查、典型病例和一个个生动、感人的"氢气控癌"故事,还有作为"第三眼"的媒体人的客观观察和描述。

"有关氢气与癌症的专著,此书是第一本。"吴孟超院士做了如此评价。他说,参与编写本书的作者来自著名大学、医院,不乏著名专家,显示氢气控制癌症这一主题已经受到广泛重视。我国氢分子生物学和氢医学的研究已经有了良好的开端,在很多方面已经走在世界前列。我们一定要坚定"理论自信、道路自信、制度自信",还要有"文化自信",抓住机遇,认真研究和实践。相信随着氢科学

徐克成与王振义(左)、吴孟超(右)院士合影

尤其氢能源成为国家发展的战略性项目,氢医学必然迎来良好的发展前景。癌症是一种全身性可以控制的慢性病。手术、放射治疗是局部消除肿瘤的主要手段;化疗是一种全身性治疗,但因其毒性和最终耐药,不可能作为康复手段。氢气的高度安全性、对癌细胞和对机体各系统的作用以及使用上的简便,使其可长期甚至终生应用。这是肿瘤康复的一场颠覆性探索。

王振义院士说,氢气控癌,这是肿瘤康复的革新性课题。徐克成教授主编《氢气控癌》,记录了他和他的团队登门随访"居家吸氢"的癌症患者情况。一个个癌症患者,多数失去了"常规"治疗的可能,但在"吸氢"这种看似十分简单的治疗下,病情竟然改善了,活了下来。也许有人会说这不是循证医学研究,但患者活下来,有的竟然非常有生活质量地活下来,"与癌共存"。"大道至简,知易行难。"我很欣赏徐克成教授提出的癌症治疗"ABC 原则",即有效、简便和价廉。"氢气控癌"符合"ABC 原则"。虽然这是一个新课题,但是一个特别值得努力探索的革新性课题。

汤钊猷院士对该书点评道:氢气控癌,我确信不疑。对于氢气控癌,徐教授给我看第一个病例时,我半信半疑,当我看到近 50 例时,我确信不疑。癌的诊断是明摆着的,消灭疗法也已用尽,但仍难控制,吸氢数月,肿瘤仍在,病人却恢复常人生活,像换了一个人。为此我确信氢气有一定的控癌作用。汤钊猷院士指出,癌是机体"内乱",不同于传

徐克成与汤钊猷院士

染病的"外敌入侵",光"消灭"不够,还要"改造"。《氢气控癌:理论和实践》倡导的不正是将"杀癌"改为"控癌"吗?为此我郑重推荐这本书的出版,相信将使癌症病人受益,使医生有所启迪。

"没有氧气人活不了,没有氢气人活不好!"这是我国氢医学研究的开创者之一的海军军医大学教授,也是《氢气控癌:理论和实践》一书的主审孙学军在接受中央电视台采

访时说的一句话,这是他对氢医学的精辟论断。此外,该书的三位共同主编吕有勇、吴沛宏和师建国教授,以及为书作序的王小宁教授和尹芝南教授,均是我国医学界的著名学者和临床实践专家,他们敢于走出"传统",接受和研究新兴的学科,对徐克成把氢医学引进肿瘤治疗与康复领域,给予了充分肯定。

《氢气控癌:理论和实践》一书的出版发行,在中国氢医学界引起强烈反响。在一片叫好声中,也有部分学者提出了质疑。秉持着科学研究的严谨和对患者高度负责的态度,特别是防止误导一部分患者,徐克成教授在接受众多媒体采访时,亮出了自己的观点。

徐克成强调指出,"氢气控癌"是定位于"康复",不是"治疗"。目前,在"处理"癌症的全过程中,氢气不是"主力",是"辅力",不是去"占台",更不是"拆台",而是"护台""补台"。他告诫所有的患者,首次治疗十分重要,恰当康复至为关键。他不希望读了本书的患者放弃"主台"治疗。

其实,在《氢气控癌:理论和实践》一书的前言中,徐克成就提出了上述观点。他写道:氢气控癌的研究刚刚起步,未知的因素太多。科学本身就是不断地质疑,不断地推倒重来,然后逐渐摸索出科学的真谛。我们欢迎质疑,但医学是科学、技术和艺术的结合,我们更期望"真实世界研究",以获得"真实世界数据",进而获得"真实世界证据"。"真"是这本书的灵魂!

彭细妹第二

徐克成是这么说的,也是这么做的。这里,我们讲一个"彭细妹第二"的小故事。

2021年4月的一天,徐克成照例到病房查房,看望病人刘女士。她是一名卵巢癌晚期患者,刘女士看到徐院长来查房,第一句话就是:"徐院长,我到复大肿瘤医院来看病,是因为看到彭细妹的报道来的,但你们让我化疗,你看我的头发已全部掉光了,我不想化疗了,不想活了,能不能安乐死?"

徐克成耐心地解释:"在中国没有安乐死,我们也不允许你这样做。你应该有信心,因为卵巢癌还是可以治疗好的,你的这种病情适合进行化疗,正规治疗是必须的,只要跳过化疗关口,将来争取能够手术,就有希望了。"

刘女士痛苦地说:"化疗太痛苦了,实在忍受不了,还不如死了算了!"

徐克成说:"那我建议你试一试吸氢,就是接受氢氧气混合吸,如果每天能够坚持吸4个小时到6个小时的话,也许你这个副反应会降低。好不好?"

徐克成有一个口头禅"好不好",总是带着商量的口吻和人交谈。

刘女士的丈夫深爱着自己的妻子,主动配合医院的"占台"治疗,但又不忍心看着妻子忍受化疗副作用带来的痛苦,就专门跑到徐克成办公室商量对策。

刘女士的丈夫问徐克成:"我的太太能不能治好,看着她难以忍受化疗副作用的折磨,我心里非常难过!"

徐克成告诉他,你太太很漂亮,也爱漂亮,不愿意化疗,我们能理解,但不接受化疗,将来就不能手术,就会危及生命。从第一次化疗的情况看,化疗还是有效果的,CA125指标已经从原先的4837下降到237。现在的问题是如何减轻化疗带来的副反应。

在徐克成的建议下,刘女士在病房开始吸氢氧混合气(简称吸氢),采取"护台"和"补台"辅助措施。神奇的是,就这么一周的时间,化疗带来的副反应明显地减轻了。第二次化疗后,CT显示肿瘤两侧开始缩小,腹水明显减少,CA125下降到23.5。

看到肿瘤指标明显下降,刘女士又找到徐克成说,不想进行第三次化疗了,觉得只要吸氢就可以。但徐克成经过综合分析和临床诊断,还是建议她做了第三次化疗,因为从临床看,化疗对刘女士还是能起到治疗作用的。经过第三次化疗,配以吸氢,副反应基本没有了,CT片显示,肿瘤几乎消失,CA125降到10.7。

这个时候,吸氢的神奇效果让刘女士似乎看到了希望,她又提出不想开刀,而是继续吸氢治疗。

徐克成再次对她强调,吸氢不是治疗,只是起辅助作用,可以缓解化疗带来的副作用和有效控制住癌症的病变。"从目前的研究成果来看,这一点在你身上得到了验证,但还不能完全证明吸氢能治疗癌症,所以我们不能放松警惕,为了达到预期目标,你一定要争取开刀,把你的肿瘤全部切掉。"

刘女士的丈夫也对妻子说:"我们要相信徐院长,像彭细妹那样的病人都能治好,也一定能治好你的病!"

到了7月,刘女士做了开刀手术,病理科医生后来在标本检测里竟然看不到有多少癌细胞,癌细胞已经很少了。

8月5日,康复后的刘女士来到徐克成办公室,对徐克成激动地说:"徐院长,报纸上报道说,在你救治的患者里有'五朵金花',现在我是第6朵金花了,我真正变成彭细妹第二了。"

看她开心的样子,徐克成也非常开心,赞赏地对她说:"看,你的头发都长出来了,比彭细妹还漂亮哟!"然后对她的丈夫喜悦地说:"你太太是六朵金花里最漂亮的一朵金花,你要好好爱你太太哟,好不好!"

刘女士和她的丈夫,喜极而泣。

关于"五朵金花",补充一个小插曲。

一次,徐克成从上海回广州,刚下飞机,秘书打电话来让他赶到离机场不远的地方,参加广州市委文明办召开的庆祝建党100周年大会。徐克成到了会场,文明办领导给他一份发言稿。徐克成一看是"五朵金花"。徐克成惊奇地问道:"你们怎么知道有五朵金花?"这位领导说,是从网络上搜集到的呀!在您治疗的患者中,有国内的彭细妹、韩冰冰、莫小凤,也有马来西亚的颖芷、沙特阿拉伯的娜娜,等等,她们不都是您救治的吗?她们共同的特点是,年轻、漂亮,都曾经陷入绝境,现在她们一个一个都被治好了,在为社会作贡献。这不是您给建党100周年最好的礼物吗?

现在,刘女士自己说要成为"第六朵金花"。这是徐克成梦寐以求的事情,他希望这样的"金花"越多越好。当然,内心里他更希望没有患者再来当这样的"金花",因为他更大的愿望是人人健康,山河无恙。

2021年9月3日,徐克成走进徐克成关爱健康工作室直播间,以"彭细妹第二是怎样创造出来的"为主题,讲述了刘女士成为"第六朵金花"的故事。

在直播间,徐克成说,刘女士的故事告诉我们一个道理,作为一名医生,在救治病人时,要做到8个字,就是:信念、信心、担当、方法。信念,就是我要救治他;信心,就是我能救治他;担当,就是我敢救治他;方法,就是我要千方百计去救治他。最关键的一点,就是当病人失去信心时,犹如站在悬崖边上,如果你及时拉他一把,就会把他拉上来;如果你犹豫了,或者治疗时出现一些马虎,或者"拉他上来"的一些措施不恰当,他就可能掉下深渊。因为人的生命只有一次,一些看起来不能治疗的或者失去了生存希望的患者,必须重新燃起他们对生命的渴望!

徐克成说,从刘女士吸氢发生的变化可以总结三点:第一,减轻了化疗的不良反应,让病人不再恐惧,心理上安静下来;第二,减少了化疗的次数,两个疗程以后肿瘤明显减少,而且三个疗程后肿瘤基本消失了,这充分证明了吸氢有辅助功效;第三,第一次化疗病人头发全部掉光,第三个疗程以后头发重新长起来了,这也是一个值得研究的奇迹。徐克成强调:癌症治疗既要遵循"指南",但有时可能更重要的是个体化。刘女士是一个有思想有个性的人,如果不坚持化疗,放弃"主台"治疗,肯定活不下来;但如果不让她吸氢"补台",坚持不了"主台"治疗,也是活不下来的。在这里,很难说哪种治疗更重要。生命至上,病人至上。关键是为病人想办法。"主台"的治疗和"补台"的辅助,两者相结合,就有可能创造生命的奇迹。

"真实世界"里的故事

徐克成说,当下,将氢气列为"治疗后康复""居家康复",或者说"氢气保健",将是对这种"天然之气""生理之气"在大健康概念下一种较恰当的评价。对于包括他在内的癌症患者来说,都是期待从"氢"中享受健康和快乐,"治疗"后康复是一项终身任务,需要终身的"呵护",做到"生如夏花之绚烂,死如秋叶之静美"。

为此,在《氢气控癌:理论与实践》一书前言中他饱含深情地写下了这样的话语:我们发现,氢能控制癌症,这是真的! 带着感动(因为病人开心)、感恩(因为病人的勇于实践)和感激(因为病人无私地和我们分享),我们,还有被称为"第三眼"的媒体人,写下了一个个"真实世界"的故事。病人,是最好的老师,他们毫无隐晦、毫无保留,同样怀着感动、感恩、感激的心情,袒露了各种治疗、吸氢的经过,乃至各种细节,提供了各科资料,诉说了令医者为之振奋、充满信心的经历。

让徐克成感动的病人很多很多,限于篇幅,我们再讲一个患者感恩的小故事。

2018年10月22日,一场"氢分子与健康"的讲座在阳光酒店举行,由徐克成教授主讲。在讲座结束后的分享会上,几名吸氢效果显著的体验者畅谈了自己的感受。末了,一位老者突然走上台,给徐克成教授深深鞠了一躬,又分别给工作室的义工们鞠躬。老人的举动出乎所有人的意料。他是谁?为何如此激动?

故事要回溯到两个多月前。8月6日,鞠躬者孙先生作为"中国幸福第一村"微信群的村民,在"村长"的带领下,慕名来听徐克成教授关于氢医学的一场讲座。当时会场两边摆放了几台氢氧雾化机供大家免费体验。整场讲座,孙先生都全程用心吸氢,认真听讲。两个多小时后讲座结束,坐在他身旁吸氢的沈先生突然对他说:"哟,你的脸变得红润了!""哦?真那么神奇?那我有机会要再来试试!"孙先生十分惊讶。

随后,孙先生坚持每天到工作室体验吸氢。原来,孙先生的微信名叫"老兵",他是退伍军人,因长期吸烟,患上慢性阻塞性肺病,已经是三期。除了对症治疗,这个病没有特效药。一旦感冒或感染,就会急性加重。几十年来,孙先生无数次因病情急性加重而住院。"患病之后,连提矿泉水瓶的力气也没有,上下楼梯几步就喘得不行,晚上憋气没法睡。"孙先生感慨地说。他身上总是带着一个小电风扇,走路时也吹着,"送点氧气"。

"不可思议!氢气真是神气!"在坚持体验了一个月后,一次他竟然"赶"起公共汽车,上了汽车,他才发现"怎么不气喘了"?氢气使孙先生的胃口好了,吃什么都香;睡眠好了,晚上10点就想睡;有力气了,去市场买菜,能拖着装几十斤东西的购物车回家;就连身上的斑也淡了……

孙先生激动地走上台鞠躬的这一幕,让徐克成很感动,同时也感到很欣慰。

徐克成对孙先生说,不要感谢我,要感谢氢医学,要感谢为氢医学作出贡献的专家们,要感谢你勇于参与、敢于实践,为我们研究氢医学提供了宝贵的数据。当然,我相信钟南山院士也会感谢你,因为钟南山院士正在做氢氧气吸入治疗慢性阻塞性肺病急性发作的多中心随机对照研究。你是一个活生生的案例!

《氢气控癌:理论与实践》的出版发行,也引发网友们的热议。网友们纷纷留言说:

——氢气控癌假如实验成功,对人类健康推进有巨大的贡献!只有重视科学,人类才能进步,社会才能发展,国家才会有地位、有威望!祝福氢气控癌实践早日成功,向科学家们致敬!

——氢气控癌是最佳的"排毒"方式。它可以清除过量、有害自由基,保护线粒体（和细胞核），可以抑制癌细胞，是大自然赐予人类的天然治病良方。

——让更多人了解氢，让更多人接受氢医学，少花钱，少生病，让病人减少痛苦，用氢气自然康养才是正确的选择！祝愿氢医学事业被众人所知，有更多的人来宣传氢健康和共创美好未来！

——氢分子也是上帝赐予我们最好的治疗手段，支持新生事物、支持创新科研，多多探索未知世界，为人民造福、为伟大祖国争光！

——感谢各位院士的辛勤努力，给予肿瘤患者以生存希望！

——愿此成果引出全球控癌史的一个崭新时代，人心所向！希望各界大力推广、实践、改进，不断取得新成绩，不但使病人解除痛苦，更成为国人的骄傲。

——热烈祝贺和衷心感谢科学家们为人类的幸福健康，对人类的共同敌人癌症，以锲而不舍、坚韧不拔的精神合力围攻所取得的阶段性巨大成果。

——愿氢气控癌早日实验成功，向科学研究者致敬！向医学战线上的研究实践者，向为全人类减轻病痛、愉快生存奋斗的医学工作者们致敬！你们的事业是最神圣的事业，你们是上帝派来拯救人类的天使！

第七章　结识杜元伟

山东省淄博市地处黄河三角洲，广东省广州市地处珠江三角洲，一北一南，相隔2000多公里。

2018年8月的一天，烈日当空，大地流火。淄博市第四中学生物老师杜元伟做梦也没有想到，年近八旬的徐克成教授，会冒着酷暑携《南方都市报》科学类首席记者王道斌从广州专程赶来看望自己。

"杜老师，你不简单呀，你对氢的研究比日本的太田成男教授的研究还早了8年，我今天特地来学习！"见到杜元伟，徐克成由衷地赞叹。

一席话，说得杜元伟不知所措。紧张、兴奋、期待，百感交集，让这位"土专家"连声说："不敢当、不敢当，在您面前，我是晚辈，是学生，应该向徐教授学习！"

正值学校放暑假，杜元伟领着徐克成一行来到学校党员活动室。

徐克成笑着说："好呀，我们都是党培养起来的知识分子，也是党员队伍的一分子，在党员活动室，交流学术研究，畅谈促进人类健康的氢医学，有意义！"

望着徐克成布满笑容的慈祥的脸庞，杜元伟内心无比激动。

1962年出生的杜元伟，是土生土长的淄博人，毕业于山东师范大学生物系，毕业后回到家乡，到淄博第四中学当了一名生物老师。

杜元伟有几位中医朋友，闲暇之余，他们一起聊天，也一起做一些强身健体的体育运动。运动中，杜元伟时常感觉体内有"充气感"和"气流感"，便向中医朋友问询原因。他们说这些感觉就是人体内的"元气"或称"真气"在体内运行。他们告诉杜元伟，《黄帝内经》开篇即讲"上古天真"，何谓天真？先贤认为，所谓天真即老天赋予事物的天然性质或本来面目，上古医家引申为得以维持人体生命的真气、元气。也就是中医说的"阳气",这是一种促进生命活动的能量,是健康的根本。

擅长思考的杜元伟,自此之后就痴迷于探索什么是"阳气"。偶然间,他发现元素周期表中第一个元素是氢,而氢气是唯一易燃性的单质气体,具有能量。氧气只是具有助燃作用,本身并没有能量。人类的能量代谢过程、葡萄糖等能源物质的释放,都是通过逐步脱氢实现的,因为由氢气和氧气结合会生成水并释放大量能量。而水和氧气都是生命不可缺少的物质,可见氢气、氧气、水之间的关系是密不可分的。同时氢气也是自然界分子量最小的气体,始终是"上升"的,和中医里"清阳上升,浊阴下沉"的概念也不谋而合,所以杜元伟大胆推测"氢气"就是中医里讲的"阳气"。

《黄帝内经》又说"营者,水谷之精气也","营气者,泌其津液,注之于脉,化以为血"。杜元伟认为中医讲的"人以天地之气生,气者,人之根本也",这些气都是氢气。同时还提出"生物氢能"的概念,他认为如同氢可作为理想的清洁能源一样,在生物体内氢具有高能量。在正常情况下,氢气可作为有机物能源之外的"补充能源"。他大胆推测"辟谷"者长时间不摄取食物,仅饮少量水,其维持生命活动的能量就是生物氢能。

基于此,杜元伟开始对氢气的医学价值进行研究,率先探索起氢对于生命的意义。他将采购来的氢气瓶内的氢气注射进小白鼠体内,观察氢元素在动物体内的走向。通过实验,他观察到这些动物的抗麻醉能力、抗饥饿能力得到了增强;同样,他用氢气进行植物试验,结果发现生长在含氢环境下的植物花期得到了大大的延长。

为了取得第一手试验数据加以验证,他把氢气通过肌肉注射注入了自己的体内,让自己成为一只"小白鼠"进行注射实验。结果没发现积极或消极的效果,这更证实了氢气对人体是无毒、有益的。

经过 5 年左右的实验和探索,杜元伟把研究成果陆续写成学术论文。

"徐教授,这是我和爱人在 1996 年写的第一篇论文《气的物质性思考及应用展望》。"杜元伟拿出了几本封面已经泛黄的杂志。他告诉徐克成,这篇论文主要阐述了吸入氢气可以增进健康、祛病延年、清新空气、优化环境,氢气可以直接采取输入的办法,治疗疾病,而且氢气可以用于体育康复等观点。

徐克成频频点头赞赏道:"古希腊哲学家亚里士多德说过,人生最终的价值在于觉醒和思考的能力,而不只在于生存。你对氢气的研究,就是一种觉醒,体现了思考的力量,人生有价值!"

1997年,杜元伟将题为《氢气对生命体的巨大作用》的论文投稿至第三届环境工程与化学工程国际学术交流会,提出氢气作为强还原剂,可以对抗癌症、衰老以及对抗由于环境污染导致的人体慢性疾病以及致畸可能性,并大胆提出,氢气是人体的清道夫,是人体内源性物质,氢分子与羟自由基直接反应是治疗炎症损伤的基础,提出"氢气能以一种未知的机制促进生命活力"。但由于杜元伟是"草根"作者,论文并没有引起国际上专家学者的重视。

1999年,杜元伟又在《山东师范大学学报》上发表文章,再次指出氢气在动物体内具有还原性,可抗氧化。在《氢气在生命活动中的意义作用初探》一文中,他提出:"人在代谢过程产生积累过多的过氧化物,许多疾病及衰老就是这些过氧化物所致,人体必有一定的生命机制来对抗这些过氧化物。氢气是强还原剂,自然、无副作用地消灭过氧化物,实现了氧化还原意义上的平衡。"但这篇文章在学术界仍然没有引起多大反响。

徐克成翻看着杜元伟一篇又一篇论文,感叹地说:"如果按照在国际性学术期刊发表成果来判断,你提出的观点与当今人们对于氢分子生物学的认识不谋而合。你的发现,比2001年法国潜水医学家证明呼吸8个大气压高压氢气具有抗炎作用,早了两年;比日本医科大学太田成男教授发现氢分子具有特异性清除羟自由基作用,早了8年,真是了不起的发现!"

随着交谈的深入,杜元伟渐渐归于平静,他又拿出了一份实验报告。这是一份利用放射性氢元素来追踪氢在动物体内游走路径的报告。

杜元伟介绍道:"普通的氢元素在动物体内如何游走,很难用实验室方法观察到,为此,我特意购买了小瓶氢元素(H)的放射性同位素氚(3H),随后委托高校实验室进行操作。通过电解氚水形成氚气后让小白鼠吸入,最后在小白鼠体内的各个组织器官都测得了氚的存在。这说明氢气在进入动物体内后,是全方位游走的。"

杜元伟说:"这一实验也证明了一旦氢气的安全、无毒以及治疗机理明确后,氢气的医用价值将在多方位、多脏器疾病治疗上发挥作用。"

徐克成对杜元伟的研究成果十分赞赏,说:"氢分子医学理论正在医学领域得以实践并走向现实,作为一个学科、一个产业,其发展前景无限广阔。"

徐克成接着说："你将氢气运用到医学领域的论述，观点新颖，时间是最早的，'氢医学'应该是一项可以达到诺贝尔奖级别的重大发现，如果'氢医学'能够被学界所认同，那么就应该由中国人来获得这一荣誉！"

徐克成教授说这话，不是一时的冲动，而是这几年他通过对氢医学的研究和实践得出的论断。

为什么国内的一些学者和专家，包括一些患者去日本治疗时，都认为氢医学的起源在日本呢？是因为2007年，日本医科大学太田成男教授采用浓度为2％的氢气治疗动物脑缺血的试验取得了成功，论文在世界性权威杂志《自然医学》上发表，氢气疗法才引起全世界的瞩目，2007年也因此被医学界公认为氢医学的元年。

而由于杜元伟"草根"的属性，不是专业的"医家"，他的文章也仅仅发表在地市级的科学报纸以及行业杂志上，没能登上世界性的权威科学或医学杂志，从而没有引起学术界人士的重视并得到认可。

徐克成教授此行，为氢医学起源正本清源。

听了徐教授的一席话，已近六旬的杜元伟像小孩子一样再次激动不已，他的研究成果终于有专家认可并给予高度评价，他感到无比兴奋。

徐克成对随行的《南方都市报》记者说："杜元伟对氢气物质的研究和氢气的运用使得氢气生物学成了研究氢气的生物学效应的一门科学，成为生物学的一个新兴分支学科，和传统的中医学相结合，就能使我国的中医医学得到极大的发展，这是对促进人类健康做出的重大贡献，值得好好宣传！"

宋朝朱熹在《朱子语类》说道，先知先觉，知是知此事，觉是觉此理。也就是说，对事物的认识在常人之前，觉悟也就早于别人。对于杜元伟而言，世界上不可能的事情，是想出来的；世界上可能的事情，是做出来的。

徐克成教授的到来，让杜元伟感到了这个暑假不再平凡，他感受到了肩上更大的责任和担当。同时，他也为能结识这位平和的老师而感到无比荣耀。

他兴奋地邀请徐克成合影留念，墙上鲜艳的党旗前两位氢医学的研究者、实践者、先知先觉者，肩比肩，手握手，在他们心中涌现出来的是一个共同的目标：为促进人类健康奋斗终生！

徐克成与杜元伟（右）

淄博是中国的文化名城，历史文化源远流长，曾作为山东政治中心近两千年，有"齐国故都"之称。

第二天，杜元伟热情邀请徐克成游览淄博。这里有鲁中最高峰鲁山，有"天下第一石花洞"九天洞，有再现狐鬼仙异曲折故事的聊斋城，还有古老而神奇的中国瓷器与魅力足球等，但徐克成来去匆匆，无暇领略。只是在杜元伟的再三挽留下，游览了蒲松龄故居。

"蒲松龄，通过谈狐说鬼的手法，对当时社会的腐败、黑暗进行了有力的批判，表达了人民的愿望。我也衷心希望杜老师能在氢医药的研究上，再进一步，把氢气的医用价值发挥出来，为天下百姓的健康提供科学的实践依据，为世界创造健康财富，这也是人民的愿望，好不好！"临别前，徐克成深情地对杜元伟说。

广州，珠江奔腾；淄博，黄河飞流。再远的路，再高的山，江与河，一泻万里，殊途同归，奔流入海。知行的力量，在杜元伟心中犹如江河之浪，激荡澎湃。

随后，《南方都市报》和《羊城晚报》均用整版报道了杜元伟研究"氢气与健康"的事迹。徐克成很欣慰，因为这是一个历史的记载，后人评估氢医学时，"我们中国人有着光辉的一页"。

在徐克成的推荐帮助下，2019年10月，杜元伟应邀参加了在西安召开的中国医疗保健国际交流促进会氢分子生物医学分会2019年学术年会暨第六届氢生物学与氢医学学术大会，杜元伟提出了最新的研究成果：氢医学效应，已不单是某一具体疾病，几乎是整体性的、基础性的，和传统中医医学的元气本原论吻合，也与宇宙本原性吻合。

敏于观察、勤于思考、善于综合、勇于创新的杜元伟的思路被彻底打开，从20多年前的兴趣爱好研究，到如今氢医学产业的积极推动者，杜元伟深信：中医、气功和人体特异功能的统一，可能引起医学的革命，而医学的革命可能引起整个科学的革命。

如今，氢气生物学研究方兴未艾。当然，未知的因素还有很多。只有在不断地质疑、不断地否定、不断地推倒重置后，方能摸索出科学的真谛。

美国、日本和中国是目前研究氢气医学生物学效应最多的国家。在国内，徐克成教授与汤钊猷、吴孟超、王振义、钟南山等院士以及孙学军教授等，都在为中国的氢医学发展领航、探索。

离徐克成访问杜元伟已经过去三年了，当笔者在电话里采访杜元伟时，听得出，他还是那么兴奋："我只是一个普通的中学老师，徐教授在大热天亲自跑来，我是既高兴又诚惶诚恐。高兴的是能够见到徐老，粉丝见到明星偶像一般。诚惶诚恐的是，徐老年事已高，天气又热……"电话中，杜元伟一再流露出对徐教授的敬仰之情。

杜元伟打开了话匣子："见到徐老，我知道了什么是真正的科学家和伟大的医学精神。他不仅有一颗医者父母心，有慈悲心，更有对人类健康的担当、科学探索的精神。这种精神体现在为拿到第一手资料，以八旬高龄走访天下，这种严谨的学风、求实的作风、朴实的爱国情怀，将使我终身受益。"

第八章　拔苦凝乐，向死而生

生命之约，

心香一炷。

拔苦凝乐，

向死而生。

……

这是上海市普陀区癌症康复协会理事长乐俊仁先生，在听了徐克成教授"践行中国式控癌和氢医学研究"讲座后，万分感动，挥毫写下的诗句。

拔苦凝乐，向死而生。既写出了患者承受病痛之苦的无奈和求生的期盼，也向竭尽所能为病人解脱病痛的医者表达了敬意，更是对医者的鞭策和激励。

作为一名医生，特别是作为身患癌症的医生，徐克成深知癌症患者的"癌苦"，就是：疼痛苦、厌食苦、疲倦苦、失眠苦、治疗苦、恐惧苦、焦虑苦、无助苦、无尊苦、孤独苦、遭骗苦、无钱苦，还有就是患者面对死亡的"无奈苦"。

拔苦凝乐，为患者解除痛苦、延长生命，让他们活得有尊严、有质量，徐克成暗下决心，要在有生之年，把氢医学对人类的健康促进作用深入研究下去，在健康中国的道路上，贡献自己的一份力量。为此，他以八旬老人的身体和癌症患者的身份，不知疲倦地遍访吸氢者，为患者因为吸氢获得了向死而生的力量而兴奋不已。

资深"功勋记者"的感悟

T先生,是一位官至"师级"的资深"功勋记者",命运多舛,年仅50岁,得了肝癌,在北京一著名的移植中心接受了肝移植,三个月后肝癌复发,肿瘤快速转移到"新肝"以及肺、骨骼、皮下和脑,还转移到一个"边远"的地方——左侧鼻孔。肿瘤从鼻腔深处生长,像一条蛇一样从鼻孔冒出来,让人看了既心痛又心惊。T先生痛不欲生,苦不堪言。

医学能为他做什么呢?手术不可能进行,化疗对肝细胞癌不会有效,仅仅做了放疗,那还只是针对脑转移的。

2018年初,T先生的妻子经人介绍找到在北京出差的徐克成。当时徐克成看了他的病历,惊呆了,因为他的病已经无药可治,处方上几乎全是止痛药。

徐克成除了无奈,还是无奈。最后在无奈中提出建议:吸氢,正确地说,是吸氢氧混合气体,除氢外,还有氧。在吸了一个多月氢后,T先生在妻子陪伴下乘高铁来到广州。第二天早晨,徐克成怀着忐忑不安的心情来到他的病房。一眼看到他的鼻孔,转移瘤基本消失了,鼻腔基本通畅了。看他带来的CT、MR检查资料,肿瘤仍存在,但T先生说:疼痛减轻了,精神变好了,体力增强了,也想吃饭了,现在可以行走百米。

"吸氢解除了我的许多痛苦,我满足了。"T先生讲得很慢,充满感慨。

T先生不愧为资深记者,对人生有着与常人不同的感悟。出院时,他在妻子的陪同下专门来到徐克成办公室,向徐克成教授致谢。他的妻子拿出徐克成写的《与癌共存》一书,告诉徐克成,这本书已经读给他听了好几遍了。于是T先生与徐克成之间有了一段精彩的关于病痛与人生的对话。

T先生说:徐教授,近年来我一直在与死亡博弈,听了您写的《与癌共存》一书,我现在最大的期望就是"与癌共存"。

徐克成说:"与癌共存"是生命过程的"常态",但是共存的生活一定要有质量。岁月无价,无论是一个月、一年还是10年,都值得我们去珍惜。我一定帮助你,共同与病魔交锋。

T先生说:我相信,当我们满怀勇气与死神搏斗时,生命也在不断延伸,唯有理解生活真谛的人,才能不断萌生智慧和力量。一起照个相吧,我会永远记住你的话。

他的声音不高,讲完,眼里滚动着泪花。

离开时,走到门口,T 先生突然回头拉住徐克成的手说:"徐教授,好好研究吧。从我自身的体验,氢的作用也许有更深的意义。我们的生命不是一种表面的存在,思想的源泉和力量会使我们的生命永无尽头。"

听完 T 先生讲的话,徐克成感到一丝欣慰,因为他从 T 先生身上看到了"拔苦凝乐,向死而生"的力量。但同时,心里又有一种惆怅,因为总是担心那些不可能治愈癌症的患者,甚至难以长期改善的患者,仍然处在"癌苦"之中。在徐克成心里只有一个愿望,就是能通过氢医学,让他们少受"癌苦",过真正意义上的幸福生活。

什么是幸福?那是一种感觉。享受快乐的时光是一种幸福;面对痛苦,挑战痛苦的过程,也是一种幸福。医疗的本质是照顾、是安慰。长眠在纽约东北部的撒拉纳克湖畔的特鲁多医生,其墓志铭写道:有时是治愈,常常是帮助,总是去安慰。

安慰病人,是医生对病人精神的治疗;治愈病人则是对病人肉体的安慰。

汤钊猷院士说,氢气对癌症有效,虽然其原理是从国外传来的,但在中国的实践做得很好。将东西方思维结合起来,是我们应该采取的态度。癌症是慢性病,控癌战是消灭加改造的持久战。氢疗法不同于传统的"消灭"肿瘤疗法,应属"改造"性质,而现代医学对付癌症常要求"无瘤生存",实际上是难以实现的,为此持久的综合治疗是必由之路。控癌战能否取胜,不仅有赖武器,还需要思维的更新。

作家徐娘的思维

汤钊猷院士的论断从 T 先生的经历得到验证,更新思维,持久的综合治疗,配之氢氧吸入,使 T 先生的控癌之路洒满阳光,而与 T 先生有着同样思维的作家徐娘,把这一思维归纳为:蚌殇成珠。

缘于作家的知识与见识,徐娘在 2013 年被检查出乳腺癌后,她诙谐地戏称"癌症"为"郎君"。心态不同,人生的境遇天差地别。她说,快乐就是平淡中窥见了神奇,幸福就是平淡中活出了真味。大起大落谁都有,拍拍灰尘继续走。

"与'肿瘤君'四余年的搏杀,仅有手术,没有化疗,到今天风采依然,以身为镜,以书为凭。"在 2018 年 12 月福建武夷山癌症康复大会上,徐娘兴奋地对前来做讲座的徐克成教授说。

她送给徐克成一本自己写的书《蚌殇成珠》,书中记载了她遭遇"肿瘤君"的所历所想所感。

取名《蚌殇成珠》,寓意深远。徐娘说,她喜爱珍珠,因为她认定:"只有珍珠和蚌的物语,能够为与肿瘤君交过手的人,做出最贴切的诠释与最准确的类比。"

蚌在水域中自由自在地活动,不时张开它那大大的贝壳。突然,一粒沙随着奔涌的浪花进入它的体内,可怜的蚌贝无法驱除侵入的沙粒,于是动员体内一切力量,倾注血和泪,将沙包裹,共生共长。终于有一天沙粒化成了美丽的珍珠。

"如云蒸霞蔚,随清风进入凡尘,散发出耀眼的璀璨!"与其说这是作家出口成章的吟诵,倒不如说,这是徐娘"太多太多的感悟和心得"和"为读者从运交华盖的阴霾中送上一缕阳光"!

身材高挑的徐娘,虽略显"发福",但不减艺术气质,浓密的黑发,配上加长的外套,正如杜甫的诗句所云"三月三日天气新,长安水边多丽人。态浓意远淑且真,肌理细腻骨肉匀"。

徐娘正是用自己的全新思维和智慧之心,调动全身的"力"和"气",降伏了侵入她躯体的癌细胞,让自己游走于健康、阳光、娴雅、安适的自由之疆域。她本人因此成为"因蚌殇而成就的珍贵之珠"。

患者妙璇的"不治疗"

而与徐娘一同参加武夷山癌症康复大会的癌症患者妙璇,可以说也是一粒不可多得的"蚌殇之珠"。

2018 年 12 月 2 日上午,妙璇和徐克成一同参加大会组织的"健步万米行"活动。他们肩并肩,在数百人的队伍中,举着"生命之光"的旗帜,呼吸着山间沁人肺腑的空气,在碧水青山的天然美景中,沿着武夷山草木苍翠的傍山公路,健步快走。与徐娘遭遇的乳腺癌相比,妙璇遭遇的"肿瘤君"要"恶性"10 倍。

2014年的一天,徐克成像往常一样在专科门诊坐诊,一位个子高挑的女士来到他面前,双手送上她过去住院的记录。她就是妙璇,来自深圳。尚未诉说病史,晶莹的泪珠已像断了线的珍珠,滚下她的面颊。她轻轻地说:"你看,还有救吗?"

徐克成一看,心里一惊,妙璇患的也是胆管细胞性肝癌,和自己几年前患的是同一癌症。几年来,每当看到这个病,徐克成心里都有一种"触心经"般的疼痛,人们将胰腺癌称作"癌王",其实,胆管细胞性肝癌与胰腺癌是难兄难弟,真正能生存5年的不到10%。

从病历得知,妙璇2010年接受了胆管细胞性肝癌手术,但术后每年都复发一次,再次手术、再次化疗,妙璇被折磨得快崩溃了。

妙璇继续问道:"徐教授,还有什么治疗方法吗?"

徐克成说:"没有!但如果说有的话,那就是'不治疗'!"

"不治疗?!"妙璇瞪大眼睛,那表情不知是绝望还是惊奇。

妙璇前后已接受了20多次化疗,包含10多种药物。徐克成清楚地知道,一方面,胆管细胞性肝癌对化疗"天生"缺乏敏感性;另一方面,不排除化疗后癌细胞"狗急跳墙"。癌细胞是正常细胞"突变"而来,化疗药物可诱使癌细胞基因再突变,形成"离群者",癌细胞变得更"恶性"。更何况妙璇已经被"化疗折磨得死去活来"。

"是!'不治疗'就是在治疗。"作为医生,为病人做出治疗决策需要智慧,也要有勇气。但这个决策似乎有些不合"常规"。徐克成讲完后有短暂的懊悔,但作为医生,徐克成不得不理性地"实话实说"。

后来,徐克成到深圳举办"中国式控癌和氢分子医学"讲座,妙璇听了讲座后,深受启发,每天晚上在家坚持吸氢,白天到康复协会跳舞做公益,保持良好的心态,换一种方式生活,进入了一种"无为"的状态。

"无为"是道家哲学的一个基本概念。在道家哲学中,"无为"与"自然"是同等程度的概念,二者构成道的本质属性。只有"无为"才能"自然",只有"自然"才能"无为"。人类"无为",万物才能"自然"。"无为"意味着以一种"自然"的方式对待万物,根据事物的本性与发展趋势"辅助"万物达到"自然"。从这个角度说,"无为"主要包含两层含义:一是"不为",二是"顺自然而为"。

这次在武夷山,妙璇兴奋地告诉徐克成,吸氢后感觉很好,睡得好,吃得香,精力足,对今后的生活有了新的憧憬。

"'不化疗'就是在治疗。"徐克成在帮助妙璇解除病痛的过程中,针对妙璇的个案病情,告诫她"不要化疗了",这就是"不为"。让她吸氢做公益调整心态等这是"顺自然而为","道法自然",顺应自然之道,遵循天地万物自然运转规律,达到天人合一的目的。

如果说道家所讲的"无为"是一种哲学的境界,那么徐克成讲的"道法自然"则是哲学与科学的有机统一。几百名癌症患者会聚武夷山,交流感悟、畅谈人生、聆听徐克成对生命意义的诠释,享受着大自然对生命的慷慨馈赠。

福建武夷山,绵延起伏,奇峰突兀,千岩竞秀,翠竹层叠,昔日是羽流禅家栖息之地。宋代理学家朱熹,当年在隐屏峰下的武夷精舍讲学、著书立说,创作的《九曲棹歌》脍炙人口,远扬海内外。朱熹还有一句名言"问渠那得清如许?为有源头活水来。"则道出了生命的真谛,蕴涵生命为什么能够延续的哲理。这句名言被题刻在武夷山水帘洞掩映着的纵横的丹崖上,别有意韵。水帘洞顶危岩斜覆,洞穴深藏于收敛的岩腰之内。洞口斜向大敞,洞顶凉爽遮阳。两股飞泉自百余米的斜覆岩顶倾泻而下,形成飞瀑,宛若两条游龙喷射龙涎,飘洒山间,又像两道珠帘,从长空垂向人间,彰显着大自然的活力。让人们在酣畅游览之时,不由得浮想联翩。

徐克成告诉妙璇,人的生命之力,不就是一股清泉在涌动吗?这股清泉,就来自人体内的"气",气畅则脉长,气郁则脉短。

看到妙璇神采飞扬的样子,徐克成内心也是万分高兴。他指着水帘洞顶的瀑布对妙璇说:"作为一个医生莫大的快乐就是看到病人快乐,你的快乐就是我的快乐。看那飞流而下的瀑布,只要源头不枯竭,浪花就会永远飞流直下,奔腾不息。"妙璇若有所思地说:"是呀,与癌症抗争,真是一场博弈呀,幸亏我遇见了您,遇见了氢医学。只可惜我在深圳的几个同样患肝癌的病友,不到两年就走了。"

在杭州灵隐寺内有副对联:"人生哪能多如意,万事只求半称心。"事实上,"人生一半在于我,另外一半听自然"。

爱尔兰作家萧伯纳说,死亡并不困难,生存则是非常艰难的。为了生存,有多少癌症患者在痛苦中备受煎熬,又有多少癌症患者在生死边缘徘徊?其实,苦与乐,生与死,是一种辩证统一。氢氧康复,让众多癌症患者,拔苦凝乐,向死而生。

第九章　傅达仁的安乐善终

徐克成结识傅达仁，缘于徐克成一行赴台湾开展访"氢"之旅。2018年，徐克成应台湾友人林信涌邀请，赴台湾与一个个经过"氢康复"后起死回生的患者进行访谈，以获得更多的案例，为氢医学的深入研究提供依据，由此认识了癌症患者傅达仁。

傅达仁是一位名动海峡两岸的名人。他曾是台湾篮球高手，兼职教练，曾赢得亚运会银牌，播报NBA等大小赛事万余场，主持过台视综艺节目《大家乐》，荣获金钟奖优良综艺节目奖。在1990年北京亚运会上，他和大陆著名体育主播宋世雄同场解说比赛。1991年除夕夜，傅达仁携妻子参加中央电视台春节联欢晚会，表演串场节目"山东大实话"。他那精妙文辞，倾倒了无数"粉丝"。

傅达仁还是抗日英雄后代。父亲傅忠贵是国民革命军少将，山东长清人，1938年在抗击日本侵略者的战斗中战死在山东黄河边。母亲也很早过世。傅达仁从小就是孤儿，颠沛流离，到处流浪，后被宋美龄收留，15岁时来到台湾。

他是一个有中华民族血性的人。傅达仁说，李登辉篡改历史、消灭历史，拿"中华民国"身份证、拿"中华民国"礼遇，是"二鬼子（指汉奸）"。他大声疾呼：打倒这种卖国假鬼子！

近年，傅达仁更是在台湾成为传奇人物，这是因为他一心期望亲身践行安乐死，又神奇般地被安乐死"退"了回来！

2018年3月6日下午，徐克成到达台北的第二天，在林信涌先生的陪同下，一行五人乘车绕过台湾最大的媒体中心台视大楼，经过孙中山纪念馆，穿过几条古朴的街道，停在八德路3段一栋普通的公寓楼前。熟门熟路的林先生带领徐克成上了小小的电梯，来到3楼一间房前。门已敞开，一位高大清瘦的老人站在门边，与徐克成一边紧紧握手,一边风趣地说"我是台湾的宋世雄"。

他就是傅达仁!高大魁梧的身材,花白飘逸的长发,一身全黑的中式服饰和加长印着白花的名牌围巾,尽管身患癌症,仍不失名扬海内外媒体明星的风采。

2017年5月,84岁的傅达仁患上胰腺癌,3个月内,身高180厘米的他,体重从74公斤像过山车似的跌落到58公斤,坐、卧、站都不行,不能吃饭,鼻胃管、导尿管一堆管插在身上,痛苦不堪。他向台湾地区领导人请命,建议订立"得不治之症者安乐死法案","若法案能通过,我愿身先士卒接受安乐死"。他还打算把原定举行的新书发布会改成生前告别追思会。

台湾当局没有满足他的要求。他找到全球唯一为国际人士提供安乐死服务的机构,如愿成为合格会员,亲赴有安乐死立法的瑞士,缴了一笔不菲的费用,获得安乐死"绿卡",准备2017年12月第二次赴瑞士实施安乐死。

傅达仁和徐克成面对面站着,眼对眼,一口气说出了徐克成的好多"头衔",笑着说:"一听说你来自大陆,好开心,马上上网做了关于你的'功课',我们是同病相怜兄弟呀!"说完邀请徐克成一行坐下。

徐克成一行在他家客厅沙发上一一坐下。傅达仁家客厅虽然简陋,但客厅四壁陈列的无数奖状、奖牌、奖杯,以及与台湾名流的合照,无不显示客厅主人具有深厚文化底蕴和崇高社会地位,而客厅正面墙边竖立的巨幅篮球明星林书豪的照片,显示出主人对篮球的钟情。

傅达仁滔滔不绝聊起他的病。他说,他患了胰腺癌,吃尽千辛万苦。他不想让家人痛苦,也不想消耗社会资源,毅然决然寻求安乐死。谁知道,第二次到瑞士,也许是老天留他,那边医院说:你已恢复到"不达死亡标准"。

这让徐克成一行人产生了兴趣。

"那边医生说,你现在身体已经开始恢复,不再是病入膏肓,还有生存的希望!"

徐克成问:"做过什么治疗?"因为按一般情况,胰腺癌到了晚期,极难有转机的。"做化疗或放疗吗?"

"近几个月,我一心想安乐死,怎么会再接受这些治疗呢!而且,以前这些治疗已经搞得我痛不欲生,后来我拒绝了这些残忍的治疗手段!"他停顿了一下,继续说,"2017

年 10 月 17 日,是林先生从大陆给我送来一台氢氧气雾化机。我每天吸氢 6 小时。"他看了看在座的林先生,"是林总的氢氧气雾化机,让我的生命出现了转机,我们是多年的朋友了。"他拉住林先生的手,说,"谢谢你。"

林先生说:"因为医院对傅老师的病已经没有其他办法了。我研究氢对人体作用有 7 年,在细胞培养时发现,在含氢环境中,肿瘤细胞运动减慢,细胞分裂减少。应该是小小的氢分子控制了傅先生的癌细胞的生长!"

是呀,不是氢气又是什么呢?他没有接受过任何"抗癌治疗",只放了胆总管支架,那是为了解除胰腺肿瘤对胆总管压迫及排出胆汁的,不具有抗癌作用。

傅达仁说:"林总还给我送来一种'纳米蕈',我起初每天吃 9 包,后来 6 包。"他叫保姆从楼上取来给徐克成看。

徐克成说:"不用了,我知道,这是一种古小麦衣发酵产品,对癌细胞也有抑制作用。"徐克成紧紧握住傅达仁的手,说:"达仁兄,祝贺你!看来吸氢和纳米蕈对你有作用。"徐克成打开手机,让他看上午访问病人的照片,说:"他们都是吸氢成功的癌症患者。我把林总提供的方法称为'氢+2 康复法'。无创,天然。你一定要坚持下去。"

"其实,我也不希望一'走'了之,舍不得儿子和家人。最开心的是,被瑞士'退'回来后,我为儿子举行了婚礼。"傅达仁哈哈大笑起来,"现在除了腹痛和腹泻,其他似乎好起来了。"

徐克成为他做了简单的体检,发现肝脾不肿大,无腹水,没有扪及肿块。深压腹部有压痛。他说主要是腹腔深部疼痛,估计是腹腔转移。但从目前情况来看,他确实没有进入瑞士医生所讲的"病入膏肓"状态。

对于傅达仁这样一个有中华民族血性的人,徐克成脑子里只有一个想法:"一定要救他!"如果按照"中国式控癌"策略为他进一步治疗,也许真能"以正合,以奇胜"!

"达仁兄,看来我们有缘分,去广州吧,至少陪你享受'吃在广州'的美食!"徐克成邀请他到广州复大肿瘤医院再做一次全面检查。傅达仁开心地站起来,说:"我能去吗,我能乘坐飞机到广州吗?"徐克成说:"能去!"

"好呀!好想念大陆呀!那里有好多朋友。广州好吃的食物太多了,我要好好享受美食了。"他拉着徐克成的手,"去广州,走生存大道!"

傅达仁是在1949年从广州黄埔港登船到台湾的,但从那次离开后,就再也没有回过广州。

阔别半个世纪,2018年3月22日傍晚,傅达仁与红颜知己"半婚姻"的太太陈秋萍如愿来到了广州。傅达仁内心百感交集。广州已经不再是他离开时的模样,他为广州的繁华而兴奋,也为自己在有生之年能回到广州感到激动。他深情地对徐克成说:"徐教授,谢谢您,半个世纪前,我从这里离开,如今,是您帮我圆了故地重游的梦想,有了回到母亲怀抱般的温暖。"

徐克成将傅达仁安排在离自己办公室最近的501病房,便于及时看望傅达仁。徐克成一边仔细观察傅达仁的病情,一边对他进行了多种手段治疗。安排了医院最好的针灸医生,请来广州著名的疼痛治疗专家,应用止痛药物、肠功能调节药、免疫调节剂,还有中药……给他进行综合治疗。

傅达仁深受感动,对太太说:"没有想到大陆的医院住宿、服务条件这么好,遇见徐教授是我们修来的福分啊!"接下来的日子,傅达仁接受了血液、超声、CT扫描、X线胸片和钡餐等一系列检查,检查结果出来了,既在预料之中,又难以置信。CT显示,他的胰腺癌仍然存在,在胰腺头部,有七八厘米大,侵犯胆总管,管内有支架;胰腺体尾部胰管扩张;胰腺周围有多个小淋巴结,围绕着血管。与两个月前在台湾总医院检查的PET-CT相比,差别不大。但不可思议的是,PET-CT显示,肝脏左叶近肝门部"亮晶晶"的转移灶不见了。

傅先生的胰腺癌已进入第9个月。一般来讲,不能手术的胰腺癌患者,中位生存期为6个月。进入半年以后,一般是到处转移,尤其是肝转移,常常是满肝转移,还有肺转移、腹腔转移。但是他的肺野清晰,做了胃肠钡餐检查,放射科主任花了8个多小时,观察钡剂从他的食管到直肠的走动,除了发现他的乙状结肠冗长(可能为先天性)外,肠管运动良好,没有粘连,没有腹腔转移性肿块的征象。

更神奇的是,循环肿瘤细胞仅仅1个/毫升(正常范围内),反映免疫功能的血液内各种类型淋巴细胞及细胞因子竟然"完全正常"。

傅达仁也难以相信新的检查结果,尤其不相信肝转移不见了,台湾医生断定他"无须治疗"的依据就是转移:肝转移和腹腔转移。

上述检查显示,傅先生的胰腺癌处于"稳定"状态。是什么"神药"让这一凶猛如虎的癌症变得似乎"规矩"起来,至少进展减慢下来?

"功在氢气!"傅达仁坚信,是氢气在救他。

作为基督徒,傅达仁认为这是上帝的恩赐。相信上帝给人氧气,让人活下来,又送来氢气,让人健康起来。

"徐教授,你说氢气真的能帮助我脱离苦海吗?"傅达仁问徐克成。

徐克成告诉他,通过科学研究和临床试验,发现氢作为一种新型抗氧化剂具有以下独特的优点。第一,具有选择性抗氧化作用。氢的还原性比较弱,不与氧化作用弱的活性氧直接反应,但可以与氧化作用很强的活性氧,如羟自由基和亚硝酸阴离子直接发生反应。第二,氢本身结构简单,与自由基反应的产物也简单,不会有任何残留,对身体无毒副作用。例如,与羟自由基反应生成水,多余的氢可通过呼吸排出体外。第三,氢的分子量低,可以通过血脑屏障,也可自由扩散到细胞内的任何位置,包括细胞核和线粒体。癌细胞是在环境因素影响下正常细胞基因变异、发生突变的产物,吸烟、化学物、辐射、感染、炎症、不良情绪、过度运动等,均可促使自由基产生,促进细胞基因突变。因此,用氢抗氧化,消除自由基,在理论上显然能抑制癌细胞,阻抑癌症的进展。当然,氢分子的作用可能不止这些,但现有实验已证明,氢对癌细胞具有抑制作用是无疑的。第四,氢氧气混合吸入,能改善肿瘤缺氧,而缺氧是癌症进展的促进剂。

"你的肝转移不见了,是否功在氢气? 还需要得到进一步证实。但从临床角度考虑,用于'改造'癌细胞或微环境,氢这种简易价廉无毒的小分子,肯定有益无害。享受快乐生活吧!"徐克成在阐述了一大通氢医学理论后说。

傅达仁终究是媒体人,见识广,经历多,对徐克成讲的理论知识有了一个初步的认识。他要尽情享受在广州的快乐。他说:"从现在开始,所有的时间对我来说,都是上帝的恩赐。"

他坚持继续吸氢。他很有经验,每天早晨和临睡前,各吸 3 小时。他用面罩吸,不是用鼻导管,而且吸的时候有意增加呼吸量。

他说,他知道氢分子这个东西,太小也太轻,要用点力气,将它驱动到身体内的"天涯海角"。

《孙子兵法》云"不战而屈人之兵","非战取胜"。机体是整体,疾病康复涉及心境、营养、运动和排"毒"。"毒"就是毒性活性氧,氢气承担排"毒"这一任务,但力度可能不够,必须"五间俱起",也许能够"四两拨千斤""出奇制胜"。

为了增加傅先生的营养,使他增强体质,集聚"四两拨千斤"的力量之源,也是为了实现自己的承诺,让他享受广州美食,徐克成除了吩咐医院食堂为他特制饮食外,每隔两三天,徐克成就亲自或者请同事带他去广州各种有特色的酒家享受美食。吃粤菜、淮扬菜、潮州菜、客家菜,既吃正餐,也品尝广州早茶。有几次,傅达仁还在夫人的陪同下,悄悄到附近的小区街道内买来烧饼吃,找寻儿时的味道。到酒店吃饭也不忘记将吃剩下来的饭菜打包带回去吃。他特别能吃,每次徐克成都善意地对他说:"老兄,控制点。"

胰腺癌患者早期最常见的症状就是厌食,傅先生如此能吃,徐克成很高兴,因为他几乎从未见到过食欲这么好的胰腺癌患者。但又担心,因为胰腺癌患者胰腺功能不全,担心他消化不了。

傅达仁在广州期间,徐克成还时不时地创造一些小惊喜。4月5日晚上7点,在位于广州黄埔大道的阳光酒店五楼餐厅一间包间里,徐克成请傅达仁先生吃饭,庆祝他接受了整整一天的全胃肠钡餐造影,未发现腹腔"癌症转移证据"。傅先生大口大口地吃着海参。海参是徐克成请朋友从巴西进口的,据说"纯天然""精氨酸含量高""有抗癌作用"。突然,傅先生眼睛红了,拿着筷子的手有些发抖,说:"如果不来广州,我已离开这个世界整整48+8小时了。"声音里有感激也带着苦涩。

坐在傅先生右侧的陈小姐,眼睛也湿润了,她说:"前天,4月3日,是傅先生的生日,本来也是他的忌日……"

陈小姐,被傅达仁称为0.5次婚姻。傅先生第一任夫人为他生育一女,早已离婚,和女儿旅居美国。第二任夫人是台湾海军一位中将的遗孀、台湾广播电台主播。而陈小姐比他年轻36岁,没有与他履行婚约,却一直陪伴他,所以称"0.5次婚姻",可谓红颜知己。那年,17岁的陈小姐仰慕傅达仁才华,献身于他并与他生育一子,就是已经26岁、身高180厘米、仪表堂堂的俊豪。老年得子,傅达仁的爱子之情无须细说,与傅达仁未有生育的二夫人也将俊豪视为己出。

傅先生接下去说:"我患了胰腺癌,台湾没有治疗方法。带着台湾医院的病情证书,

2017年11月,我们全家去了瑞士,那是世界上唯一开放给外国人可以安乐死的地方。在为儿子办好婚事后,我就买好了今年3月26日全家再赴瑞士的机票,已定4月3日,我生日那天的上午11点进入死亡程序:先口服一种液体,3分钟后入睡。再注射一种致死剂,10秒钟死亡。"他讲得很慢,似乎在说其他人的事。

徐克成与傅达仁、陈秋萍

徐克成的视线被泪水遮住了,一下子握住傅先生的手,陈小姐也来到他们身后,三双手紧紧握在一起,摇动,摇动。徐克成说:"庆祝达仁兄转世了!"

"是呀!我走过'忌日'了。"傅先生声音一下子变得高亢起来,"转世在广州!开心!"

傅达仁感触地说:"这一天过后,恍如重生,每过一秒,等于赚了一秒。生命延长了。"他说,儿子结婚时是连战做的证婚人,他们说傅先生请来连战,是连战连胜。他跟连战说他自己在打延长赛。现在徐院长又给他第二场延长赛(加时赛)。他说:"我还没有输,得接着打下去。"

是否真有"转世",我们不清楚,但傅先生的生命,倒确确实实是在大陆这边逆转过来的。

"如果不是3月6日你来台湾看我,不是林先生3月22日将我从台湾带到广州,我就飞往瑞士了,缘分呀……"傅先生哈哈大笑起来。

第二天,他在复大肿瘤医院501病房里,接受香港无线电视台新闻主播方东升的采访,侃侃而谈,"来这里通过治疗,吃得好、睡得香,腹泻从10次减少到几次,病情有了好转。"

方东升问:"那你还会实施那个安乐死计划吗?"

他说:"谁想死?我当然不想死!我本想成为台湾地区'安乐死'的第一人,却被著名肿瘤专家徐克成教授拉了回来。"

随后的日子,傅先生疼痛发作次数开始变少,大便次数从每天 10 余次,变成 8 次、6 次、3 次……

一次徐克成来到他的病房,正巧秋萍依偎在他的身边,摸着他的面庞,捏着他的鼓腮。看到徐克成,她有点难为情,笑着对徐克成说:"徐院长你看,他长肉了,来广州后,他重了两公斤。"

晚期胰腺癌患者能"长肉",这是天大的好消息!

傅达仁一下子从沙发上站起来,立正,行致敬礼,说:"报告院长,今天排的大便成形了!"他快活得像个天真无邪的小孩。

傅达仁又拉住徐克成的手,一本正经地说:"院长,我很担心。"正当徐克成有点丈二和尚摸不着头脑时,这位老小孩哈哈笑起来,说:"现在腹痛少了,回到台湾,如果没有了腹痛,我不习惯了怎么办?"

不愧是台湾大明星、大名嘴,现场来了一个冷幽默!

傅达仁要回台湾了,4 月 19 日,傅达仁在医院工作人员的陪同下,前往黄埔军校、黄埔港参观。他哭了,很长时间说不出话来……年幼时的他正是从黄埔码头登船去了台湾。故地重游的傅达仁感慨良多——人去了台湾,但心从未离开大陆,他永远爱着这片土地。他说:"自己是中国人,通过参观感到自己更加爱国了。"

出院前,傅达仁还主动给医护人员写下留言和建议,感谢医护人员,称他们是天使,是一群"纯洁善良的孩子"。他在留言本上分别写下:"团结奋斗救中国,中国一定强!""每个人都要爱国,没有国哪来家?"署名"爱国者傅达仁"。

傅达仁快出院时,还专门打长途电话给好朋友、为台北桃园机场入境大厅宣传栏书写"台北欢迎您"的书法家朱振南,说:"给我的恩人徐教授写幅字。"朱振南一连写了多幅条幅,从台北快递到广州,其中一幅"视病如亲,妙手回春"的大字妙笔生花,徐克成一直挂在家中客厅。

4 月 21 日上午 9 点半,傅达仁先生偕同红颜知己陈小姐,乘上南航飞机,"凯旋"回台。

回台后,陈小姐给徐克成发来微信:"……我老公从死门走向活门,我们五世都感恩……"晚上 7 点 14 分,傅先生发来微信:"……在你身边多活这么多天,那么多恩典,想忘也难！睁眼闭眼，都是你的笑脸……小倩（编者注：雷倩，傅达仁继女，台湾妇女会主席，国民党前立法议员）十分感恩……"他后来又给徐克成打来电话，说："一个月后，一定再来广州。"

徐克成高兴地说："等待你回来，达仁兄。"

然而令徐克成万分遗憾的是，他的"达仁兄"未能完成自己的约定，走上了不归路。促使他走上不归路的则是台湾总有一些人，特别是媒体，喊话："傅达仁何时去瑞士？""傅达仁的安乐死计划什么时间履行？"

本来，傅达仁准备在 5 月 20 日再次来广州医治，但徐院长要到北京大学为一个 MBA 班讲课，约定 5 月底或 6 月初来广州治疗。万万没有想到的是，6 月 1 日早晨，徐克成接到电话：傅达仁去瑞士了！真是晴天霹雳！

飞瑞士，劝说傅达仁回来！徐克成哪里有瑞士签证？十万火急！他电话上海的儿子徐宏汇，让他偕同林信涌先生，以最快速度飞往瑞士。

6 月 2 日晚，他们飞到瑞士的苏黎世。但在几十万人口的苏黎世，人生地不熟，到哪儿去找傅达仁？打电话到台湾找傅达仁友人，但谁也不知道。

后来才知道，傅达仁有"令"，这次赴"死"，要"严密封锁"，尤其"对徐克成和林信涌"。也许上天有眼，林信涌在傅达仁的"脸书"上看到一张他在瑞士的照片，惊奇地发现，拍摄地点就在毗邻的一间酒店。到酒店前台一问，傅达仁一家果然住在这里。

傅达仁知道他们来到酒店楼下，一下子大哭起来，责怪太太儿子："谁泄露消息？"直到当天下午，冷静下来的傅达仁才下到酒店大厅，紧紧抱住林信涌和徐宏汇，哭着连声大喊："我的命哪有那么值钱，值得你们万里穷追？"

接下来的两天，林信涌与徐宏汇在酒店陪同傅达仁一起聊天、饮茶、进餐。傅达仁很开心，海阔天空，什么都聊，唯独不谈安乐死。他们传达徐克成的一片苦心：到广州继续治疗，像以前那样，享受美食。将来不回台湾，到上海，或者到出生地山东定居，大家承担费用。也可以让你儿子到大陆工作陪伴你……

而傅达仁则说："我不能吹牛啊，我曾呼吁台湾地区民众：你们年纪大了，无法救治时要安乐死，而我自己现在不去安乐死，能行吗？台湾媒体要我做榜样，我不能不死呀！"他把徐宏汇拉到身边："转告你爸爸，失约了，来世再见。"

与此同时,在广州的徐克成连夜写了两封中英文长信给傅达仁。

在信中,徐克成情真意切地说:

> 亲爱的达仁兄,我已做好进一步为你进行全方位治疗的准备。林总说了,让您回大陆,我们都老了,叶落归根。每个人都是"活在当下,向死而生"。除了安乐死,我们还有许多没有痛苦地"离开世界"的方式。作为医生,我太熟悉这些了。生命对我们只有一次。活着多好呀!珍惜吧,我的好兄弟。我诚恳希望那家接受你进行安乐死的瑞士诊所,能清楚知道你的真实情况和我的上述意见。我也乐意向那家诊所提供他们需要了解的任何情况,如果他们需要的话。等待您回来!

同时,他还将信件翻译成英文,希望让那间诊所的医生阅读此信,重新判定傅达仁是否符合安乐死标准。

看到徐克成的微信,傅达仁再次大哭起来,拉住徐宏汇的手,说:"我不能不死呀,台湾媒体等着我履行诺言呢。"

徐克成知道没有任何挽回的余地了,又给傅达仁发了一则短信:"达仁兄,我们无法挽留你,只有祝愿你在天堂快乐,走吧,我们永远怀念你。克成。"

6月7日凌晨5时33分,徐克成的手机收到傅达仁发来的最后一条短信:

> 至爱的弟兄徐总院长克成教授:你已经尽力了,你对我的恩情,另(令)我感动,三生还不清,你是我见过的,全世界最大的善人。救人无数,功德无量。按着定命,人必有死,送君千里,终有一别。上帝恩昭,我将熄掉地上的劳苦,荣归天家,安息主怀。再见!我的弟兄!我将保佑你的终生!平安喜乐健康长寿!So long farewell!珍重!

正是那天上午当地时间11点,傅达仁得到安乐死绿灯"通关"后,在"脸书"上写了给亲人的一段诗句:"骨中骨的拥抱,热与热的燃烧,血与血的汇流,如火山未爆;肉与肉的粘连,难解难分加情缘,心与灵的交互,舍也难!不舍也难!哭,表不了,那世纪的离别!泪,流不完,那巨大的悲切!"

瑞士时间 6 月 7 日中午 12 时 58 分,傅达仁走进"善终屋",结束了自己 86 岁的生命。

6 月 7 日晚上,得知傅达仁已经执行安乐死后,徐克成和几位曾为傅达仁治病的医生护士坐在一起,默默为他祈祷。一切都晚了!

徐克成很遗憾、很无奈、很懊恼,后悔当初没能把他留在广州。

6 月 22 日,徐克成和秘书陆天雨飞往台北,与先期到达的林先生会合,直接到达设在离台视不远的傅达仁灵堂。傅达仁夫人郑贻带领儿子、儿媳和红颜知己陈小姐接待了徐克成一行。郑贻曾是电台主播,虽已年过 80,但神态、风度和讲话,看上去就像一位中年女性。她郑重地传达傅达仁"走"前的叮嘱:一是要感谢在生命最后的时光里遇到的两位贵人——徐克成医生和林信涌先生,是他们提供了"氢"这个神奇的天然之物,给予了无微不至的关怀;二是一定要请林信涌和徐克成观看"告别"视频。

这是一段 15 分钟的视频,是傅达仁"走"前的最后一次家庭聚会。视频里,傅达仁先讲自己的坎坷经历,再绘声绘色表演现场主播 NBA,再对围着他坐着的亲人说"一起唱告别歌",最后说:"年轻时奋斗向前,年老时喜乐再见。Farewell! 我爱你,再见!"

郑贻女士告诉徐克成,傅达仁"临走"前没有任何忧伤,每天在"脸书"上发文章,与媒体通消息,情绪亢奋,感谢上天让他"活了 86 岁又 6 个月 6 天",表示"人生延长赛已光荣赛毕",要大家配合他,主持最后一台节目:安乐善终。傅达仁走进了他选择的平安、自然、无痛的人生终点站。

"直到生命尽头,他一直安抚我们。为了减轻我们的难舍之苦,当天上午他特地陪着我们逛了公园。"郑女士讲到这儿,眼睛红了。

傅达仁的骨灰安放在台北北郊金山基督教平安园。骨灰盒、墓碑和安放地点都是傅达仁生前亲自设计和选定的。这里埋放了台湾许多文化名人,他表示死后仍然要与朋友在一起,即使吵架,也是乐事。

郑贻请徐克成站到她右边,那是"首席贵宾"位置。望着达仁兄的骨灰盒由他的儿子郑重送进墓穴,徐克成突然有一种肃杀之感,顿生幽古之情。他想起两个多月前的 4

月 5 日在广州阳光酒店饭席上的一幕,那是达仁兄接受了整个腹部放射学评价,显示"无转移证据"后,他十分激动,眼里含着泪,紧紧握着徐克成的手说"缘分呀"。然而,现实却是残酷的,台湾媒体连篇累牍地争相报道,迫使傅达仁不得不为自己的"呼吁"而迈出这一步,去实现自己的诺言。

傅达仁从患胰腺癌到安乐死,历经 20 多个月,也许是吸氢,使他的肿瘤趋于"稳定",达到了徐克成教授倡导的"与癌共存"的范畴,也是汤钊猷院士提出的"消灭与改造"的临床案例。

徐克成想起汤钊猷曾说:"古人云,山重水复疑无路,柳暗花明又一村。"人不能永生,但能延寿。读者一定要问:"真的是吸氢起的作用吗?"笔者想谁都难以肯定回答,毕竟患者接受过多种治疗。晚期胰腺癌能获得缓解确属"偶然"事件,而"必然常寓于偶然中"。吸氢显然不属于大规模杀灭肿瘤的疗法,但在消灭肿瘤疗法的基础上,可能实现如同游击战的"积小胜为大胜"。这可能又一次提示"消灭与改造并举"的重要性。对于癌症,全部"消灭"当然最好,但要将癌细胞斩尽杀绝,实际上几乎是不可能的,因此应给予"改造",包括改造癌细胞、微环境和机体。鉴于胰腺癌一旦被诊断时,常常已不可能手术切除,让患者"与癌共存"应是主要的治疗策略,用氢气康复堪为一举。

安葬现场,乐队奏着低沉的歌曲,徐克成内心充满悲伤,耳中依然萦绕着傅达仁在瑞士"离开"前唱的那首"告别歌":"离愁渐远渐无穷,迢迢不断如春水。"一群鸟突然从徐克成头顶飞过,不是乌鸦,而是黄色带着红色的小鸟,发出叽叽喳喳的叫声,仿佛提醒人们:傅达仁,一代名师,他永远是唱着歌的人。

在徐克成上海住宅的楼下有一块草地,徐克成经常看到有一群孩子在荡秋千,不禁会想起晚唐诗人韩偓《荡秋千》的诗句来:

池塘夜歇清明雨,绕院无尘近花坞。
五丝绳系出墙迟,力尽才瞵见邻圃。
下来娇喘未能调,斜倚朱阑久无语。
无语兼动所思愁,转眼看天一长吐。

秋千荡高的那一刻,远方迎面而来。也许视野只不过向外扩充了一点点,也许看到的远方就是难以治愈的痼疾,但远方总是牵动更远的地方。像荡秋千那样,人类的视野就是那样一点点地在拓宽。

吸氢,或者说吸氢氧,是在探索癌症康复、促进人类健康能够走到的不远的"远方",但既然看到了、走到了,为何不可以"转眼看天一长吐"?

第十章 从理论到实践的追寻

在徐克成主编的《氢气控癌:理论与实践》一书中,除了从氢分子生物学、氢气医学的创建,讲到氢气如何维护健康,进而介绍氢气控癌的科学基础理论,还通过实地调查、典型病例,讲述了一个个生动、感人的"氢气控癌"故事,用真人真事、实感实情,来见证氢医学的潜在效用,以术泽世,彰显了生命的力量。

氢气改善鼻咽癌的实践

2019年,由徐克成教授团队所作《氢氧疗法可减轻鼻咽癌患者放疗后听力损伤》在国内一本权威的医学杂志上发表。这是我国第一份表明鼻咽癌治疗后可以通过氢氧疗法减轻听力损失的报告。

鼻咽癌,素有"广东癌"之称。根据世界卫生组织估计,全世界的鼻咽癌病例约80%在中国。中国约60%的病例在广东。在我国南部,鼻咽癌的发病率为20/10万～50/10万。放射治疗是鼻咽癌的首选治疗方法。由于部位的特殊性,放疗后副反应往往十分严重。包括:长期口干舌燥、张口困难、吞咽困难、呼吸困难、味觉减退、视力减退、听力减退、嗅觉减退、肩颈活动受限、语言能力受限……这些后遗症不仅可能发生在放疗期间,更有可能在往后的几年甚至十几年内发生。针对这样的后遗症,常规的康复锻炼和治疗手段,收效往往不尽如人意。许多不良反应是永久性的,并逐渐恶化,这会严重降低患者的生活质量。

在广东省生命之光癌症康复协会里,有200多人的"鼻咽癌组",开始时,徐克成总认为这种癌是"小儿科",容易治疗,没有太多关注。直到有一天,副理事长郭连有告诉他，有两个鼻咽癌病人自杀了，是因为难以忍受放疗副反应而轻生的。这让徐克成大吃一惊，心情沉重起来。

他考虑放疗的副反应应该与氧化应激和炎症有关，决定试验氢气的作用。巧合的是，在工作室里，已经有这样的患者吸氢后据说获得"神效"。

"放疗拣回一条命，却让我活得很难！"回忆起过往经历，邱先生感慨万千。

63岁的邱先生，1999年被确诊为鼻咽癌Ⅱ期。做了20次放疗，病情一直比较稳定。风平浪静过了17年，就在他几乎都忘了自己得过鼻咽癌时，2016年，放疗的严重后遗症找上了他——口齿不清、耳朵流脓、听力受损。为了改善听力，他到医院做了耳膜的置管引流。但由于放疗导致的耳膜纤维化，导致引流管经常脱落，反复穿插管的后果是很可能完全失聪。无奈之下，邱先生放弃置管，戴起了助听器。

2019年1月，他从朋友处了解到，徐克成关爱健康工作室有吸氢体验，专门帮助癌症患者康复。"当初是奔着防复发的心态去吸氢的，听力改善是意外之喜！"他清楚地记得，第一次来到工作室时，没戴助听器，与工作室孔医生交谈十分费力。吸氢两个半月后，他感到听力明显改善了，口齿清晰了不少，能与人正常交流了。到医院做了听力检查，"不是错觉，听力的的确确好转了！"这给邱先生带来了信心，他坚持连续吸氢三个月，听力明显得以改善，可以完全不用助听器，心中好欢喜。5月下旬，他带着老婆到湖北旅游，开开心心地玩了10天后，又回到工作室继续吸氢，他说："吸氢不能停！"

众多媒体对此以《吸氢后，他摘掉了助听器，能与人正常交流！》为题进行了报道。

同样，癌症没有要了凤平的命，治疗的严重后遗症却让她几度想轻生。媒体以《逃得过癌症却逃不过治疗后遗症之苦，吸氢后的她焕发新生》为题讲述了她的这段经历。

2010年10月，凤平因为涕血就诊，被诊断为：鼻咽非角化性未分化型癌，Ⅱ期。

真正的噩梦是从接受治疗后开始的。2010年12月至2011年2月期间，她接受了鼻咽部同步放化疗（放射剂量70Gy/35Fr，顺铂40mg，每周1次）。"没去过天堂，但我知道地狱是什么样子的。"口咽部的剧烈疼痛让她无法进食，甚至一度口吐鲜血。2011年的那个农历新年，本该是欢聚团圆的喜庆日子，对于凤平而言，却是她一生都难以忘怀的至暗时刻。她强忍着疼痛，熬过了大年三十，年初一进了急诊室。

医生给她开了麻药，麻药暂时缓解了身体的疼痛，却无法抚平她内心的苦痛。凤平家里至今还存放着吃剩的麻药。"有意留下的,当作一个纪念。"

渐渐的,口咽部的疼痛有所减轻。但随之而来的头痛、失眠、严重口干让她苦不堪言。她的情绪越来越不稳定,想一了百了,结束自己的生命……

凤平说,她自杀过三次,每次都被亲友及时发现经抢救后脱险。更多的细节,她不愿再提。只是从此以后,她一直要靠安眠药和抗抑郁的药物度日。

放疗的后遗症并没有随着时间推移而消散。她又出现新的问题:双侧中耳炎、鼓室积液,做过一次穿刺抽液,抽液后症状有所减轻,但之后症状反复。数年来的检查显示,凤平的癌症没有复发。她说,自己逃得过癌症,却逃不过治疗的苦——食不下咽,由于无法吃较干的食物,多以粉面充饥,稍有不慎就会呛咳入肺;食之无味,吃不出食物的香甜,吃不再是享受而是果腹;寝不安席,不得不长期服食安眠药入睡,精神萎靡不振;2013年,她双耳的听力明显下降,并伴有耳鸣,不得已戴上了助听器,一旦摘掉基本无法正常交流。

2018年10月,凤平在病友的介绍下,到徐克成关爱健康工作室开始吸氢体验。在体验的一个半月里,她惊喜地发现,困扰多年的头痛和失眠有所改善。

2019年5月,工作室正式启动"吸氢的真实世界随访观察",接受被放疗后遗症困扰的鼻咽癌患者自愿免费体验,增加了体验时长(3~4小时/天)。

凤平报名了,6月3日开始正式吸氢。为了验证效果,她有意停掉一直在吃的抗抑郁药黛力新,摘掉了助听器,也减少了安眠药的使用量。效果是显而易见的。吸氢第5天,她感到疲劳减轻;第16天,头痛减轻;第27天,听力改善……

凤平说,现在已经摆脱了抗抑郁的药物,安眠药也只是偶尔需要。"抵抗力强了,感冒少了,听力好了,精神好了,心情好了!"在她脸上,又有了久违的幸福笑容。

在工作室一直流传着一则美籍华人铭恩因为闻到了烟臭味而欣喜若狂的故事。

因从小花粉过敏症,加之支气管炎反复发作和过度的药物治疗,铭恩在20多岁的时候,就再也闻不到花香,嗅不到垃圾的腐臭,失去了宝贵的嗅觉。一次偶然的机会,她送患乳腺癌的好友Amy来复大肿瘤医院复诊,在徐克成的建议下体验吸氢,一个半小时只是人生的一瞬,却让铭恩有了一辈子的"铭恩"。

体验结束后,她和同伴乘出租车回港。路上,她忽然闻到一股臭味。"怎么会有气味?"她低声嘀咕道。她感觉到鼻子里的每根血管、每个细胞都在慢慢苏醒,如同初春里的植物渐渐冒出头来,迸发出勃勃生机。她恍然大悟,是刚才吸氢这个体验带来的奇妙效果!"冰封"了20多年的嗅觉奇迹般地回来了!

她叫出租车掉头,回到徐克成办公室,三鞠躬,拉着徐克成的手:"神奇呀神奇!你的氢气让我闻到臭味了!"

一个月后,2018年7月30日,铭恩特地起了个大早,从香港赶到工作室再次体验吸氢。为此,她特意把原本8月1日回美国的机票改签到8月2日。临行前,有心的她专程在香港一家老字号的店里买了杧果味的蛋糕和几袋手制曲奇饼干,亲手送给徐克成教授。"我能闻到这个蛋糕的杧果味,很香!"她的话语里充满了感恩……

对此,同济大学附属东方医院魏佑震教授做了专题评述:生物圈空气层弥漫着气体分子,这些无疑是生物的气体"导航"。亿万年的进化,人类的许多动物伙伴虽然味觉退化,但依然保留敏锐的嗅觉,并赖以辨别"利害",比如犬、鹰。而人类,由于新脑皮层的高度发展,掩盖了作为旧脑的嗅脑,产生了"智力",退化了嗅觉,变成了"嗅钝"动物。然而,对于人类来讲,嗅觉依然是"发现"世界的"基本能力",我们不但要靠它辨识物体,还会影响到脑的高级情绪,香气袭人嘛!然而,现实世界就有那么一部分人"香臭不分",只是由于鼻腔黏膜里的嗅细胞被"雪藏"。氢气可以"拨云见日",让嗅细胞重见天光,重新接受空气中的气体"刺激"。这些刺激会经过嗅球、嗅束传递到脑,脑也就不会再"寂寞",人也就不会痴呆。

氢氧气吸入改善了鼻咽癌放疗后远期并发症,这无疑是"世界水平",因为世界文献报道的方法,无一有类似疗效。虽然仅仅是"个案",但这是在茫茫大海中捞出的"针"。2020年徐克成带领团队,正式立项进行"氢氧气吸入改善鼻咽癌放疗后远期耳聋并发症"研究。20例患者接受前瞻性观察。患者每天吸入氢氧混合气4小时,连续3个月。结果显示70%的患者听力改善,半数以上因此而甩掉助听器。这一结果即将在《科学前沿》(*Front of Medicine*)发表。

开辟"氢气控癌"的阳光之路

著名氢气研究专家孙学军教授认为：氢气"有广泛的应用前景"，可以"让所有可能有效的疾病和问题成为可研究的内容"。他不无夸张地说："一种经济实惠、安全有效的疾病治疗手段，不影响世界，怎么说得过去？"

世界就是矛盾的统一体。当今摄影艺术大师马良说，这世界没有一件事情是凭空而生的，站在光里，背后就会有阴影，这深夜里一片寂静，是因为你还没有听见声音。

翩翩起舞，这对于一个健康人来说，并不是一件难事。然而，对于喜欢跳舞的妙莲女士却是一种奢望。

2019年2月，妙莲因出现大便稀烂、次数多，体重减轻了10斤左右，入院检查确诊为直肠癌，同时发现右肾占位，CT检查显示有可能是右肾癌。"肿瘤位置不好，挨着大血管无法取活检，但是医生说恶性可能性更大，建议还是把肾脏摘除。"一下子要接受两次大手术，这让一向乐观开朗的妙莲觉得难以承受。2019年3月13日，她接受了乙状结肠直肠切除伴结肠吻合术，术后病理中-低分化腺癌，肠系膜淋巴结可见癌转移(10/20)，情况不算乐观。4月8日进行右肾癌根治术，病理显示为上皮样血管平滑肌脂肪瘤（良性肿瘤）。4月30日开始进行FOLFOX第一期化疗。化疗的副反应随之而来，恶心呕吐无法进食，畏寒怕冷，每夜大汗淋漓。她清楚记得，5月初夏的那几天，她要穿一件短袖、两件毛衣，外加一件羽绒服。5月6日出院时，不要说去跳舞了，就连走路都要儿子搀扶行走，人瘦得只有88斤，十分虚弱。

5月7日，出院第二天，她就来到"生命之光"氢分子体验中心进行每天1小时30分钟的吸氢康复。她将吸氢的感受进行了记录：

第一天（5月7日），我整个人特别虚弱，是儿子扶着我去吸氢的，吸完没什么特别的感觉。

第二天（5月8日），吸完以后精神很好，我还一个人跑到省人民医院去换药，那里人山人海到处排队，要长时间站着，我一点事儿都没有。开始有胃口，可以吃大半碗米饭，还喝了一碗鱼汤。

第三天(5月9日)，吸完精神比前一天更好，我可以在家里阳台听着音乐跳舞了。睡眠很好，一觉到天亮。胃口大开，到银记吃猪肝粥能吃一大碗。

妙莲非常热爱跳舞，学了两年的国标，参加过大大小小的演出和比赛，还拿过一等奖。她万万没想到，原本身体虚弱的自己能在吸氢第三天焕发新生，重新起舞。两天后，她还跑去上舞蹈课，这让她的舞伴大感意外。"他还怕我晕倒，我说我没事，就是不敢扭腰。如果不是伤口疼，我还能在舞台上转10个圈呢!"妙莲还开心地表示，自己已经比出院时长胖了两斤。

5月15日，妙莲来到徐克成教授门诊处，与之前判若两人，精神爽朗，说起话来滔滔不绝。她俏皮地对徐克成说："徐院长，你想看我跳舞吗？我现在可以重新跳舞啦!"妙莲吸氢后，重新焕发活力，这让徐克成感到十分高兴。他握着妙莲的手向她表示祝贺，并鼓励她继续吸氢，并把自己的体会记录下来。

在徐克成关爱健康工作室，每天都有几十个人在那里免费吸氢，大多数都是癌症患者，他们见到徐克成都非常激动，有的人上来拥抱，有些人甚至要跪下来，向徐克成表示感谢。

徐克成却说，我要感谢你们，因为你们给了我数据，让我对氢医学研究掌握了第一手资料，从实践形成理论，再用理论指导实践。

从2018年以来，徐克成遍访吸氢者。在徐克成拜访吸氢者的82例案例中，可以欣喜地看到，有身患肺癌的54岁的台北人ZYJ化疗期间还能爬山，肺癌伴骨转移的国内某著名医科大学附属医院Y主任肿瘤标志物恢复正常，享受生命的春光；有台湾居民曾先生身患肝癌得以起死回生；有因患结直肠癌而卧床痛苦不堪的浙江金华杨老太太自己上街买菜的无限欣慰；有卵巢癌患者年轻的Y女士"未病"初消的喜悦，她用自身的实践证实了钟南山院士所认为的，氢气的应用让疾病的治疗"前移"，具有病因治疗意义；有身居高级领导位置的食管癌患者"老王"以身试氢的勇气；有胃癌患者山东作家和台北86岁老太太的神奇康复；有身患胸腺癌，被氢降伏了的生意人Z先生……

"会当凌绝顶，一览众山小。"浩瀚的宇宙，拥有无穷无尽的氢气，但在地球上，大气中只存在极少的游离状态氢，如何让患者悠闲地吸上氢气？徐克成说，多亏了在科技迅猛发达的今天，有一批人专注于氢气吸入实践的研究，通过特殊的机器设备，将氢医学理论研究成果落地生根开花，让更多的患者享受到这种最简单、最轻松、最天然、最安全的小分子给身心健康带来的满足。

前已介绍，钟南山院士早在几年前就主持了对慢性阻塞性肺病急性发作的观察试验。一组是用含氧的氢气；另外一组是用含同样的氧，但是不含氢气来对照。医生和病人都不知道用的是什么，这种双盲对照最能够客观地说明问题。在这项研究中，入组的108例病案初步研究显示，在快速改善症状方面，吸入氢氧混合气明显优于单纯吸入氧气，在统计学上具有显著意义。这一研究结果发表在英国著名学术期刊《呼吸研究》上。

徐克成认为，人的生命就是一根燃烧的蜡烛，从生到死，就是不断氧化的过程，生命的任何部位，都会随着年龄增长而氧化，直至"蜡炬成灰"，癌症不过是氧化的一个最无奈的结局。自从自己患上癌症以来，徐克成就在苦苦探寻减缓氧化，及时将氧化产物清除的办法和药物。可以说，当医学发现了生命的氧化规律之日，就应该是新的治疗观建立之时，而随着医学的发展，针对局部、单一疾病、某一细胞各个攻破的办法，也确实到了让位给整体治疗的时候。从这个意义上说，氢分子医学很可能是继免疫治疗之后，又一个突破性发现，因为它们不是治病，而是治人，所有和衰老、慢性炎症相关的问题，都在氢分子医学的助力之列。

如果说，海军军医大学教授孙学军是我国最早引进氢医学研究的第一人，钟南山院士是率先把氢气引入我国呼吸系统临床研究的第一人，那么，把氢气引入癌症临床辅助治疗和康复，徐克成教授当是中国乃至世界第一人，他开辟了一条"氢气控癌"的阳光之路。

氢氧气辅助诊疗新冠肺炎

2020年，一场突如其来的新冠肺炎疫情，让整个国家的医疗体系面临着严峻的考验。在钟南山院士、徐克成教授等专家的倡导下，氢氧混合气体作为一种辅助治疗手段，被列为应对新冠肺炎的诊疗方案。

一位网友说："实践是检验真理的唯一标准，对待每一件新生事物，我们既要用双手拥抱它,也要用眼睛严谨地审视它,一切要从实践中来验证,因为无数昙花一现的发明令人沮丧,人类多么渴望能在当下迎来突破癌症等重大疾病的春天,新药、新疗法不断涌现,人类不会向命运低头,让我们对未来充满希望。"

上善若水。氢分子来源于水,水无形而有万形,水无物能容万物。在全国尤其武汉抗疫形势最严峻的一个多月里,氢氧气吸入这一简单治疗让很多人受益。他们像人类与疾病死亡角逐之路上的先行者,不断传回来自前方的好消息:这里初战告捷!

"这是一种前所未有的尝试,它能否为生命带来奇迹?他为何历尽艰辛,却坚守如初?面对疾病,它将怎样发挥作用?"2020年7月17日,中央电视台科教频道,聚焦我国氢氧医学研发之路,以官媒笔触为全球观众讲述了一段"共为天下病苍得离苦"的氢氧传奇!

在片中,央视记者对山东潍坊卫恩医院的呼吸病专家魏春华进行了跟踪采访。抗疫期间作为援鄂的医生,魏春华对新冠肺炎患者使用氢氧雾化机进行辅助治疗,缓解了病人的疼痛。

在当天播放的纪录片中,我们看到,一位女性患者在前线方舱医院对记者说:"真的用了这个(吸氢)之后,胸前的疼痛都改善了。"魏春华问:"是吗?不痛了吗?"患者回答:"不痛了,一点儿都不痛了。"面对记者的提问,魏春华说:"实际上她们是呼吸困难,特别严重,就是让她们自己说,我是溺水了,氢氧雾化机能够像救生圈一样,因为它既能抗氧化,又能解决供氧的问题。"

施劲东是上海第五人民医院呼吸与危重症医学科副主任,武汉抗疫期间,在对患者的救治中,同样让新冠肺炎患者使用氢氧雾化机,改善了患者的呼吸不良状况。

纪录片中,施劲东对记者说:"吸了以后,他胸闷的感觉,咽喉鼻腔干燥的感觉明显减轻了,他就觉得比原来要舒服很多。"

就在氢氧气在抗疫一线发挥作用的同时,徐克成接受了总部设在新加坡的世界科学出版社的紧急邀请,收集世界文献,整理从抗疫前线传来的临床资料,在上海家中奋笔疾书,用英文写了一本向全世界发行的专著《氢氧气吸入对新冠肺炎的治疗》(*Hydrogen-Oxygen Inhalation for Treatment of COVID 19*)。

第十一章　苏州河畔的远望

历史的长河奔流不息。子在川上曰：逝者如斯夫，不舍昼夜！

在激荡的河流中，我们仿佛能听到先秦时代"岂曰无衣？与子同袍"的战歌；我们仿佛还能感受到盛唐时代"两岸猿声啼不住，轻舟已过万重山"的吟唱；我们的耳边还响彻着"钟山风雨起苍黄，百万雄师过大江"的雄浑乐章……

当历史的光阴穿梭到2020年初，一位耄耋老人站立在上海长宁区苏州河畔，面对汇入黄浦江的滚滚河水，胸中涌起一层又一层的波涛。

一场让人猝不及防的新冠肺炎疫情，如洪水猛兽呼啸而至，从武汉到上海，从广州到北京，从都市到农村，从辽阔平原到山川河流，中华大地前行的步伐被按上了"暂停键"。

疫情，也是从医50多年的徐克成教授始料不及的。当徐克成年初从工作的广州复大肿瘤医院，回到上海的家中，准备与家人共度祥和幸福的春节时，武汉封城，全国各地都进入了一级"战备"，一场抗击新冠肺炎的人民战争，进入了关键时期。

徐克成在上海的家，位于长宁区苏州河畔。

苏州河，被誉为上海的"母亲河"，以往每逢回家休假，徐克成早晚总喜欢在苏州河畔的滨水绿化通道上休闲散步。

清晨，当一轮朝阳从东方喷薄而出时，金色的阳光穿过云层，带着温暖气息，倾泻下来，把天地间一切空虚盈满，注入苏州河那明丽、漫长而平静的河面，泛起一层又一层金波。此刻，徐克成的心里是暖洋洋的。阳光与水的融合，这是生命之源、健康之本。创造生命，促进健康，对于一个医生来讲，是职责，更是使命。徐克成，就喜欢在这样的光与水的氤氲中，思考，思考再思考！

傍晚，太阳西坠，晚霞如火，万道霞光，落在苏州河面上，波光粼粼，河水东流，犹如披着红色的绸带，向着黄浦江欢快地奔流，那是她的归宿，是她的追求，浪花朵朵，汇入大海，永不枯竭，生命永恒。

徐克成喜欢这样的风景，满目夕阳，那是新的一轮朝阳即将升腾，寓意新的生命正在孕育，这是大自然的轮回，也是人生的春夏秋冬。

太阳下山，华灯耀眼。晚饭后，来散步的小区居民越来越多。年老的、年轻的、坐在儿童车内的婴儿，在璀璨的灯光下，享受着"母亲河"的滋润，穿行于绿树花香中。路在绿中、人在景中，市民们流连忘返。

"爷爷好！""伯伯好！""徐院长好！""徐老好！"认识的、不认识的小区居民热情地与徐克成打着招呼。看着一张张笑容可掬的脸庞，望着一个个生龙活虎的身影，徐克成也会不由自主地加快步伐，在千米滨水绿化通道上前行。

然而，庚子年这场突如其来的疫情打破了这里的一切。2020年初，千米滨水绿化通道上一片寂静。

从广州回家过春节的徐克成，只能在小区的家中看看电视、读读书，和孙子、孙女玩玩小游戏。

"爷爷，我们还是来做掰手腕游戏吧！"已经上高一的孙子杰登（Jaiden）对爷爷徐克成说道。在孙子很小的时候，他们就常常做掰手腕游戏。小时候，握着孙子软嫩的小手，徐克成只要轻轻一按，就能把孙子的手压到桌面上，不过有几次，徐克成还是故意输给了孙子，赢得孙子的一阵欢呼声。

徐克成的儿子徐宏汇对杰登说："别闹了，爷爷多大年纪了，你都是高中生了。"

徐克成笑眯眯地说："没事，来吧，杰登！"说完挽起衣袖和孙子掰起手腕来。

孙子的手明显长大了，已经满满地占据了整个手掌心，徐克成感觉到孙子手上有了力量，不是轻而易举就能战胜的。但徐克成没有用上全力，让孙子使劲按着，他只是保持着一定的力度，与孙子的手僵持着。孙子使出浑身解数，发出嗯嗯嗯的气息声，就是掰不动爷爷的手腕。

孙子脸蛋涨得红红的，咬着牙坚持，就是不松手。徐克成感到时候差不多了，悄悄松了松手腕上的劲，手被孙子一下子按到桌面上。

"哈哈哈,这回我真的赢啦!"孙子兴奋地跳了起来。

徐克成两只眼睛也笑成一条缝,全家人也跟着笑了起来,大家沉浸在浓浓的天伦之乐中。

"对,这次是杰登真的赢了爷爷,看来做事要学会坚持,坚持就是胜利,杰登,你做对了!"徐克成不失时机地给予夸奖。

"爷爷,爷爷,我知道,你是让哥哥的。爷爷,我也要你跟我玩,我也要赢,你不要总是写文章……"刚上初一的孙女凯瑟琳(Kethrine)跑到徐克成跟前,撒娇说道。孙女,聪明伶俐,弹琴、绘画、游泳、做工艺,等等,兴趣广泛,累获各类大赛的奖项。她看到爷爷天天都在写医学方面的文章,就天真地问:"爷爷,你怎么对学医这么感兴趣呀,讲讲你小时候的故事吧!"

望着孙女清澈的大眼睛,徐克成陷入了回忆之中。他对孙子、孙女说:"你们知道吗? 爷爷对学医感兴趣是从'一盒硫黄膏'开始的。"

"那是新中国成立前夕的1948年,那年爷爷比你们还小,只有8岁,住在江北的一个靠海的小村子里,因我的父亲,就是你们的老爷爷,是共产党人,国民党反动派要捉他,逼得我们全家东跑西躲,居无定所,常常在草窝里过夜。我身上生满了疥疮。手指缝里、大腿上、手臂上奇痒无比,抓破后产生一条条伤痕,里面黄色脓液像虫子一样不断冒出来。"

"哎哟,好怕呀! 痛吗?"孙女不由得哆嗦了一下问道。

"痛呀,先是奇痒,然后才痛。"徐克成继续回忆着。

"后来,我妈妈也生了疥疮,但她一直忍着。有几次,我浑身奇痒,在地上打滚,妈妈看见我痛苦的样子,心里非常难过,流着眼泪把我从地上拉起来,对我说,妈妈对不起你,没有照顾好你,让我坚持住,等爸爸回来。看到妈妈难过的样子,我也安慰妈妈说,妈妈,不要紧,我挺得过去,爸爸一定会买好多药回来,给我们治疗的。"

"果然,一天夜里,家里突然来了一位阿姨,穿着新四军军装,身上背着驳壳枪,同来的还有一位年轻小伙子,带着长枪,可能是警卫员。进了屋,她说她是爸爸同事,爸爸正忙着为他们做后勤,准备渡过长江,消灭国民党反动派,解放全中国。她把我拉到怀里,从背包里拿出一瓶黄白色药膏,取出药膏在我身上涂了起来,我忽然间感到一阵阵凉爽。她说这是专治疥疮的药,叫硫黄。我和妈妈拉住她,不让她走,她说,还有重要任务在身,这些硫黄药膏就留给我们用,说完连夜就走了。"

"爷爷,那后来呢?你的疥疮好了吗?"孙子杰登关心地问道。

徐克成继续讲道:"有了这些药,我和妈妈身上的疥疮很快好转,后来爸爸告诉我,这位给我们送药的杜阿姨,是新四军的一位政委,在渡江时不幸牺牲了。"

讲到这里,徐克成眼睛湿润了。他对孙子孙女们说:"当年,是共产党人治好了我和我妈妈身上的疥疮,不仅给了我们健康,还渡过长江解放了全中国,医好了旧中国身上的'疥疮',让天下穷苦大众过上了幸福的好日子!"

"爷爷,爷爷,我知道,百万雄师过长江,我还会背毛主席的诗呢!"孙女凯瑟琳骄傲地朗诵起毛主席的《七律·人民解放军占领南京》那首大气磅礴的诗来。"钟山风雨起苍黄,百万雄师过大江。虎踞龙盘今胜昔,天翻地覆慨而慷!"

看到孙辈喜悦的神情,望着窗外万家灯火,想着新冠肺炎的肆虐,徐克成忽然间感到了作为一名医生的责任和使命。

腊月二十四,离春节还有五天,被徐克成视为挚友的钟南山院士从广州紧急前往武汉,当徐克成从新闻里看到钟南山坐在火车上抽空闭目休息的照片时,一种强烈的愿望震撼着徐克成的心:"为抗击新冠肺炎,打一场没有硝烟的人民战争,我能做点什么?"

大年三十的年夜饭虽然很丰盛,儿孙满堂,可徐克成心里似乎有两种力量在"掰手腕"。一个声音在说:"徐克成,你还记得那位杜阿姨吗?是她冒着生命危险,为你送药,让你康复,现在新冠肺炎猖獗,作为医生,你应该冲在一线,救助病人!"一个声音在说:"徐老,你今年80了,你的专业是控癌,新冠肺炎防控不是你的专业,你在家休息就是最大的贡献!"

大年初一,是武汉封城的第三天,徐克成像往年一样在微信里给钟南山院士发去一条拜年的祝福。几天后,钟院士在广州市政府举行的新闻发布会上,提出了氢气可以控制炎症、抗氧化,建议在前线给病人用上氢氧雾化机。几天后,在与欧洲呼吸病学会召开的视频会议上,钟院士又提出氢氧气可控制新冠肺炎的理念,这给徐克成带来深层的思考。

再次来到苏州河畔,这里的灯光依然璀璨,流光溢彩,但已经杳无一人,昔日的繁华与喧闹只能在记忆中再现。虽已立春,但河风依然寒冷。徐克成拉了拉外套,步行在苏州河滨水绿化通道上,感到格外寂寞和冷清,心里空荡荡的。旁边的长宁路上偶然有一两辆汽车驶过,徐克成心里有了"飞驰"的念头。

想想当年,国家发生了紧急险情,哪一次自己不是冲在最前面:唐山大地震,那时自己还在南通医学院附属医院工作,第一时间带队前往震区,救治伤员;"东方红三号"在长江边上失火,送来100多个伤员,自己率领医务人员奋战几天几夜,几乎没合眼争分夺秒进行抢救;汶川特大地震,又是自己主动积极捐款,带动了全院人员捐款,广州复大肿瘤医院捐款950万元……在国家需要面前,自己一次也没有掉队,总是跑在最前面。

历史是最好的镜子,如今,新冠肺炎疫情发生了,自己却在上海家中,看到多少医务工作者冲在第一线,救助病人,心里不是滋味。特别是看到同是出生在江苏又同在

苏州河畔的滨水绿化通道

广州工作,还比自己大4岁的已经84岁的钟南山院士,逆行而上,不分昼夜地在为新冠肺炎的防治奔波,殚精竭虑地工作,徐克成的心再也平静不下来。

他在想:自己应该做点什么了!

徐克成放慢了脚步,在苏州河防汛挡浪墙边驻足。汩汩流淌的苏州河水让徐克成浮想联翩。耳边响起正月初一《新闻联播》播出的习近平总书记在中共中央政治局常委会会议上的重要讲话,习近平总书记指出"生命重于泰山","疫情就是命令,防控就是责任","把人民群众生命安全和身体健康放在第一位","坚决遏制疫情蔓延势头"。把疾病挡在"墙"外,让国民健康幸福,徐克成感到使命在肩。

和外孙掰手腕,让孙子,那是为了鼓励孙子,懂得坚持才会胜利、敢拼才会赢的道

理；而心中与新冠肺炎的"掰手腕"，决不能让步，要为新冠肺炎的防治工作做出贡献，必须承担起责任来。

古人尚有"老骥伏枥，志在千里"的抱负，自己何尝不能有"烈士暮年，壮心不已"的雄心？

花圃里传来丝丝馨香，苏州河水升腾起白茫茫的雾气。徐克成深深地做了一次呼吸，他感觉到有清新的氧气从鼻腔进入，那是道路两旁花草树木释放的生命之气；间或还能感受到似乎有"氢气"在滋养肺部，那是苏州河河水升腾的水汽，让他的大脑变得清晰起来，思路豁然开朗。水的成分是 H_2O，包含氢与氧的分子，氧气保生命，氢气促健康！

历史悠久的苏州河，见证了上海的沧桑巨变，也打开了徐克成的思路。见到水，就想到氢，想到氢，便有了促进健康的"远望"！

纵观人类发展史，人类同疾病较量最有力的武器就是科学技术，人类战胜大灾大疫离不开科学发展和技术创新。

早至2016年，在上海浦东召开的国际胸科大会上，钟南山院士亲自主持了"氢分子医学与肺部疾病"卫星会议，提出了氢医学的观点。指出，由于氢气的独特性质，使得氢气在肺部疾病治疗中潜在的积极作用备受关注，用氢气治疗疾病的研究在国际上已经逐渐成为一个热点，氢气选择性抗氧化是目前公认的氢气治疗疾病的主要机制，可以说，中国在氢分子医学研究领域发展前景广阔。

事实上，钟南山院士对慢性呼吸道疾病早就进行了临床观察，包括对慢性阻塞性肺病急性发作和支气管哮喘等肺部疾病的随机双盲对照多中心研究。

想到这里，徐克成心中骤然明朗起来，自己也是做氢医学研究的，并在氢气控癌方面做了探索，把氢医学研究成果运用到防控新冠肺炎中去，这是一项新的课题，也是新的挑战。

苟利国家生死以，岂因祸福避趋之。"写一本书，写一本有关氢氧吸入治疗新冠肺炎的书，为抗击新冠肺炎做一点儿后勤工作！"徐克成心中萌生了一个想法。他抬头仰望天空，天空群星闪烁，与苏州河畔的灯带交相辉映。顺着苏州河向西远望，仿佛可以看到时光隧道里，有一艘艘逆流而上的船只，将上海与苏州两座城市相连，蜿蜒绵长的苏州河水,恰似律动的历史脉搏;再回过头向东远望,仿佛可以穿过乍浦路桥、外白渡桥,跨过外滩,越过陆家嘴,飞过东方明珠,倾听到东海那澎湃激昂的波涛!

　　徐克成,一位壮心不已的耄耋医者,要做勇闯险滩的弄潮儿,古老的苏州河畔从此有了一盏不灭的灯火相伴。

第十二章　防治新冠，新加坡出书

2月的上海，春寒料峭。清晨，位于长宁路南侧的仁恒河滨花园小区，似乎还沉浸在睡梦中。除了几声清脆的鸟鸣声，小区内悄无声息。

发生在岁末年初的新冠肺炎疫情，以其汹汹袭来之势，深刻改变了2020年中国的春天。自1月23日武汉实行封城之后，24日，上海和北京、天津等全国各大城市启动了重大突发公共卫生事件一级响应，进入了一级疫情防控战备阶段。

从21层住宅楼远望，不要说小区内没有人走动，就连周边的长宁路、芙蓉江路、水城路和天山路上也是空无一人。清晨6点30分，徐克成站在窗前，揉了揉从睡梦中醒来的熬了大半夜的双眼，戴上跟随自己几十年的眼镜，坐到书桌前，打开电脑，照例开始了新一天的读书、写作。

突然，一份地址熟悉的标着"Urgent!"的邮件跃入眼前。徐克成马上打开邮件，发现是世界科学出版社编辑Joy Quek女士从新加坡总部发来的、商量能否暂缓出版 *Hydrogen Gas Oncology*（《氢气肿瘤学》），先出一本有关氢气治疗新冠肺炎的书籍。邮件中写道：钟南山医生在与欧洲呼吸学会的视频会议中，提出用氢氧气吸入治疗新冠肺炎，令人振奋。新冠肺炎肆虐全球。她希望徐克成用最快速度将此书写出来。最好与钟南山合作，至少让他写序言。

徐克成是世界科学出版社的老作者了。2012年，徐克成主编的 *Modern Cryosurgery for Cancer*（《现代肿瘤冷冻治疗》）就在该出版社出版。几个月前，徐克成已与世界科学出版社签订了协议，出版 *Hydrogen Gas Oncology* 一书，已有两章初稿交到出版社。

芝麻掉到针眼里——巧透了。徐克成心中正有写一本关于氢气治疗新冠肺炎书籍的打算，只是原本想用中文写，现在国外出版社主动约稿，向世界推介氢气疗法，只能用英文写了。

有了任务，有了目标，而且是为抗击新冠肺炎做贡献，徐克成感到既沉重，又开心。足不出户，照样放眼世界；上不了一线，仍然是一名战士。

徐克成不分昼夜地在电脑前敲打书稿。老伴阮荣玲看在眼里，疼在心中，往往夜里一觉醒来，看见书房还有灯光，于是就轻手轻脚走到徐克成身边，说声"不要命了"，把灯关上。可徐克成哪里"服气"，往往晚上即使"被迫"早睡，第二天天不亮，他又坐在电脑前了。

新冠肺炎是最"新"的疾病，徐克成找遍世界文献，没有一篇讲述氢气与该病的关系。因此，要写氢气治疗新冠肺炎，首先要做"文献研究"。他找出同是冠状病毒的其他呼吸道病毒的文献，研究这些病毒对呼吸道的致病原理及机制，又研究氢气生物学，根据已有的氢气对呼吸系统疾病作用的研究，再去探讨氢气对新冠肺炎病毒及其致病的影响；与此同时，徐克成联系为湖北抗疫前线提供氢氧气雾化机的厂家，收集各个医院应用氢氧气吸入治疗的病例资料，包括患者的病史、化验、CT片和治疗经过、反应等。这些都及时通过网络给他传了过来。

他满怀激情在键盘上用英文打下了"前言"第一段："新冠肺炎正在全世界蔓延，人类史无前例地共同面对一个灾难和困局。在人类生命遭到严重威胁面前，医学似乎显得有些无助，因为我们短期内还无法获得针对这种新病毒的特殊药物。但人类一直很坚强，怀着'让患者生存'的崇高目标，无数医务工作者挺身而出，视死如归，这反映了医者的内在素质和医学本身的神圣性。"

这是徐克成对内心感受最直接的表达。

2020年3月3日，从前方传来好消息，国家卫健委发布《新型冠状病毒肺炎诊疗方案（试行第七版）》。在治疗章节里，除了一般的氧疗措施外，还增加了"有条件可采用氢氧混合吸入气（$H_2/O_2:66.6\%/33.3\%$）治疗"。

氢氧吸入疗法进入第七版方案后，引发广泛关注，也给徐克成带来前所未有的信心和动力，他用两个多月的时间，完成了《氢氧吸入对新冠肺炎的治疗》英文版书稿的撰写。

氢气在人体结肠内无时无刻都有产生,被认为是"生理之气"。治疗时吸入的氢氧混合气由水电解产生,因此,该项治疗非常安全。吸入方法非常简单,可操作性强,适用于几乎所有医疗场所,甚至患者家中。中国古代哲学家老子有句名言"大道至简",氢氧吸入疗法虽然"简",却可以保护生命,这便是"大道"。

3月20日,春分节气。

从南到北的华夏大地上,百花尽情绽放,万紫千红传递着春的信息,也传递着疫情形势逐渐好转的欣喜。

徐克成家所在小区里樱花盛开了,白玉兰绽放了,那大片云蒸霞蔚的白玉兰、樱花等各色花朵,惊艳了小区,温暖着徐克成的心。

4月8日,武汉解禁,开城！上海也迎来了全面解禁的春天。

人们欢呼着,跳跃着。

滚滚不息的苏州河水,见证了上海这座城市的坚韧,也见证了徐克成教授的付出与情怀。

钟南山院士在第一时间审读完徐克成的初稿,满怀希望地说:"祝贺你,老徐,生命的价值至高无上。我期待本书的出版不仅能给患者带来裨益,也能启发和帮助相关临床医生和专业研究人员在氢医学研究上做出更大努力,为人类的健康做出更大的贡献！"钟南山院士在向徐克成表示祝贺的同时欣然为本书作序。

钟南山在序言中写道:

2020年初,一场突然暴发的COVID-19肺炎在中国湖北省武汉市流行,并迅速扩展到整个湖北省数十个城市。中国政府迅速采取了果断的措施,一方面隔离患者,切断传播途径,对大量人群筛查病毒核酸,另一方面积极收容和治疗患者。由于没有可以采用的抗病毒药物,因此所有的治疗都是对症处理和生命机能的维护。改善症状,尤其缓解呼吸困难和纠正低氧血症,成为临床上首要任务。考虑到氢氧气吸入法简便易行,不会产生副作用,而根据我们在呼吸系统疾病所做的研究,氢气能迅速缓解症状,改善呼吸困难,因此,我和我的团队提出给患者采用"氢氧混合气吸入"。

钟南山在序言中还对徐克成出书表示了赞赏：

徐克成教授是一位资深内科专家，近几年，他潜心研究氢气医学，特别研究氢气对癌症的治疗作用，曾主编 *Hydrogen Gas Oncology*。在 COVID-19 肺炎疯狂流行的情况下，他阅读大量文献，结合中国临床实践，主编成 *Hydrogen-Oxygen Inhalation for Treatment of COVID-19*，并蒙世界科学出版社以最快速度出版。在此，我向他们表示热烈祝贺。

同时，我要向参与氢氧气治疗 COVID-19 肺炎临床观察和试验，做出巨大贡献的临床一线的专家和医务人员，表示诚挚感谢。

这是一个极不寻常的春天，是一个播种希望的春天。回望全国两个月来抗疫的艰苦历程，每一朵春花都能讲述一段惊心动魄、催人泪下的故事。

徐克成将呕心沥血撰写的 *Hydrogen-Oxygen Inhalation for Treatment of COVID-19*（《氢氧吸入对新冠肺炎的治疗》）书稿发送给了新加坡世界科学出版社编辑，得到出版社的高度重视，很快就进行了审核和办理出版相关手续，顺利出版。

两个月编著，两个月出书，如此的速度，在主要出版诺贝尔奖获奖者科学著作的世界科学出版社，十分少见。之所以如此快速出版，很大程度上源自出版社对徐克成的信任。但是，要取得这份信任，作为一个中国作者，并非易事。

前已述及，徐克成曾在世界科学出版社出版了 *Modern Cryosurgery for Cancer*（《现代肿瘤冷冻治疗》）。那是 2010 年，即徐克成肝癌手术后第四年，复大肿瘤医院内外国病人占了一半以上，急需一本英文版肿瘤冷冻治疗专著。徐克成发邮件给世界科学出版社，讲了自己的设想。两天后，

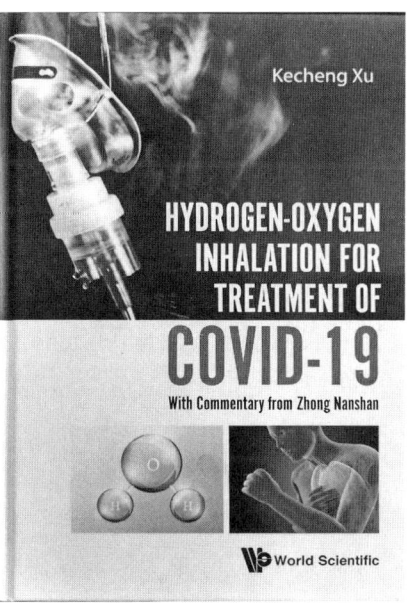

Hydrogen-Oxygen Inhalation for Treatment of COVID-19 封面

徐克成收到回复："徐教授,我们是一家十分严肃的出版社。对于你在我社出版书籍的期待,我们只能遗憾地通知你不可能,这是因为你的母语不是英语,而我们对文字的要求是很苛刻的。"署名 Joy Quek,语言直白,傲慢之态毫不隐晦。

徐克成回复："赞赏你们。但严肃的出版社应该有严谨的作风和谦逊的素质。将英文是不是母语,作为选择作者的标准,不能让人认为这是严肃的。"

几乎同一天,Joy 回复："如果愿意,请发来两页文稿。"徐克成生着闷气,发去相当于中文 1000 字的英文文稿。

一周后,Joy 发来邮件,要徐克成再发至少两章不同内容文稿。回复的语气明显"客气"了。

再过两周,Joy 发来一份热情洋溢的邮件,表示感谢徐克成对他们的"信任和支持","徐教授,看了样稿我们很感兴趣,完美,出乎我们的意料! 只希望你不要介意在此之前我们之间的交流。"同时发来一份电子版出版合同和版权转让书。

其后,徐克成开始了 *Modern Cryosurgery for Cancer* 的写作。他邀请著名冷冻外科专家奥地利柯本教授和既是学生又是同事的牛立志博士担任共同主编,请日本、美国的有关专家撰写了相关章节,请中国著名肝胆外科专家吴孟超院士、美国亚利桑那大学医学院的著名冷冻免疫专家 Ablin 教授、美国 MD 安德森癌症中心著名病理专家谈东凤教授、中山大学肿瘤医院介入治疗专家吴沛宏、中国著名消化病专家巫协宁和萧树东教授为之作序。一年后,该书在新加坡、纽约、伦敦、新泽西(美国)、上海、台北和香港同时出版发行。全书 903 页,有参考文献近 1000 篇。

后来在新加坡举办的一次学术会议上,徐克成与时任大会首席嘉宾的世界科学出版社社长同席而坐。当他知道徐克成的一本书已在他的出版社出版时,马上站起来与他握手,表示祝贺,笑着说:"你的运气不好,遇到 Joy 这样苛刻的编辑,但你也运气最好。只要 Joy 信任你,她就拼命为你办好事。"原来,Joy 是他们出版社最厉害的编辑,不懂华语,英语水平很高,对作者和文稿要求也最严。

徐克成与 Joy 成为从未谋面的朋友,他的工作和学术研究也一直受到她的关注。因此,当徐克成准备主编 *Hydrogen Gas Oncology* 时,她马上答应。这次也是 Joy 主动邀请徐克成编写《氢氧吸入对新冠肺炎的治疗》一书。

"记得当时我答应编写这本书后,Joy连声感谢,说,好好好,行行行,快快快!说道:这是一个不可多得的好选题,我们一定作为重点书籍来出版!谢谢,真诚感谢!那语气,完全不像来自一位'苛刻'的科学编辑,倒像来自活泼可爱的女孩!"徐克成笑着说。

Hydrogen-Oxygen Inhalation for Treatment of COVID-19(《氢氧吸入对新冠肺炎的治疗》)一书221页,共7章,包括氢气及其生物学效应、氢气对实验性肺损伤的作用、病毒性肺感染性疾病发生机制、病毒性呼吸系统感染时氧化应激和活性氧、氢氧气治疗肺疾病的研究、氢氧气应用治疗新冠肺炎的原理和合理性、氢氧气吸入疗法对新冠肺炎的临床应用,总结了湖北和其他省市提供的治疗结果和经验。

该书总结指出:"对于新冠肺炎,氢氧气吸入疗法适合于以下目的:迅速改善症状并缩短住院时间,在重症和重症患者中用作辅助治疗,防止从轻度病例发展到重度病例,预防或改善新冠肺炎的并发症。"

该书全部由徐克成一人执笔。写完这本书,徐克成有一种"死里逃生"的感觉,因为他是研究消化病和癌症的,对于病毒和呼吸系统疾病,从"专家"标准看,却是"门外汉"。

"现在想来,我当时真有些不自量力。"徐克成说。

书中还包括许多插图,那些插图都是徐克成亲自一点点画出草稿,再专门请了一位绘图师来到上海家中,陪着她,反复推敲、修改画出的。

拿到新书,徐克成第一句话竟是一句感慨:"天哪,我都不知道这些图,怎么想出来的!"

"山川异域,风月同天!"新冠肺炎,是人类的共同敌人。在这场没有硝烟的阻击战中,徐克成虽然没有能披上"战袍",冲在疫情第一线,但 Hydrogen-Oxygen Inhalation for Treatment of COVID-19 一书的横空出世,给世界抗击新冠肺炎提供了一匹战马、一枚"氢弹"。

"岂曰无衣?与子同袍。王于兴师,修我戈矛。与子同仇!……"这是战国时期秦国的一首战歌,意思是说,怎么能说没有衣服呢?我和你穿一件。国家兴兵打仗,我修理打磨我的矛戈,与你一同对敌。好男儿赴疆场,理当雄赳赳气昂昂,披上战袍拿起枪,生死决战沙场。这个时刻,最能显现男子汉大丈夫的英勇气概,流血牺牲算什么,兵戎相见,勇者胜!这首歌唱出了中华儿女不屈的血性和爱我河山的博大情怀。每当徐克成看到许多人用这首歌来表达举国上下、众志成城、共同抗击新冠病毒侵袭的英雄气魄,唱响心中的战歌时,心中也激荡起万丈豪情。他愿成为这首战歌里一个跳动的音符,为健康中国、为构建人类卫生健康共同体,"医路耕耘半世纪,生命长河浪击恬"!

中 篇

岁老根壮骄叶阴

"岁老根弥壮,阳骄叶更阴。"此句出自宋代王安石《孤桐》,寓意年代愈久远,树根愈粗壮;阳光愈炽烈,绿叶愈阴凉。

诺贝尔奖获得者伯特兰·罗素说:"这个世界的问题,在于聪明人充满疑惑,而傻子们坚信不疑。"让"无法治疗"变成"冷冻睡眠";从"不治之症"走向"与癌共存"的新生,新理念、新技术、新成果,就像阳光一样"炽烈",生命的绿叶也"愈阴凉",这是绿叶对根的情意! 也是"岁老根壮"的徐克成老先生的"傻子"精神。凭着这种"傻子"精神,徐克成站到了世界冷冻治疗的巅峰,成为"中国冷冻治疗肿瘤第一人",创造了一个又一个生命的奇迹。

第十三章　为完成陈敏章部长的遗愿

60岁,人生一个甲子,开始进入人生的暮年,大部分人退休回家,含饴弄孙,养花跳舞,颐养天年。

而对于徐克成来说,却是刚刚步入"青春期"。60岁,花甲之年,徐克成却是壮心不已,志在千里。唐宋八大家之一的王安石有诗曰:"岁老根弥壮,阳骄叶更阴。明时思解愠,愿斫五弦琴。"便是徐克成花甲之年的写照。

2001年,61岁的徐克成,做出了一个大胆的决定,决定到广州筹建一所肿瘤医院。

徐克成将自己的"宏图大业"在朋友中逢人就"吹风"。有朋友提醒他:"老徐啊,你的这个想法可能是个金点子,一个好点子可以为国家和民族做出更大的贡献。你应该当成商业机密,'悄悄地干活'"。

徐克成笑笑说:"如果说办家肿瘤医院是一个秘密的话,那么这个秘密已经在我心里埋藏多少年了,现在到了该揭秘的时候了! 再说,办肿瘤医院是为国为民的大好事,算什么机密? 谁在我前面办起来,我去给他放鞭炮!"

办肿瘤医院的愿望,在徐克成心里确实已经埋藏了许多年。

这还要从他母亲患癌症说起。

1970年的一天,徐克成56岁的母亲从百里之外的老家来看当时还在南通当住院医生的徐克成,徐克成发现母亲的肚子隆起,面色灰暗,经检查,晴天霹雳,不到60岁的母亲患了肝癌,而且已经到了晚期。母亲弥留之际,紧紧拉着徐克成的手,断断续续地嘱咐:"儿呀,你是医生,要好好地为病人看病……"

徐克成悲痛欲绝,为自己无力医治母亲的病而懊恼,只能无奈和痛苦地看着母亲离开了自己。那时还没有今天已普及的超声、CT,也无肝癌标记物可以检测,查肝癌完全靠医生的手,手触及肝脏又大又硬又有肿块,就是肝癌,而这个时候肝癌即使被诊断出来,基本上已经到了无法进行任何治疗的阶段。徐克成的母亲被检查出来时,已经到了肝癌晚期。

经过10多年的研究,徐克成终于发现血液中有一种特殊同工酶标志物,配合其他检查,能检出早期肝癌。但是,能查出的早期癌症患者,终究还是少数。

因此,徐克成心中有一个愿望,就是能不能办一家肿瘤医院,让更多的"母亲"获得新生,而让徐克成把这一愿望付诸行动的则是时任卫生部部长陈敏章的嘱托。

陈敏章部长原是上海第二医科大学毕业的高才生,曾做过北京协和医院内科主任、研究员,后来曾担任首都医院院长,为我国内科消化病专家、学者中不可多得的顶尖人才,以研究胰腺癌著称。

早在20世纪70年代初,徐克成在天津参加日本内镜训练班时,陈敏章就是徐克成的老师,他讲学十分认真和严谨,天天手把手指导徐克成和学员们操作。一次陈敏章和徐克成参加在南京召开的学术会议,从酒店乘交通车去会场,车上很拥挤,徐克成上车时已无空位,陈敏章拉住徐克成一起坐在一张单人椅上。那时陈敏章虽然已经是卫生部副部长了,但他大部分时间仍在医院上班,平易近人,因此,在开学术会议时,大家习惯叫他陈教授或陈大夫。

徐克成开玩笑地说:"陈大夫,等你到部里工作时,我们就不能像今天这样坐在一起了。"陈敏章说:"为什么不能?有事尽管来,还和以前一样。"

徐克成记住了陈部长说的这句话。因此,当时光穿梭到1997年,当深圳医学会消化病学会将举办首届深港澳消化病学术大会时,徐克成在筹备会上说:"我们召开这次学术大会,要么不开,要开,就要开得有特色,有格调,有品位,有水平,有档次,决不可平庸流俗,泛泛不扬。"

为此,徐克成不仅联系了香港消化内镜学会,邀请了国内几乎所有著名消化病专家,还突发奇想,拟邀请已经是卫生部部长的陈敏章出席大会!

"你没搞错吧?部长日理万机,哪有这个可能啊?"身边的朋友们半信半疑。连对丈夫一直非常支持的爱人阮荣玲,也给徐克成泼了凉水,劝他不要惊动陈部长。

徐克成对爱人说,陈部长曾经和我说过"有事找他",现在"有事"了,为什么不能找他？徐克成决定到北京面见陈敏章部长。

1997年5月的一天，徐克成接通了部长办公室秘书的电话，请求见陈部长，得到了陈部长肯定的答复。几天后，徐克成走进了当时位于北京北海边的卫生部。

陈敏章的办公室在一栋古旧建筑的二楼。办公室不大，靠墙是一排书橱，书橱与墙空隙处放着一张小床，显然是部长中午休息的地方。

见领导总不能空着手去吧？带什么"礼物"见部长呢？徐克成思考良久，经爱人提醒，徐克成带去自己主编的《消化病现代治疗》和1986年出版的《临床胰腺病学》，那是他和南京大学鼓楼医院张志宏教授主编的，陈敏章部长曾为这本书编写了有关章节。

徐克成与陈敏章部长（左）

见到徐克成一行从南方专程来北京看望自己，特别是看到徐克成带来的两本书，陈敏章很是高兴，说起了不少往事。

"老徐呀，10多年过去了，你们在消化病研究上取得了很好的成果，为中国的卫生事业做出了贡献，我要代表卫生部向你们表示感谢！"陈部长平易近人的话语让徐克成十分激动，也兴奋起来。

见陈部长开心的样子，徐克成连忙说："部长啊，您要谢我，那就请您参加深港澳消化病学术大会吧。"徐克成直奔主题，向部长发出了邀请。

陈敏章怔了一下，笑道："好呀，我支持你们。但是啊……"他转而挪动了一下身子，说，"老徐呀，你说，我能自由参加你们的会议吗？我到任何地方，都要向国务院请假呀！"

徐克成有些不好意思起来。他这才发现，大官并不"自由"，古人说"公门修行"，"清规戒律"就是多呀。

陈敏章也许看出了他的窘迫，商量着说："那我为你们写封贺信吧！"

1997年10月,南国深圳紫荆花开的时候,云集了来自国内外500多位专家的第一届深港澳消化病学术大会,在热闹的鼓乐声中开幕了。

陈敏章部长虽然没有出席大会,但日后的卫生部部长陈竺院士到场了。当时,中国已加入人类基因组计划,陈竺是中国组主要负责人。他做了"基因和疾病"的学术报告,将大会学术水平提升到了全新的高度,带来了一股世纪之风。

会议期间,刚刚成立的深圳交响乐团为代表们演奏了现代音乐,给人耳目一新的感觉。后来国内许多学术会议开幕或闭幕式上,也请交响乐团演出,很荣耀地说"是向深圳学的"。

此后,深港澳消化病学术大会每四年举办一次,成了深圳对外开放的"名片"之一。

1998年11月,徐克成到北京出席全国消化病大会,同去的有深圳消化病学会的同仁10余人。大家都记得一年前陈敏章部长给首届深港澳消化病学术大会发来贺信,使深圳消化界倍受鼓舞。徐克成想再去见见陈部长,深圳的同仁更是极力怂恿徐克成打电话,谁都想看看这位既是著名消化病专家、内镜专家,又是高级官员的学者。

徐克成打电话给陈部长的秘书。一个小时后,秘书回电话说:"你们中午1点到部长办公室吧。"

12点55分,徐克成一行人准时到达部长办公室门外。此时是中午休息时间,谁也不敢敲门。1点整,正在他们静候猜想之际,门从里面打开了。

陈敏章出现在门口。部长和大家一一握手,让进室内。办公室里只有一张长沙发,两张单人沙发。年长的便坐到沙发上,年轻的就站在沙发背后。陈部长搬来一张椅子,面对他们而坐。

徐克成将去年深港澳消化病学术大会的论文汇编送给部长。汇编首页是部长的贺信。陈部长马上翻看汇编,说:"你们搞得很好,印制也很精美,到底是特区!"

"美中不足的就是部长您没有出席!"徐克成接着说,"部长,今天我们是特地来邀请,看您什么时候能去深圳?"

大家都知道,下一届全国人民代表大会明年春天就要举行,部长的任期也满了。这以后该有"自由"了吧!

陈敏章笑着点点头,看着面前这些熟悉或者陌生的面孔,目光最后落在徐克成身上,说:"好呀,徐克成,如果我不死,爬也要爬到你们那里去看看。"在场的所有人都不觉暗自吃了一惊。"部长怎么啦?怎么说出这样的话来?"徐克成马上端详部长,似乎瘦了些,脸色有些苍白,"莫非部长生病了?"他这样想,但随即说:"陈部长肯定好人百岁。"

"老徐,你瞎说了。我只想活到中国人平均年龄。"部长玩笑中带着"正经"话。

徐克成有些担心部长身体了。他看看表,时间已过去一个小时。他暗暗责备自己:"部长接见,哪有这么长时间?"他立即提出离开,让部长休息。

陈部长叫住了正往外走的徐克成:"老徐,你留一会儿。"

徐克成停下了,说:"陈部长,不好意思,时间太长了,你不能休息了。"部长摆摆手,说:"我马上要去国务院开会,平时中午也难得休息。"

他们面对面站在办公室中央。陈敏章将一只手很自然地放在徐克成的肩膀上,开门见山地说:"你,能否在南方办一所医院?"

"办民营医院?"徐克成有些意外。

陈部长点了点头。

"谁投资的并不重要,关键是要能好好地做医生,好好为老百姓做事。"他的手放下来,踱了两步,深深地叹了一口气,往下说,"你不要以为部长什么事都能做,我这个部长,连'红包'都禁止不了。"

"您说,办什么医院好呢?我听您的,部长。"徐克成用期待的目光注视着这位中华人民共和国的卫生部部长。

"办肿瘤医院。肿瘤将来一定是人类第一杀手。目前这套治疗方法不行,许多问题解决不了,一定要引进新的治疗手段,要创新。"陈部长的目光深邃而坚定。

"办肿瘤医院?"这个一直压在徐克成心中的梦想,忽然被点亮。他激动地抬起头来,直直地看着陈敏章,是一种幼弟对长兄的仰仗,他伸出手握着陈部长的手说:"部长,我知道了。请您放心,我会努力,不会让您失望!"他想了想,把心中已经有的设想说了出来:"我想先办一个肿瘤治疗中心,用特殊方法治疗,你能题写这个中心的名字吗?"

陈敏章也紧紧地握住徐克成的手,说:"好,我写好后寄给你。"他重重拍了一下徐克成的肩膀,说:"老兄,办个医院,好好做人,好好做事。办好以后,我去看你!"

一周后,徐克成收到一张用宣纸写的题词"肿瘤特别治疗中心",落款:陈敏章。

"肿瘤""特别",这是陈敏章部长对徐克成的期望和嘱托。徐克成思考、探索、等待和寻找着机会。

时间跨入1998年,新一届全国人民代表大会召开了。北京传来消息,陈敏章仅参加了大会开幕式,可能生病了。

徐克成马上想起几个月前在北京,陈部长突然讲出"如果我不死……",难道那时部长已知自己生了病?

过了几周,从北京传来"可靠消息",陈敏章患了胰腺癌。在随后召开的一次全国消化病学术会议上,胰腺癌成了大家最关注的疾病。作为陈敏章在消化界的朋友、同道、学生,当然包括徐克成,都在为陈部长的病着急、忧虑,期望奇迹的出现。

胰腺癌,这一迄今让全世界几乎束手无策的"癌王",最终夺去了陈部长的生命。徐克成想:也许陈敏章部长向自己交代要办肿瘤医院时,已意识到自己有"癌",但他马上告诫自己不要这样想。陈部长是"高人",他考虑的不是自己,一定是"大众",他不是讲"肿瘤将来一定是第一杀手"吗?

徐克成十分痛心,更感到时间紧迫,与其说他要完成陈部长交代的"任务",不如说他要完成一项有关人类福祉的使命。

医学"无能",医生无奈!陈部长似乎用生命的代价告诫:一定要创新!

徐克成其实是一个心里装不了事的人。对陈敏章部长的亲口一诺,让徐克成61岁的人生有了新的开端。

第十四章　一项冷冻技术成就一所肿瘤医院

就在陈敏章部长患胰腺癌离开人世后的那一年,美国的"氩氦刀"开始进入临床。

徐克成,这位炙手可热的消化病专家,带着陈敏章部长的嘱托和对母亲的怀念,2001 年,开始筹建"广州肿瘤高新技术治疗中心",也走上了使用"氩氦刀"的探索之路。

"我们要创新,用新的理念、新的技术,为人类的健康奉献一个医者的热忱和智慧!"陈敏章部长的话时刻在徐克成耳边萦绕。徐克成犹如背上了沉重的十字架,在思考中奋进、在艰难中跋涉。他清醒地认识到,这是必须承担的责任和使命,真正的快乐,是挑战带来的。没有挑战,没有困难,就构成不了我们在这个世界上存在的理由和价值,也就体会不到为患者消除病痛、为人类健康奉献智慧时那酣畅淋漓的快乐!

探索氩氦冷冻技术

1999 年,作为客座教授,徐克成应邀到第一军医大学主持消化科博士论文答辩会。论文主要研讨关于肝癌、胃癌的诊断与治疗。参加答辩会的张积仁教授在与徐克成闲谈中,提到用"氩氦刀"做冷冻消融。

用"氩氦刀"做冷冻消融,虽然只是闲聊,却让徐克成心头一亮,犹如在徐克成心中升起一颗启明星,即将迎接破晓的那一轮红日。他敏锐地意识到,冷冻消融,将是未来治疗肿瘤的核心技术!

徐克成早在 20 多年前就知道"冷冻疗法"。那时,徐克成在上海中山医院跟汤钊猷教授看病,看到在肝癌手术中,将液氮撒于不能切除的肿瘤上,或已切开的肿瘤断面。但那时的技术还是比较原始的,或者说,是一种尝试。

1998年，美国食品药品监督管理局批准"氩氦冷冻手术系统"用于肿瘤局部消融。像如今时髦的"追星者"那样，徐克成马上飞到美国加州，到距离洛杉矶100公里的风景优美的小城尔湾，访问了生产氩氦冷冻系统的公司。但被告知，这是一项高科技设备，只能看，不能记录，更不能摄像。随后，徐克成到距离旧金山100多公里的一家医院。来自斯坦福大学的外科教授十分热情，向徐克成展示他们应用氩氦冷冻技术"根治"肝癌的成绩。

当时，徐克成很兴奋，心想这不就是陈部长希望我"拿来"的新方法吗？

这次，用"氩氦刀"做冷冻消融被张积仁教授再次提起，这让徐克成重新看到了曙光。

徐克成记在心里，回去后马上查文献。

氩氦技术是利用焦耳—汤姆逊效应，快速输入的氩气体积突然膨胀时，局部温度将迅速降低，快速输入氦气则反之，温度升高。这个技术已成功用于航天飞机。航天飞机升空时，尖端温度过高，如果不快速降温，瞬间可融化。美国科学家很聪明，将这项技术"转化"到医学，创制成"氩氦刀"。"氩氦刀"是一种新型冷冻系统。说是刀，实际上是"探针"。针很细，但管腔内却有两根管，供输入、输出气体之用。探针顶端体积大，气体在此快速膨胀，温度急剧变化。因此无论是氩气引起的"冷"或氦气引发的"热"，都发生在探针顶端。利用上述特点，探针可以经过皮肤穿刺，进入肿瘤内，先输入氩气，使温度瞬间降至零下160℃，将肿瘤冻死，再改输氦气，使温度上升，进一步使肿瘤"热消融"。

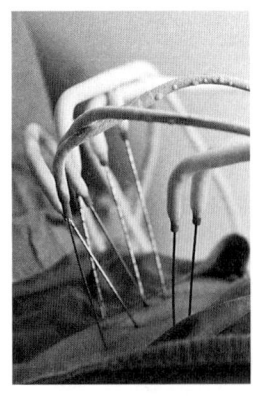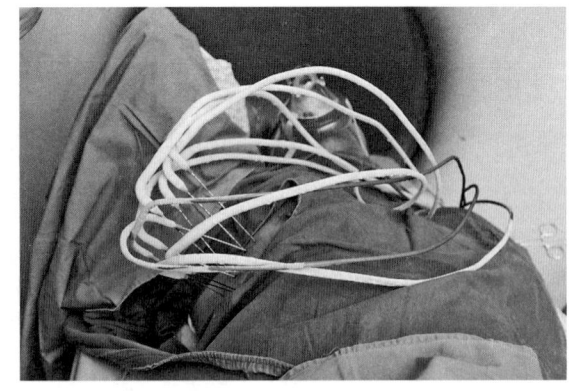

冷冻肿瘤

徐克成比较了多种微创技术,发现氩氦刀冷冻更适合做微创治疗。自从徐克成的母亲患肝癌去世后,他主要研究两个方面课题:一是早期诊断,"GGTⅡ"就是他研究的可以用于肝癌早期诊断的肿瘤标记;二是研究微创治疗,不用开刀就能将肿瘤消除。几年前,徐克成在深圳开始用射频消融治疗肝癌病人。但只对"小肝癌"有效,对大肝癌无能为力,而且会伤及大血管,难以消融邻近大血管的肿瘤。

他想象如果几十年前有氩氦刀,他的妈妈也许能生存更长时间,他也可以报答养育之恩;他还幻想,如果胰腺癌能用冷冻治疗该多好。胰腺癌能手术切除的机会太少了,冷冻如果能治疗胰腺癌,陈敏章部长可能就会免除那种广范围"毁坏"性而又未产生效果的手术了。

找到了核心技术,徐克成心里一阵兴奋。

经过考察论证和洽谈,徐克成选择了广州新海医院(原海员医院),租用了一层楼,建立"广州肿瘤高新技术治疗中心",开展以冷冻治疗为中心,联合化疗、免疫、血管介入、放疗等技术,对肿瘤,尤其是中晚期肿瘤病人进行综合治疗。

铭仔变"靓仔"

中心成立不久,徐克成和他的团队就接受了第一次挑战。

2001年11月22日中午,徐克成忽然接到《羊城晚报》一位记者打来的电话,说有一个叫铭仔的小孩头颈部患了一个大瘤子,已经被几家大医院拒绝治疗,早晨来到报社求救,看着很可怜,希望他们注意一下下午的晚报,看能不能对这个小孩伸出援手。

接完电话,徐克成第一感觉就是:人家大医院拒绝了的患者,肯定很严重!

当天下午,在《羊城晚报》记者刘小姐的陪同下,徐克成派出医务部主任和护士,驱车300多公里,赶到位于广东西部的怀集,将患儿铭仔接来住院。

见到铭仔,所有人,包括徐克成都吓了一跳。这比预想中的情况还严重,还糟糕。

铭仔的肿瘤是从颈前部长出来的。通过X线和CT检测,发现肿瘤内有牙齿,穿刺发现肿瘤内还有皮肤,并找到了恶性细胞。这是一种恶性畸胎瘤,它起源于迷走性胚胎组织,人群中发生率仅十万分之一,可见于身体各个部位。但是像铭仔这样长在头部而且长得比头还大的，极为少见。

更为严重的是，它已经将铭仔的牙床和口腔底部结构破坏。铭仔上下颌的牙齿已无法合拢，下颌牙齿已越来越松，牙缝越来越疏，嘴仅能张开一厘米，以致每天进食非常困难，只能勉强喝一点儿稀饭。

铭仔的父亲告诉徐克成，营养不足使得铭仔体重从原来的19公斤下降到15公斤，既不愿意玩，也不愿意说话。

徐克成行医数十年，什么情况都遇到过，头一次遇到这样的病人！

"救救我儿子吧，他太小了，可怜可怜我们吧！"铭仔的母亲央求着。

望着眼前幼小的铭仔，他的人生还没有开始，他的眼里充满着对这个世界的好奇，尤其是得知了铭仔的遭遇后，徐克成心里不能平静："一定要想办法救治他，不能让一颗鲜活的小树苗在这里夭折！"

铭仔5岁多时，下巴长了一个小瘤，先是白果般大，一个月后长得像鹌鹑蛋一样大，不痛不痒。只有小学文化的父母听信了一些村民的流言，认为是触犯了神灵，到处求神问卦。

几个月过去了，瘤子不仅没缩小，反而长至鸡蛋般大。夫妇俩感到病情严重，于是带着铭仔来到广州求医。没想到又遇上两个骗子，被骗到广州某门诊部找某"著名专家"用中药治疗。"专家"为铭仔开了3000多元的草药。草药吃完了，铭仔的瘤子却仍旧疯长。两个月后，瘤子已长得和铭仔的头部一般大小。这时，这对老实巴交的夫妇才知上了"医托"的当，只好带着铭仔来到广州大医院求治。

大医院的医生诊断为血管瘤，建议开刀切除，费用要五六万元。但此时，铭仔父母不但已经花掉了所有积蓄，还欠下了近万元债务，再也无力为铭仔治病了。

无奈之下，铭仔父母来到《羊城晚报》，请求媒体的支持。媒体的介入，对徐克成新建的"中心"是一把"双刃剑"。救治好了，声名远扬；救治失败，身败名裂。徐克成和同事们感到压力巨大。

被誉为是20世纪最伟大的心灵导师和成功学大师的戴尔·卡耐基说过，要冒一次险，整个生命就是一场冒险。走得最远的人，常是愿意去做，并愿意冒险的人。

徐克成决定去冒这个险，不是为自己，而是为生命而战！

冒险,不是盲目冒险。冒险是建立在科学诊断和周密措施上的冒险。徐克成召集全中心各科专家,并联系了全市医院和外地专家电话大会诊,对铭仔的病情进行研究、分析,列出了以下几大治疗难点:

第一,虽然手术切除是唯一的根治方法,但铭仔的肿瘤太大,已侵犯整个口腔底部,如果切除,术中出血量将会超过3000毫升,几乎等于他的全身血液量;

第二,手术需要插管麻醉,肿瘤在颌下颈部,不能切开气管,鼻口腔插管也很困难,如何麻醉是一个棘手的问题;

第三,肿瘤本身是恶性,即使手术成功,患者可能也难以长期生存,因此,手术的实际价值并不大;

第四,如果采用化疗,肿瘤性质是肉瘤,对化疗不敏感,而且患者可能也难以耐受化疗。

徐克成,捡了一个烫手的山芋!

诺贝尔奖获得者杨振宁说过,科学解决不了的问题找哲学,哲学解决不了的问题找"上帝"。既然常规治疗不行,就采用非常规的手段。

徐克成和会诊的专家们经过反复推敲考量,最后敲定一个方案:阻断肿瘤的血液供应,断其"粮草",以"饿死"瘤细胞。

12月4日,铭仔接受了介入治疗。介入医生先将油性栓塞剂和抗癌药注入肿瘤血管内,再将明胶海绵和不锈钢圈分别注入支配肿瘤的两根颈外动脉分支,将血流阻断。

治疗初战告捷。用一句时髦的话说,取得了阶段性成果。

但是,介入治疗后,铭仔出现严重反应:高热、呼吸困难、缺氧、心脏衰竭……

徐克成和医护人员全力以赴,日夜守护在患儿身边,经过5天的抢救,铭仔终于转危为安。两周后,铭仔的肿瘤开始变软。

12月18日,开始进行放疗加热疗。3个月后,肿瘤缩小一半。

2002年1月12日,徐克成决定把医院的"核心技术"用上,为铭仔做最后一步治疗——氩氦刀低温冷冻,消灭残存肿瘤。

手术成功了!

这位被认为是晚期恶性畸胎瘤患儿,奇迹般地康复了。

2002年11月6日,《羊城晚报》再次刊登照片新闻《铭仔变靓仔》,全程记录了这个颇有传奇色彩的故事。

还铭仔健康的身体,还要赋予孩子美好的心灵和丰富的知识。面对感恩戴德却一贫如洗的铭仔父母,徐克成又做出一项决定:资助铭仔上学,直到他大学毕业!为此,医院还专门为铭仔发了"资助证书"。

徐克成对铭仔父母说:"我年纪大了,以后,即使我不在岗位上了,凭此证书,铭仔依然可以在医院报销学费。"为了让孩子得到稳定的照顾,徐克成又对铭仔母亲说:"你不要打工了,医院给你每月400元生活补助费,把铭仔照顾好。"从那以后,医院每月给铭仔汇款,从未间断。

铭仔的家怀集县二度村离广州市有300多公里,是一个偏僻的小山村。徐克成每隔几年都要去进行回访。每一次去,都给徐克成带来新的感受。在大家的帮助下,铭仔健康成长,铭仔家原来低矮的平房翻建成了二层楼房,铭仔长高了。一有时间,铭仔除了学习课本外,还在学习肿瘤科普书籍。

一次,徐克成问铭仔怎么读起肿瘤科普图书来了,他说:"爷爷,你治好了我的肿瘤,我要报答你,回报社会,将来要像你一样,做个医生,为病人服务。"2013年,铭仔初中毕业,考取了当地卫生学校。

但遗憾的是,铭仔下巴毕竟做过大型手术,面部有疤痕,形象不佳,做护理工作不太适合,铭仔被学校劝退,他十分沮丧地回到家乡怀集。徐克成得知此事后,主动打电话给铭仔,安排他进入复大肿瘤医院工作。考虑到他的形象,特意安排到医院策划部工作,主要在后台做打印和资料整理归档等事务。但一段时间后,铭仔自己感到很寂寞,没有什么发展,想换一个工作。深圳一家生物高新技术公司老板知道了,对徐克成说:"你救了铭仔的命,现在让我们来负责他未来的'人生'吧!"

2015年7月29日,徐克成亲自送铭仔去深圳的公司报到上班,并给了他2000元购买衣服和生活用品。公司董事长亲自到门口迎接。徐克成嘱咐铭仔要努力工作,为社会多做贡献。

2016年,铭仔下颌出现脓肿,并发细菌感染,在父母的劝说下,铭仔担心病情复发,不得不辞去了深圳的工作。

面对困境,乐观而坚强的铭仔,记住了徐爷爷的话,会戴上耳机听喜欢的歌曲,还经常上网学习跳舞,他说,学会后要表演给徐爷爷看。他总是选择面向阳光,活出自我。

徐克成与长大后的铭仔(左一)

2017年1月16日,铭仔被邀请参加复大肿瘤医院的年会,他非常开心。现场聚集了复大400多名员工。舞台上的铭仔充满着自信,他的舞蹈获得阵阵喝彩。观众席上,徐克成也一直为他鼓掌。铭仔参演的节目获得了二等奖,徐克成亲自为他颁奖。

怀着感恩之心的铭仔还把所有感激之情全部倾注在以下诗句中——

当我们呱呱坠地的时候,

是父母,给了我们第一次生命,

也开始了我们的一场旅行。

在这次的旅途中,

总会遇到坎坷泥泞。

当意外突然降临,

当死神开始侵蚀生命,

是你们,白色的天使,

以心为灯,

化慈悲为柔情,

与死神作战,

帮我们赶走了死神。

谢谢你们,

给了我第二次生命。

……

只因有你,仁爱复大!

演出结束后,头颈肿瘤中心首席专家曾宗渊教授为他做了复查。令铭仔和徐克成欣喜的是,病情没有复发,只是甲状腺肿大。铭仔说,这是新年收到的最好的礼物。

帮助铭仔切除巨大肿瘤是徐克成创建"广州肿瘤高新技术治疗中心"的第一次挑战。

第一次挑战,取得了成功,这让徐克成对人生有了更深刻的认识。如果说人生是一条长长的河,那么每个人就是那河中的一叶轻舟,从生命的源头启航,有时风平浪静,可以"朝辞白帝彩云间,千里江陵一日还",可以"两岸猿声啼不尽,轻舟已过万重山",但有时风高浪急,也会"春潮带雨晚来急,野渡无人舟自横",但终会"沉舟侧畔千帆过,病树前头万木春。"

无论怎样,徐克成浪来时勇搏击,在人生的长河里勇往直前,勇于接受一个又一个挑战。

成功救治"心包血管肉瘤"患者倩倩

2002年11月,徐克成又要面对一个严峻的挑战。

一份电子邮件引起了徐克成高度重视:"倩倩,女,16岁,患心包血管肉瘤半年,已经在北京做了一次手术,目前复发……恳请世界医学界专家伸出援手……"

2002年9月,正在北京师大附中高二读书的倩倩,突然感到胸闷、心悸、气促,并时有呕吐。到当地医院做了超声和CT,发现心脏旁边隆起一大块。后转到北京一家心胸医院,医院迅速对倩倩进行了检查,诊断为心包新生物,一周后为她做了手术,切下了核桃大小的肿瘤。

手术后病理诊断为心包血管肉瘤。医生告诉倩倩的父母,复发可能性100%。果然不出所料,不到一个月,倩倩又气急发作了。11月1日,病症突然加重,病人再次住进医院。医院为此开展大会诊,结论是"不能再手术"。

爱女心切的父亲不愿意接受这个残酷的现实,遍访上海、沈阳、武汉、天津等大城市的大医院,得到的答复全都让他绝望。不得已,通过电子信箱向众多专家发出了请求救治的邮件。

在各类恶性肿瘤中,心脏肿瘤少见,发生于心脏外围的心包肿瘤更少见,心包血管肉瘤更罕见。肉瘤属于恶性肿瘤,且比一般肿瘤更恶性。

从互联网上搜索,徐克成发现从 1978 年到现在,世界上总共仅报道了七例心包血管肉瘤病例,而且患者均在确诊后 3 个月内死亡。

徐克成给患者家属回电:"对于心包血管肉瘤,我们虽无治疗经验,更没有痊愈把握,但愿意试一试。"

2003 年 1 月 3 日,当倩倩在她父母陪同下来到广州时,为她检查的医生们都吓坏了。X 线胸片和 CT 扫描均显示:心包内长满数个肿瘤,最大的一个达到 13.4 厘米,心脏被挤压得像一条黄瓜。病人气喘不止,不能平卧,低着头频繁剧烈地咳嗽。

这一切症状意味着:病人已经出现严重心包填塞。不及时疏通治病,就会成为世界上第八例心包血管肉瘤死亡病例。

倩倩的父亲是北京一家运输公司老总,他含着眼泪对徐克成说:"你的真诚回复让我们看到了希望,虽然,孩子的病世界罕见,你们也没有治疗的先例,但为了我的孩子,也为了今后患这种病的其他的患者,你们就大胆地试吧!万一失败了,也算是对人类的一个贡献。"

经历过多少生离死别场景的徐克成此时和在场的医务工作者,无不为之动容。他们为倩倩父亲这种博大的胸怀所感动,也为他对女儿无限的爱所感动,迅速投入医疗方案的制订中。

经过反复研究倩倩的病历,徐克成和专家们形成了最终的治疗综合方案:肿瘤切除、冷冻、近距离照射、局部免疫联合治疗。准备接受一场前所未有的"挑战"——走一趟"刀尖"!

2003 年 1 月 6 日,徐克成安排年轻的牛立志博士主刀,剖胸探查。

当牛立志打开倩倩的胸腔后,只见整个心包腔几乎都被肿瘤填满,让主刀医生无从下手。

怎么办？是关上胸腔，还是继续手术？

如果选择前者，自然没有风险，病人的家属也不会怪罪，但是病人很快就会像文献中的前七例病人，因心脏功能衰竭而死；如果选择后者，肿瘤切不干净是意料之中的，而且很有可能无法止住出血。一个16岁的花季少女，即使是在父母已有思想准备的前提下，倘若死在手术台上，终究谁也难以接受。

徐克成没有犹豫，指导牛立志按既定方案进行。果然，手术刀刚刚切进肿瘤，血就像潮水一样漫出来。出血来自肿瘤内如同马蜂窝一样的微小血管，常规止血没有产生任何作用。见多识广的徐克成建议采用"温热持续强压"止血，终于止住了出血。牛立志重上手术台，将肿瘤一块块从心包腔内小心地切去，对残存肿瘤进行冷冻，再在瘤内植入放射性碘粒子，最后在瘤床内植入治疗囊，以备术后做局部免疫治疗。

程序虽然复杂，但一切都按缜密的预案有条不紊地进行。术后，病人的病情明显好转；两周后，倩倩就能下地活动。超声和CT复查发现残留肿瘤内出现液化坏死，肿瘤明显缩小。

2003年3月3日，倩倩在复大的病房内，迎来了她17岁的生日。

这天，医护人员手捧鲜花，悄悄地走近她的病床，向她齐声说："祝你生日快乐！"祝福的歌声飘荡在病房，飘荡在每个人心里，祝福在病痛中顽强成长的倩倩！

倩倩的病情一天比一天好转。2003年4月17日晚，倩倩住院三个多月后，医院特意为她举行了"康复晚会"，欢送倩倩出院休养。

2003年4月18日和19日，《羊城晚报》《南方日报》《广州日报》等各大南方媒体，都划出版面报道了广州复大成功救治"世界第八例罕见心包血管肉瘤"病例的事迹。

由此，徐克成团队成为中国最早一批从美国引入氩氦冷冻也就是"氩氦刀"设备的团队之一。治疗肝癌，再是肺癌、胰腺癌。先是手术中冷冻，再发展到影像引导下经皮冷冻、腹腔镜下冷冻……通过临床实践，徐克成发现这种"刀"对于小肿瘤，可以代替手术，达到"根治"的效果；对于大肿瘤，甚至转移性肿瘤，可以"减瘤"。所谓减瘤，意即如果肿瘤不能切除，就用手术方法将肿瘤切除一部分或大部分，以延续病人生命。氩氦冷冻似乎比手术有更好的减瘤效果：第一，可以用微创技术实施经皮冷冻，这种做法对病人伤害小；第二，手术中加上氩氦冷冻，可使减瘤更充分；第三，有人比较了手术切除和冷冻消融治疗肝癌的长期效果,发现冷冻后复发较少,这是因为冷冻后产生的碱性生长因子较少,而这种因子会促使肿瘤复发;第四,许多研究显示,氩氦冷冻可以诱发"冷冻免疫",冷冻后肿瘤细胞被破坏,释放抗原,会激发机体的抗肿瘤免疫功能。

探望陈敏章部长的遗孀

2001年,徐克成创建"广州肿瘤高新技术治疗中心",2003年,广州复大肿瘤医院正式成立。2012年,经广东省卫生厅批复,复大肿瘤医院直属省卫生厅领导;2014年,经广东省卫计委批复,复大升级为三级肿瘤专科医院。现在复大肿瘤医院成为拥有400张床位,按"三甲"管理的医院。

复大肿瘤医院是按陈敏章部长的心愿而建的。2019年1月4日,徐克成专程到北京探望了陈敏章部长的遗孀,向这位中华人民共和国卫生部部长的夫人表示崇高的敬意。

他俯身对卧在床上的陈部长夫人说:"师母,我来看您了。"陈敏章部长的夫人,年事已高,又身患多种疾病,躺在病床上对

与暨南大学教学和附属医院合作

前来看望自己的徐克成表示感谢。她勉强抬起上身,握住徐克成的手,说:"你是徐克成吧,听老陈说起过你,医院建成了,老陈会看到的,谢谢你来看我!"

看着墙上陈敏章部长的遗像,徐克成不禁潸然泪下,对着遗像三鞠躬。他让随行人员帮他在陈部长一张生前的工作照片前,拍下了自己的照片,作为永久的纪念。三个月后,陈敏章的夫人也离开了人世。得知消息后,徐克成再次流下了热泪,庆幸自己在陈敏章的爱人离世前了结了自己的心愿。

第十五章　结缘国际冷冻奠基人柯本教授

在 21 世纪初,徐克成凭借冷冻消融新技术创办"广州肿瘤高新技术治疗中心"的同时,世界肿瘤医疗格局也在发生着深刻的变化。

与柯本一见如故

2001 年,世界冷冻治疗开拓者、奥地利著名冷冻治疗学家尼古拉·柯本(Nikolai Korpan)教授主编出版了 Basics of Cryosurgery(《冷冻手术的基础知识》)一书,这是迄今为止在世界范围内第一部完整、全面地介绍冷冻手术基本知识的医学专著。在业界,这本专著被称为冷冻治疗学的"圣经"。

对于肿瘤微创治疗领域而言,尼古拉·柯本这一名字可谓如雷贯耳。而作为一名在世界普外科的鼻祖医院——奥地利鲁道尔菲纳豪斯医院工作超过 35 年的外科医生,无论是在外科手术中积累的丰富经验还是在低温冷冻领域所取得的大量科研成果,都让柯本成为最受人钦佩的医学专家。

现代冷冻学从 1970 年开始在欧洲兴起。柯本自 1972 年开始接触冷冻医学。最开始的时候,柯本在狗的肝脏和胰腺肿瘤上做实验,收集了相关实验数据。通过这些数据分析,柯本看到了冷冻技术在人体肿瘤治疗上的可能性。随后的 30 多年间,柯本陆续参与了 20 多例动物实验,探讨冷冻技术在人体不同肿瘤和其他疾病治疗上的应用。他共发表了 300 多篇冷冻治疗方面的论文,填补了当时冷冻医学研究的很多空白。但受制于当时影像学技术的局限,冷冻技术仅仅在手术中获得应用。

2003 年,徐克成在美国购得柯本的《冷冻手术的基础知识》如获至宝,他将书中在手术中进行冷冻治疗的经验移植到经皮冷冻消融实践中，让不能手术切除的肿瘤获得治疗甚至根治的机会。"肿瘤，如果不能用手术切除，怎么办？"这个消息迅速在国内和海外传开。国内外病人闻讯来到复大肿瘤医院。治疗的疾病从肝癌开始，很快扩展到肺癌、乳腺癌、胰腺癌。2003 年，徐克成主笔用英文撰写了《冷冻联合肝动脉化学栓塞治疗原发性肝细胞癌的初步报告》在 World J Gastrienterology（《世界胃肠病学杂志》）发表。2007 年，徐克成和牛立志主编的《肿瘤冷冻治疗学》一书在上海科技教育出版社出版。这是中国第一本有关冷冻治疗肿瘤的专著。

2007 年，第 14 届国际冷冻治疗大会在北京召开，徐克成应邀出席，报告了经皮冷冻治疗 1000 例肿瘤的经验。这是当时例数最多的报告，震惊了上千名与会的学者与专家。

大会休息时，柯本教授来到徐克成面前，主动与徐克成握手问好，对徐克成团队完成了如此巨大数量的实践表示赞赏，说相对于他从事的手术中的冷冻，在超声或 CT 引导下经皮冷冻消融是肿瘤冷冻技术的重大进步。他特别赞赏胰腺癌的冷冻消融，说："这是胰腺癌治疗的一场革命！"

徐克成马上说："是你的《冷冻手术的基础知识》，让我们敢于将冷冻用于胰腺癌，应该感谢你。"柯本在他的书中指出：鉴于胰腺癌的手术切除率很低，建议用冷冻代替常规手术。

胰腺癌早期诊断困难，一经发现往往已是晚期，失去手术切除机会，放化疗效果很差。由于胰腺是一个消化器官，一旦胰腺导管破裂或出现泄漏，胰液流入腹腔，消化蛋白质和脂肪，引起腹膜炎和器官的损害，后果不堪设想，因此长期以来胰腺是穿刺的禁区。徐克成团队竟然将几毫米粗的冷冻探针刺入胰腺，而未出现严重不良反应。柯本教授对此特别赞赏，说"几乎有些不可想象"。

他拥抱着徐克成，用他的照相机，让人给他们照了一张又一张照片，说："徐教授，从今以后，我们一定是最好的朋友和合作伙伴。"徐克成频频点头赞同，并把自己主编的《肿瘤冷冻治疗学》一书送给柯本。虽然是中文版，但柯本仍然仔细翻阅。他说，他看到书中有大量的图案，已很满足了，何况书中还有英文摘要。

这位思想开明、热情友善的奥地利学者十分赞赏徐克成的学术水平和高尚的人格魅力，两位志同道合的医学专家一见如故，结交为友。这次见面，徐克成和柯本对胰腺癌冷冻治疗进行了深入交流和探讨,使徐克成在胰腺癌冷冻治疗的研究上又提升了一个高度。

柯本教授访问中国,在徐克成办公室合影

此后,两人保持着频繁的邮件往来。徐克成多次邀请柯本来中国参加学术会议,柯本也邀请徐克成前往奥地利参观考察。尤其在胰腺癌治疗方面,他们紧密合作。柯本介绍欧洲的胰腺癌患者来复大治疗,复大治疗的欧洲病人,又委托柯本随访。徐克成在日本因胰腺癌冷冻治疗获奖、在俄罗斯设"胰腺癌冷冻在复大"专场讲座、徐克成当选国际冷冻治疗学会主席、徐克成应邀在日本大学公开演讲"冷冻消融进展"……几乎在所有国际冷冻医学活动场合,他们总是"如影相随"。

柯本比徐克成小近20岁,总把徐克成当作"大哥哥"。他每次来广州,最重要的一项工作就是陪同徐克成查房、看病人,与复大的医生一起讨论临床病例,提出诊治意见,对一些治疗成功的病例大加赞赏。

马来西亚两位胰腺恶性肿瘤病人在复大肿瘤医院接受的治疗,更是让柯本深为震撼。

叩响音乐家的艺术生命

马来西亚音乐家、胰腺癌伴肝转移患者伟添先生就是其中的一位。

2010年5月,徐克成应邀前往马来西亚做"别让治癌变二度伤害"讲座。第二天,吉隆坡最大的华文报纸《星洲日报》邀请徐克成到报社礼堂为读者做义务咨询。《星洲日报》在马来西亚有最大的读者群,能在《星洲日报》做咨询、做讲座,是一种荣誉、一种肯定、一种信任。七年前,该报总经理韩女士因胸腺癌复发,到复大肿瘤医院进行过治疗，与徐克成结下了深厚的情意。在咨询过程中，一位中年男士弓着身子，在父母和太太的陪伴下来到徐克成面前。

他就是伟添。他告诉徐克成，自己刚从新加坡回来，做完了化疗，医生对他说，这是最后一次治疗了……他说，背部痛得让他腰都直不起来，夜里不能入睡。"帮帮我吧，医生，我还有许多事没有做呢！"说完，他泪如雨下。

伟添39岁，是小提琴演奏家和音乐指挥家，毕业于英国剑桥大学。一年前，因为腰痛，经检查发现胰腺癌，在新加坡医院接受化疗。后来不仅腰痛加剧，腹部也疼痛难忍，不能进食，体重比生病前减少15公斤。他上有60多岁父母，下有3个小孩。

徐克成建议他到广州复大住院。一周后，来到复大，先后接受了血管介入和胰腺肿瘤冷冻，再接受联合免疫治疗，两个多月后出院。7月1日，伟添在马来西亚吉隆坡指挥了生病以来的第一场音乐会。再后来，他回到了他热爱的岗位，夜以继日谱写乐谱，培养学生。

2012年12月，徐克成应邀去吉隆坡，观赏伟添指挥的圣诞音乐会。

会前，他的父亲与徐克成在休息室相对而坐。他的父亲比徐克成还小几岁，他说："徐教授，你是伟添的再生父亲，没有你，就没有伟添的今天，现在我们两个父亲能看我们的儿子演出，作为做父亲的心里是多么开心呀！"

伟添在演出中

演出中，伟添挥舞指挥棒，乐声时而像涓涓的细流，时而如奔腾的波涛……徐克成的心也随着他的指挥棒跌宕起伏。

随着伟添的指挥棒从空中划下，"四弦一声如裂帛"，音乐戛然而止。演出结束了，徐克成起身一把拉住伟添，心疼地问他："伟添，累吗？"他说："不！院长，我还可以指挥两小时呢。"他笑着，面孔泛出红光。

胰腺癌有"癌王"之称,已有转移的胰腺癌患者生存期一般不会超过半年。但伟添从复大接受冷冻治疗起,已"无病生存"3年多了。他还能继续生存下去吗?望着面带微笑的伟添,徐克成在心中反复问着自己。

徐克成担心的事还是发生了,几个月后,伟添突然头痛,他出现了脑转移。接到病讯,徐克成立刻飞往马来西亚,来到他家。走到他的床前时,他已经认不出徐克成。徐克成拉住伟添的手,默默地看着,回忆一下子涌出来:想起他在复大住院病情好转后,每天为病友拉小提琴娱乐,想起音乐会上观众对他美不胜收的指挥报以雷鸣般掌声,想起……他深感医学"无能",不能再延长像伟添这样优秀的人的生命,他感到痛心,又愧疚!他的眼泪一下子涌泉般流下来。伟添的父亲看了马上紧紧拉住徐克成的手说:"院长,你不要难受,你让我的儿子赢得了时间,完成了他该完成的事。我们全家谢谢你,你给了他和我们全家许多宝贵的时刻。"

"生命总有一天要向我们告别。人生苦短,在有限的生命过程中,怎样提高生命的价值?怎样让自己的精神尽量长久?医学能做什么?作为医生,面对疾病和死亡,我们也总是遗憾。我们能做的就是'形神永恒',赞美患者的人生,帮助他们实现人生的愿望,让他们感觉不枉此生。"坐在回国的飞机上,徐克成望着舷窗外由朵朵白云堆积而成的茫茫云海,陷入了沉思之中。

他想起马来西亚另一位正在治疗中的患者亮亮,一定要让他长久活下去!

亮亮的开心人生

亮亮是同在《星洲日报》集团礼堂义务咨询活动中接受咨询的胰腺恶性肿瘤患者。与伟添的肿瘤不同,亮亮患的是神经内分泌肿瘤,与苹果手机创始人乔布斯患的肿瘤相同。

救治亮亮,可以说是一波三折。

当时,年仅25岁的男青年亮亮,身材高大、肥胖,毛发浓厚,来到《星洲日报》集团礼堂义务咨询台前时,步态不稳,神情呆滞,由母亲和女朋友陪同前来。同来的还有一位杜友群女士,是他们家的朋友。家人告诉徐克成,亮亮不能饿,一饿就"昏过去",有时还抽搐,像发"羊癫风",给他喂点糖水后,又马上好转。徐克成估计亮亮患的是胰岛素瘤,即胰腺里长了肿瘤,这个肿瘤大量分泌胰岛素,引起低血糖,导致昏迷抽搐发作。而为了防止昏迷,病人大量吃糖,久而久之引起肥胖。

徐克成看了他的CT片,果然发现是胰腺病变,有三个,大小为2～5厘米;再看血液化验:血糖40～55毫克/升。问病史,病人食欲奇佳,须频繁进食,否则就"昏迷"。再追问家族病史,母亲上腹部有一肿块,已有七八年。医生说,母子两人均不可治疗了。他们几乎被"吓死",准备放弃,等待"命运安排"。

徐克成初步诊断,亮亮和他母亲均是患"家族性神经内分泌肿瘤",多个内分泌腺体均有肿瘤性病变,他的这种胰岛肿瘤有大量释放胰岛素的"功能",引发低血糖。不过,这种肿瘤70%是良性,手术可以治愈,10%是恶性,早期治疗也有较好效果。

徐克成建议亮亮和他的母亲尽快来广州复大肿瘤医院治疗。

但一段时间过去了,亮亮并没有来。徐克成只收到几封上次陪同亮亮一家来咨询的杜友群女士发来的邮件,告之正在治疗中。

原来,上次咨询后,亮亮和他的母亲听信了一些人的话,做出近乎荒唐的决定,寻找所谓的"草药治疗"。这也难怪亮亮一家,社会上"病急乱投医"的现象,比比皆是。

2011年4月,即那次接受徐克成咨询后快一年,杜友群突然发来求救邮件,说:"目前马来西亚国大医院的医生告知家属,孩子亮亮胸部、心脏与肺之间肿瘤7.5厘米,是恶性,扩散至脊椎骨,进入癌症第4期。希望到复大来诊治。"并说,"亮亮天天闹着要来广州,即使死了,也心甘情愿。"

徐克成立刻答复:"请速来。"

6月8日,在母亲和弟弟的陪同下,亮亮乘飞机来到广州。当时,亮亮已经处于半昏迷状态,被机场服务人员抬下飞机,医院接机的救护车开足马力,以最快的速度将亮亮送入病房。当时的亮亮血糖仅有1.4毫当量/升,这比正常最低值低了80%。糖是人体重要的营养物质,缺少糖,就不能产生能量,大脑会受到严重损害。他呼吸急促,心跳140次/分钟,血氧饱和度低于90%,这已是到了临界值。

看着病人家属带来的CT片,亮亮的肿瘤除在胰腺外,已发展到肺、胸腔、心包、纵隔、骨、肾上腺和肝脏。因此正确的诊断是多发内分泌腺瘤I型。区别内分泌肿瘤是良性抑或恶性,主要依赖临床过程,如果发生转移,肯定是恶性。亮亮已有多处转移,病变肯定是恶性的。同时,徐克成发现亮亮的母亲也有类似病变,在她的上腹部和左侧胸部有巨大肿块,预计与亮亮的病变属同一性质。亮亮的病变十分罕见,属于遗传性疾病,是常染色体显性遗传,病变一般发生在第 11 号染色体上 MEN-in 基因突变。手术切除肿瘤是最有效的治疗手段。对于亮亮妈妈的肿瘤,手术切除加冷冻可能会有良好效果。

但是,目前亮亮的肿瘤已不可能切除,按照常规,化疗是唯一可以采用的方法。文献显示,链佐霉素和表柔比星联合应用有 40%～50% 的反应率,维持疗效可达 1 年,但关键药物链佐霉素国内缺货。向上海、北京多家著名医院寻求帮助,结果是"无能为力";又向日本、欧洲的医生朋友询问,答复是"此病很少,无治疗经验";再向美国排名第一的肿瘤医院 MD 安特森癌症中心求救,答复是"可以用化疗,但效果难以保证。链佐霉素需要低温保存运输,难以进入中国"。

怎么办?

徐克成没有被固定的思维模式所束缚,而是当机立断,既然现有的方法无效、无力,为什么不采用一些特殊的治疗呢? 于是,医院采用了血管介入,将支配肿瘤的血管栓塞,再采用 CT 下经皮冷冻,将胸腔和胰腺部的肿瘤一点点、一块块冻除……

奇迹终于出现了。亮亮的病情一天天改善。一段时间后,他的血糖回到正常水平,胰岛素水平降低到治疗前的一半,他先是从床上坐起来,再在弟弟搀扶下能下地行走,再单独行走。他脸上总是挂着笑容,见人就说"好开心,好开心"。

徐克成和他的同事们也是"好开心,好开心"。

听说亮亮的病情得到控制,徐克成在美国 MD 安特森癌症中心当教授的朋友在电话中说"这简直是不敢想象的事"。他为徐克成庆幸:"幸好那个链佐霉素运不到中国。即使用了,也只有 20% 的效果,中位有效期 4 个月,而且副作用极大。一疗程还要 8 万美元,结果往往人财两空。"

就在亮亮的病情有了好转时,医疗费成了新的问题。

这是亮亮家的好朋友杜友群发给徐克成的一封电子邮件:

徐教授:

您好! 看了您这封信函,我百感交集,振奋、感动,同时一股暖流在血液中涌动！说实在话，当看到之前对亮亮恶性肿瘤不乐观的判断，我心绪跌入谷底，一群老朋友也向我提出劝告，得面对事实，接受事实，否则花钱治不了，结果不堪！太好了，遇到你们专业敬业的治疗高手，看到亮亮有转机并且他妈妈也能治疗，太棒了！钱，我们会努力再筹，也千谢万谢广州复大全体医疗人员的爱心，从没看过一位医院的领导，除了身体力行带领医疗人员攻克难关挑战极限外，还协助病人筹款！谨向尊敬的徐教授及全体医疗人员致以崇高的敬意！

杜友群敬上

治疗需要费用，亮亮一家在马来西亚是一个普通的家庭，哪里承担得了如此严重的疾病所产生的花费。徐克成在全院发动员工捐款，并为亮亮减免了10万元的特殊检查费。他写信告诉杜女士：

杜女士：

　　谢谢。我已决定，有关亮亮特殊检查的费用全由医院赞助，这部分可能要10万元人民币。刘丽宝是马来西亚人，现为我院国际事务部主任。前天捐赠的20000元人民币就是她捐的。但她不愿公开。

　　谢谢！

克成

徐教授：

　　您好！真的不知道该如何感激您的大恩大德，我谨代表亮亮一家衷心向您及所有医务人员叩谢！刘丽宝女士的捐献也让我感动，感恩！人间有温情，我们会尽能力筹款，祝福祈祷亮亮母子走向健康人生！

　　谢谢！

杜友群敬上

经过两次冷冻治疗，亮亮的病情出现了奇迹般的改善。他的血糖稳定地处于正常水平,血胰岛素水平一步步降低。他母亲的病情也一步步好转。母子二人于8月28日出院了,回到吉隆坡时,在机场受到马来西亚《光明日报》记者和许多华人朋友的迎接。

2011年11月13日,徐克成应邀到吉隆坡,参加大马书市为他的《我对癌症患者讲实话》举办的签名售书活动,打电话到亮亮家,很遗憾,亮亮去泰国旅游了,未能见到他。但徐克成终于见到了热心的杜友群女士。她也在书市,为她的出版社服务。她矮矮的个子,瘦瘦的身材,穿着非常一般,看样子60多岁了,与徐克成相见后,紧紧拥抱,徐克成看她在不断流泪,问她:"你与亮亮家是什么亲戚关系?"她说:"不是亲戚,仅仅是朋友!"

2012年11月30日,徐克成再次收到杜女士发来的电子邮件:

> ……前阵子去探望亮亮母子,觉他俩神采奕奕,若没脚不利索,看不出是在生病……亮亮现在全部精力放在青年团的事业上,生活充实、有寄托,亮妈则可靠拐杖慢步行走和做点轻微家务。对他们的病况是有顾虑和担忧,但看到他们能充实过好每一天,甚觉欣慰!无论如何,还是感谢复大医疗队伍的付出!尽管面对病人种种变化状况,希望别气馁妥协,还有许许多多的病人须得到你们的治疗及关怀,加油!
>
> 杜友群敬上

时间飞逝,到了2013年10月,亮亮又由于全身疼痛,无法走路了,致电徐克成,希望来复大继续接受治疗。

几天后,亮亮再次来到复大,检查发现他全身"脱钙",血钙比正常值高好几倍。原来他的甲状旁腺内转移性肿瘤发展了,肿瘤大量释放甲状旁腺激素,引起骨中钙"动员"进入血液。徐克成组织复大的医生为亮亮切除了甲状旁腺的大部分和腺体内肿瘤。手术十分顺利,第二天,亮亮就能下床活动了。

罕见的疾病,罕有的痛苦,罕有的治疗,罕有的成功。

2014年1月8日,徐克成应邀去吉隆坡参加为巨大血管瘤患者阿明捐款的晚会,马来西亚拿督林利星基金会请徐克成顺便做一个癌症预防讲座。

听说自己的救命恩人徐克成来了,亮亮抑制不住内心的激动,换上黑色短袖上衣,脚蹬闪亮的黑皮鞋,驾车一个多小时赶到徐克成下榻的宾馆。

当徐克成急匆匆从楼上下来时,亮亮一把抱住徐克成,四目相对,眼里不约而同溢出泪花。

看着满面红润的亮亮,徐克成从心里感到无比的快乐:"我没有想到,亮亮能恢复得这么快,竟然能自己开车,而且开了一个多小时!"

亮亮也开心地说:"我现在在家里,也常常'健步如飞',太感谢徐院长了!"亮亮似乎有点愧疚地接着说:"徐院长,我好后悔的是,第一次见到您后,没有听您的话,而是相信一位'好人'的建议去寻找'神药'。"说完,眼里再次流下了泪水。

那天晚上,亮亮兴高采烈地参加了徐克成的讲座。会后,他又主动当志愿者,热情地为咨询的病人服务。看着忙前忙后的亮亮,徐克成一阵感慨:肿瘤治疗,应该尽早进行。亮亮的治疗如果早些进行,那效果肯定会更好,也不会吃那么多苦。

徐克成安慰他说:"要自信,更要相信科学,以后一发现问题就打电话给我,越早越好!"

亮亮露出了灿烂的笑容说:"我一定听徐院长的话,现在时间不早了,徐院长您该休息了,我也要回家了。"

徐克成看看手表,已是夜里 11 点半了,要他住酒店。他说:"很方便,夜里不塞车,妈妈正等我呢!"

2015 年 4 月,中山大学孙逸仙纪念医院与复大肿瘤医院联合举办了全国胰腺病大会。会上,徐克成邀请的美日欧和国内的专家举行了"冷冻免疫专题讨论会"。正在复大肿瘤医院作为志愿者参加服务工作的亮亮,自告奋勇上台介绍了自己的疾病及治疗经过。亮亮的肝和肺里仍有转移灶存在,但用他的话说,他在与它们"和平共处"。

应邀参会的柯本教授做了评述:亮亮这位患者治疗取得的成功,得益于冷冻技术的应用,但更重要的是使用这种技术的人。复大在胰腺肿瘤冷冻消融方面所做的工作,是世界水平,值得世界医学界关注和学习。

柯本教授的赞誉

"临床治病,一定要以人为本。只有心中时时装着病人,想着病人,就会为病人想办法,也可能想出不一样的办法,做人家不敢想的事,取得不一样的结果。"在那次会上,徐克成接受一位记者访问时如是说。

徐克成以冷冻技术为基点,带领复大肿瘤医院走上快车道,从此在冷冻治疗方面,一直走在世界前列。首创的经皮冷冻胰腺癌,使进展期患者一年生存率达63%,后来的随访发现不少患者已生存超过5年。这极大地发展了柯本当初的观点。

由此,柯本与徐克成成为世界冷冻治疗界的"黄金搭档"。

在第十三届中国肿瘤微创治疗学术大会上,柯本教授做了精彩的演讲,对徐克成带领的复大肿瘤医院取得的成绩给予了充分赞誉。他在演讲中说:"我发现,对于肝癌、肺癌、胰腺癌、乳腺癌、皮肤癌以及结肠癌等,应用冷冻手术后,患者的五年生存率十分可观,尤其是在胰腺癌的治疗上,暨南大学附属复大肿瘤医院的数据是最令人鼓舞的。"

其实,从前几年起,柯本就对徐克成,这位来自东方的医学教授,就给予了极大的关注和尊敬。2011年,在奥地利维也纳举行的国际冷冻治疗大会上,柯本当选为国际冷冻治疗学会主席,徐克成被推荐为副主席。2012年,在印尼巴厘岛举行的国际冷冻治疗大会上,经过选举,柯本将主席一职移交给徐克成。

2018年12月13—15日,第五届亚洲冷冻治疗学术大会(ASC)暨第四届亚洲冷冻治疗学会专业委员会换届会议在马来西亚古晋市召开。美丽的古晋市,风景如画,气候宜人。与会专家来自中国、日本、马来西亚、奥地利、澳大利亚、印度尼西亚等多个国家。柯本如约而至,会场内,他是治学严谨、一丝不苟的医学大咖,对发言者的报告,总是敏锐地发现问题,提出建议;会场外,他与老朋友们相见甚欢,天南地北,无所不谈。

几个月前,柯本和徐克成同被邀请参加日本低温医学会年会。会上,徐克成做了"中国式控癌和氢分子医学"的报告。柯本对徐克成倡导的"冷冻治疗,氢气康复"十分感兴趣。因此,在这次马来西亚的会议结束后,他没有回国,而是应徐克成之邀,一起飞去上海。

2018年12月17日上午,柯本在徐克成的陪同下,考察了上海一家生产氢氧雾化机的企业。

柯本一边体验着氢氧雾化机送出的氢氧气,不时与徐克成讨论专业问题。十分巧合的是,在上海,他见到了台湾著名体育主持人、胰腺癌患者傅达仁的儿子傅俊豪。柯本饶有兴趣地听傅俊豪讲述了父亲傅达仁居家吸氢的情况后问道:"你爸爸仅仅是吸氢,没有做任何治疗吗?"

"是的!"傅俊豪用十分肯定的语气回答。他还表示,氢气让父亲在最后的日子里能吃能睡,保持一定质量的生活,他非常感恩氢氧气治疗这个了不起的治疗方法。

"这太不可思议了!"柯本竖起大拇指。他转向徐克成说:"想必氢气就是你提倡的中国式控癌里的'改造'之法吧!"他马上告诉上海公司,要购买两台机器,准备在他的医院试验"氢气控癌"。半年后,2019年6月1日,柯本飞来广州,出席了徐克成的新书《氢气控癌:理论和实践》发布会,讲述了他在维也纳试验"氢气控癌"的情况。这是后话。

这是柯本第一次到上海。考察结束,徐克成教授带着他访周庄走外滩,还到城隍庙品尝地道的上海小吃。在上海两天,"Very good!"是柯本说得最多的一句话。

在去机场的路上,柯本感慨,现在中国发展得这么好,城市繁荣,治安良好。"我在上海几乎没见过警察!"

他一再表达对老朋友徐克成的感谢和对中国的喜爱。他说:"我的卧室里,挂着三面国旗,一面是奥地利,一面是日本,还有一面是中国。我爱中国!谢谢你,克成!"

第十六章　走上世界舞台

> 我们是开路的先锋，
>
> 不怕你关山千万重，
>
> 几千年的化石，
>
> 积成了地面的山峰……

徐克成喜欢听这首由聂耳作曲的《开路先锋》。歌曲雄壮豪迈，节奏铿锵，具有鲜明的民族特色。在中国利用冷冻技术治疗肿瘤的道路上，徐克成就是这样的开路先锋。

从引进冷冻治疗技术到建立中国冷冻治疗学

2001年，徐克成从国外将冷冻治疗引进国内，并创建以冷冻治疗为核心技术的肿瘤医院以来，已经走过了20多年艰辛的寻梦之路。

回首往事，徐克成不无欣慰。二十年来，徐克成和他的团队，将冷冻治疗肿瘤作为重点课题，先后发表有关论文100多篇，其中50多篇在国外发表。日本东邦大学一位教授在给徐克成的邀请信中这样说："目前，全世界有关经皮冷冻治疗肺癌、肝癌和胰腺癌的文章主要出于你院，你们创造的成绩是超群的，达到了一个高峰……"2018年，日本低温医学学会会长渡边正志在第45届日本低温医学国际年会上，特地提到中国的成就，他说："中国冷冻医学的快速发展和不断创新，让我感动，值得我们学习。"

虽然在科学上，"高峰"仅是人们的一个期望，但能让国外这些曾经很傲慢的人说"超群"，徐克成满足了，总算"梦"没有白做，而最关键的是通过理论结合实践的研究，不仅治愈了众多的中外肿瘤患者，树立了健康中国的形象，而且为世界冷冻治疗提供了宝贵的案例和第一手资料，有力地推动了世界冷冻治疗技术的突破与发展。

其实早在10年前，柯本教授在中国广州考察期间，专门到复大肿瘤医院探访，在与患者面对面交流后感慨地说："如果让我来评价目前中国的冷冻治疗水平，我将毫不犹豫地说，中国已经成为世界冷冻治疗技术最先进的国家，这其中当然少不了广州复大肿瘤医院的研究贡献。"

以冷冻治疗为基点，创造世界新高地。按时间序列，我们不妨列出徐克成开拓奋进的时间表。

2001年，徐克成引进冷冻治疗技术，成为最早在中国将冷冻技术用于肿瘤治疗的专家之一。

2007年，徐克成主编《肿瘤冷冻治疗学》在上海科技教育出版社出版。

2007年，徐克成和他的同事牛立志在北京召开的第14届国际冷冻治疗大会上双双获得国际冷冻治疗学会颁发的特别贡献奖。

2008年，徐克成和牛立志应邀在印尼国际肿瘤治疗论坛讲解"肿瘤冷冻"，并现场演示，在印尼建立首个海外"肿瘤冷冻治疗中心"。

2008年，徐克成、牛立志应邀赴意大利、西班牙五个城市演讲和演示经皮冷冻治疗肝癌、肺癌和胰腺癌。

2008年，在日本东京召开的第35届日本低温医学国际年会上，徐克成获大会唯一金奖。

2009年，在日本东京召开的第36届日本低温医学国际年会上，牛立志获大会主席奖。

2009年，徐克成和牛立志应邀出席在俄罗斯圣彼得堡举办的第15届国际冷冻治疗大会，并做主题演讲"复大——优秀世界冷冻治疗中心"，同时进行"胰腺冷冻在复大"专题讨论。

2011年，在奥地利维也纳举办的第16届国际冷冻治疗大会上，徐克成获大会"大金质奖章""优秀著作奖"，当选为国际冷冻治疗学会副主席，牛立志当选执行委员。

2012年，徐克成等主编的英文版 *Modern Cryosurgery for Cancer*（《现代肿瘤冷冻

治疗》)在总部设在新加坡的世界科学出版社出版,并在全世界发行。这是世界上第一部关于肿瘤冷冻治疗的英文专著。英国牛津大学图书馆、美国国家图书馆迅速收藏了该书。

2012年,徐克成和日本隅田幸男教授一起创办亚洲冷冻治疗学会,徐克成担任学会法人和名誉主席。

2013年,徐克成应邀赴设在日内瓦的世界卫生组织做题为"现代肿瘤冷冻治疗"的演讲,被誉为"冷冻技术杰出贡献人"。

2013年,徐克成作为唯一讲演人,应邀在日本东京东邦大学做"癌症冷冻治疗"公开演讲,来自日本全国的近百名专家参加。

2013年12月,在印度尼西亚巴厘岛召开的国际冷冻治疗学会第17届年会上,徐克成当选为国际冷冻治疗学会18届主席。

2015年,在日本横滨全日本在线会议上,介绍冷冻治疗技术。

2017年,在立陶宛举办的国际冷冻治疗学会换届会议上,讲演"冷冻治疗在亚洲"。

2018年,在日本千叶市召开的第45届日本低温医学国际年会上,徐克成应邀做了题为"亚洲冷冻治疗的现状和未来"的报告。

2018年12月,在马来西亚吉隆坡"复大办事处"新址开张记者招待会上,柯本教授评价说:"如果说,20年前,我发表了冷冻治疗转移性肝癌文章,居世界领先,那今天,领先世界的,复大和我的好朋友徐克成当之无愧!"

2019年,以色列海法,徐克成力挺中国人民解放军总医院肖越勇教授当选为第21届国际冷冻治疗学会主席。徐克成教授当选荣誉主席,牛立志博士当选理事会执行委员。徐克成教授做了题为"冷冻治疗的未来:远隔效应"的报告。

……

从国外引进冷冻治疗技术,到建立中国冷冻治疗学,徐克成用执着的追求和对患者的担当,影响了整个世界。

荣获日本低温医学会唯一金奖

长江三峡,水流湍急,过去上行的船只都是由纤夫背纤而上。纤夫们脚蹬石头手扒沙,弯腰驼背朝前走,那种奋力拼搏、逆流而上、激流闯滩、一往无前的精神,为世人所敬仰。在探索冷冻治疗的道路上,徐克成就是这样的一位闯滩者。

2008年11月24日,日本低温医学会在东京召开第35届日本低温医学国际年会。

日本是四面环海的一个岛国,自古以来海洋是日本人劳动的主要场所之一,在生产生活中占有重要的地位。这一地理位置和生产生活环境决定了日本人与低温医学密不可分的关系。日本低温医学会成立于1974年,有从事低温医学的数百名成员,其创始人隅田幸男教授也是国际冷冻治疗学会的创始人之一。

日本低温医学会每年召开一次国际性大会,全世界有几十个国家代表参加。

在冷冻治疗这一领域,因为徐克成和复大的努力,中国与日本之间的距离不断缩小。2008年复大肿瘤医院向大会提供了6篇论文,其中3篇获准在大会报告。因此,作为论文作者的徐克成教授和牛立志博士应邀参加本届年会。这是徐克成和牛立志第一次参加日本低温医学会年会。

从右向左依次为隅田幸男、柯本、徐克成

在做报告时,出现了有趣的一幕。牛立志博士首先上台分别报告了经皮冷冻治疗肺癌和肝癌;徐克成是第4位发言,题目是"局部进展性胰腺癌冷冻和碘125粒子植入联合治疗的创新性研究"。在徐克成介绍冷冻基本方法、冷冻引起的肿瘤反应、患者治疗后生存率和出现的副作用时,他将几例患者的肿瘤治疗前后CT图像用大屏幕展示出来。这时台下忽然传来掌声,徐克成大吃一惊,因为在学术会议上鼓掌是很少出现的——莫非是报告出现了错误?

徐克成定神向台下一看，原来是奥地利的柯本教授站起来带头鼓掌，同时他大声说："Dr. Xu, very great!（徐博士，了不起！）"这掌声，是由衷的赞美！

看到是柯本教授带头鼓掌，徐克成悬到喉咙口的一块石头落了地。徐克成在内心非常感谢柯本教授，因为复大就是从他那里得到启发，才开始用冷冻技术治疗胰腺癌的。

他即席说了感谢柯本教授的话，同时请求主持人允许延长几分钟发言的时间，因为是"鼓掌耽误了时间"。主持人爽快地同意了。报告结束时，又赢得了一阵热烈的掌声。

每一届日本低温医学会年会都对与会者提供的论文进行评奖，金奖只设一名。几十年来，获奖的不是欧美人就是日本人。中国人能否获此殊荣？徐克成和牛立志是第一次参加这样的评奖，自然不敢奢望，但心中还是充满期待，因为他们感到整个报告，无论是学术水平，还是现场演讲的效果，反响强烈。柯本教授高度评价徐克成的演讲，认为"治疗方法具有开创性，为迄今全世界最具挑战性的胰腺癌的治疗提供了新途径"。

当天晚上，大会举行宴会。徐克成正要与来自各国的朋友们一起品尝美食，突然听到"Dr. Xu"的呼喊声。原来，是大会秘书长邀请徐克成在宴会上代表外国与会者发言，这或许是评委会对徐克成当天的发言给予的鼓励和褒奖。

第三天午餐后，大会秘书长对牛立志说，牛先生，请转告徐克成医生，下午的闭幕式你们一定要参加，说完还神秘地一笑。

牛立志以为有什么纪念品要在会议结束后发，还在心里想，你也太看不起我们中国人了。

隅田幸男为徐克成、牛立志颁发奖杯

当天下午举行会议闭幕式，主席做了简单总结后随即宣布："经5个独立评委无记名投票，今年的唯一金奖授予——中国的徐克成医生。"

徐克成一开始以为自己听错了，还在茫然四顾中，旁边的牛立志推了他一下，他这才回过神匆匆走上主席台。这是日本低温医学会成立35年来授予中国人的第一块奖牌,同时获得以柯本教授命名的奖金10万日元(徐克成载誉回国后,正巧一位菲律宾卵巢癌患者经济困难,医院正在组织救助,徐克成将这10万日元当即全部捐献给这位患者)。这是第一次在学术会议上获得世界性金奖,徐克成和牛立志自然心花怒放。

徐克成说:"我请大家吃神户牛肉。"多年前,徐克成曾到日本做访问学者,自然知道神户牛肉的香嫩。他们找了一家装潢考究的牛肉馆,好好享受了一顿正宗的神户牛肉。

2009年11月底,徐克成和牛立志再次被邀请出席第36届日本低温医学国际年会。闭幕式上,正当他们漫不经心地在台下讨论时,突然听到主席台上有声音念道:"Dr. Niu Li zhi"——牛立志博士获得大会主席奖!

原来这一年,大会设立3个奖:除一个金奖外,另设两个主席奖,由复大的牛立志博士和土耳其的一位学者分别获得。

在亚洲医坛,徐克成携牛立志让国际瞩目;同样,在欧洲,徐克成携牛立志让世界震惊!

在欧洲冷冻学术界一显身手

2009年10月,第15届国际冷冻治疗大会在俄罗斯圣彼得堡举行,徐克成和牛立志应邀出席。

圣彼得堡,这座由彼得大帝于1703年所建的历史名城,风光旖旎,闻名遐迩,是徐克成和牛立志一直向往的地方。但是到达以后,他俩顾不上观光,一大早就赶往大会会场。

拿到会议日程,徐克成和牛立志一下子兴奋起来:在会议第一天的上午,开幕式以后,正式论文报告的时段,复大的名字列在第一位!第二位是美国三大私立医院之一的有员工近3万人的梅育医院。在两家医院的名字后面都标有"Cryosurgery Centerwith Excellence"(优秀冷冻治疗中心)的字样。

2008年7月,国际冷冻治疗学会的Franco主席访问广州复大,考察了冷冻治疗相关情况后,希望复大成为世界级优秀冷冻治疗中心。但同时他也指出,美国梅育医院

(Mayo Clinic)也在争此殊荣。复大要与这样的大医院对垒单挑、相扑掰腕,看似不是一个级别,但一年后,却并列在册,而且复大名列第一,这不能不让徐克成和牛立志兴奋不已。

大会第一个专题就是介绍"世界优秀冷冻治疗中心",中国复大肿瘤医院和美国梅育医院应邀做报告。大会规定,报告时间是每人20分钟。在国际会议上,这样的时间够长的了。牛立志博士代表复大,报告了建立冷冻治疗中心的过程、规模和成绩。但作为世界级冷冻中心,必须接受世界的质疑和挑战。此后的三天里,在不同场合,徐克成教授和牛立志博士回答了来自世界许多国家代表的提问,比如:为什么经皮冷冻的并发症那么少?怎样让肿瘤边缘部完全冷消融?怎样避免冷冻后肿瘤原位复发?怎样发挥"冷免疫"的作用?如何与系统治疗相结合,延长进展性癌症病人生存期……

第二天上午,大会主办方干脆专门列出专题"胰腺冷冻在复大"(Pancreatic Cryosurgery in Fuda),讨论复大肿瘤医院率先开展的胰腺癌冷冻治疗,徐克成和柯本共同主持了会议。

会上,徐克成和牛立志先后做了主题发言,一一解答了所有的现场提问。正如柯本教授所说:"复大有全世界最丰富的冷冻治疗经验,人们理所当然地会把你们作为楷模,也会作为挑战对象。"

如果说,柯本教授是手术冷冻的先驱,那Franco博士就是最早开发氩氦冷冻经皮治疗的专家,他自然把同样开展经皮微创冷冻消融的徐克成和牛立志看成是自己最欣赏的同行和合作者。2008年在参加印尼国际肿瘤治疗论坛并观看牛立志的现场演示后,Franco博士旋即邀请徐克成和牛立志访问欧洲。

从意大利罗马、米兰到西班牙的海岛城市帕尔马,乃至最南端与非洲隔海相望的马拉加,然后是马

徐克成和柯本(左)共同主持"胰腺冷冻在复大"专题讨论

德里，又回到意大利威尼斯，最后一站为当时国际冷冻治疗学会总部所在地、意大利的北部城市的里雅斯特。每到一地，徐克成和牛立志都与当地专家聚会，马不停蹄地讲演、参观和参加手术。

中国专家与欧洲专家们讨论的焦点，一度落在肺癌冷冻治疗方式上——是采用开胸冷冻，还是经皮穿刺冷冻？米兰大学教授为此演示了他们的开胸冷冻录像，共5例患者。开胸后在直视下插入冷冻探针，按两个轮回进行冷冻，由于肺部不断膨胀收缩，很难分清哪里是肿瘤，哪里是正常组织或炎症。

牛立志博士也拿出了3例中央型肺癌CT片：第一例的肿瘤在左主肺动脉和主动脉之间；第二例肿瘤在气管右侧，5厘米大小，压迫气管；第三例肿瘤甚大，达到7厘米大小，紧邻右主支气管，右肺上段还有一个3厘米大小瘤块。在场的欧洲专家看了，纷纷提出自己的看法，一致认为这三例的肿瘤手术切除十分困难。

这时，牛博士又接着展示了复大肿瘤医院对这3例肺癌经皮冷冻时和冷冻后的图片。欧洲专家惊异不已——如此高难度的复杂部位，如果没有丰富的经验，是绝对难以完成冷冻治疗的！

一位西班牙专家对牛立志博士说，这几张CT片图像"美妙绝伦"，可能是"全世界唯一的"。

在意大利的的里雅斯特市，一位旁听会议的化工工程师拿来了他母亲的CT片。病人是一位年已79岁的老太太，患胰腺癌3个月，近一个月发现伴有肝转移。与中国专家交流之后，这位工程师当场决定，送老母亲到中国去治疗！

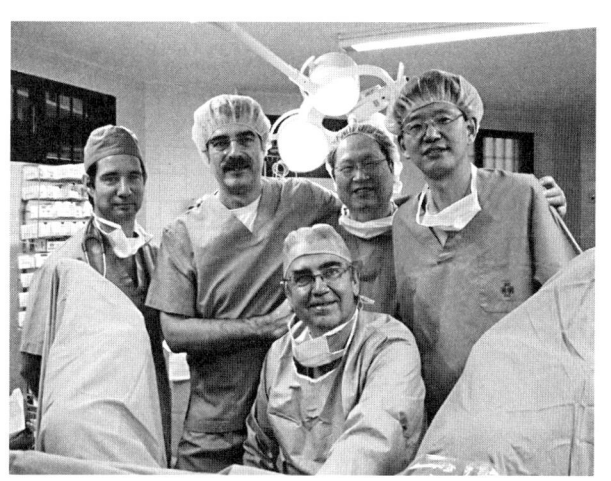

徐克成和牛立志在西班牙演示经皮冷冻技术

半个月之后，意大利工程师和妹妹陪同母亲来到广州复大肿瘤医院，治疗一个月后，病人情况稳定下来，回到意大利。这是第一位不远万里来到复大肿瘤医院治疗的意大利人。老人不会讲英语，但她临出院时，拉着徐克成的手还是讲了一句简单的英文：

"Great China(伟大的中国)!"

"中国伟大!"由徐克成挂帅、牛立志执刀的复大亮相世界,赢得一片叫好声,而复大让世界惊艳的创举还在继续。

2011年10月29日至11月2日,第16届国际冷冻治疗大会于奥地利维也纳霍夫堡召开,中国应邀派出30人的代表团

在奥地利维也纳举办的第16届国际冷冻治疗大会上,徐克成和牛立志分别做了学术报告,徐克成获得"大金质奖章",徐克成和牛立志主编的《肿瘤冷冻治疗学》获得"优秀著作奖"。经过公开投票,徐克成教授当选为国际冷冻治疗学会副主席,牛立志和中国人民解放军总医院肖越勇教授当选为执行委员。

徐克成演讲   牛立志演讲

大会的总结报告称：经皮冷冻治疗是近年来兴起的肿瘤微创治疗方法，自从 20 世纪末在美国获得批准后，目前在全世界多个国家都有开展，其中，中国的冷冻消融技术发展尤其引人注目。广州复大肿瘤医院累计为 6000 多例中晚期肿瘤患者开展冷冻治疗并取得卓越成果，居全球单体医院开展数量之冠……

这个结论没有丝毫的夸张。这些年来，复大以这项技术救治的癌症患者，几乎遍布全世界。

救治马来西亚"象面人"

2006 年 3 月 16 日，马来西亚最大的华文报纸《星洲日报》刊登了一篇报道：吉大州亚罗斯打有一名 19 岁高中女生叫秀慧，头面部长了巨瘤，被大学拒收。记者把长了这种肿瘤的患者称为"象面人"，希望全世界的医院"救救这位象面人"。

复大肿瘤医院驻马来西亚的代表刘丽宝女士看到报道后，打电话给徐克成，希望复大给予关注，看能不能接纳帮助治疗，并给徐克成寄来报纸。

2006 年 3 月 16 日，这是一个平凡的日子，但对徐克成来说，却是一个特殊而难忘的日子。细心的读者会发现，前面第六章已经讲述，2006 年 1 月，徐克成被诊断患有胆管细胞性肝癌，接受了左肝叶切除手术，术后伤口愈合不良，脂肪液化。3 月 15 日，切口愈合拆线回家。3 月 16 日，是徐克成手术拆线后的第一天。

8 天后收到报纸，徐克成惊呆了，从医 43 年，这样大的肿瘤还是首次看到。徐克成心里十分矛盾，接受吧，一是治疗这样巨大的脸部肿瘤没有把握，加之自己身体还处在极度虚弱阶段，按照常理，是不能接受的；二是《星洲日报》虽然和复大有良好的关系，但这次是向全世界呼吁，而不是特定要复大来做，世界上也许有哪家医院会接受患者去治疗的。

徐克成没有立刻回复刘丽宝代表。

3 月 31 日，马来西亚《大家健康》杂志主编王丽娟打来电话，说已有从新加坡、澳大利亚和英国反馈的消息，一致认为无法进行手术治疗，希望徐克成亲自去马来西亚看看患者。

王主编动情地说:"我们海外华人遇到难事,首先想到的就是祖国,我们把希望寄予复大。"

徐克成的心被王主编"俘虏"了。他向妻子阮荣玲撒了个谎:马来西亚朋友希望他到吉隆坡休息几天,那里空气好,负氧离子多。

4月2日晚,徐克成只身飞到吉隆坡,在机场酒店住了一晚,第二天一大早,转飞亚罗斯打,那里的华人社团领袖和记者10多人在机场等候。

来到"象面人"秀慧家。徐克成震惊了:秀慧的肿瘤比前述的铭仔的肿瘤大5倍,从右侧头顶延伸到颈下,足有40厘米长,右眼已毁损,口鼻严重变形。

站在不远处,还有一位面长肿瘤的男青年,肿瘤约有15厘米大小。他叫嘉欣,曾求医于数十家医院,均遭拒绝。这次听说中国医生来了,他也迫切希望能够得到中国医生的救治。

秀慧父母对徐克成说:"我们只能寄希望于我们的祖国了,救救秀慧吧。"这些华人虽然已经入籍马来西亚成为当地居民,但他们还是把中国看作自己的祖国。

马来西亚象面人

当地华人社团的领袖说:"只要你们接回去检查一下,即使不能完全治好,我们也宽心了。"

徐克成看到周边这些同是黄皮肤、黑头发的华人求助的眼神,心里想,救人是医生的天职,一定要想办法救他们。

经过一系列的准备工作,5月8日,秀慧的母亲陪着秀慧和嘉欣如愿来到复大。

医院为他们做了超声、CT、MRI和病理活检,确定诊断为神经纤维瘤病。这是一种常见染色体隐性遗传病,人群中发生率为十万分之一,在病理上属于良性肿瘤,但有8%的机会转为恶性,而且呈恶性方式生长,如侵犯重要器官(如脑),可威胁生命。

秀慧的肿瘤已侵犯到脑,在 MRI 上,清楚看到她的左脑有 30% 已处于缺血状态,医学上称为"盗血症",意思是肿瘤将脑内血液盗走了。对于神经纤维瘤病,目前尚无法根治,主要治疗是将威胁生命或严重影响生活质量的瘤块切除,切除后患者的生活可与正常人一样。

嘉欣的肿瘤经过血管介入和冷冻后,顺利被切除。可秀慧的肿瘤却遇到意想不到的困难。

血管造影显示她的肿瘤内血管纵横交错,状如海绵。

为慎重起见,徐克成邀请了广州最著名的几位专家前来会诊,但会诊的结果大家都认为"上策是不治,送回马来西亚"。

这让徐克成陷入了前所未有的进退两难中:不治吧,秀慧的肿瘤已侵犯到脑,如不及时治疗,肯定威胁她的生命,秀慧曾说如果不给她治疗就自杀,而且她的病情已经牵动了马来西亚 600 万华人的心,不治疗如何向他们交代?治疗吧,失败了甚至患者被治死了怎么办?医院和自己的声誉都会受到很大影响,值得吗?

"难道就没有办法了吗?"徐克成问会诊的广州专家。

"如果你执意要治疗,我建议可以请上海的一位专家再来会诊一次,他是这方面的权威,他说能治就治,如果他说不能治,千万不要治。"广州的一位专家,也是徐克成的好朋友善意地提醒。

几天后,上海专家来了。专家经验丰富,认为肿瘤里血管众多,如同海绵,难以止血,一刀切下去,3000 毫升血就流掉了。他说:这种肿瘤就像马蜂窝,谁捣谁倒霉。

徐克成的最后的希望也成了泡影。他回到时在深圳的家,但夜里怎么也难以入睡。第二天是星期天,一早,他就开车回到广州,回到医院办公室,查阅资料,冥思苦想。

偌大的办公室,静得只有他来回踱步的声音。来到窗前,窗外阳光明媚,他突然看到窗外一棵大树,苍翠挺拔,树冠如盖,猛然醒悟:秀慧的肿瘤不就是一棵大树吗?肿瘤的血管就是树根,肿瘤的体部就是树干,顶部就是树冠。要移走大树就要先砍掉树根。我们以前请来的专家太"专门"了,为什么不能请多学科专家来共同或先后把这棵"大树"搬掉呢?

西方有句谚语：上帝为你关闭了一扇门，就一定会为你打开一扇窗。中国古人亦云：山重水复疑无路，柳暗花明又一村。告诉我们同一个道理：与其在关着的门前徘徊，不如去开着的窗外寻找属于自己的天空！

打开了思路，徐克成组织复大治疗团队先后5次给秀慧做血管介入治疗，用不锈钢圈把肿瘤内的血管一根根阻断，剪断"树根"，再在CT引导下，用冷冻探针将瘤体一段段冻死。4个月后，肿瘤变小了，"干枯"了，再分两次将肿瘤全部切除，切下的肿瘤竟重达5公斤。

让徐克成欣慰的是，手术中出血极少，术前准备了3000毫升血液，结果仅输了800毫升。

2006年12月11日，广东省侨办为这两位华裔青年举行了隆重欢送大会，徐克成特邀请广东电视台著名主持人侯玉婷为已去掉"象面"的秀慧化妆。欢送会上，侨办吕主任说："复大治疗这两位患者的事例，让我明白了，什么是医生，什么是医者父母心，什么是血浓于水……"

第二天，徐克成亲自护送秀慧和嘉欣回马来西亚。当他们走出槟城机场时，迎接他们的是数百名华人，半年多了，他们时时记挂着两位青年的疾病和安危，如今看到他们脱去"象面"变成正常人时，争先恐后与徐克成握手拥抱，大家热泪盈眶，半晌才不约而同地说出一句："终于成功了！"

随后，徐克成和他的团队，还有冷冻技术，成为《星洲日报》《大家健康》《南洋商报》等媒体版面上"闪耀"的字眼，中国医生救治"象面人"的故事，也在这个濒临南中国海的岛国传颂。

事隔三年，2009年10月30日，徐克成再赴马来西亚亚罗斯打看望了秀慧和嘉欣。秀慧已大学毕业，嘉欣正在一家公司当文员。神经纤维瘤的复发率甚高，但快3年了，他们的肿瘤没有复发。2010年6月2日，秀慧和她的妈妈回到复大肿瘤医院，接受了包括超声、CT在内的全面检查，发现面部的残余肿瘤变小变平变软了，医院为她和她的母亲抽了血，取了小块组织，做干细胞培养，准备筛选抑制复发的药物，以做预防日后复发之用。因为据文献显示，神经纤维瘤病肿瘤切除后复发率高达60%。

有了这次成功的经验,2007年,在徐克成的率领下,复大医院又分两次成功摘掉湖南省郴州"象面人"黄春才脸部重达17.5公斤的肿瘤。当天中午12点半,中央电视台午间新闻播送了手术成功的消息;第二天,美联社、路透社向全世界播发了新闻"超级巨瘤,中国医生突破性治疗","难以想象的手术成就:湖南巨瘤患者治疗成功"。英国伦敦电视台4台对徐克成和牛立志进行了专题采访,7000英镑采访费被徐克成全部用来支付黄春才的治病费用。菲律宾电视台著名女主持人飞赴广州采访,并与黄春才合影留念,这让原先不敢见人的黄春才鼓起了生活的勇气,有了生活的自信,重新开启了生命。他回到家乡,帮助母亲经营小店,日子过得和乐融融。

在印尼电视现场直播第一例冷冻治疗

2008年2月,复大肿瘤医院和印尼医院合作的冷冻治疗中心在雅加达椰风珊瑚医院成立。

成立不久,徐克成挂帅的冷冻治疗团队开始了印尼第一例冷冻治疗,而且是电视现场直播。

接受治疗的患者是一位78岁的老先生,左上肺非小细胞性肺癌,毗邻主动脉和主支气管,肿瘤5厘米大小。冷冻治疗在CT下进行。牛立志博士主刀,复大医院驻印尼办事处主任刘正平医生,还有一位椰风珊瑚医院的医生做助手。国际冷冻治疗学会主席Franco博士应邀到场并做顾问,徐克成担任场外解说。

会场上300余名医生和印尼全国数百万人通过电视观看治疗过程。

牛立志博士在CT下选定了穿刺部位,局部麻醉,再将1.7

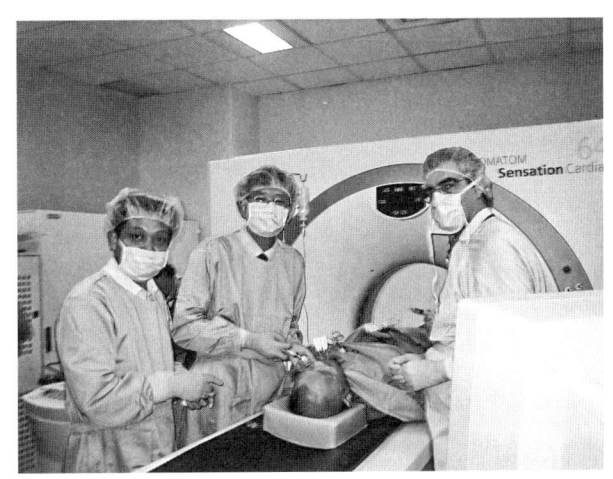

印尼电视现场直播第一例冷冻治疗

厘米冷冻探针经皮穿入肺，进入肿瘤中心，随之又穿入第二根、第三根，电视屏幕上清清楚楚地看到三根亮白色探针位于肿瘤中心。

接下来是冷冻。氩气输入的吱吱声传了出来，10分钟后，冷冻停止，改输氦气复温，又是10分钟；再冷冻，10分钟，又复温，5分钟。要"揭幕"了：冷冻是否恰到好处？冷冻是否全部覆盖肿瘤？

徐克成坐在主席台上，感到呼吸急促，脑内血管似乎要暴出来。他清楚地知道，这是在国外，是在有1500万华人的印尼！如果今天治疗失败，将会面临怎样的局面？我们不是仅仅代表一个医院，而是代表中国！

就在徐克成紧张之际，突然，电视画面上显示了CT图像：原先左上肺白色的肿瘤区已变成黑色，提示冰球覆盖了整个肿瘤。顿时，全场掌声雷动，主席台上就座的印尼专家、瑞士专家纷纷前来与徐克成握手、拥抱。

徐克成的眼睛模糊了，心中默默说："亲爱的祖国，我们复大没有给您丢脸。"

就在这次直播后，国际冷冻治疗学会主席Franco博士代表国际冷冻治疗学会颁发证书，授权复大肿瘤医院为"亚太地区冷冻治疗中心"。

凭着精湛的冷冻技术和博大的医者仁心，徐克成和他的团队在世界舞台如雄鹰翱翔。

在世界各地播撒仁爱之心

王振义院士评价道，一个人的境界有4个层次：自然境界、功利境界、道德境界和天地境界。徐克成教授总是从道德和天地的境界提出一些前瞻性问题，他之所以能在"与癌共存"理念下，救助那么多病人，除了技术外，还有许多人文因素。俗话说，医者父母心。爱人，爱病人，永远是医生从医的根本。

像这样的事例，几乎每天都在发生。

2005年，徐克成在新西兰演讲时，一位在复大治疗康复的新西兰女药剂师在徐克成演讲结束后，主动上台，毫无顾忌地讲自己如何患了乳腺癌，如何在中国接受了治疗，说着说着，她竟然掀开自己的外衣，露出内衣紧罩的乳房，说："我的愿望就是告诉乳腺癌患者,对乳腺癌,除了切除乳房,还有其他更好的方法!"

2008年10月,徐克成和副院长穆峰博士应邀到丹麦访问,进行学术交流,面对丹麦Jens教授"苛刻"的提问,用救治被丹麦医院判定只能活两个月的胰腺癌患者比瑞特的案例,征服了这位在世界著名期刊发表了200多篇研究论文的教授的"傲慢",Jens教授由衷地发出"比瑞特现在活得很好,这让我们感到惊奇"的赞叹。

2010年6月10日,正在美国访问的徐克成,接到秘书转来的一封邮件,是医院7病区一位澳大利亚患者的孙子Ciccotosto写来的,说:"亲爱的徐教授,你对我的家庭和我非常友好。……我想此时你在美国一定很高兴。……我有一个重要问题,就是我能做一个医生并从现在开始就在你的医院学习吗?我愿意在你院非常努力地学习和工作。"这是一个年仅9岁的孩子,当他看到自己患胃癌的爷爷在复大治疗后,身体一天天地好起来,萌发了要到复大学习做医生的想法,不脱稚气,却很认真。徐克成看了这封信后久久不能平静:我们的工作竟让一个孩子感动了!

2010年,复大肿瘤医院接受菲律宾患者日益增多,最多时有70多人同时住院。一对美籍菲律宾夫妇,丈夫名叫Mike,妻子名叫Chona,患右肾尤文氏肉瘤伴肺转移,出院后,创建了菲律宾复大志愿者网站(Philippine Volunteers for Fuda,PVF),记录了包括自己在内的患者的治疗经过、住院感受、癌症特殊治疗等内容。"复大给了我们新的生存希望,我们要带着感恩帮助需要帮助的人。所有从复大肿瘤医院出院的菲律宾患者,都是志愿者,我们要让更多人知道复大,让他们知道在这里你们的生命可以得到延续。"

2013年6月20日,徐克成站到了设立在瑞士日内瓦的联合国世界卫生组织(WHO)的讲坛上,向全世界发表了题为"现代肿瘤冷冻治疗"的演讲,阐述了生命的意义,对冷冻等消融技术做了深入系统的论述。WHO非传染病司Dr. Chang是这场演讲会的主持人,他非常认同徐克成的抗癌思路。"今天徐教授的讲演,让我们看到冷冻治疗在癌症治疗中的价值,他所展示的治疗肺癌、胰腺癌的效果是令人鼓舞的!"

谈起2013年的日内瓦WHO讲坛,至今,徐克成仍然有一种自豪感溢于言表。那是中国人第一次在这个风景如画的国际机构云集的国际化城市,面对治疗癌症这一世界性难题,提供了如何破局的理论与实践方案,向世界提出了创造生命奇迹的新思路,

徐克成(右四)与会场专家合影

犹如烟波浩渺的日内瓦莱蒙湖,环抱着湖水的阿尔卑斯山和汝拉山脉白雪皑皑,湖面清澈如镜,辽阔深远。湖中,人工喷泉如一把闪光的长剑直冲云天,喷出145米高的银色水柱,然后化为扇形细雨倾泻湖中,彰显出一种奋发向上的力量。丽日晴天,宽阔的湖面上碧波荡漾,扬着彩帆的帆船以及游船、游艇川流不息,天鹅、海鸥、野鸭成群,游荡嬉戏,在徐克成心中构成一幅生机盎然的健康生命图。

第十七章　竞选国际冷冻治疗学会主席

出任第 18 届 ISC 主席

1972 年,柯本在奥地利首都维也纳创办国际冷冻治疗学会(ISC),并出任该协会理事长。该学会是一个非营利的国际学术团体,致力于冷冻手术、低温医学、低温生物学、低温免疫等跨学科学术研究和临床应用。

"我们称柯本教授为国际冷冻治疗的开拓者、奠基人一点不为过。"亚洲冷冻治疗学会副主席牛立志博士曾如此评价道。

亚洲冷冻治疗学会成立于 2012 年,由徐克成携同日本的隅田幸男教授发起,在柯本教授和众多中国学者的共同努力下,经过两年多的筹备,在中国香港注册,并于 2012 年 5 月 25 日在广州正式成立,来自 11 个国家和地区的 300 多名代表参加了学会成立和学术交流大会。徐克成教授担任法人、会长和名誉主席。柯本教授被聘为学会特别顾问。名誉主席还有分别来自日本的隅田幸男和中国的郭亚军、吴沛宏、陈孝平教授。主席由肖越勇教授担任。副主席有来自日本的渡边正志(继任主席)、韩国的 Kim Ji Hyung、印度尼西亚的郑子联和中国的牛立志、叶定伟等教授。

2011 年 10 月 29 日至 11 月 2 日,第 16 届国际冷冻治疗大会于奥地利维也纳霍夫堡召开,中国应邀派出 30 人的代表团。在这次大会上,徐克成、牛立志获得"优秀著作奖"。经过公开投票,柯本当选为第 17 届 ISC 主席,徐克成教授当选为副主席,牛立志和肖越勇教授当选为执行委员。

2013 年 12 月 10 日—14 日,第 17 届国际冷冻治疗大会暨国际冷冻治疗学会换届会议在印度尼西亚巴厘岛召开，来自美国、中国、日本、奥地利、俄罗斯、印度尼西亚等 10 多个国家的 140 多位代表参加了这次年会。

徐克成从前任 ISC 主席柯本手中接过 ISC 会旗

经过激烈的投票选举，徐克成出任第 18 届 ISC 主席。当从前任 ISC 主席柯本手中接过 ISC 会旗时，徐克成即席发表演讲："这是我的荣誉和责任，也是我的祖国的光荣。相信在我的中国同事和祖国支持下，未来的两年内，ISC 一定会为世界冷冻医学做出我们的贡献。"

徐克成终于登上了国际冷冻治疗的巅峰，领略无限风光，一览众山小。

第 18 届 ISC 委员合影

发表癌症绿色治疗宣言

在徐克成主席的倡议下,2014年8月15—17日,在广州举办了第三届国际(广州)癌症治疗论坛。会上,中国、日本、美国、马来西亚和印尼等国23位肿瘤治疗专家联合倡议,成立亚太"肿瘤绿色治疗"研究会,发表了癌症绿色治疗宣言。

宣言说:"癌症治疗遇到巨大挑战。一方面,肿瘤发病率逐年增高;另一方面,肿瘤死亡率没有降低。更重要的是,现有的治疗只能让少数患者受益,过度的治疗反而给患者增加痛苦。

"我们倡议肿瘤绿色治疗,就是不仅治疗患者的肿瘤,更重要的是治疗患有肿瘤的病人,将癌症视为可控制的慢性病,让患者获得有质量的生命。

"我们倡议肿瘤绿色治疗,就是相信癌症是人类进化的遗产,只要有进化,就有癌症。改善人体内环境,减少癌细胞积累新突变,与癌共存,实行消灭与改造并举,是癌症治疗的重要策略。

"我们倡议肿瘤绿色治疗,就是采用无创或少创治疗,包括消融、血管介入、免疫和中医中药,整合各种治疗手段,综合地、个体化地应用于患者,最有效地、最少副作用地让患者轻松快乐地接受治疗。"

绿色,象征活力、温良、平和。癌症也许凶残,但有时,用绿色治疗对抗癌症可能更适宜。人们在反思:到底现行的治疗给病人带来了多大的益处?有人调查了上百名肿瘤科医生,如果他们自己患了癌症,能接受化疗吗?70%的医生回答"不"。但他们在给病人治疗时,70%的情况下会使用或建议使用化疗。为什么呢?因为医生要遵循"正规"的潜规则,要遵循治疗"指南"。

有位著名肿瘤专家说:"指南是让临床治疗有据可循,但绝不是有效治疗的手段。"还有的专家说:"指南主要是用于训练学生和年轻医生,不是给专家用的。如果他只是按指南治病,他就不是专家了。"

什么是绿色治疗呢?是指不会给病人第二次伤害,不会增加病人痛苦的治疗。它不是指某种特殊治疗方法,更不是排斥化疗。如果化疗能迅速有效地让癌肿消除,病人很快痊愈,那么化疗也是绿色的。虽然这样的情况不多,仅占所有癌肿的7%,例如治疗淋巴瘤、睾丸精原细胞瘤、某些小儿癌症、绒毛膜上皮癌等癌症时。

从某种意义上说,享受生活比"长寿"更重要。曾有人做了一份调查:询问100个癌症病人,如果有一种疗法可以让你"多活"两个月,但会发生呕吐、腹泻、头发脱落;而用另一种方法治疗后,则不会,但不一定会"延长"生命,你选择哪种?87%的人选择后一种。

绿色治疗就是后一种。冷冻消融就是绿色治疗。

冷冻治疗在日本快速发展

2014年11月12日,第41届日本低温医学国际年会在名古屋举行。徐克成和复大肿瘤医院生物治疗中心主任陈继冰博士应邀出席。

在与日本医界朋友闲聊时,有一位外科朋友感叹地说:"再过20年,也许我们日本就没有外科医生了。"徐克成问此话何意。朋友说:"在日本,医学院毕业学生愿意来外科的越来越少。老一辈外科医生到那时,都已经拿不动手术刀了。""那为什么年轻人不愿来外科呢?"徐克成问。朋友笑着说:"是被你们的微创消融'排挤'了。"

这话虽然是开玩笑,但有一半是真话。这是因为,随着影像技术例如超声、CT的发展,经皮或经内窥镜做微创手术或消融,已部分取代常规手术,逐渐成为主流技术。这些方法对病人创伤小,术后恢复快,效果几乎与手术切除无异。例如对前列腺癌,现在很少做"根治性"切除了,经皮冷冻或碘125粒子植入,没有大的创伤,效果甚至超过传统的切除术。

这位日本朋友进一步说:"你们搞的冷冻消融,在日本这几年发展很快,我是肾脏科的,肾肿瘤的'生意'都被介入放射科医生抢走了。"

深秋的日本,蓝天白云,虽然草木开始发黄,但沿街的灌木依然郁郁葱葱。会议在名古屋大学野依纪念学术交流馆举行。

两天的会议日程,一天半是关于肿瘤冷冻治疗的。徐克成的老朋友渡边教授笑着说:"怎么样?我们日本的'冷冻'赶上来了吧。"他的语气里不无自豪。

徐克成说:"不是'赶',是你们快领头了。"

果然,大会开始后,一篇篇来自日本各医院的报告"粉墨登场"。报告者多数是年轻医生。他们的英语纯熟,幻灯片制作精美,报告内容令人称绝。更让徐克成惊讶的是,几年来,日本从事肿瘤冷冻治疗的医院已发展到几十家,几乎所有著名医院均已开展,治疗的病种不只限于肾癌、肝癌,还有肺癌、乳腺癌和软组织肿瘤。报告的治疗病例数少者10例,多者数百例。

作为国际冷冻治疗学会主席和亚洲冷冻治疗学会创始人,徐克成心中充满喜悦,他真心希望日本的冷冻治疗快速发展起来。医学无国界,中日一衣带水,日本的发展必将促进中国的进步。

渡边教授走到徐克成身边,说:"感谢你,你是我们日本医生的老师。你在日本做的那次冷冻消融的演讲,帮助了我们好多医院。"看着渡边一脸真诚,徐克成不禁想起23年前在日本千叶大学当学生,如今自己竟然做起日本医生的"老师"来。真是"陵谷变迁""日异月殊",是伟大的祖国让自己不断地成长。中国冷冻消融技术的发展也因此影响世界,成为搭建友谊的桥梁。

事实上,2013版的《美国癌症治疗指南(V2版)》,已将冷冻治疗列入主流治疗项目。例如关于非小细胞性肺癌,指南指出:"局部治疗以手术切除为首选,其他方法包括……冷冻……"关于肝细胞癌,指南指出:"所有病人的肿瘤都应该进行治愈可能性评价。小于或等于3厘米的肿瘤,消融是治愈性技术。消融包括冷冻……"

Vay Liang W. Go 教授

2015年4月11日,国内外专家云集广州,出席第二届(广州)国际胰腺癌微创治疗论坛。广州复大肿瘤医院作为主办方,邀请了美国加州大学洛杉矶分校的 Vay Liang W.(Bill) Go 教授。

他是主攻胰腺病的国际著名消化病专家,也是美国总统营养委员会唯一的亚裔专家,是菲律宾人,创建了洛杉矶分校国际胰腺癌研究中心。第一次到复大肿瘤医院来参观时,徐克成请他帮助发表论文,对学术研究一贯严谨的他并没有马上表态。后来又来了两次，对复大冷冻治疗胰腺癌的做法给予了充分肯定，对徐克成说，把你写的学术论文发来吧！从 2013 年起，他主编的《胰腺病》杂志先后发表了复大肿瘤医院的四篇论文，全部是关于冷冻治疗的。《胰腺病》杂志是一本专业性极强的杂志，要求非常高。

这次，Bill 来到广州参会，特地提前一天到复大参观，在 CT 室，看了正在进行的胰腺癌冷冻消融治疗后郑重地对徐克成说："你们冷冻治疗胰腺癌，让病人活下来，了不起。美国人没有做到，日本人也没有做到。你们已经是世界第一了。"

2017 年，《胰腺病》杂志发表了《胰腺癌冷冻临床实践指南》，徐克成是该篇通讯作者，也是这篇文章的领导者。这篇论文的发表，标志着复大肿瘤医院的冷冻治疗成为世界胰腺癌冷冻临床实践的指引。

在国际冷冻治疗学会主席任职期间，徐克成用实力、行动和情怀履职，赢得了地位和影响力。在他心中，这不仅是为了自己，更重要的是为了祖国，中国的荣誉大于一切。

为中国夺回第 21 届 ISC 主席

按章程，ISC 每两年换届一次，主席一般在各国间轮换。2015 年，第 19 届的主席由日本人当选，这无可非议。2017 年在立陶宛进行第 20 届换届时，徐克成提名了中国的肖越勇教授，日本人却提出另一位日本教授。投票表决，徐克成的提案遭否决。徐克成隐隐感到"国力"和"国威"的重要，但他没有泄气。日本人可以连续两届出任主席，为什么中国不可以？何况，中国的冷冻治疗要比日本强好多倍！

他准备在第 21 届时为中国夺回"主席"！

2019 年 9 月 4—5 日，第 20 届国际冷冻治疗大会暨国际冷冻治疗学会换届会议在以色列第三大城市、美丽的地中海港口城市海法举行，来自中国、美国、德国、俄罗斯、挪威、日本、乌克兰、立陶宛、英国、阿根廷、印度尼西亚、以色列等 10 余个国家的百余位专家参加会议。

中国出席的代表最多，论文报告也最有水平。从实力看，中国人再出任主席应是"众望所归"。但国际场合，各国都是"自家第一"。徐克成也坦然要求好朋友柯本，让他根据各国冷冻治疗"实力"，主持公道。他又找到日本渡边教授，他就是日本"连任"的上一届主席，明确要求他支持，不言而喻的意思是，上任让给你了，这一任可要给中国了。

当地时间 9 月 5 日下午 13:00 换届选举开始。当时有三个候选人，一个英国人，一个以色列人，还有一个是中国的肖越勇。

徐克成看看参加选举的各国代表，估算肖越勇可能获得的票数。几位代表是英国人，肯定争取不到他们的票。还有一个美国代表，虽然与徐克成交往多年，会前交谈时曾也隐约地表达希望得到他的支持，但"美英"是"盟友"，谁知道投票时他投哪一位？徐克成身边坐着的是阿根廷代表，徐克成主动与她回忆几年前，邀请她到广州参加癌症治疗论坛的情形，意思是你要"感谢我们中国"。

徐克成出席过多次国际选举了，这次仍不免有些忐忑不安。投票前，会议安排了"Coffee break"。柯本教授端来两杯咖啡，递给徐克成一杯，轻轻地说："不用担心，相信你们会胜利的。"随后紧紧握了握徐克成的手。

当地时间下午 14:00，选举投票马上就要开始了。徐克成这时忽然发现，最要好的印度尼西亚的代表不在现场，这可让徐克成和肖越勇焦急起来。

因为印度尼西亚代表这一票是"铁定"的，他是徐克成的好朋友、印度尼西亚冷冻治疗学会主席，他们医院的冷冻治疗中心就是徐克成帮助建立起来的。

话虽然这么说，但人没有到场，怎么办？徐克成拿起手机拨通了他的电话。就在投票开始那一刹那，这位印尼代表 Dr. Bartlin 赶到了，徐克成松了一口气。

最后 30 名代表现场投票，肖越勇教授以高出两票的优势当选为第 21 届国际冷冻治疗学会主席，成为继徐克成之后第二位担任这个学会主席的中国学者。

徐克成想起两年前立陶宛的那场选举，无限感慨：前日忍痛"折戟"，今日终扬"国威"。与会者争先恐后前来与徐克成、肖越勇握手、祝贺。阿根廷代表与徐克成紧紧拥抱，说："徐教授，我就是相信你们的国力。中国是真朋友。"美国代表给徐克成一个大大的拥抱，说："兄弟，我们是多年的朋友了。"话中之意，不言而喻。

海法的美丽海岸，记录着本届大会的点点滴滴。静谧的夜空，闪烁的群星与港口的灯火遥相辉映，讲述着以徐克成为代表的中国冷冻治疗专家对世界的贡献；海边微风吹拂，传递着徐克成一行对这座城市的美好祝愿和对促进人类健康的诚挚祝福！

第十八章 提出"与癌共存"新理念

出版《与癌共存》一书

2016年4月,北京,央视健康频道为广州出版社出版的《与癌共存》举行发布会,在全国肿瘤医学界引起强烈反响。

"与癌共存,就是'与狼共舞'。"徐克成做了一个生动的比喻。

"延长生命,减轻痛苦,改善生命质量。"这是联合国世界卫生组织对中晚期肿瘤患者治疗的定义。这与徐克成提出的"与癌共存"一脉相承。

"事实上,癌症是不可能被斩尽杀绝的!"徐克成说,"无论是手术、化疗、放疗、靶向治疗还是免疫治疗。癌症治疗的目的是让患者活下来,多活几年,不仅延续生命'长度',更要增加生命的'宽度'"。

徐克成出版《与癌共存》《中国式控癌》

在《与癌共存》这本书的内容介绍中,有这样一段阐述:

什么是癌症?癌症不是"外敌"入侵。癌细胞是从"好人"(正常细胞)突变而来的"坏人"。人体有无数个细胞,细胞核内 DNA 上有许多基因,每个基因含有无数个碱基对。正常细胞无时无刻不在一分为二,细胞核内 DNA 也随之复制。只要一个碱基复制错误,丢失或被替换,细胞就会突变。突变不断积累,就会形成癌细胞。从这个意义上看,我们每个人都在"与癌共存"。因此,癌症不可怕,是"人类进化的遗产"。

如何对待这些从正常细胞"叛变"而来的癌细胞?必须去消灭,但不可能"斩尽杀绝"。现代常用的"消灭"手段(手术、放疗和化疗)不能完全"治愈"癌症。"共处"是主旋律。采取不同手段,单一地或组合地控制癌细胞,让癌细胞与人"共存",将癌症变成可以控制的"慢性病",是一种理想,是经过努力可以达到的目标和策略。

这是一位资深医学专家的深邃思考,这是一位睿智济世医生的力学笃行,这是一位战胜癌魔强者的铭心感受!

徐克成在《与癌共存》分享会上

徐克成用自己从医50年的经验和自己身患"癌中之癌"的肝癌生存下来的体会,讲述了癌症是我们生存的"新常态"。只要拥有良好心态,秉持正确理念,采用创新策略,接受合适方法,我们就能与癌"和平共处",拨开生活的阴霾,让生命充满阳光。

徐克成坦言,"与癌共存"的理念是汲取国内众多前辈、专家学者的观点,总结提炼而成的。

与吴孟超院士的情谊

2021年5月22日13时02分,中国肝外科创始人、有"肝胆外科之父"之称的吴孟超院士,因病医治无效,在上海逝世,享年99岁。时正在西安参加一个全国性医学学术论坛的徐克成,在惊悉吴老逝世的消息后,悲痛地说:"我失去了一位相处了40多年的医术上的好老师、人生的好导师!"一幕幕往事在眼前浮现。

徐克成回忆道:"20世纪70年代初,我还只是南通医学院的一名消化科医生。记得一次在南京参加一个医疗器械鉴定会,来了不少国内著名的医疗专家。我正好与吴孟超老师同住招待所一个房间,两张小床。当时,吴孟超老师已经是我国著名的肝胆专家了。房间很小,但吴孟超朴实的作风给我的影响却很大。住这样简陋的招待所,吴老没有一点委屈的样子,反而很开心,我们俩交谈甚欢,他还热情邀请我去上海作客,这是我和吴老第一次见面。""后来,吴老真的邀请我到上海参加一些学术研讨会议。我是研究肿瘤标记的,特别是研究肝癌标记,肝癌的这种标志物研究与吴老对肝胆的研究是相通的。之后,我每年都要去上海拜会吴老,跟他不是在医院就是在他家里见个面,我和吴老相差18岁,我们成了忘年交。"

2001年,年过六旬的徐克成在广州创办了民营医院广州复大肿瘤医院,开始时规模很小,到2003年正式成立,医院开始走上正轨,初具规模。当徐克成试探性地提出请吴老为医院题写院名时,吴老欣然同意,很认真地题词"广州复大肿瘤医院",写好后寄给徐克成。

2011年,医院发展壮大,成为中国民营医院的标杆医院,徐克成聘请吴孟超为复大肿瘤医院名誉院长。

徐克成回忆道："那时吴老已经80多岁高龄了，应邀来到广州。吴老精神矍铄，一见面，他就跟我讲，我们要忘记年龄，我们不要去讲自己的年龄是多少，我们只要能够工作，而且工作只要能够为老百姓做点事情，做点好事情，只要能看病就看病，只要能够查房就查房。他还说，徐克成，我一直关注你这个医院，我也经常看广东的报纸，看《羊城晚报》，看到报纸上登你的先进事迹，我很开心，对你做的冷冻控癌事业，我一直很关注的。"

"忘记年龄！"从此成了徐克成抗癌、控癌研究道路上的不竭的原动力和座右铭。

广州每年都要开国际性的癌症论坛大会，这时来自全国和全世界各地的专家都要来出席这个会议。吴老也不例外，应邀出席，发表演讲。一次大会结束后，吴老问徐克成有没有病人要诊断，徐克成说，吴老，我不好意思跟你讲，其实有很多病人慕您名而来，希望得到您的诊断和检查。吴老说，那就帮他们看一看吧。徐克成担心他的身体，说，就看一两个吧。可吴老却说，不管，只要时间可以，能看多少就看多少。

病房里有很多病人，也有很多外国人，特别是来自东南亚的比较多。吴老是马来西亚东马的华侨。因此，他对马来西亚的华人特别关注，看了一个又一个，每个人都要去看，都要跟他握个手，增强病人接受治疗的信心。吴老的秘书不停地催他快点，飞机要起飞了，可他很固执，坚持要多看一个病人。

徐克成回忆道："当时我就觉得这个老爷子了不起，要向他老人家学习，学习一辈子。"徐克成说："后来在全院医务人员大会上，我对全院医生讲，每个医生都要把病人当成自己的亲人，我说你要知道啊，我们这些人，没有什么本事的，我们的本事是导师教我们的，但是呢，我们的病人，是最好的老师，导师教我们知识，病人教给我们实践，没有病人的实践，我们是不行的。所以我就讲，我们这些医生都是站在巨人的肩膀上站起来的，是在不断的调整中探索前行的。"

还有一件事，让徐克成记忆犹新。有一次，徐克成一位在南通的大学同学患肝癌在上海东方肝胆医院治疗，徐克成利用礼拜天前去探望。走到医院走廊，突然看见吴老迎面而来。徐克成说，吴老师，礼拜天你怎么还到医院来。吴老说，我不放心病人，只要有空就到病房来转一转，你同学病情已经很重了，我们正在想办法。探望完老同学，吴老与徐克成在医院办公室谈人生，谈在医学上怎么样不断地进取。

徐克成回忆道："吴老当时都是近90岁的人了，还在谈人生，谈奋进，自己虽然也年近七旬了，但听了吴老的一番话，仿佛自己年轻了30岁，浑身充满了干事业的激情。"徐克成说，让他永远忘不了的是吴老说的三个创。就是要做一个真正的好医生，第一要有创意，第二要有创造，第三要有创新。

2012年4月，徐克成再次拜访吴孟超院士。一见面，吴孟超院士就关切地问起徐克成的病情来。

"手术6年了，现在恢复得很好！"徐克成回答。2006年，徐克成患了严重的肝癌，做了肝叶切除手术。

"过'关'了。"吴孟超院士笑起来，可能是外科医生职业性关心，更可能是朋友之间的关怀，"化疗了吗？做了哪些治疗？"

"没有化疗，就是进行了王振义院士推介的免疫治疗。"徐克成诚恳地回答。

"好。免疫很重要！"吴孟超院士认真地说，"现在治疗肿瘤，有些思路必须改变。我们治疗肝癌，最近20年来，5年生存率没有进一步提高。怎么办？要重视全身治疗；化疗不要过度，癌细胞不可能被斩尽杀绝，'人瘤共存'是个好策略。"

徐克成望着面庞红润，已经90多岁的吴院士，不由得为吴院士如此敏锐的思维而叹服！

2013年5月，吴孟超院士来到复大肿瘤医院，参加第二届国际癌症治疗论坛。他一到医院，就急于走进病房看病人。一位来自印尼的鼻咽癌患者，全身数十处转移。近10年来，这位患者先后28次来医院治疗，每次3～5天，或做"介入"，或做"免疫"，或者就开点中药。前年医院曾为他"与癌共存"8周年开过"庆生会"。吴孟超院士听到这个患者的故事后，紧紧拉着他的手，仔细端详，说："如果所有的晚期病人都能这样'与癌共存'，多好呀！"第二天，在论坛上，90多岁高龄的吴院士作了40分钟报告，中心内容是：创新，把癌症当成慢性病。

"人瘤共存"为徐克成打开了一扇窗，而"把癌症当成慢性病"则道出了"与癌共存"的精髓！

2019年，徐克成出了新的研究成果，就是用氢气来控癌。用氢气控癌，当今社会很多人都不相信，用氢气能控癌吗？能控制得住吗？虽有理论研究的基础和实践探索的成功案例,但徐克成还是诚惶诚恐,上门征求吴老的意见。

徐克成回忆道:"当时,吴老生病住在上海长海医院的病房里面,我很为难,也不好意思,预先带信给他约了时间,记得是 2019 年 2 月 2 日,我到了病房。他说,你把资料全部拿来给我,我要看。我就把打印出来的材料,一页一页地讲给他听,讲了两个小时以后,他说你还要我做什么?我说,你同意我的观点的话,希望你给我写个评述。他说,氢气控癌,是很重要很了不起的事情。对氢气研究,我知道,前几年我们第二军医大学就有人研究氢气,是我的学生做的。但是用氢气来控制癌症,你徐克成是第一个!"

徐克成回忆道:"吴老说,我们不要忘记我们有 40 多年的友情,从 40 多年的情感来讲,我也要给你写这个评述。但你要按我说的意见和想法起草一个文稿来,我要一个字一个字看。我就按照吴老口述的意思,现场起草了一个书稿,他真的一个字一个字地看,一个标点符号都不放过,这个字要这么改,然后那个字要那么改,反复修订。然后,我说,这个评述还要有个题目。吴老说,氢气控癌是一个颠覆性的研究,就用这个做标题吧。所以我就用了《氢气控癌:肿瘤康复的颠覆性探索》做标题。"

吴孟超在序言中写道:我和徐克成教授有着 40 多年的友情。如今我已是鲐背之年,他也进入耄耋之年,我们都有共同的理念,不求做"人上人",只做"人中人",作为医生,不求收获多少钱,只求收获病人的快乐和感念。徐教授为了探求氢气控癌,自己花钱,奔走万里,遍访病家,送去温暖,也获取了真实数据。这种精神,难能可贵,值得后辈好好学习,也感动了我,一定要好好阅读、学习这本由"真实"编写的新作。

徐克成回忆道:"吴老真是一个非常认真的医学科学巨人,当年他已经 97 岁了,这么高龄的人,脑子非常清楚,思路十分清晰。特别是最后请他在书稿上签字时,我就顺手给他一支签字笔,他一看说这支笔不行,太轻,要我重新找了一支比较黑重的签字笔,拿到签字笔后,他庄重地在文章的后面签上了自己的名字。这个小小的细节,我至今记忆在心,所以我非常敬佩吴老对学术的严谨和对科学的尊敬。"

徐克成回忆道:"我最后一次见到吴老是在 2020 年的年初,我告诉他,我说氢气控癌这本书现在已经发行了,效果非常好,影响力很大。吴老说,祝贺你们。他说,做这个事情和任何先进的事情,开始的时候人们总是不相信的,但我们不能放弃我们的追求和梦想,为祖国、为社会、为患者服务,是我们医务工作者应尽的责任。他说,我佩服你徐克成,你年龄尽管比我小一二十岁,但是我最佩服的就是你这个人非常肯钻研和执着。我说,吴老过奖了,我这个人来自南黄海之滨的如东,说老实话,我是没有背景的,没有根基的,我出生在农村,是由一个乡下的小孩成长起来的。但是我这个人有一个脾气,就是不服输,总是在想能够做得更好一点。吴老说,这就是你了不起的地方,你也七八十岁的人了,年龄大了,但是我发现你这几年不断地有新的思维、新的创造和创新。我们两个人有40多年的交情可能就是因为有共同的特质和共同的想法。"

徐克成回忆道:"当时我们还谈到了如何应对新冠肺炎疫情,我说我准备写一本抗击新冠肺炎的书,吴老说,这个很好,很有必要,尽快写出来。但遗憾的是,这本由钟南山院士作序的《氢氧吸入对新冠肺炎的治疗》的英文书,因吴老病情加重,未能看到。"

徐克成最后深情地说:"我这一辈子结交了很多了不起的老师,都很支持我,吴老不仅是我医术上的好老师,更是我人生的好导师!我们永远缅怀他!"

拜访汤钊猷院士夫妇

2013年2月8日,春节前夕,汤钊猷教授给徐克成发来新年慰问的邮件,邮件中说:"自从到您院参观后,我深感您在肿瘤诊治上开辟了一条新路。过去说发展是硬道理,现在说转型也是硬道理。实际上,只有不断变革才有出路,而变革是没有穷尽的。您在肿瘤临床方面开辟了变革的新路,这是难能可贵的,相信会给更多癌症病人带来好处……"随邮件发送的还有一张汤院士和夫人李其松教授的合照。

李教授是徐克成消化病的启蒙老师,前几年她患了乳腺癌,看了照片,徐克成格外想念她,利用春节回上海家中过年的机会,大年初二,来到位于愚园路的汤院士家拜年。两位古稀老人十分开心,让座、倒茶。随后,汤院士介绍了李老师的病情:乳腺癌开了刀,切了瘤,虽没有化疗,但接受了赫赛汀两个剂量,因副作用太大,停了。

汤院士送给徐克成一本他主编的《临床肿瘤学》,看着这本厚达1987页的巨著,徐克成开玩笑地问:"李老师是按照您这本书上的(条条)治疗的吗?"两位老师笑了。

李其松教授说:"我的治疗最简单,中药加游泳。"李教授是中西医结合专家,她设计的中药方"松友饮"经过研究,能促进癌细胞凋亡,下调促进转移的分子和基因表达,减

2014年5月,徐克成被中共中央宣传部授予"时代楷模"称号,出席中央电视台举办的颁奖典礼

2012年12月,徐克成被中华人民共和国人力资源和社会保障部、卫生部、国家中医药管理局联合授予全国卫生系统最高荣誉"白求恩奖章"

2019年6月1日,徐克成在《氢气控癌:理论和实践》出版发布会暨氢医学癌症康复论坛上致辞

1998年11月,徐克成到北京出席全国消化病大会,与同事们一起看望时任中华人民共和国卫生部部长陈敏章(右三)

2009年11月,全国民营医院论坛在广州召开,原卫生部副部长、中国医师协会会长殷大奎(中)带领百位院长来复大肿瘤医院参观,与徐克成、牛立志(右)合影

20世纪90年代初,徐克成南下深圳创业,在蛇口工业区创建者袁庚(右)的关心下,干出了一番事业

20世纪60年代初,徐克成在南通医学院学习,第一任导师就是孟宪镛教授(右)

徐克成与中国科学院院士、有"肝胆外科之父"之称的吴孟超教授(左)合影

徐克成与中国工程院院士、"小肝癌研究奠基人"汤钊猷教授(右)合影

徐克成与中国工程院院士、"肿瘤诱导分化开创者"王振义教授(右)合影

徐克成与中国工程院院士、著名呼吸病学专家钟南山教授(左)合影

2011年7月,徐克成与国际冷冻治疗学会(ISC)创始人、奥地利著名冷冻治疗学专家柯本教授(左一)、亚洲冷冻治疗学会发起人之一的日本著名冷冻治疗专家隅田幸男教授(左二)在国际冷冻治疗大会上合影

2010年,菲律宾马尼拉市市长为徐克成颁发菲律宾马尼拉荣誉市民证书

徐克成受到卡塔尔亲王(左)的亲切接见

2011年12月,时任印度尼西亚卫生部部长恩棠博士(右)为徐克成在印度尼西亚出版的《我对癌症患者讲实话》一书作了题为《学习中国医院勇于创新精神》的序

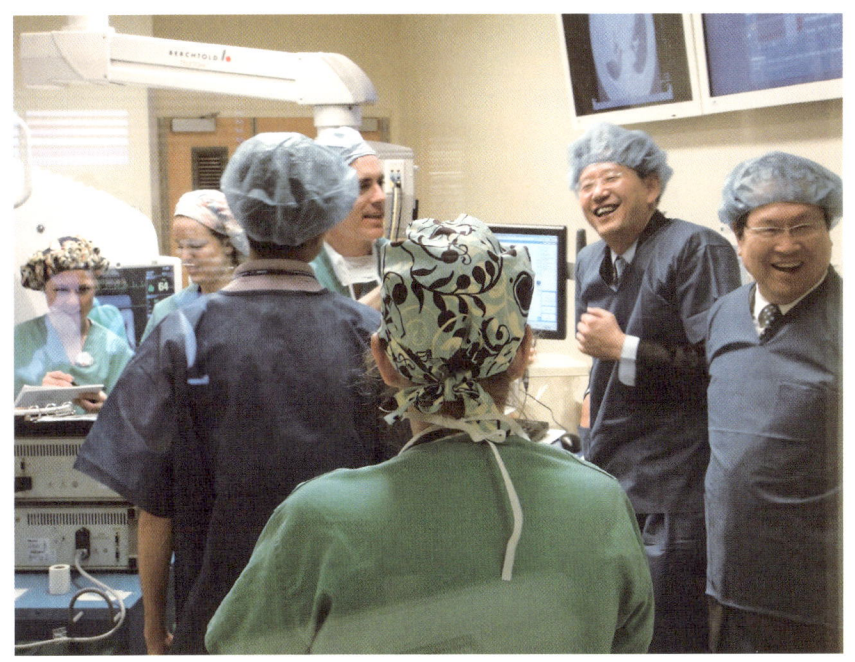

徐克成率牛立志等人赴美国交流冷冻治疗技术

徐克成与俄罗斯专家进行学术交流

医者仁心，

徐克成救治的癌症患者遍布世界各地，

为复大肿瘤医院赢得了声誉，

也为构建人类卫生健康共同体树立了中国应有的形象。

在菲律宾

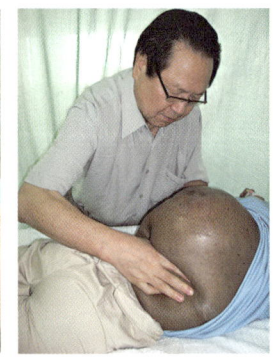

在泰国

在文莱

在马来西亚

在印度尼西亚

 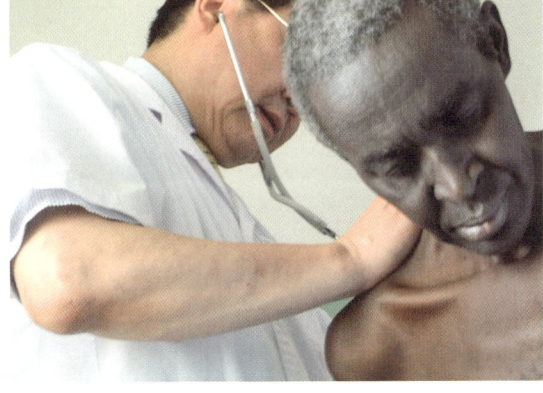

在新加坡　　　　　　　　　　　　　　　在非洲

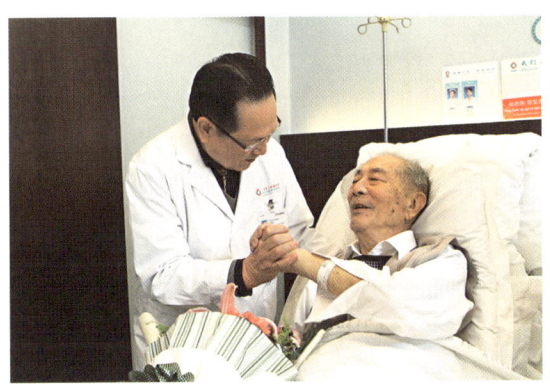 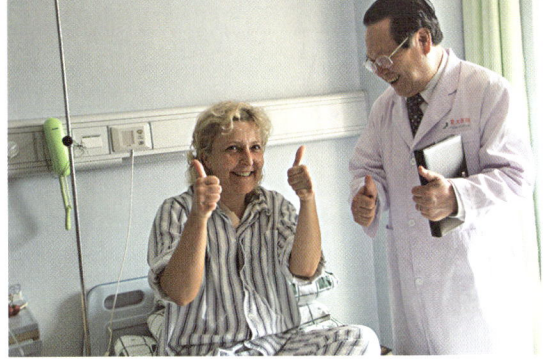

在中国　　　　　　　　　　　　　　　在欧美

2006年徐克成患肝癌以来出版的部分著作

20世纪80年代徐克成与夫人阮荣玲合影,他们既是同学,又是医疗战线的战友,更是风雨同舟、相濡以沫60多年的恩爱伉俪

2021年5月,为了采写徐克成的事迹,本书作者奔赴广州进行了一周的跟踪采访

少转移发生。她告诉徐克成,之所以将家搬到现在的小区,是因为这儿有游泳池。她说:"游泳是一种'抗癌运动'。"

汤院士对徐克成说:"我不是讲要走变革之路吗?我看你们医院许多病人都在与癌共存。你的李老师就是与癌共存的典型。"三位老人哈哈大笑,整个房间充满了温馨的气氛。

自左向右分别是徐宏汇、汤钊猷、徐克成、李其松、阮荣玲

聆听王振义院士教诲

王振义,中国工程院院士,被誉为"肿瘤诱导分化开创者",是世界上第一位让癌细胞"改邪归正"的专家,2011年获得国家最高科学技术奖。1986年5月,上海儿童医院收治了一名5岁的小女孩。她患有急性早幼粒细胞白血病,已到晚期,预期生命可能不超过一周。王院士看到可爱的小姑娘奄奄一息,十分难受,试探着对孩子父母说:"我有一种新疗法可以一试。"新疗法就是用全反式维甲酸作为诱导剂,试图让恶性细胞转化为良性。用药后第7天,奇迹发生了,濒临死亡的小女孩症状明显改善。一个月后,她脸色红润,病症完全缓解。如今,她已是一位大姑娘,在一家国际著名制药公司担任药

物研发员。王院士说:"肿瘤细胞就像自己的孩子中有一个变坏了,我们是打他呢,还是教导他呢?过去的治疗方法就是使用有毒的化学药物毒死它,可正常细胞也因此受到严重的损害。有没有一种办法,不让正常细胞受损害呢?我们有个治疗方法叫诱导分化,就是劝导它不要做坏人,做好人,改邪归正。"

正是得益于王院士的理念和策略,身患恶性肝癌的徐克成才活了下来。

徐克成与王院士最早相识于20世纪60年代。在2008年,徐克成参加恩师南通医学院孟宪镛教授80大寿庆祝活动时,巧遇也赶来为孟老师贺寿的王振义院士。再次遇到阔别20多年的王院士,倍感亲切。

徐克成与王院士在长江边上漫步交谈。望着滚滚东去的长江水,他感到了生命的力量在体内涌动,也感到了生命的渺小和脆弱。

王振义关心地问起他的病情:"小徐呀,现在人们还是谈癌色变,你作为一位研究肿瘤的医生,在患了癌症后有什么想法?"在年过八旬的王院士眼里,古稀之年的徐克成还是"年轻人"。

"与你说实话,王老师,不恐惧不担心是假话。我看了文献,胆管细胞性肝癌患者5年生存率不超过10%。你看可有什么好方法?"徐克成说。

"癌症治疗是一个挑战,必须有新思路,不去创新,那么治疗癌症就仅仅是一个美好的想象。"王院士看似无情的话,却让徐克成从实话中看到了希望。他站住了,目不转睛地望着这位血液肿瘤学大师。

"在癌细胞与正常细胞和组织共存的状态下,单纯用杀伤消灭的方法治癌,必然'杀敌也伤己',甚至'伤己大于杀敌'。有的病人因化疗过度而离世,就是这个原因。就我们目前的认识,免疫,尤其是先天的和治疗措施激活的免疫机制和功能,可能是控制癌症发生和发展的重要途径。"王院士娓娓道来。

"免疫?"徐克成听到"免疫"一词,眼前一亮。因为,在徐克成的带领下,几年来,广州复大肿瘤医院一直在探讨用免疫疗法为癌症患者治疗。

当王院士得知徐克成在探讨"过继免疫细胞"治疗癌症后,反问徐克成:"你怎么能保证免疫细胞消灭所有癌细胞呢?"他又说:"现在许多疗法,很专门化,看来很科学,但癌症基因表达多种多样,在分化过程中又十分不稳定,换句话说,今天的癌细胞不等于明天的癌细胞。免疫疗法抗击癌细胞，必须'千军万马''随机应变'，不能仅用一种免疫方法，要用多种，要随着癌细胞的变化采用不同的免疫措施，提高综合免疫能力。"

王院士的话再次点亮了徐克成的心窗，说出了免疫治疗的真谛，就是要采取"联合免疫"，或者叫"复合免疫"。癌细胞的特点是其遗传性不稳定，癌细胞的DNA不同于正常细胞的DNA。正常细胞分裂时，其遗传信息被完美无缺地复制到下一代细胞；而癌细胞分裂时，复制到后代的遗传信息却会改变，而且遗传信息的细微变化会导致癌细胞行为的显著变化。结果就是当人们认为某种癌细胞是同一种类型的时候，实际上这种癌细胞已经分化出难以计数的不同细胞，构成一个癌细胞大家族，这些癌细胞各有各的特点，诡诈无比。

"针对癌细胞的复杂性，我介绍你去找我的一个学生，她有一种联合疫苗，已经治疗了许多晚期癌症患者，也许能帮助你。"王院士用关切的眼神看着徐克成。

听了王院士的话，徐克成仿佛看到了生命的希望。

在他们两人前面，苍松翠竹、草木葱茏。位列中国八小佛教名山之首有"江海第一山"美誉的狼山，矗立在长江边上，娇小玲珑，秀丽多姿。"万里昆仑谁凿破，无边波浪拍天来。晓寒云雾连穷屿，春暖鱼龙化蛰雷。"宋朝诗人王安石的诗句让海拔仅有百米的狼山显得独具韵味。而徐克成却想起友人、香港著名作家、诗人钟子美游览狼山后写下的《南通狼山，与"神灵"对话》的诗句：

因为您，神灵，

狼山成了山海第一山，

山因为您而高崇而神圣，

您因为山而名声走远，

我因您而来

我因迷惑而来

我因叩响生命的奥秘而来

顶着诗意的香客啊

我与狼山土埠一样普通

只是因为心里藏着万千病黎

　　肩上担负着他们的苦痛

　　为拨去乌云还他们以太阳

　　为牵引他们走进春日的花田

　　上苍让我走上神坛

　　与你的诗相会相知——

　　健康的身心交会

　　王院士不就是这"神灵"般高崇而神圣的"狼山"吗？在这里，徐克成与王院士"因叩响生命的奥秘而来"，"为拨去乌云还他们以太阳"，而"与你的诗相会相知——健康的身心交会"。

狼山

体验复合疫苗

　　在南通为老师祝寿后，徐克成飞往上海，找到王院士的学生，一位比徐克成年长近10岁的老医生，她热情地介绍了自1983年以来研究的复合疫苗，并当场给徐克成的手臂注射了1.5毫升的乳白色液体。她自信地说："这个疫苗是按照王院士的理念研制的，一定会让你活下去！"这个疫苗没有"批号"，充其量是"院内制剂"。

其实，这个复合疫苗的原型可以追溯到130多年前美国的"Coley毒素"，如今被尊称为"免疫治疗之父"的Coley，是一位外科医生，应用两种细菌（疫苗）组成所谓"Coley毒素"，曾经成功治疗了大量恶性肿瘤患者，迄今让人怀念。王振义提出的"癌症异质性，免疫对抗应该千军万马、随机应变"的理念，是Coley理念在中国实践的延续和发展。

徐克成是其中的一名志愿者，又是一名探索者。2008年5月，他陪伴王院士的学生，随访了20世纪90年代应用这种疫苗在院外治疗的患者，惊奇地发现，38例晚期癌症患者中，不少还健康活着，仅有5例死于癌症。

徐克成坚持给自己注射复合疫苗。最初每周一针，一年后延长间隔时间。徐克成终于活了下来。带着感恩的心，徐克成又利用这"额外"的生命，将这种疫苗无偿地贡献给"志愿患者"。

2008年，就在徐克成接受王振义院士的建议，打复合疫苗的阶段，深圳电台的著名主持人晓梅找到徐克成，请求徐克成救治她身患肝癌晚期的父亲。

说起徐克成与晓梅的相识，还有一段故事。

早在20世纪90年代，徐克成还在深圳工作时，晓梅，因为亲人患肝炎找徐克成看病，说："我们电台天天在做治疗肝炎的广告，讲如何治疗大小三阳，但我亲属的肝炎一直没有治好，为什么？"

徐克成以前不认识晓梅，但他看到她是资深主持人，就对她认真讲了乙型肝炎的发病原理、大小三阳的本质和治疗策略、方法。他非常肯定地说："现在这些广告，包括你们电台做的，都是假的，不可能有任何效果！"

晓梅是第一次听到有关"乙肝""大小三阳"如此精辟的科学解说。她感到社会存在一个"大骗局"，但凭她的力量无法予以改变。她试探地说："能不能请您到我主持的《夜空不寂寞》栏目里面去讲一讲肝炎呢？"晓梅是"金话筒奖"获得者，她的栏目给电台带来了70%的广告收入。即使这样，她的决定也是够大胆的，甚至有些冒险。

徐克成爽快答应。他当时担任中国中西医结合学会消化病专业委员会肝病组组长,在"大小三阳"治疗方面,"打假"也是一项任务。晓梅告诉徐克成,这档节目从晚上11点开始,时长两个小时,但只能给他20分钟时间。她怕"台里"知道会干涉。

第一次上场开讲,20分钟时间很快就过去了,晓梅没有叫停,40分钟过去了,仍没有叫停,直到一个小时,徐克成主动停了下来,问:"怎么回事?"

晓梅说,你讲得太好了,从外面打进来的热线电话不断,许多人都把汽车停下来在听,打电话进来咨询,并且"不允许停"。听众一致说:"终于听到真话了!"

第二天,徐克成又去讲了40分钟,第三天再去。但就在这次讲完,从直播间走出来时,有两个人迎上来,自称是电台经营经理,说:"徐教授,你是真正的专家,讲的都是科学,但是你这样讲是有危险的。"

"危险?"徐克成不由得打了一个寒战。

"对,有危险。你这么一讲,第一个,是你断了人家(卖假药)的财路,也许今天回去,你的家里就有一枚'炸弹';第二呢,你这样讲下去,我们领导也不会同意,因为我们需要广告收入!"

徐克成被迫停止了播讲。晓梅很抱歉,但从此她对徐克成几乎是"无限信任"。所以,当她的父亲在深圳一家医院被诊断出肝癌晚期,预期生命只有两个月时,晓梅第一个想到的就是徐克成。

"徐教授,我把父亲交给你了,我相信你!"晓梅的话既凄苦,又充满期待。

晓梅父亲的整个肝都是肿瘤,密密麻麻的瘤子,开刀不可能,冷冻消融也无法进行。多年来,徐克成一直将晓梅当女儿对待,她父亲的事自然是"分内事"。他让晓梅带父亲回家,让父亲吃好、玩好,同时每周在手臂上注射一种复合疫苗。徐克成说:"只要你父亲活下来,就是补天柱地、丘山之功。"

晓梅父亲活下来了。一年后,徐克成来到晓梅的家,她父亲的肝癌已好了大半,老人也过着正常人一样的生活,后来死于消化道出血,但那是3年后。晓梅说:"这3年,我父亲的癌症虽然仍在,但是他健康地与癌共存,他也享受了人间最快乐的孝道。"

后来,晓梅又将自己一个患肝癌的同事,推荐给徐克成。

同事是深圳电视台的英文主持人,45岁。肝癌广泛转移,引起腹部、腰背剧烈疼痛,即使持续注射吗啡,也难以止痛。徐克成给她注射复合疫苗,24小时后,疼痛减轻

50%,加大剂量注射,一周后疼痛完全改善,腹壁转移性瘤块消失。

一个月后,徐克成带着同事专程到深圳她家看望,她出门迎接,兴奋地说:"现在让我跑两公里也不痛了!院长,现在我感到特别幸福!"

她讲起一个故事:一架飞往印尼雅加达的飞机上,机长宣布飞机即将坠毁,要大家写遗言。十几分钟后,机长再次宣布:警报解除,飞机即将正常降落。她说:"我现在就有飞机上那些乘客的感受,好幸福!"

徐克成很高兴,也很感谢,因为她的肝癌不可能治好,但能跑"两公里"也算健康了。这不就是"与癌共存"吗?"共存"也是一种幸福!

2009年9月1日,《健康报》整版刊登了晓梅对徐克成的访问记《仁者有爱,仁术求新》。

10多年来,经过多位专家的努力,复合疫苗的配方不断优化,被送给一些常规治疗失败、失去生存希望,并自愿充当"小白鼠"的进展期癌症患者。

2021年,徐克成对这些患者进行了"真实世界"调查。

2022年3月,美国 *Clinic in Surgery*(《外科临床》)杂志发表徐克成撰写的文章"A New Tumor Therapeutic Vaccine:A Real-World Survey on Treatment of 68 Patients with Advanced Cancer"(《一种新型肿瘤治疗疫苗:68例进展性癌症患者治疗的真实世界调查》)。共有68名晚期实体癌患者,在常规治疗失败后仅接受肿瘤治疗疫苗注射。接受注射治疗的时间为3~96个月,中位数为24个月;44.1%的病例出现肿瘤完全缓解(CR),36.7%部分缓解(PR),19.1%稳定(SD);从注射疫苗起,患者的总生存期为8~204个月,中位数为48个月。在最后一次随访中,有48.5%的幸存者。

这些幸存者就是"与癌共存"的患者。从复大建院起,徐克成就把患者长期生存作为医院努力的目标。

2010年5月,一位印度尼西亚的病人林女士给徐克成来信,分享她生存7年的快乐。

这是一位子宫癌患者,2002年她跟随正在珠海开工厂的哥哥来到广州复大肿瘤医院。当时,她的肚皮膨大,下腹部硬邦邦像埋了块石头似的。她曾在印尼最大的国立肿瘤中心接受手术,术中发现肿瘤"固定"在骨盆底部,已转移到卵巢、子宫体、周围淋巴结、肠管。她拒绝接受全身化疗。徐克成带领团队给她做经皮冷冻消融、血管介入区域化疗,最后手术切除。术后,又给她强化免疫的药物,让她回印尼居家康复。

看了林女士的信,徐克成和同事迫不及待地飞到雅加达,去了位于西郊的林女士家,看了她最近的 CT 和血液检查结果,一切正常。随后,徐克成开始了印尼 10 天行程长达 5000 公里的走访。走访了 27 位曾经在复大肿瘤医院接受治疗的各种癌症患者,努力寻找他们生存下来的奥秘。许多人身上依然有肿瘤存在,但几乎没有一个卧床不起。他们多是华裔,对同是龙的传人的徐克成热情、感恩。在离万隆 300 多公里的一个小镇上,一位患肺癌的 81 岁老太太,硬是陪着徐克成一家家拜访了 7 个病人,全然不顾她肺内依然存在的两个瘤块。老太太幽默地说:"我是幸福的与癌共存者。"

印尼时任卫生部部长的心愿

2010 年 11 月,一个星期日,徐克成突然接到来自印尼的电话,电话通知徐克成"明天下午,准备接收一位重要病人"。

第二天,病人来了,徐克成才得知,她是印尼时任卫生部部长恩棠博士。作为一个管理 3 亿人口卫生事业的部长,一位美国哈佛大学的医学博士,为什么突然来到复大做治疗?

"我是冲着你们的'与癌共存'而来的!"部长似乎看出了徐克成的疑惑。她说:"我患了晚期肺癌,已经转移了。我首选你们医院,就是想一边治疗,一边与癌共存。徐教授,你知道,我尚有很多工作需要完成。"那语气令人敬佩又心酸。

意志的力量是无穷的。这位已有多处转移的异国部长,接受了以冷冻为主的综合治疗。

高级官员的健康是国家机密。恩棠部长后来两次来复大肿瘤医院都是星期五来,星期日回国,星期一照常出现在办公室。

2011 年 2 月,徐克成一行去雅加达,为恩棠部长做微血管介入治疗。部长精神很好,PET-CT 显示原来的病变代谢活性基本消失,更重要的是,血液 CEA 从原来的 49 微克/升降到 4 微克/升,即降到正常范围。这是很重要的标志,说明体内肿瘤已被有效

控制。恩棠部长很高兴,欣然为徐克成在印尼出版的《我对癌症患者讲实话》一书印尼文版写了序言。她在序言中写道:

命运确定我罹患癌症,而且是晚期的。时间对我来说成为奢侈品,因为我所拥有的时间不是很多了。我和丈夫考虑了各种医疗手段和医疗地点,加上关心我的同僚们的意见,最后我们决定选择广州复大肿瘤医院以及徐克成教授及其医疗组的治疗。

我不知道我的病灶属于易医还是难医,但肯定的是其治疗法不简单。徐教授及其医疗组和护理组充分掌握我的病情,行事之前始终抽空向我解释其医疗程序和医疗方法。医生们的坦白、沟通、精明以及温和,让病人感到安逸,他们觉得自己在有责任感的医生的治疗之下,对病情的康复起着相当大的影响。

我、丈夫和印尼医生专家组从复大肿瘤医院和徐克成教授那儿学到了很多东西,先进事物、勇于创新精神(反潮流),甚至属于普通的事如病房的安排、如何护理、如何抽血与打针等,给人印象深刻,成为好的榜样。我已安排了让复大肿瘤医院与印尼数间医院进行合作,使我们也能够开始发展癌症的新治疗法,因为这种治疗法确实让病人受益。

2011年2月16日,《国际日报》在《印华论坛》版面全文登载了恩棠部长写的这篇序言,用了一个相当醒目的标题《学习中国医院勇于创新精神》

真主不会给他的子民承受不起的考验，真主所恩赐的，无论幸福、荣誉或者疾病，都是有他的用意。赐给我的癌症也许是给我的一种命令，命令我为印尼人民解除癌症的威胁。我以感恩的心接受这个事实，感谢我的斗争生活有丈夫和孩子陪伴，感谢徐克成教授及其医疗组、印尼总统府医生团队、印尼陆军总医院团队和椰风珊瑚医院团队，也感谢所有关心我和为我祈祷的人们。

徐克成与恩棠部长一直保持着邮件往来。她几乎在每封邮件中都有一句话"I never give up（我永不放弃）"。她说："我有信心活下去，我要在2014年我的部长任期结束前，让所有的印尼乡村都有医生看病。我相信真主不会舍弃我的。"

她说："我几乎不考虑自己得了癌症。死亡没有什么可怕，因为每个人都要死亡。可怕的是一个人失去生存的毅力和决心。"她表示："我很幸运，因为我选择了正确的治疗，还能为我国卫生事业服务。"她说话爽朗，走路健步如飞，徐克成问她怎么走路这么快，她笑着说："诀窍是我每天带着癌细胞去游泳。"

2012年2月25日，恩棠部长应邀参加复大肿瘤新院区开张典礼，并发表了热情洋溢的演讲。看到她神采奕奕的样子，谁能想到她是一位带瘤生存的癌症患者！

恩棠部长在复大

在一次 WHO 会议上,她十分激动地向时任我国卫生部部长陈竺院士表示感谢。这让陈部长既感到意外,又感到兴奋。陈部长在北京约见徐克成等复大领导时,称赞复大"创造了品牌""为国争了光"。部长说,治疗癌症的结果是相对的,如果一个病人预期生命半年,现在已经五年多了,就是巨大的成就。肿瘤缩小或消失固然重要,但患者生命的延长却是"重于泰山"。

第十九章　践行"中国式控癌"

人类与癌的"大战"从未停息过。这种因某种单个细胞基因突变，不受节制而放肆生长和扩展的疾病，已成为人类生命的最大挑战。

世界抗癌大战

自从 1937 年美国 *Finance*（《财富》）杂志发表抗癌文章以来，有关癌症的每一个轻微的落脚声，每一个微小的步伐，都会引起世界关注。1971 年 12 月 23 日，美国时任总统尼克松签署了《国家癌症法案》，打响了"抗癌大战"，期望像人类登月一样，在相对较短时间内攻克这一疾病之王。自此，投入癌症研究的总经费达几千亿美元，发表论文几百万篇。正如诺贝尔奖获得者 Herol Varmus 所说："人类从几乎对癌症成因全然无知到积累了大量知识。"

但几十年过去了，人们良好的愿望却一直未能实现！据网上一份资料显示：大多数中晚期患者自确诊后，真正的存活期短的仅数月，一般在 1 年左右，超过 2 年的就很少了。原卫生部部长陈敏章教授患胰腺癌后仅存活 13 个月，全国著名外科专家、北京积水潭医院韦加宁教授胃癌手术后存活 11 个月，香港著名歌星梅艳芳患宫颈癌经治疗后存活 1 年，著名小品演员赵丽蓉肺癌化疗后仅存活 6 个月，著名演员李媛媛患宫颈癌后仅存活 2 年，爱心歌星丛飞从发现胃癌到死亡仅 1 年时间……这些患者生前论社会地位不能说不高，论经济条件也非常优越。他们在患病住院期间，住的都是最好的医院，用的也是最好的药，给他们看病的也都是权威、专家，可是，最后的结果却不能令人满意，有的仅存活数月即抛开心爱的事业和家庭撒手西归。

据世界卫生组织 2016 年 9 月发布的报告显示：到 2035 年，全球肿瘤患者可能达到 2400 万人，在 20 年间增加近五成，抗击癌症成为全球挑战。

几年前，一位美国学者将"抗癌大战"比喻为当前的一场阿富汗战争：无数战斗、无数弹药、数万大兵，一味实施"消灭"的策略，不仅没有让这个国家获得太平，反而对方发动的破坏此起彼伏、无休无止。

2004 年 3 月 22 日，美国《财富》杂志发表了一篇由癌症患者访问数名专家后写成的文章——"Why We're Losing the War on Cancer"（《为什么我们正在输掉这场抗癌之战》）。文章说，人们良好的希望在几十年后的今天还看不到实现的可能。癌症患者的生存期比过去延长了，但这种延长是以月而不是以年计的。文章指出，应用药物治疗癌症的"目标不是为了治病救人，而是为了实施'适当'的科学……"文章问道："你耗费 10 年以上发现一种新药，这种新药与现有疗法相比，缩小癌瘤的程度平均增加 10%，对患者有多大益处？"

为什么我们会输掉这场抗癌之战？科学家们一直在寻找答案。

在中国有一位肿瘤专家，他说，我们之所以输掉这场抗癌之战，是因为目前我们把目光一直放在与癌症的正面较量上，将癌症治疗比喻为诸如战场和战争，寄希望于"魔弹"的威力，在观念上导致了对癌症的过度诊断和治疗，在"抗癌"的"抗"上做文章，而给患者带来了治疗后的痛苦和二次伤害。

这位"智者"，正是前述著名肿瘤专家汤钊猷院士，而跟随者、响应者和践行者则是徐克成教授。

将"抗癌"改为"控癌"的智慧

2014 年 5 月 12 日早晨，徐克成像往常一样刚到办公室，秘书送来一包邮件。打开一看，是 10 本《中国式抗癌：孙子兵法的智慧》。里面附有一信，是汤钊猷院士写的。汤院士语重心长地说："你比我小 10 多岁，还在临床一线。希望你实践'消灭'与'改造'并举的肿瘤治疗策略，融会中西，走具有中国特色的癌症治疗之路，发展有中国特色的医学。其中，肿瘤学界的目标，就是'发展有中国特色的肿瘤医学'，说得简单一些，是否就是发展'中国式抗癌'呢?"

"中国式抗癌",新颖的名字,崭新的概念!蕴含了中国肿瘤界战胜"众病之王"的智慧和信心,彰显了中华哲学思维的独特魅力和价值。

后来,汤钊猷院士将"抗癌"改为"控癌",一字之差,体现了癌症治疗策略更为"精准":"抗",更多意味着"消灭",而"控",包含着"消灭"和"改造"。

"改造",改造思维,改造系统,从上到下。而单纯"消灭"只能顾一时(近期),难顾长远(远期疗效)。"改造"是维持长久疗效,让病人获得长期生存的关键。各种强化机体免疫的措施,包括自体或异体免疫细胞疗法,已证明可以使病人生存受益。

汤钊猷院士提出的"消灭与改造并举",犹如一股清风吹入徐克成的心田。让徐克成感受到汤钊猷院士,不仅是一位科学家、医学实践家,还是一位哲学家、国学家。汤院士将老子的"创新"、孔子的"和谐"和孙子的"取胜",以及毛泽东提出的"持久战",融为一体,匠心独具、巧妙睿智地应用于控癌战,指导癌症治疗,旁征博引、纵横捭阖,显示了他的渊博知识和非凡智慧。

说起徐克成与汤钊猷院士之间的渊源要追溯到20世纪70年代初。当年,徐克成还在地处长江尾的南通医学院附属医院工作,汤钊猷教授来到南通开展肝癌普查工作。徐克成也作为江苏的普查成员参加了该项工作,他对汤教授提出"小肝癌""亚临床肝癌"概念,十分赞赏。1972年徐克成到上海中山医院消化科进修,师从汤教授的夫人李其松教授,进修消化病学,同时"旁听"他的查房、讲课。此后,汤教授邀请徐克成参加编写他主编的著作,并在他主持的学术会议上演讲。

时光荏苒,岁月如水,人生如歌。徐克成与汤钊猷院士结下了心照神交之谊,他的夫人也成为徐克成最尊敬的老师之一。

践行"中国式控癌",就是跟随老师的心灵之旅,就是走上"变革的新路",把"与癌共存"的理念具体化、实践化。这是学习、吸收、研究、转化,应用新理念、新策略、新技术的过程,正如美国前总统尼克松说的,我们不漠视过去,不毁弃过去,不向过去倒退,而是奋发向前,积极向上,决心为未来开辟新的前景。

发展有中国特色的医学,是中国崛起所带来的历史使命,是徐克成的梦,也是凝聚了几代中国人心血的夙愿。实现"中国式控癌"这一目标的核心,汤钊猷院士总结为:

"洋为中用＋中国国情＋中国思维＋细致实践"。在癌症防控方面,我们既要充分运用西方医学的精华,也要结合国情,而加入中国思维是重中之重,最后还要用细致的实践去检验。几千年中华文明,取其精髓,并与现代科技精华相结合,可能是"超越"的关键。

徐克成教授将汤院士的这一核心总结归纳为"现代癌症文化"。

深不可测的"癌症文化"

在现实生活中,"癌症文化"无时无刻不在影响着患者及其家属的思想观点、治疗措施。

在徐克成所写的《与癌共存》一书中,徐克成说,文化,贯穿整个社会,也承载于人的生存、生活和命运中,自然影响着人和癌的"相处"和"相斗"。

正确的"癌症文化"是一种力量,比如,当一个人爬山,突然走到悬崖边,如果这时有一种力量拉住他,就会阻止他坠入悬崖,避免一场灾难。同样,不正确的"癌症文化"也是一种力量。这是一种反作用,人在悬崖边,不是去拉他,而是去推他,灾难就会接踵而至。

徐克成在书中对"癌症文化"的这种矛盾做了阐述。

他认为具有反作用力的"癌症文化"或者说是有问题的"癌症文化",第一大特征是追求"新"。追求新药,患者成为严苛治疗下的牺牲品。

2008年,我国一位著名经济学专家,因腹腔巨大脂肪肉瘤接受了手术切除。然而,术后六个月,肿瘤复发且快速长大。2009年2月,来到复大肿瘤医院接受治疗。

CT显示,患者腹腔内有多个大肿瘤,最大的9厘米,伴有腹水和胸水。经济学家高高隆起的肚子与消瘦苍白的面庞形成鲜明对照。他在接受全身支持治疗后,接受了冷冻消融、肿瘤切除、光动力疗法、腹腔热化疗等序贯治疗。切除肿瘤5公斤,95%的肿瘤被消除。术后接受了以非特异性免疫调节药为主的免疫治疗和小剂量化疗的维持治疗。

徐克成告诉他:治疗要温和,不要急,慢慢来。维持免疫功能,重在整体健康。

在徐克成的指导下,经济学家逐渐康复,两个月后,几乎完全恢复了饮食、体力,又开始每天做俯卧撑……他出院后,重新走上讲堂。半年后,徐克成去北京看他。他很高兴,显得充满信心。

然而,三个月后,这位经济学家的朋友发来急电说,他体内的肿瘤重新长大,要求再次来复大治疗。检查发现,肿瘤长得比一年前他第一次来复大手术前更大。经冷冻消融加上手术切除,消除肿瘤70%,术后一周病情平稳。然而,三天后,患者突起腹痛。CT发现,残存肿瘤再度长大穿破肠管,穿出手术切口,简直像发疯的野狗,疯长……

经了解,原来他一心想抗癌,消灭癌细胞,服用了美国新出的一种对脂肪肉瘤有"特效"的药物,在服用新药后,肿瘤消除80%,他觉得这是一种"神药"。

然而,徐克成查阅相关文献发现,这种所谓的"神药",对肉瘤患者的疾病控制率为55%,有9%获得部分反应(肿瘤缩小50%以上),中位维持时间23周;6个月无进展生存率30%。

这位经济学家的肿瘤后来之所以疯长,实际上是那种"神药"严苛治疗后报复性生长的后果。

治疗癌症,新的药物与日俱增,但残酷的现实没有因此而改变。两位意大利药理学家在英国医学月刊发表论文,他们把1995~2000年在欧洲上市的12种治癌新药的疗效,同相应的"旧药"比较,发现这些新药对患者的生存时间和生活质量没有实质性好处,给患者带来的不良反应也没有减少。但是,这些新药的价格却大幅上升,其中一种新药比相应"旧药"贵350倍。

昂贵的药物不一定带来生存受益,但其严重副作用会让患者生活质量急剧下降,甚至丧命。比如,应用氟尿嘧啶—四氢叶酸治疗结直肠癌6个月的疗程,在美国要花100美元;如果每3个星期加一剂量伊立替康,则要加3万美元;如隔一周加用一剂量阿瓦斯丁,一个疗程就是2.4万美元。癌症病人是"弱势群体",如果医生推荐了某种药物,很少有人质疑,基于对"延续生命"的憧憬,他们不得不孤注一掷。到底生存效益是否有与价钱相符的价值,这是一个似乎永远无法解开的谜题。

老子说:"人法地,地法天,天法道,道法自然。"如同太极图不仅见于宇宙天象,也见于生物体内,汤院士讲的"西洋拳不敌太极拳",其哲理也寓于"消灭"与"改造"并举的"中国式控癌"治疗中。

试想这位经济学家如果不接受那种严苛治疗,仅接受温和治疗,像打太极拳那样,就可以达到"四两拨千斤"的功效,其后果也许就会不一样!一位卓有成就的经济学家过早地丧失了生命,对徐克成和他的同事来说,心中留下了永远的遗憾、费解和茫然。

反作用力"癌症文化"的第二大特征是"千篇一律"。患了癌症,患者通常都要接受化疗或放疗,成了"千篇一律"的定式。其实,化疗或放疗只对几种类型的癌症有一定的作用。比如,化疗、放疗虽是对付结直肠癌转移的主要手段,但并非所有结直肠癌都是一样的。美国乔治敦大学医院的约翰·马歇尔博士认为,手术可治愈75%的Ⅱ期结直肠癌患者,其余25%未经手术治愈的患者中,仅有3%~5%能从化疗中受益。重要的是判断哪种疗法对哪类患者奏效。换句话说,哪些患者属于上述3%~5%。

徐克成在《与癌共存》一书中讲了这样一个案例。

一位来自宁夏的60岁女性,患上了乙状结肠癌,手术切除了病变肠段。术后几个月,发生肝和肺转移,在当地医院接受了化疗,肿瘤不仅没有缩小,反而数量增加。

其丈夫觉得当地医院的技术不够成熟,化疗水平不高,就带她到北京一家大医院,接受了第二代化疗,但转移灶仍然没有减少;随后,他们又到了上海,不行,再东渡日本,接受了一次又一次最新型组合化疗,还是不行。虽然很失望,但心中仍然有希望,又把希望寄托到了德国,接受了世界上最先进的新型"质子放疗",先照射掉一处转移,休息一个月,再照射另一处。费用当然不菲,仅在德国的两次治疗,就花去人民币近80万元。结果,失望大于希望。患者丈夫感叹道:"可悲呀!整个世界医疗的可悲!"

这位患者丈夫所说的"可悲",实际上反映的就是这样一种陷于矛盾中的"癌症文化"。这样的"癌症文化",其实也是一种严苛治疗的思维定式文化。

徐克成说,严苛治疗可使癌细胞变得更恶性,即增加癌细胞的侵袭能力,促使癌细胞变本加厉,更快速生长,对常规治疗更有抵抗性。正常细胞对癌细胞有竞争性对抗作用,严苛治疗却抑制了正常细胞,使其对癌细胞的对抗作用减少。

肿瘤专家美国的亨利·衡博士在《癌症思辨》一书中也指出,严苛治疗的不良后果不仅见于传统化疗,也见于当今受到高度关注的分子靶向治疗。

前述美国《财富》杂志发表的由记者兼癌症患者所写的文章,就明确指出:"当前存在一种有问题的'癌症文化'","癌症研究陷入了误区,追求知识成为终极目标,而不是成为追求其终极目标的手段。80%的研究以小鼠、果蝇或是蛆虫作为实验对象……运用这些移植型肿瘤模型研究出的抗癌药物大多治疗不了人类癌症。"

反作用力的"癌症文化"的特征还包括迷信"权威"、忽视药物副反应的伤害以及不讲"成本效益"。

践行"中国式控癌",徐克成说,就是要让"癌症文化"传播正能量,引导广大患者和家属,转变思想观点,改变思维定式,不再"谈癌色变",不要轻信所谓的"权威",更不能忽视癌症治疗的二次伤害,治疗癌症也不是越贵的药越好,而是要选择适合自己的才是最好的,"与癌共存",享受美好生活才能变成现实。

不放过 0.0001 的机会

践行"中国式控癌",其实就是倡导肿瘤"绿色治疗",就是希望突破目前癌症治疗的固有思维,走出一条既简单又价廉的治疗之路。

徐克成提出癌症康复"ABC"三原则,就是有效(Applicable,A)、简便(Brief,B)和价廉(Costless,C)。王振义院士,发明的诱导分化疗法被用来治疗一种极恶性的白血病,治愈率95%,方法就是口服一种无副作用的药物,费用不及一瓶化疗药。他说:"治疗癌症一定要创新。也许,癌症治疗没有那么复杂。"

王院士说得一点儿也不错。在《与癌共存》这本书里,徐克成列出了几十个案例,都是践行"中国式控癌"的生动诠释。这里选一个案例,以飨读者。

台湾书店里有一本畅销书《0.0001 的机会——绝处逢生的抗癌奇迹》,作者是台湾著名媒体领军人物吴林林,台湾地区领导人马英九先生为此书作序。吴林林在书中记录了预计生命只有两个月的患晚期肝癌的儿子战胜癌魔的心路历程……

2004 年 7 月,吴林林儿子小明身体不适,住进了振兴医院。两天后,医院告诉她,小明是肝癌末期,已扩散到肺部与脊椎的第七、第八关节,造成凹洞,随时可能瘫痪。医师还说,小明只剩下两个星期至两个月的生命。吴林林几乎绝望,但并没有放弃寻求生机的一丝希望,打定主意到大陆试试。

2004 年 8 月 7 日,吴林林一家老小,怀抱着最后的希望,搭机直奔大陆。

翌日上午,吴林林一家人赶到上海一家医院,但医院认为无法治疗,但该院院长介绍了他姐姐患晚期膀胱癌应用复合免疫疗法取得成功的例子。

当时,肝癌已至末期的小明,肝功能其实已完全丧失,眼白几乎全变黄,脸庞呈灰黑色,全身皮肤则因微血管破裂而红斑点点,而且还挺着肝积水的大肚子,每毫升血液中的白细胞数量只剩500以下。

8月9日,小明开始接受复合疫苗治疗。这段时间里,吴林林和小明每个月要来大陆住20天,打3针,剩下的10天回台北休息、检查。

大半年下来,小明不但撑过振兴医院原先预估最多两个月的生命时限,身体也一天天明显好转,每次在振兴医院检查,都证实了病情的改善。黄疸与腹水已完全消除,白细胞数量也提高到4000;磁共振造影则显示,原本肺和脊椎两处的肿瘤已完全消失,只剩最早的肝肿瘤,但也缩小到直径2.5厘米。

吴林林女士在书中写道:"癌症,恶魔中的恶魔,是造就这一切真实噩梦的残酷大反派。"凭着对儿子真挚的爱和与生俱来的倔强性格,她没有放过"0.0001的机会",找到了救命的复合免疫疗法,为儿子驱走了癌魔,创造了生命的奇迹。

相信奇迹,是一种善良的期待;创造奇迹,是一种可以力争的现实。"温和治疗"让希望如阳光一样照进现实。

辩证看待癌症治疗

现实生活中,还有一种现象,就是向患者隐瞒癌症的真相,不让患者知道,在生活中和许多文学作品中,我们也常常看到有被称为"善意的谎言"的故事。但在徐克成眼里,如果真正理解了"与癌共存"的理念,按照汤院士提出的"中国式控癌"的思路去治疗,就没有必要向患者隐瞒病情。

其实,从患者自身的主观意愿来看,大多数癌症患者希望尽快得知自己病情的真相。有人曾对1023名中国癌症患者及家属进行调查,90.8%的被调查者认为,应该让早期癌症病人知道病情真相,60.5%认为应该让晚期癌症病人知道病情真相。

徐克成说,我得了癌症从不回避,几乎全世界都知道我生了癌症。我知道肝癌的复发率是非常高的。我常常拿自己生病的体验来讲:"活在当下,向死而生。"

癌症治疗是痛苦的过程,治疗出现副作用在所难免,心理支持十分重要。若无法向患者坦陈病情的真相,心理医生也就无从向其提供有针对性的心理支持,从而会进一步加重患者的心理负担。

当然,医生要耐心地、有技巧地向病人解释,既要交代病情,又要让患者看到光明,看到生存的希望。要讲"辩证法",让病人真正理解生与死的含义。

一位女哲学家,就是因为讲"辩证法",在生命的终点,选择了在复大肿瘤医院"离开"。

鲁教授,我国一位以研究社会伦理而著名的语言哲学家,因患非小细胞性肺癌,在广州等几家医院接受过多次化疗,效果均不好,而且病情不断加剧。她爱人肖先生,悄悄来到复大肿瘤医院进行实地暗访后,找到徐克成说:"徐院长,对不起,我到你院已来过多次了,主要是跟踪随访你们的几个肺癌患者,尤其是患者周玲。我一直下不了决心来你院,但看到周玲,恢复得那么好,真神奇……"

周玲是一位来自江苏苏州的患者,一年前,在上海与客户谈生意时,突然头痛欲裂,去医院检查发现是肺癌伴脑转移。上海和苏州几家医院估计她的生命只有一两个月。她是一家不小的电子厂老板,匆匆把生意交给同事,就在姐姐的陪同下来到复大肿瘤医院治疗,出乎意料,她治疗后状况恢复极好。

徐克成考虑到鲁教授是一位名人,社会关注度高,治疗意见也会不统一,便谨慎地对他说:"你太太的病情已经恶化,容我考虑 24 小时,再通知你是否同意你太太转来我院。"

分别时,肖先生送给徐克成两本鲁教授的著作《升腾与坠落》《断裂的声音》。

晚上徐克成阅读了鲁教授的著作后,发现她是个勤奋、认真的学者,对美有着特殊的感受力。尤其是书中充满了哲理,对生与死有着非一般人的认识与价值取向。徐克成想,救治这样一位学识渊博、真诚高尚的人,还有什么犹豫?尽管我们不一定能治好她,但总要一试。

鲁教授住进了复大肿瘤医院。她面色苍白,每毫升白细胞数量仅有 3000,T 淋巴细胞数量极低,严重贫血,两肺湿啰音,不能平卧,疼痛剧烈,女儿在旁边不断地为她拍背。

鲁教授用求助的眼神望着徐克成，这让徐克成想起她在书中说过的一段话：人们说精神是无限的，它作为类意识似乎可以翻越有限的肉体即有限的个体生命。任何想向外无限扩展的精神，都会碰在上帝的边缘上，而被挤压回来，回到内心中来，回到你想做这种翻越、超升的心灵中来。感受它吧，感受这个承受莫名而困惑而寻求的灵魂吧！

徐克成也在考问自己的灵魂，鲁教授的病用"病入膏肓"来形容，已经不为过了。怎么治疗？徐克成只好将肖先生请到办公室，告诉他：鲁教授免疫功能严重低下，任何一种感染均足以威胁她的生命。

肖先生一直在责怪自己，没有早点来复大，并焦急地问徐克成怎么办？徐克成说只能做"支持治疗"，首当其冲设法提高免疫力。

不出徐克成所料，住院后第三天，鲁教授突然"感冒"，发热，但血液中白细胞数量不高。第四天，呼吸急促，血液氧饱和度降至90％以下，二氧化碳分压升高一倍，两肺布满湿啰音，出现了肺功能衰竭，于是急转往我国治疗肺衰竭最有名的广州呼吸病研究所进行抢救。

一周后，徐克成正在哈尔滨参加一个学术会议，接到肖先生的电话，说鲁教授生命垂危了，并告诉徐克成说，她明白自己的状况，只有一个请求，希望住到你院直到离开这个世界。

徐克成感到很疑惑，问肖先生为什么？肖先生说："我爱人是研究哲学的，但她生病一年来只是程序化接受治疗。到了复大后，虽然只有几天时间，但你让她明白了治疗疾病也要讲哲学，在复大这几天的治疗中闻到了'哲学'的味道。"

徐克成理解了，她讲的"讲哲学"就是指治疗癌症不能"教条"，要讲辩证法。正如她在《升腾与坠落》一书中说：我懂得坠落，懂得用泥土连同自己的羽毛一起把自己覆盖起来。已经体验的坠落是一种深刻的幸福感，一种如安魂般的宁静。但仍然有不能把握根底的惶惑。这惶惑是如命运般终身相随的。

按照鲁教授的要求，肖先生将鲁教授接到复大肿瘤医院，几天后，即2006年8月12日，鲁教授在复大离开了这个充满"诗化哲学"的世界。

"肉体不能翻越死亡，翻越生的极限是精神！"徐克成读懂了鲁教授这句话的内涵。

鲁教授生前知道自己患了癌症,但没有恐惧,而是用她的方式,在人生的最后关头选择了一处心灵的港湾,她的内心是安静的,也是诗化的,更是哲学的!

在复大肿瘤医院,来这里治疗的患者都知道自己患的是什么病,他们乐观、开朗,因为他们相信徐克成和他的团队。即使到了生命的终点,他们也会选择有尊严地离开这个世界,含笑与亲人诀别。

2015年4月1日下午,在菲律宾马尼拉的一个会所,菲律宾复大志愿者协会举行了一场聚餐会,出席者约150人,徐克成应邀出席。

徐克成与菲律宾复大志愿者协会部分会员合影

Mike先生上台介绍了陪伴太太抗击癌症6年的过程。他的妻子叫Chona,患肾尤文氏肉瘤伴肺转移,于2009年到广州复大肿瘤医院住院,接受了血管介入、冷冻治疗、碘粒子植入,以及联合免疫治疗,转移灶消除。但几年后,肿瘤复发,最后夺去了她的生命。

Mike说:"感恩上帝,让我们找到了复大肿瘤医院这样的医院,并在这里接受了几乎没有痛苦的治疗。我的太太虽然离开了我们,但她是带着微笑离开的。正是复大肿瘤医院的治疗和关怀，让我们有了快乐的 6 年，让我们的孩子得以享受最亲近的母爱。"

听了 Mike 的讲话，徐克成再也控制不住自己，眼泪夺眶而出，走上前去，紧紧拥抱他，说："对不起，Mike。医学无能，我们没有挽救 Chona！"

Mike 紧握徐克成的手，用力摇了摇说："不要这样说，徐教授，你们尽力了。她走得安详，非常感谢你们！"

乐观应对癌症

让患者知道自己的病情，他们死而无憾。而生命得以延长的患者，也就是徐克成倡导的"与癌共存"的患者，则是快乐的。

老丁，是一位结肠癌伴多发性转移患者，做了手术切除。术中发现肿瘤已发展到肠管的最外层浆膜，临近的淋巴结中有多个转移。术后他接受化疗，刚接受两个周期，年已 76 岁的他已经耐受不了了。化疗用的阿瓦斯丁，副作用很大，2011 年《新英格兰医学》杂志发表文章，报道阿瓦斯丁使复发性卵巢癌患者的无进展生存期延长 4 个月，另一篇文章则报道可延长两个月；使转移性乳腺癌患者延长生存期 1~3 个月。但是，该药的副作用却是灾难性的，包括胃肠穿孔、伤口不愈、中风或心脏损害，以及致命性出血。正因为这些副作用，美国食品药品监督管理局于 2011 年底撤销了对使用阿瓦斯丁治疗转移性乳腺癌的许可。美国纪念斯隆·凯特琳癌症中心乳腺科主任哈迪斯博士说："阿瓦斯丁没有延长任何一个病人的生命。"尽管如此，该药仍被作为结直肠癌的"标准"治疗，还扩大到肺癌的治疗。

老丁的儿子是一家 IT 企业的高管，一心一意要让父亲过"没有痛苦的日子"，坚决拒绝"痛苦的治疗"。在仔细评价后，徐克成给老丁做了转移灶冷冻消融和免疫治疗。

老丁成了医院许多医护人员的朋友，大家把他称为"老顽童"。他定期来医院接受超声检查，每年接受一次 CT 或 PET-CT，发现哪里有新的转移灶，就在哪里"消融"；免疫功能哪一项减退了，就接受相应的免疫治疗。起初两年，他每天骑自行车，医生说他活动"过度"，他改骑机动自行车，后来儿子为他买了一辆机动三轮车。用他的话讲，"活过来了"。7 年过去了，他的肝和肺内仍有小转移灶存在，他却轻松地说，"能吃能睡能运动"，在"与癌共舞"。

一位 73 岁的胰腺癌患者，是 1965 年从中山医学院毕业的老医生。她说："我知道自己得了胰腺癌，这是癌王，但我要活下来！"

徐克成说："你是医生，你看应该怎样战胜这种病？"

她说："把癌症看成是患了一场感冒，每个人一生要患多少次感冒，但没有一个人畏惧过感冒；把癌症看成是糖尿病、高血压、心血管病、痛风病，这些都是慢性病，都需要终生服药，但没有一个人恐慌过，能和这些慢性病和谐相处，就能和癌症共存。"

徐克成说："对生存抱有乐观的态度，'心理免疫'会激发控癌效应，消灭最后一个癌细胞的，并非药物，而是体内的免疫系统，癌症就是一种慢性病，并非绝症。就是极限病例也有康复的可能。"

她说："是呀，糖尿病、高血压，一样会死人。我现在已接受了两次冷冻治疗，只是右下腹还有些痛，你们好好研究一下，我有信心，因为我看到你们治疗的病人有的已活了六七年了。"

一位毕业于交通大学、年仅 30 岁的女青年，前几年被查出有乙状结肠癌，在其他医院接受了手术。一年后，肿瘤复发，转移到盆腔的卵巢、子宫以及腹膜、腹腔淋巴结。到复大肿瘤医院接受了再次手术。外科专家李朝龙为她切除了转移灶，又给她做了腹腔转移灶冷冻、腹腔热化疗。她见到徐克成十分开心，说："院长，我要照你说的那样，与癌共存，跟你一起去控癌！"

这两位病人，一位是老医生，一位是大学毕业生，知识丰富，理解力强，对自己的癌症了如指掌。但她们信心十足，没有被晚期癌症吓到，对生存充满期望。

这样的事例，在复大肿瘤医院，每天都在上演。

徐克成常跟病人开玩笑地说"Follow me"（跟我走），意思是，你的经历我都经历过了，我是幸存者，也是胜利者，跟我走，没错。

于是，众多癌症患者跟着徐克成走上了与癌和谐共处的阳光大道。

癌症治疗的"人性化"

与癌和谐共处,不仅要生存下去,还要有质量地生活。在徐克成控癌的"字典"里,践行"中国式控癌",不仅要关注患者的肿瘤,更要关注患肿瘤的病人,慰藉病人的心灵。

"以人为本",是"中国式控癌"的核心。

常常会有癌症病人咨询,癌症病人能不能过性生活?这是许多癌症患者及其配偶所关心的问题。

人类有三种需要:物质、精神和性。性不仅是传宗接代的需要,更是人的生理、情绪、精神的需要。美好的生活离不开性。有规律的性生活可以使夫妻关系和谐,增进心理健康,提高免疫力和心肺功能。正常人需要性生活,癌症病人同样需要。徐克成常告诫医生:在给患者治疗时,不要忘记"性"。

一天,徐克成去6病区看一位马来西亚女病人。刚进病房,患者丈夫奔上前来,给徐克成一个拥抱,连声说:"你们太善良太体贴了!"原来他的妻子52岁,患直肠癌。癌症侵犯到邻近的阴道,在切除直肠肿瘤时,不得不把阴道也切除。为了保存性生活,为她做手术的李教授从她身上取了一段乙状结肠,为她做了人工阴道。

这件事让徐克成体会到:癌症治疗"人性化"多么重要!

> 勇者名医扬大纛,
> 思维另类起沉疴。
> 云龙风虎会双院,
> 纳米冰刀胜一佗。
> 四海来归因上德,
> 万言引领在高坡。
> 病黎趋步消千虑,
> 春日暾暾九曲河。

这是香港散文诗学会常务副会长钟先生写给徐克成的一首赞美诗。源自他自身一段刻骨铭心的经历——从"死亡"噩梦中回归。

2012年8月,钟先生在香港接受了结肠癌切除术,手术成功,术后无须化疗。随后两年,复查一切正常。正当他为自己康复而庆幸时,2014年10月的一次例行复查,香港某医院的一纸诊断又让他陷入噩梦之中。医院的CT、PET-CT上显示:肝内有一"占位性病变"。诊断书上写道:"肝癌,来自结肠癌转移。"当地医生建议,立即手术并要进行八次化疗,否则,生存期顶多只有一年……

绝望中的钟先生决定寻找痛苦更少的疗法。2015年1月,一位朋友给他传来深圳电台晓梅的一篇文章,就是前述的《仁者有爱,仁术求新》,让他似乎看到一线生路。

那是一天下午,临近下班,一位个子不高的老人在远比他年轻的女士陪同下,来到徐克成办公室。刚坐下,老人递给徐克成一本诗集,作者钟子美。老人沉静地说:"我就是钟子美,一个诗人,但已人命危浅、朝不保夕。"他指着身边的女士,"这是我的太太。"眼睛一下子红了。他的太太随即递上几张随身带来的PET-CT片。

徐克成翻看诗集,再看看PET-CT。不知从哪里突然获得的灵感,徐克成对片子上那一小块低密度"占位"怀疑起来。他默默地坐着,几分钟后,对钟先生说:"也许不是癌。"什么根据?徐克成一下子说不上来,他的脑子也有些模糊,但是直觉告诉他。

2015年2月2日,钟先生被安排住院。他接受了磁共振类PET、活检等一系列检查。结果果然如徐克成所料:"肝慢性炎症——脂肪病变",肝脏无恶性病变证据。

"死"而后生的钟先生感慨万千。随后,他们夫妻在香港做起义工,为从复大肿瘤医院出院的患者提供康复服务。

"以人为本"要落实到为病人服务到实处!徐克成经常告诫自己的团队。设备和技术固然重要,但医生的细心、诚心、同情和耐心更为重要。这是践行"中国式控癌"的基础。

多年来,徐克成和他的同事,或电信联系,或登门拜访,行国内,去国外,走城市,往山村,遍访了上千例癌症患者,既访问治疗情况,又了解生活方式、家庭环境、遗传背景。许多本来无生存希望的癌症病人,确确实实活下来了。这是徐克成爱心的昭显,也为"与癌共存""中国式抗癌"丰富了内涵。

第二十章 "五朵金花"的故事

提起"五朵金花",出生于20世纪五六十年代的人,并不陌生,脑海里浮现的一定是杨丽坤主演的电影《五朵金花》。

苍山、洱海、蝴蝶泉,风景如画,享誉天下;山花、茶花、金花,竞相争妍,芳香四溢。五位美丽的姑娘,歌喉甜美,舞姿蹁跹,为真挚的爱情唱起赞歌。

这是一部唯美的爱情影片,倾倒了无数观众,成为那一代人心中抹不去的经典。

此处讲述的"五朵金花"源自前述广州市文明办为徐克成讲话准备的发言稿。但在徐克成救治的无数患者中,远不止"五朵",而是一朵又一朵凌霜傲雪的"金花"。笔者选择了彭细妹、冰冰、彩枝、小凤、颖芷五位女性,她们年轻、漂亮、阳光,充满朝气,洋溢着青春的气息,作为众多"金花"的代表,行走在徐克成教授倡导的"与癌共存"的人生道路上,用青春、向往和永不放弃的信仰,为生命唱响赞歌。

第一朵金花:彭细妹

彭细妹,在身患癌症濒临死亡时,是徐克成用仁爱之心和"与癌共存"的理念挽救了她,她不仅结婚成家,生命得以延长,还成为一名中国共产党员,受到时任广东省委书记汪洋的接见,她的故事传遍全国,现在还在继续,成为媒体传播的第一朵金花。在本书第三章已经做了介绍,这里就不再赘述。

第二朵金花：来自哈尔滨的冰冰

2014年7月25日，《羊城晚报》在显著位置登载了题为《切除腹中肿瘤30斤 11岁女孩获新生》的报道，在社会上引起强烈反响。

羊城，这座南方城市，因徐克成率领的团队救活了一个新的生命而有了不一样的温度。

在中国版图上，广东省广州市与黑龙江省哈尔滨市，一南一北，相隔3000多公里，路途遥远，气候不同，然而，徐克成和他的同事们用爱心铺就了一条创造生命奇迹的"高速路"，让北方女孩冰冰在南方异乡跑赢与死神的赛跑。

2014年6月14日下午，一个挺着硕大肚子的小姑娘，在父母的陪同下来到徐克成的办公室。她叫冰冰，当年12岁。

一进门，冰冰的父母就跪在地上，含泪对徐克成说："徐院长，今天我们从哈尔滨过来，乘了两天两夜火车，求您帮帮忙，救救我的小孩。您大慈大悲，一定要救救我女儿。"

徐克成连忙拉起他们俩，平和地说："不要着急，慢慢说！"

看了他们带来的资料，徐克成大吃一惊：CT片上整个腹腔的90%都被实质性肿块所占据。根据CT图像测算，她腹内的肿瘤大约有20公斤，而她的体重只有39公斤。小女孩的胃被瘤子往上挤压，像一条长长的黄瓜；小肠被挤到右上腹的肝脏下面，大肠被挤到腹腔两侧，像一条海带；胸腔内的肺被挤得只有原来的一半，心脏也被往上挤压了许多。

小女孩四肢瘦小，挺着有10个月孕妇那样的大肚子，面色苍白无血色，但眼睛依然透露出求生的欲望。

"爷爷，我想上学，我都四年没有看到我的脚面了！救救我吧！"小女孩对徐克成说。

徐克成心里一阵难过，泪水差点掉了下来。看病历记载，救治小女孩的机会不大，但女孩的眼睛却十分明亮，那是对生命的渴望。直觉告诉徐克成，这个小孩有救！

冰冰家住黑龙江省双城市农村，距离哈尔滨市区30公里，冬天的最低温度达零下30℃。冰冰5岁时，腹部常常隐隐作痛，去哈尔滨最大的医院检查，发现腹腔内有拳头大小的肿块。她接受了手术,切除了瘤子,病理诊断为"不成熟性畸胎瘤"。两年后,在原先瘤子切除的地方,又有肿块出现。医生给她做了化疗,在她腹腔内注射药物,并每隔3个星期静脉注射一次化疗药。医生告诉冰冰的父母,冰冰的肿瘤是"恶性"的,化疗是为了抑制癌细胞,是唯一的治疗方法。冰冰很乖,虽然每次化疗后她都呕吐得像"断肠"一样,但她从没有哭,她咬着牙,坚持了4个周期的化疗。

但肿瘤却不买化疗的账,越化疗长得越快,最后好像要"报复"似的,疯长起来。父母领着冰冰到了哈尔滨其他几家大医院,医生说,这是肿瘤"复发",无法治疗了,即使再手术,术后还会再长,"无价值"。哈尔滨是黑龙江最大的城市,在那里最大的医院看过,在当地人心目中,是"到顶"了。

但冰冰的父母没有泄气,他们卖掉了房子,拿着卖房的钱到了北京,去了中国最大的医院,咬咬牙,挂了最"贵"的专家号,但得到的回答几乎一致:"已失去手术机会。"

就在冰冰一家万念俱灰的时候,冰冰的父母听人说南方有一座医院叫复大肿瘤医院,院长徐克成有爱心,医术高超,救治了许多被大医院回掉的癌症患者,刚刚获得"时代楷模"称号,于是,他们决定最后一站到广州复大肿瘤医院,找好人徐克成院长,为女儿寻求一条活命的路。

看到徐克成,冰冰的父母似乎看到了救星。

徐克成又认真看了CT片,忽然发现肿瘤有"境界",肠管虽然被挤到一边,与肿瘤并未混杂一起。这似乎给手术切除带来一点曙光。

那时正是中午下班吃饭时刻,徐克成看到正往餐厅去的李朝龙教授,立即拉住他,给他看CT,说:"老李,有手术机会吗?"

李教授仔细看了CT片,又看看冰冰的腹部,对徐克成说:"院长,你有决心,我就有信心,我拼老命也要把它拿下来。"

李教授是资深的外科专家,曾经切除了来自美国、新加坡、中国上海和湖南等地患者的巨大肿瘤。一位美国医生赞誉他为"无坚不摧的手术刀"。

徐克成和李朝龙教授达成了共识,但在开讨论会时,却遭到其他与会专家的反对。大家认为,既然外面的大医院、名医院都确认了是无法治疗的肿瘤,我们医院不能冒这个险。

也有好心人提醒徐克成：你刚刚在中央获奖，不要功败垂成！对这些，徐克成有更深的考虑。80斤的孩子，肚子里装着一个30多斤的瘤子。瘤子顶心顶肺，让孩子食不下咽、透不过气。如果不及时"摘掉"，冰冰恐怕很难活到2015年的春节了。以前救治病人的经验，让他体会到：医学是科学、技术、艺术的结合。"救治冰冰，更需要信心、情怀和勇气！"

徐克成破例在手术书上签了字。

当然，徐克成的大胆并非是"盲目"，他仔细了解了冰冰的病史，又与影像专家细细看了影像资料，直觉似乎再次告诉他：以前的诊断可能是错的，也许，不是恶性肿瘤，而是良性？但他没有说出。

给冰冰手术，至少有三大风险：第一，切除肿瘤后，腹内压力突然降低，会使血液一下子积聚到腹内血管，引起回心血流和脑供血急剧减少，导致休克、心脏衰竭，病人可能突然死亡；第二，肿瘤太大，与肠管、输尿管肯定粘连，如强行切除，术后并发症增加；第三，肿瘤内血管丰富，切除肿瘤时可能出现大出血。冰冰全身血容量约1200毫升，且近半在肿瘤内，"搬出"肿瘤本身就可能引起大量失血，而大量输血又会引起输血并发症，导致致命性血液凝固障碍。

"搬"肿瘤的战斗终于在一个月后的7月15日打响了。

8:10 冰冰被推进手术室。随即，护士给她做了静脉穿刺、静脉置管。接上输液袋，连上监护仪，屏幕上显示心跳120次/分钟，氧饱和度99%，血压98/70mmHg。

8:15 麻醉专家萧教授和方医师开始给冰冰气管插管，调整体位。

8:17 气管插管成功。萧教授宣布麻醉成功，手术可以进行。

8:25 朱慰冰副教授上台，给冰冰的腹部皮肤消毒，铺上手术单，手术护士金利就位。

8:30 李朝龙教授和第一助手牛立志博士上台。李朝龙教授在冰冰腹部切开皮肤。手术正式开始。

8:40 冰冰腹腔被打开，暴露巨大肿瘤。

12:45 从腹腔内分离巨瘤。

13:30 左侧巨瘤被"搬"出。

14:30 右侧巨瘤被"搬"出。

14:35 检查肠管、输尿管、肾脏、卵巢、子宫,无损伤。

14:55 清洗腹腔。

15:20 关腹。

历经 7 小时的奋战,巨瘤被切除,手术成功。一直在手术室内的徐克成一刻也没休息。见成功拿出肿瘤,徐克成情不自禁地对护士说,放到秤上去称一称。秤盘显示:15.1 公斤。

当时,2014 年世界杯足球赛正在巴西举办,徐克成对在场的医护人员说:"你们看,这两个肿瘤像不像两个足球,我们中国的足球没有打进世界杯,今天我们小小的复大肿瘤医院打进'世界杯'啦!"一位护士还真的找来一只有花纹的足球,徐克成抱在手里与肿瘤做了一个对比。

下午 4 点半,李朝龙教授脱去手术服,走出手术室。等在门外的媒体记者一拥而上,问:"冰冰的肿瘤被切除多少?"李教授看了看大家,疲惫的脸上露出笑容:"100%!"

徐克成深情地说:"什么叫伟大?伟大就是做别人做不了的事。伟大就在此时此地!"

广东电视台以《救命》为题进行了专题报道,中央电视台记者还专题采访了李朝龙。

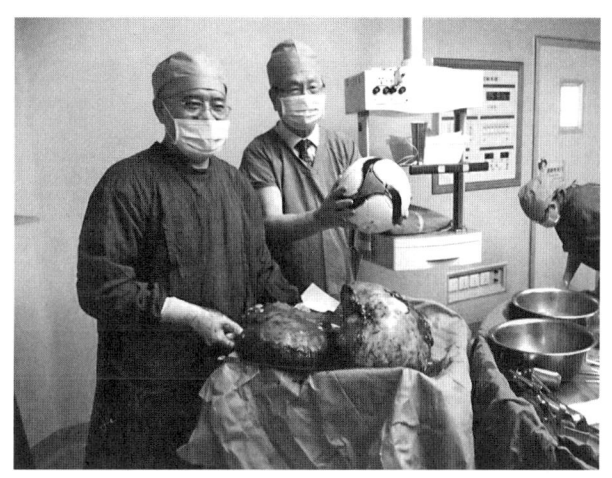

从冰冰腹腔切下的肿瘤 15 公斤,两个足球大小

后来,在记载李朝龙医学传奇的报告文学集《为苍生而战》一书中,徐克成专门为他作序。在序中徐克成写道:李朝龙教授用思想、用信念、用柳叶刀,为苍生而战,创造了生命的伟大,也实践了他自己的伟大人生,他的思想和实践诠释在"伟大"的真真切切之中。

在徐克成的心中,成就别人也是一种幸福!

手术后第二天,冰冰就坐起来了,并坚持下床走路。这位曾接受过多次手术的小姑娘知道,"早活动早恢复";第三天,她下地走了10分钟;第五天,她坚持要走到医生办公室,看看"救命的叔叔阿姨"。

最大的喜讯来了:病理报告显示,冰冰的肿瘤是"成熟性畸胎瘤",也就是说,她的肿瘤是"良性的",这与徐克成术前"直觉"一致。

"爷爷,现在我能看到自己的脚啦,原来我的脚离我这么近!"冰冰出院时,特地和父母跑到徐克成办公室表示感谢。徐克成给她一张"资助证书",决定资助她上学,每月400元,直到大学毕业。他希望像救助的铭仔那样,给冰冰一个美好的人生。

冰冰出院后,第二年放寒假时,徐克成专程来到哈尔滨看望冰冰。冰冰的家在郊区农村,房子简陋,屋内只有一张炕。徐克成一进门,冰冰的奶奶就要跪到地上,被徐克成一把拉住。"大哥,你是冰冰救命的恩人呀,活菩萨呀!我都没有想到我孙女还能活到今天啊!"老人老泪纵横。

徐克成到学校看望冰冰

冰冰似乎一下子长高了,她依偎在徐克成怀里,给徐克成看她的成绩单。

冰冰生病误学4年,她现在要补回来。徐克成让她拿来"资助证书",突然发现上面没有医院财务章,说:"我要带回去,让医院财务盖了章,再寄回给你。以后,不管我在不在,你都可以去医院要钱。"

冰冰很聪明,也勤奋。每年暑假,徐克成总要买机票让她爸爸陪同来广州,再让细妹、铭仔这些在复大起死回生的志愿者,陪她在广州参观。徐克成说,要让冰冰多见世面,扩大眼界。

第三朵金花：6 岁的彩枝

广东清远连山壮族瑶族自治县,是广东三个少数民族自治县之一。彩枝就出生在这里一个山清水秀的村子里。

命运不济,小彩枝一出生就被确诊罹患了癌症,当地医院的医疗水平无法为小彩枝治疗,便建议小彩枝的父母带她去市里的大医院。

治疗需要一大笔医疗费,小彩枝的父母都是农民,特别是大儿子出生时因黄疸严重造成脑瘫后,为了给他治病,多年来已经花费了十几万,积蓄全部花光了不说,还借了不少的外债。生活的重担导致父母双双患上肾结石和慢性胃炎,但为了省下医药费,他们一直没有治疗。

小彩枝的肿瘤长在右胸壁及乳房,长到 6 岁,终于在"广东好人"尚丙辉的帮助下,联系到同是"广东好人"的徐克成教授,2014 年 8 月 23 日住进复大肿瘤医院。

徐克成关爱健康工作室先捐助了 1 万元为彩枝办理了住院手续,接受治疗。经检查发现小彩枝的肿瘤为淋巴瘤,体积为 32 厘米×21 厘米×18 厘米。她胸部被肿瘤压至变形,肿瘤上至锁骨,内至胸骨旁,外侧至腋窝后线,并已经延伸到右上臂。巨大的肿瘤渐渐使小彩枝无法自如行走,稍有活动便气喘不已。肿瘤还常常发炎感染,引发高烧且久久不退,每次发烧过后肿瘤都会有明显增大。

徐克成为小彩枝组织了医疗小组,又向社会募集善款。人们纷纷响应,很快筹得救助医疗费 25 万元。

徐克成再次请李朝龙教授主刀。手术持续了将近 5 个小时,肿瘤切除得非常完整,贴着胸壁侵犯到肋间组织的肿瘤都被扫除。

肿瘤被切除,但治疗没有结束。

小彩枝长期"怀"着巨瘤,悲观、无助,让她变得性格孤僻、怪异。她有时大哭大闹,有时又沉默不语、不吃不喝。徐克成请来心理科医生,从心理上加以引导。

一次,护士问小彩枝病好了以后,长大了要做什么啊?

小彩枝脱口而出:空姐,我要当空姐!

得知这一消息后,徐克成立刻打电话给朋友,从南方航空请来几位空姐。

小彩枝与空姐

几位穿着工作服的靓丽空姐,带着鲜花来了。见到这些仰慕的大姐姐,彩枝脸上笑开了花。空姐们帮彩枝穿上空姐的衣服,带上空姐的帽子,在病区走廊里,跳着,蹦着,逢人就说"当上空姐啦"。

一个幼小的生命,在复大复活了。小彩枝,就像一株被风雨侵袭的花朵,终于见到了阳光,在光合作用下,开始绽放,走上了健康成长的旅程。

第四朵金花:患胰腺肿瘤的小凤

当年16岁的小凤生活在广东西北部山区的怀集县大坑村。

2014年,初中即将毕业时,一场重病提前结束了她的学习生活。

她患了一种罕见的胰腺肿瘤。到广州复大肿瘤医院治疗时,不仅胰腺里有肿瘤,肝脏里也有转移病灶,血小板含量很低只有10000。小凤父亲知道了病情后,住院的第二天就带着她回了家。

那是一个星期日,临近中午,徐克成去医院看望病人,来到3区,值班医生告诉他:一个叫小凤的少女,患了胰腺肿瘤,没有治疗就出院了。正在病区看病人的科主任说:"小孩很漂亮,不治好可惜。"

徐克成找出了小凤的病历。看了一会儿,突然对科主任说:"走,去吃饭,通知驾驶员,我们去病人家!"

经过3个小时的奔波,汽车走了300公里,徐克成来到小凤的家。那是一座建在小山坡上的两层小屋。小凤一家7口在门口迎接。小凤是姐姐,下面还有5个弟弟妹妹。小凤的父母说,家里孩子多,负担大,实在没钱给小凤治病。

在徐克成反复劝说下,小凤的父母才同意让小凤回复大肿瘤医院住院。徐克成用徐克成关爱健康工作室的一笔救济款为小凤缴了住院费。

但是,小凤的病情不仅是肿瘤本身,重要的是肿瘤产生的"因子"引起了全身并发症。她的血小板降到一万以下,凝血酶原减少60%,纤维蛋白原下降50%,口腔黏膜和皮肤出血。这是典型DIC,就是弥漫性血管内凝血。一旦出现这种并发症,90%死亡。此时,对小凤的治疗主要不是治疗肿瘤,而是治疗并发症,是救命。

徐克成常常对团队说:治疗癌症,不仅要治疗局部,更要治疗全身。肿瘤在很大程度上,是全身性疾患。小凤的病就是如此。

这是考验医生的临床基础,尤其是内科基本功的时刻。从医半个世纪的徐克成当了几十年内科医生,虽然大部分时间从事消化专业,但对血液病也不生疏。

幸运!经过两个星期的抢救,小凤活下来了,所有血液指标恢复正常。

小凤死里逃生。徐克成也有"死里逃生"的感觉。每次抢救最困难的病人,徐克成都有这种感觉,但这次救治小凤,他的这种感觉似乎更强烈。他给小凤用上了曾治疗自己的"秘密武器"复合疫苗。

小凤的精神一天天好起来。8年了,她愈长愈漂亮。如今,成了一名培训"健康师",用她的青春、美丽和快乐,给社会增添了一道亮丽的色彩。多次检查,她肝内"转移瘤"没有增大,但也没有缩小。

这是典型的"与癌共存"!

第五朵金花:来自马来西亚的颖芷

如果说,彭细妹、冰冰、彩枝、小凤,是国内女性癌症患者的代表,那么,马来西亚的颖芷则是海外女性患者的代表,是第五朵金花。

> 任何我曾遭受的不幸,我都已忘记,在我身上没有痛苦。直起腰来,就能望见蔚蓝的大海和帆影。

2017年9月1日下午,来自马来西亚的音乐人颖芷和姐姐颖茜携"蒲公英合唱团"

在复大肿瘤医院举办了一场"永不放弃"励志分享会暨答谢演唱会。罹患肺腺癌晚期的妹妹颖芷向徐克成和台下的医生、护士深深鞠躬,感谢所有医护人员在她患病期间的照料和治疗。

颖芷是马来西亚第四代华人。2016年7月,38岁的颖芷被确诊为肺腺癌晚期,"当时每走一步都呼吸困难,经常在演出后台喘得像狗一样",她毫无隐晦地报告她的病情。当地医院告知"你是癌症四期了,没有药治疗了"。

马来西亚《星洲日报》萧总给徐克成传来颖芷的胸部CT片。整个肺部都是瘤块,犹如满天星。萧总是徐克成好朋友,几乎是恳求地说:"救救颖芷吧,她太优秀了。我们大马华人感谢你。"

颖芷是马来西亚的一名歌唱家,她的姐姐是钢琴家。"也许会出现奇迹。徐教授,相信你。"萧总在电话中充满期待。

2016年8月14日,颖芷在姐姐、父母陪同下,入住复大肿瘤医院。从她带来的资料看,满肺都是播散性癌瘤,氧饱和度在稍微活动后就降到90以下。手术不可能,冷冻也不可能,化疗难以有效,而且患者及家属坚决拒绝。唯一选择是靶向治疗,但马来西亚大学检查的报告:无基因突变,无靶点。

"出现奇迹",基本不可能!

徐克成几乎每天都要去病房看望她。但是除了安慰,他能做什么呢?一天晚上,徐克成在医院,突然,一阵悠扬的钢琴声伴着清爽的歌声传来。徐克成循着歌声来到3病区文化间,看到颖芷在唱一首李斯特的《爱之梦》。他走到颖芷身边,轻轻地说:"颖芷,声音低点,免得缺氧。"

徐克成回到办公室,沉思起来:这样优秀的人,难道就这样失去生命吗?他埋怨"上天不公"。他突然有一个幻想:那个"无靶点",也许是马来西亚检测错了?"那么漂亮那么年轻的东方丽人,不应该'阴性'!"他对自己说。这是带着情感的话,但也是"科学的话"。

第二天,徐克成找来护士长李燕红说,给颖芷重新检测基因。

护士长说,病人家属不同意复查,她们认为马来西亚大学医术是首屈一指的,检测不会出差错。

但"不应该阴性"的念头,在徐克成脑海中挥之不去,甚至让他有些痛苦。

隔了一天,他再次叫来护士长。

护士长道出实情,她们不愿意复查的原因,是想把这个钱集中到治疗上。徐克成问"多少钱?"护士长说"1万"。

徐克成身上正好有5000元,他一把掏出来,说:"我出一半,尽快帮颖芷做基因检测,越快越好。"

10天后,徐克成突然接到3病区电话:"院长快来,特大喜讯!"他三步并作两步赶到3病区办公室,看到一家大型基因公司报告:ALK呈阴性,ROS1阳性。这两者在肺癌时都是少见的靶点,但ROS1阳性更为罕见。

徐克成一下子瘫坐在椅子上,深深喘了一口气,情不自禁地说:"上天还是公平的呀!"

颖芷很快进入抗靶点的治疗程序。一周后,她的血氧饱和度升到95以上。半个月后,她的肺内癌瘤减少一半。两个月后,出院休养,带走了徐克成赠送的复合疫苗。

2018年徐克成研究"氢气控癌",她又最早吸上氢氧气。

当年圣诞节,颖芷姐妹在马来西亚邻近新加坡的新山,举行答谢音乐会,徐克成应邀出席。2020年新冠肺炎肆虐中国,徐克成收到两姐妹发来的大量照片和视频,报道她们带领"蒲公英合唱团"在大马13个州巡回演出,主题是:武汉加油!中国加油!

五朵金花,绽放不同的色彩,却散发出同样的芳香!

彭细妹,用感恩的心,每天做志愿者的工作,把心中的阳光融入了社会大家庭的怀抱,也照亮了癌症患者前进的脚步;

冰冰,跟随她12年的病魔终于离她而去,她学会了坚强,更学会了笑着面对人生;

彩枝,走进了校园,徐爷爷救了她,也改变了她的人生,开启了创造美好明天的旅程;

小凤,几乎戛然而止的青春得到了延续,面对第二段生命,小凤倾注了全部的激情,有了全新的梦想;

颖芷,以永不放弃的信念笑对生活,每一分努力都值得以更美的姿态,给生活犒赏。

第二十一章　我也是"中国人"

亲情,如山间清澈的泉水,蓄积着连绵不断的力量;亲情,如苍翠挺拔的大树,蕴含着枝叶对根的情意。在中国传统文化中,人们传颂着"血浓于水"的真情,讲述着"落地为兄弟,何必骨肉亲"的美好。

两位来自外国的癌症患者娜娜和 L 先生,在中国广州复大肿瘤医院治病时,结下了"血缘"传奇故事,不是亲情胜似亲情。

沙特小女孩娜娜的新生

1000多年前,中国航海家郑和航行到沙特阿拉伯,望着那片沙漠,赞叹是"极乐世界"。2016年1月,全世界的目光聚焦这个"极乐世界"。国家主席习近平访问沙特,签订多项协议,中国核电将落户沙特,中国援建的沙特最大炼油厂开工建设……

在欢迎的人群中,一个小女孩拼命地舞动着中国国旗,嘴里不断地喊着:"习爷爷、习爷爷,我是粤悦,我是粤悦,我也是中国人……"虽然她的声音被周围的欢呼声所淹没,但她显得特别兴奋,又蹦又跳。

这名小女孩名叫娜娜,是沙特阿拉伯土生土长的居民。

2011年7月的一天中午,在复大肿瘤医院给徐克成当秘书的叙利亚医生赛义德(Zaid)给徐克成看了一份邮件,上面写道:"娜娜,年龄9个月;诊断:恶性畸胎瘤;曾予化疗但无反应;肠梗阻、肠穿孔、腹腔感染,可能有败血症。恳求得到救治。"附有一张照片。照片里的女婴,皮肤焦黄、肢体瘦削、肚皮膨大,鼻腔和腹部插了几根管子。

徐克成让赛义德给娜娜父母亲打去电话。原来,他们是沙特的平民,住在塞得港。

娜娜是他们的第二个孩子。娜娜出生第三周,肚子开始变大。一个月后,娜娜出现呕吐,并越来越严重,整天哭闹。他们带娜娜到当地的医院看病。医生检查发现娜娜腹腔内有巨大肿块,并有腹水。进行腹腔穿刺,引出"血性"腹水,从中找到"癌细胞"。医生推断:娜娜患的是畸胎瘤,而且是"恶性"的,手术切除"不可能"。

他们给娜娜化疗。化疗后,娜娜的腹内肿瘤没有缩小,而是继续增大。医生更换"效力"更强的药物,并加大剂量,一直用到第七个周期,娜娜的病情无丝毫改善,化疗的副作用却迅速出现:头发全掉了,发生高热、心肺功能衰竭,被迫接受气管插管,先后两次被送进 ICU 抢救。娜娜整天哭闹,显然是疼痛所致。为了止痛,医生不得不给她静脉注射吗啡。

娜娜的父亲在电话中反复说:"我们已经向全世界求救了。"声音里含着无奈、忧伤,最后传来哭声。"我们是从半岛电视台播放的专题片里,得知复大肿瘤医院曾经成功治疗过一名恶性畸胎瘤患儿,在绝望中我们似乎看到星光。"他的声音又透出祈求和期望。

此后十几天内,徐克成与娜娜的父亲以及帮助他们的沙特记者一次次电话交流。但这是远在万里之外的外国患儿,文化不同,娜娜的病情如此严重,年龄又小,作为院长的徐克成,对于收治娜娜不无顾虑。

2011 年 10 月中旬,沙特驻中国大使馆来电,希望复大能接受娜娜来中国治疗!

10 月 28 日,娜娜的父母提着一只大竹篮来了。揭开上面的毛巾,原来里面躺着如小猫一样大的才 11 个月的娜娜。娜娜头发光秃秃的,显然是化疗引起,皮肤焦黄干燥,缺少光泽,肢体消瘦如柴,腹大如鼓,一副典型的"恶液质"状态。身上有三根管子,一根是从鼻子里插入胃管,进行胃肠减压,试图缓解肠梗阻;第二根是锁骨下静脉插管,供胃肠外营养;第三根是腹腔内置管,放出腹水。

娜娜体温 39 摄氏度。她的父母说:几个月来,几乎每天都发热。11 个月大的小孩,体重 11 公斤,但估计肿瘤占据了三分之一。她不断哭闹,但声音低弱无力,有种随时将会"断气"的迹象。她的父母不断要医生给娜娜注射吗啡,说即使在飞机上,也要每个小时就注射一针。

徐克成立刻安排医务人员进行检查。初步检查的结果令人不安:贫血、白细胞很高,失水、电解质和酸碱平衡失常。娜娜已有半年以上不能进食了,全部依赖静脉内营养。最让人痛心的是，沙特医生在给娜娜腹腔穿刺时，竟然将肠子穿"破"，由此引发严重感染，出现了肠瘘。当地的法国医生认为无法手术修补肠管，仅给娜娜做了腹腔引流。

徐克成迅速为娜娜制订了初步的治疗方案：给予全身支持治疗。

一周后，娜娜的皮肤变润滑了，有了弹性。血液化验显示，生化指标维持"正常"，体温开始下降，小嘴不断嚅动，显示出生命的顽强。眼睛是心灵的镜子，娜娜的眼睛仍然透亮，就像当年救治彭细妹时看到的亮光一样，这让徐克成焦虑的心里有了一线光！

在进行超声、CT 和 CT 血管成像等进一步检查后，发现娜娜腹腔内肿瘤已占据腹腔的 80%，肠管被挤到横膈下。肿瘤的 80% 是"实质性"的，20% 是囊液。在超声引导下，徐克成组织专家首先穿刺右侧腹腔最大的一个囊块，放出液体 300 毫升。令人惊奇的是，引流出来的液体清亮，无血液成分，这给徐克成又增添了一丝希望：也许肿瘤不像原先认为的那样"恶性"！

第二天，再穿刺左侧腹腔的囊块，又放液 200 毫升。随后穿刺第三个囊块，放出液体……单纯穿刺放液不能解决娜娜的疾病，因为腹腔内囊块很多，相互之间不连通，而且，囊液放出后，液体迅速长回。但放液让徐克成更清楚地了解肿瘤的大小、位置，也让徐克成思考：能不能切除如此巨大复杂的肿瘤？

经过一个多月的对症治疗，娜娜的全身情况不仅稳定下来，而且有了改善。她能微笑，舞动可爱的双手。在病区为她举行的周岁晚会上，娜娜对着父母和照顾她的护士，清晰地喊出"爸爸""妈妈"。

徐克成凭经验，思考娜娜的肿瘤可能是良性的。如果是良性，那切除就可以挽救一条生命；而如果不切除，即使是良性，患儿也不可能生存下来！但手术并非那么简单。孩子只有 12 个月大，其间大部分时间是在肿瘤威胁中度过的，她能耐受这一场大手术吗？阿拉伯人和我们在背景、文化上均有差异，娜娜的父母、亲属能理解吗？一旦手术失败怎么办……

徐克成考虑了各种可能性，包括建议患儿父母回国，找其他愿意承担风险的医院和医生，但娜娜父母对徐克成的建议直截了当地回答："世界上没有比复大更好的医院了！"

时间到了 2011 年 12 月初,一天下午,徐克成在北京机场准备回广州。贵宾候机室里,身穿白衣服的许多阿拉伯人,正在兴高采烈谈论来中国参加会议后的感想。徐克成多次去过阿拉伯国家,包括卡塔尔、阿联酋,对阿拉伯人的坦率、热情深有感受。这些阿拉伯人,也有从沙特来的,主动与徐克成热情地打招呼,谈起"中国了不起"。徐克成突然感到:对娜娜的治疗该决断了。他拿起手机,通知复大所有领导和科主任:晚上 11 点,到他的办公室集中,讨论娜娜的治疗!

徐克成知道对这样危重的患者,尤其幼儿,统一治疗方案是不可能的。果然经过两个小时的热烈讨论,没有形成一致意见。已是凌晨一点,徐克成宣布"散会",他让两个外科专家,陪他一起到临近一家酒店"喝咖啡"。

徐克成开门见山,说:"对娜娜,一是必须手术,切除肿瘤,马上做;二是强化营养支持;三是要充满信心。我认为,沙特医院的诊断不一定正确,是畸胎瘤,但可能是良性。""一定把'不可能'变可能!中国人要有这个志气!"

2011 年 12 月 10 日上午 9 时,挑战"不可能"的手术终于开始了。广州最好的儿外科肿瘤专家担任主刀,经验最丰富的麻醉师使用了最先进的小儿专用麻醉机,准备了充足的血液和抢救药品。切开腹壁,分开肠管,暴露瘤块,抽出瘤内囊液……手术按计划一步步进行。

挂在输液架上的一袋袋中国人的血液,经过插在中心静脉的输液管,快速地流入异国患儿娜娜的血管里,恰到好处地补充手术中不断渗出的血液。

4 个小时后,肿瘤几乎全部取出,一称,共 2.5 公斤。

最困难的是肠管的修复。原来被穿"破"的肠管在哪里?如果不修复肠管破裂处,手术就不能算成功。但肠管穿破已有半年以上,局部感染、炎症和粘连混杂在一起,不要说修复,就是将破的地方找到也极其困难。手术医生凭借丰富的经验,将小肠、结肠一点点分离出来,终于在十二指肠与空肠交接处,如同大海寻针,找到破裂处,随之,用显微外科手段,将小肠修补好。

病理科给切除标本做了快速冰冻切片。30 分钟后,电话报告:畸胎瘤,良性。

娜娜重生了。手术室外,娜娜父亲用电话、短消息和邮件,向在沙特焦急等待的亲友、媒体报告了娜娜"起死回生"的消息。术后,娜娜一天一个样,中东小孩天生的靓丽

康复后的娜娜

一天天显现出来,人见人爱……

2012年1月7日上午,复大在南区医院会议厅,举办了"娜娜重生会"。娜娜穿上了中国式的新衣,衣服上绣上了精美的中文字"娜娜—粤悦 Lana—Yueyue"。"粤悦"是复大医生护士给她取的新名字,意即"幸福在广东"。娜娜的爸爸说:"娜娜体内流的是中国人的血,她是中国的女儿,广东的女儿。"

沙特驻中国大使馆代表专程从北京赶来看望娜娜。他握着徐克成的手,久久不愿松开,他的眼睛湿润了,说:"这是中沙友谊的印记呀!"徐克成说:"她是你们'极乐世界'的造化。"

从死亡世界走回来的 L 先生

与娜娜相比,菲律宾 L 先生是一位成功的成年人,一位重新定义"血缘"关系的名人。

2014年7月的最后一个星期天,L 先生在一个高规格的"团队"陪伴下来到复大肿瘤医院看病。"团队"中有议员、有官员、有企业家,也有徐克成的一位华人老朋友。

"他来这里治疗,是下了很大决心的,是相信你们的冷冻微创治疗技术而来的。"华人朋友叮嘱徐克成,希望医院以最快的速度,当然也要以最好的疗效治好 L 先生的病。

L 先生已近花甲之年。单从护送的"团队"规模来看,就可猜想他是一个 E 类(Elite,精英)人物。徐克成清楚地知道,对他的治疗,在他的国家,一定是经过了多番研究、讨论和争议,最后才来到复大,寻求最后一搏的。

对于 L 先生的治疗很顺利。第二天,L 先生就能下地行走,5 天后拔除插管,达到了预期效果。

但天有不测风云，就在 L 先生准备出院时，意外发生了。他的小便变黄，随后几天，眼白也变黄了，血液胆红素一天天升高，大便变黑，提示上消化道出血。ERCP 显示：胆总管扩张，内有血块。初步诊断：肝内血管破裂，引起出血；血液进入胆总管，引起黑便。

医院采取止血、输血，给予"保守"干预。出血自动停止。两周后，L 先生的出血确实停止了。偏偏就在他再次准备出院时，突然排出大量血便，同时呕血，血压第一次下降。

输血、输血、大量输血，一袋又一袋鲜红的血液从输血管注入 L 先生的身体，他知道这是中国人的血，这是生命之源。

但输进的血液赶不上出血，血压继续下降，心跳加快，手足发凉，L 先生休克了。

徐克成召集专家研究，唯一选择就是肝动脉插管，造影，做血管栓塞，止血！

但 L 先生原有肾脏功能不全，血管栓塞需要注射造影剂，而造影剂会损害肾脏。但是，又是但是！如果不插管，无法止血，患者马上会有生命危险！

这个时候，院长必须起作用！徐克成决定：插管，同时准备好血液过滤。造影结束后马上接上血浆过滤仪，将输入的造影剂滤出去，减少肾损害。

时间就是生命！留日归来的朴相浩医生，迅速将导管插入 L 先生的股动脉，再入主动脉，进入肝动脉。造影，没有能显示出血灶。换上微导管，在几根肝动脉分支内，反复试探。

"找到了！"大家不约而同惊呼起来。在肝的右叶 S7 段，有一血管"染色"区，血液像喷泉一样喷出来。显然是一根动脉出血，难怪那么凶猛！

"止住了！"又是不约而同的一声惊呼。朴医生将不锈钢圈通过微导管，一个个塞进出血的血管内。L 先生的心跳迅速减慢，血压一步步回升，肢体逐步变暖。接着，L 先生接受了血液过滤。在 ICU 住了 48 小时后，面孔变得红润的 L 先生回到病房。

他打趣说："从死亡世界走了一圈回来，好幸福呀！"

L 先生回到自己的国家，重新开始了繁忙的工作。但再忙，他总不时想到中国，想起徐克成教授。

2015 年，徐克成应邀到该国一所大学对数百位年轻人演讲"癌症的真相和对策"。

L先生开着那辆标有特殊号码的车,一直陪着徐克成。徐克成的讲座刚一结束,他马上走上台,对在场的所有人说:"你们知道吗?我是一个有中国'血缘'的人。"台下一阵窃窃私语。

他没有激动,也没有提高声音,依然平和地讲述:"我的生命是中国给的。2014年,在我生命垂危时,中国人输给我一万多毫升血。我的血管里流的是中国朋友的血,因此我有中国'血缘'!"有位女学生在台下暗暗计算,如果以一个正常人全身有5升血计算,L先生身上的全部血液已经换了两轮,用去了两个正常人全身的血。"哇,不可思议!"她在心中暗暗地叫了一声。

台下一片寂静,随之,爆发出热烈的掌声,持续好久。L先生站在台上,静静地看着,眼睛里冒出泪花,有句西方谚语这样说:女人的泪流出眼眶,随着汗水消逝;男人的泪流进心脏,随着血液流淌。此时此刻,L先生的血液里一定有感恩的泪水在翻滚。

最后,他诚挚地邀请徐克成再次上台,拉起徐克成的手,高高举起,大声地说:"他就是给了我新生命的徐教授!"然后,他紧紧地拥抱徐克成,那股热情、那种执着、那种信心,犹如来自血缘之亲,又似乎超越生物学血缘,成为更高层次的、重新定义的、情逾骨肉的"血缘"。

台下再次爆发出一阵热烈掌声。

"我爱中国,我爱复大!"L先生此时抬高声音激动地喊出了自己的心声。

此刻,徐克成再也无法控制住自己的眼泪……

第二十二章　从心存疑虑到满心信任

信任是心与心的碰撞，是情与情的交融。在现实生活中，人与人之间的信任，如春风，看不见，却能吹红桃花，群芳竞艳；摸不着，却能轻拂脸庞，和煦心灵。

有一位父亲给自己的儿子讲了一个发生在美国的关于信任的故事。说的是美国有一个叫洛克菲勒的富翁，对儿子说，你爬到墙上往下跳，我在下面会接住你。然后，张开双臂在下面等着接儿子。可是当他的儿子跳下来的时候，父亲却闪身躲开了。富翁的儿子摔在地上，一面哭一面很困惑地看着父亲，不知道父亲为什么要这样做。这时候，富翁对儿子说："我让你摔这一跤，是为了让你学到一课：这个世界上就连父亲有时也未必信得过，何况是其他陌生人！"

讲完这个故事，这位讲故事的父亲也伸出双臂，对儿子说："来，你也从墙上跳下来吧，我会接住你。"这时儿子的心里已经不安起来，这个故事使他对人性产生了怀疑与恐惧。在父亲连声地催促之下，儿子还是咬咬牙闭上眼睛跳了下去。他以为自己会重重地摔在地上，但当他睁开眼的时候却发现自己躺在父亲的怀抱里。

父亲对他说道："我也想让你学到一课——有时连陌生人你也可以相信，何况是你的父亲！"

故事虽然一个发生在美国，一个发生在中国，但内容的实质是一样的——关于"信任与不信任"的哲学！

对徐克成来说，也不是每个病人一开始都对他充满信任，因为在他们的心里，总有一种疑问：医生会真心救治自己吗？

拯救哲学家任恢忠的哲学思维

2003年6月底的一天上午,徐克成按常规去病房查房。当时医院还不叫复大肿瘤医院,只是在新海医院租了一层楼,建起的一个肿瘤治疗中心。走到一张床前,见一位新来的年老患者蜷曲身子,侧身而卧。徐克成细看病历,他叫任恢忠,63岁,福建人,患非小细胞性肺癌,Ⅳ期。

"老任,哪里不舒服?"看完病历,徐克成习惯性地问了一句,见他没有回答,又追问了一句,"哪里痛呀?"

任恢忠突然翻转过身,没好气地说:"痛、痛、痛,我快痛死了,给我安乐死吧。"说着,上气不接下气地咳嗽起来,"你们不要来看我,我这个病已经到了生命的最后了,是肺癌晚期,没有救了。"

徐克成一时愣住了,望着任恢忠不信任的眼神,徐克成心想,没有救了,那你来我们医院干什么呀?但嘴里还是安慰道:我今天来看你,就是来想办法如何救你的。

俗话说,病人气多。徐克成能理解一个被病魔折磨得浑身发痛的病人此刻的心情。对医生的不信任、不理解,这是病人常有的心态。徐克成没有再继续问下去,而是安慰了几句后继续查房。

查房结束回到办公室,徐克成找来牛立志博士询问任恢忠的情况。牛立志博士告诉徐克成,任恢忠是国内一位著名的哲学家,被称为是中国有创见的"两个半哲学家之一"。

任恢忠从小痴迷哲学,高中时就开始读恩格斯的《资本论》。1958年高中毕业,报考北京大学,未被录取。他不屈服命运安排,到福建山区当了一名林业技术员。他白天上山植树,晚上读哲学著作,对苏格拉底、黑格尔、布哈林等哲学家产生了浓厚的兴趣,每天都要撰写哲学文章到下半夜三四点。1979年底,他完成了18万字的著作《试论矛盾的多重性和无限性》初稿,打印了200册,分送给国内哲学家征求意见,遭到许多哲学家的非议。他没有灰心,1995年他把初稿进一步修改,并改名为《物质·意识·场》。书稿中提出了一个颠覆性的观点,就是物质和意识是可以互相转换的,转换的点就是"场"。这年11月,他突然收到北京大学图书馆寄来的一封信,打开一看,是我国著名物理学家钱学森请在图书馆当管理员的妹妹转来的信。信中说:"看到你这个书稿很高兴,很有创见,读后拓宽了视野,深受教益。"他感到不可思议,钱学森,一位世界级的著名科学家,怎么可能给自己写信,他就自费跑到北京图书馆找到钱学森的妹妹证实。钱学森的妹妹说,是我哥哥让我转寄的呀,没有错。后来,他带着钱学森的来信和书稿,找到上海学林出版社请求出版。出版后,在哲学界引起轰动。1996 年,来自全国的 50 位哲学家齐聚福州市,召开了《物质·意识·场》暨中国当代哲学家学术讨论会,一个敢啃大理论的"小人物"终于得到了社会认可。1998 年他应邀到北京大学做访问学者,许多大学邀请他做学术报告。正当他继续向哲学高地进发时,病魔却向他袭来。2002 年 11 月,他突然咳嗽,一检查,竟是肺癌晚期。他前往北京、山东等地治疗,花费 50 余万元,疼痛却未减轻。家人听说广州有一家专门治疗肿瘤的医院,用的是一些特殊治疗方法,就抱着试一试的想法,带他于 2003 年 6 月下旬,来到广州,寻求治疗。

第二天,徐克成又来到病房,作为同龄人,与任恢忠谈起心来。

任恢忠送给徐克成两本书,一本《物质·意识·场》,另一本叫《任恢忠哲学思想研究》,是 2000 年福建省委宣传部召开的一次研讨会记录。当时,徐克成的家还在深圳,周末回到家中,徐克成马上读起这两本书来,惊叹地发现,这位患者没有上过大学,竟然自学成才,很受感动。周六上午,徐克成一口气读完了评论任恢忠哲学思想的书。书中有位哲学教授说:"任恢忠在'清心寡欲'的哲学世界里,提出了许多哲学家解不出的见解,我们自叹不如。"有的教授认为:"有创见的哲学家不多,中国只有两个半哲学家,任恢忠是其中一个。"

徐克成心里一阵酸痛,为这位优秀的哲学家的遭遇而惋惜,不由得掉下眼泪。这时,徐克成的爱人阮荣玲已把中饭端上饭桌,叫徐克成吃饭,来到徐克成面前,大吃一惊,问道:"老徐,你哭了?为什么?"这时徐克成才发现自己已不自觉地进入了任恢忠的哲学世界。

徐克成想,任恢忠应该受到社会关注。他拿起笔来,奋笔疾书了一封呼吁信《拯救哲学家任恢忠的哲学思维——这一人类社会的共同财富》。

星期一,徐克成回到广州。一上班,就召集认识的《广州日报》《羊城晚报》《南方日报》等媒体朋友,开了一个记者招待会。

徐克成说:"哲学家是当之无愧的社会精英,社会不重视这样的人,重视什么人?对这样的有特殊才能和重大贡献,且经历百般磨难陷入困境的人,每一个有良知的人都应当给予同情和尊敬。"

广东以海纳百川的开放赢得了发展,每一步都有哲学家的功劳。几天后,《羊城晚报》和《南方日报》的记者采访了任恢忠。

2003年7月7日,《羊城晚报》和《南方日报》同时在第一版发表了长篇文章,题目分别是《"小人物"扛动哲学大命运》和《他欲以版权换生命》,在社会上引起强烈反响。一周后,广东省委办公厅两位负责人来医院看望任恢忠,捐款8000元,其中3000元是由一位离休的老市委书记捐的,他们要求不留名,不拍照;一位香港企业家在飞机上看到《羊城晚报》的文章,也给任恢忠汇来两万元人民币;远在北京的著名作家贺敬之、柯岩看了报道后,非常感动,不仅打电话慰问,还委托中国作协的工作人员致信慰问,柯岩还寄来《癌症不等于死亡》等书籍,鼓励任恢忠要顽强地同病魔做斗争。

徐克成又把媒体的报道和自己写的这封呼吁信集中起来,寄给《福建日报》、凤凰卫视以及福建省、福州市、福清市的三级领导和香港福清同乡会,呼吁"抢救中国'两个半哲学家之一'的任恢忠,抢救中国当代新的哲学思维,祈望社会给予赞助"。

福建省福州市委宣传部副部长和福清市副市长分别专程带着鲜花和慰问信前来慰问,并送上捐助款共33万元。福建多家媒体在显著位置发表了采访任恢忠的文章。中央电视台在二套"健康之路"栏目中对他做了一档现场访谈录……

广州的哲学家也来了,同行见面,更有说不完的话。

徐克成在复大发起祝福任恢忠康复的捐款活动并带头为任恢忠捐款。为了帮助任恢忠实现写作的心愿,徐克成给任恢忠在病房专门安排了一张写字台,任恢忠开始撰写他的第二本哲学新作。

在给他做完冷冻消融治疗后,徐克成又邀请任恢忠为医务人员讲课。任恢忠十分激动,站着连续讲课90分钟,竟然没有一声咳嗽。

2003年7月30日是任恢忠63岁生日,徐克成为他举办了一个简洁而隆重的庆生仪式。

任恢忠的肺部肿瘤缩小了,咳嗽几乎完全停止。出院之前,徐克成亲自开车陪同任恢忠夫妇到深圳游玩,并与爱人阮荣玲一起,宴请他们夫妇。

在送别任恢忠回家的前夕，徐克成对任恢忠的女儿任星说："杨振宁说过科学解决不了的问题找哲学。也就是说哲学是科学的科学，是时代精神的精华。你父亲有自己独创的思维，他的思维是突破性的思维，是常人所没有的，衷心希望他多活几年，能把他的哲学思想逐步地发展起来，这是对社会和民族进一步的贡献。这也是我全心全力帮助他的出发点。"

徐克成陪任恢忠（中）夫妇到深圳游玩

任恢忠在弥留之际，给他的女儿和儿子写了一封"遗书"，嘱托儿女说："徐院长是我的好兄弟，你们要永远记住！"

古人有诗云："好雨知时节，当春乃发生。随风潜入夜，润物细无声。"从不信任到信任，徐克成"润物细无声"，让患者任恢忠把他看成了好兄弟。

然而苍天无情，徐克成未能留住任恢忠的生命，但从任恢忠不信任的目光到信任的嘱托，他们的情谊永恒。"一切物质体系的生成与消逝、消逝与生成，都必须通过'零点运动'来引渡与转化。"这是任恢忠"零点运动"的理论，也是他的生命哲学。

2003年12月，63岁的任恢忠在家乡不幸离世，福清市为他成立了任恢忠纪念馆。而他在福清市人大工作的女儿任星，在任恢忠去世8年之后，出版了追忆与缅怀"哲学家父亲"的传记《生与死的智慧》一书，在缅怀哲学家父亲的同时，为世人揭示了一个大半生寂寞求索者的艰难历程，以及在收获了思想硕果、赢得了尊敬和荣耀之后，却又罹患不治之症，在复大肿瘤医院的那段难忘的日子……

徐克成书橱的醒目位置一直摆放着任恢忠的书籍，遇到困惑时，总要拿出来读一读。他认为，医学缺乏哲学思维，就是干巴巴的。他感谢"好兄弟"任恢忠，因为他倡导的"与癌共存"、"消灭与改造"癌症，都若隐若现地蕴藏着任恢忠提出的"零点运动"哲学思维。

照在大庆盲人夫妇身上的曙光

如果说,哲学家任恢忠开始时的不信任,还有点含蓄的话,那么大庆的一对盲人夫妇开始时的不信任,则是不留情面的直接拒绝。

2005年11月7日下午,徐克成接到中央电视台《公益行动》栏目制片人的电话说,从媒体上得知,复大肿瘤医院曾经成功救治了一位颈部长了巨型肿瘤的患者铭仔的事迹,现在,大庆也有一对亟须帮助的夫妇,男的叫文良,是个双目失明的残疾人,他的妻子叫海纳,患了肿瘤,病情十分严重。希望徐克成能帮一帮大庆这个可怜的患者和他这个不幸的家庭。制片人留下了文良家的电话号码。

当天晚上,徐克成就给文良家打去电话。

"喂,你好,是文良先生吗?我是广州复大肿瘤医院的院长徐克成,听说你爱人患了癌症,需要帮助,我来了解一下情况……"还未等徐克成说完,就从话筒里传来一阵"骗子、骗子、骗子"的声音,并挂了电话。

这让徐克成很伤心,但静下心来,换位思考,患者的疑惑是正常的,因为现实生活中,这样的"骗子"或者骚扰电话,自己也接过,陌生的电话怎么能让人相信呢?而事实也确实是这样,这些日子里,文良夫妻愁眉百折、肝肠寸断,几乎天天都能接到自称是某医生或某医院来的电话,他们已经有点麻木了。

停顿了片刻,徐克成再次打去电话,对方还是冷冰冰地直接拒绝:"请不要再打电话,我们没有钱、没有钱,不去什么大医院,不治病!"

徐克成真诚地说:"请相信我,我是院长、教授,是受中央电视台节目组之托,来帮助你们的。"

大概是听到受中央电视台之托的话,或许,对方患了癌症后,确实已经到了山穷水尽,需要人帮助的地步,这回,对方没有放下电话。

在电话里,对方详细询问了徐克成的一些情况后,说:"我不管你是院长,还是教授,如果你真心帮助我们,你就来大庆吧。"随即挂断了电话。

这等于将了徐克成一军。要知道,当时复大肿瘤医院刚开办一年多,医院里要处理的事千头万绪,再加上自己也是60多岁的人了,要跑到千里之外的冰城大庆,实在有点勉为其难。

徐克成想了想，决定先打电话到当地媒体了解一下他们的真实情况。他把电话打到《大庆日报》和《大庆晚报》，询问文良、海纳夫妇的情况。这一问，让徐克成做出了决定：必须去大庆，看望患病的海纳！

海纳是一个善良而苦命的女人。她在大庆一家公司做工会工作，酷爱文学，每天晚上收听大庆电台诗歌朗诵，特别喜欢听一位叫文良的作者写的诗歌。半年下来，只要一听到那特殊的诗句，她就知道是文良写的。她写信给文良，开始是每周一封，渐渐地，三天一封，一天一封，但从未接到对方回信。她按捺不住了，一天，乘上公共汽车，来到100公里外的"乡下"寻找文良。一路上，她不断猜想文良的形象，高大还是矮小、年青还是年老？这不重要，重要的是文良有一颗阳光的心。然而，当人们将她引到文良面前时，她一下子几乎瘫倒了，眼泪簌簌流下来，她万万没有想到，文良竟是一位双目失明的盲人。她急忙走进女厕所，让眼泪痛痛快快地流出来，稳定了一下情绪。几分钟后，她做出了令在场的人都惊讶的决定，不改初衷，循着"声音"来，带着"阳光"回！她快步走到文良面前，一把抱住他："文良，跟我走，我今后就是你的眼睛。"一个月后，海纳将盲人文良"娶"回大庆，建立起小家庭。

好日子仅过了一年。2002年的一天，海纳突然发现自己的左上颌长起了一个肿瘤，跑了几家医院，医生怀疑是牙齿疾病，拔掉了两颗牙，但病情没有好转，反而更加严重了。见到妻子的病情日益严重，文良咬咬牙，将房子卖掉，陪妻子来到北京一家肿瘤医院，文良跪在医生面前，痛哭流涕地说：她是我的眼睛，我不能没有她，求求你医治她吧！

医院收下了海纳，为她做了手术，把左上颌骨、齿槽和左眼切除。手术后诊断为上颌骨肉瘤。之后，医院又为海纳做了化疗和放疗。三个月后，海纳夫妇回到大庆，已是一贫如洗。当地电视台得知海纳的不幸，在电视上为她呼吁，寻求帮助。后来，大庆盲人协会为海纳夫妇办了一个盲人按摩诊所，以维持生计。

一年后，海纳的肿瘤复发了。肿瘤不仅复发，还转移到肺部、骨头和颈部淋巴结。无奈之下，海纳又一次做了化疗。谁知祸不单行，三个月后，海纳身上又长出了另外一种肿瘤——双侧乳腺癌，又接受了乳房切除术。半年后，海纳的腹部又长了新的肿瘤，而脑里也有一块"占位性病灶"。医生告诉海纳，她患的是"重复癌"，身上共有三类肿瘤，包括复发和转移的，身上八处都有肿瘤侵犯。为给妻子寻得一丝生机，重情重义的丈夫文良要捐赠自己的肾脏以换取给妻子治病的费用；与此同时，海纳在媒体上刊登了一则"征婚"启事，要求与文良离婚，让"新人"来照顾生活无法自理的文良。

这是一段悲情的故事，本该出现在文学作品中，可偏偏发生在现实生活中，这让徐克成内心久久不能平静，决定立刻动身前往大庆。

11月9日，66岁的徐克成只身一人先乘飞机到北京，第二天乘上开往大庆的火车。11月，南方的广州与北方的大庆，处于两个截然不同的季节，广州还是夏季，而大庆已是隆冬时节，只有零下10℃。11日早晨6点30分火车停靠在大庆火车站，走出车厢，一阵寒风袭来，徐克成不由自主地打了一个寒战，但随即心里一下热乎起来，他远远看见一对相互搀扶着的男女，站在寒风中。女的手中拿着一面锦旗，男的拄着拐杖，他们就是文良、海纳夫妇。徐克成快步走上前，自我介绍说："我是徐克成，是来看你们的。"

听到徐克成的声音，文良扔掉手中的拐杖，突然跪在地上，紧紧抱住徐克成，说："好人啊！好人！你真的来了！我叫文良，虽然我看不见你，但我感觉你就是天神下凡、菩萨降临……"

那一刻，徐克成明显感觉到，文良的双手在剧烈地颤抖，他眼里泛出泪花，把文良拉起来。海纳把锦旗郑重地交到徐克成的手上，呜咽着说："我们没有任何礼物给你，这面锦旗上凝聚了我们对你的感激之情……"

徐克成左手拉着海纳，右手牵着文良，走出车站。徐克成打了一辆出租车，扶着两人上了车。十几分钟后，来到一栋陈旧的四层楼房前，上到二楼，右手就是文良夫妇家。这是两房一厅单元房，房内很干净，客厅墙上挂着海纳年轻时的照片，清秀的脸庞，明亮的大眼睛，那是一位十分美丽的姑娘。屋里有一张写字台，上有一台老式收音机，海纳说："这是我们爱情开始的地方，正是用这台收音机，我找到了我人生的另一半。"文良说："我们有两个梦想，一是到中国改革开放的南方去看一看，二是乘一次飞机。"徐克成说："好，我就是来接你们去广州的。"

下午，徐克成带着文良夫妇乘上巴士，来到哈尔滨。第二天一早，赶到飞机场，徐克成搀扶着病弱的文良夫妇购票、过安检，登上飞往广州的飞机。

他们并排坐在飞机左侧三个座位上，徐克成安排海纳靠窗坐，可以看到舷窗外的风景。海纳显得特别兴奋，几乎要把脸贴到舷窗上，好奇地看着窗外，然后不断地给文良讲述她看到的景色。

海纳不停地咳嗽，喷出带有臭味的、脓血性的分泌物和鼻涕，徐克成向空姐要来一个塑料小盆和大堆面纸，细心地帮助她擦去沾在面孔上的鼻涕和分泌物。

徐克成到哈尔滨接文良夫妇

这让空姐很诧异，问徐克成这是你的什么人。徐克成说，这是我的病人，是从大庆来的一对相依为命的夫妇，接到广州治病的。

空姐听了非常感动，呜呜哭起来。离开了一会儿，又来了一位空姐。她激动地对徐克成自我介绍说："大爷您好，我是本次航班的乘务长，也是大庆人，我代表大庆人谢谢您！本想安排你们坐头等舱的位置，但今天没有空位了，从现在起，你们的饮食享受头等舱待遇！"徐克成看到这位空姐的眼睛也是红红的。

下午1点，飞机降落在广州白云机场。在机场门口接机的医生护士代表向海纳献上鲜花。海纳夫妇住进了复大肿瘤医院的单人病房。

回到医院，徐克成立刻组织医院人员进行捐款，第二天，共收到捐款5万多元。同时，专家组为海纳做了检查、会诊。一周后，开始了系统治疗，包括血管介入、近距离粒子植入、经皮冷冻等。因为海纳夫妇都是北方人，病区护士和营养师一起，又为他们调配了适合口味的北方饭菜。

一个月后，海纳的病情稳定了。入院时夜间咳嗽剧烈，现在很少咳一声，原来一天有好几次腹痛发作，现在完全消失了。护士便利用自己的休息时间，陪海纳夫妇逛广州的北京路、上下九商业步行街、中山纪念堂，还登上了白云山。

徐克成清楚地知道，在治疗疾病的过程中，患者的情绪十分重要。情绪是一种奇妙的东西,是内心对外部世界的敏感反应,复杂微妙,得之于心而难以诉之于言。当一个人处在疾病的逆境中时,作为医务人员应该做的是让他将苦恼、痛苦、担忧发泄出来,再去鼓励他、激励他,使他们抛开疾病的阴影。

在2006年元旦放假期间,徐克成亲自开车载着海纳夫妇来到深圳。在一家很有南方特色的酒家,徐克成和爱人宴请他们吃粤菜,当徐克成的爱人阮荣玲把一块块龙虾夹着送到他们碗里时,文良和海纳一起呜呜哭了起来,文良摸索着一把拉住徐克成,说:"院长,这不是梦吧?"

徐克成夫妇请海纳夫妇到深圳吃粤菜

在复大治疗了三个月后,海纳的身体基本恢复,病情得到了有效控制,出院时,夫妻俩突然跪在徐克成面前,文良哽咽着对徐院长说:"院长,我看不见,能不能让我用手摸摸您的脸,好让我记住您这位大恩人呐!"

从开始的拒接电话,到现在的感动落泪,文良夫妇真的做梦也没有想到,世间竟有这样大爱之人!

清华大学党委书记说,我们相信你!

如果说,任恢忠、文良夫妇的故事讲述的是患者自身从不信任到感恩的佳话的话,那么下面的故事,要讲述的则是患者周边的人从开始的不信任,到最后的敬佩、赞叹的转变。

2009年2月21日,徐克成接到来自北京大学肿瘤医院吕有勇教授电话,说清华大学有位陈教授,患复发性腹腔巨大脂肪肉瘤,准备到复大来治疗。

这是一位在国内享有盛名的教授,听说他父亲是清华大学历史上最著名的教授之一。所以一开始,徐克成还以为吕有勇教授在开玩笑。但是第二天上午,吕有勇教授再次来电,郑重声明"不是开玩笑"！同时又发来短信息:"陈教授晚上7点到达白云机场,急请接机,准备病房,务必最快救治！"晚上8点,陈教授进入病房。他身材高大,面孔瘦削,腹部膨隆,半卧在床上。

病历显示,2008年8月,病人接受腹腔脂肪肉瘤切除手术,2009年2月发现肿瘤复发。CT显示腹腔内有4块肿瘤,直径7～9厘米。陈教授说,他已5天粒米未进,再过几天,或许就要崩溃了。

入院后第二天,CT检查的结果显示,肿瘤已发展到17～20厘米大小,出现胸水和腹水。

徐克成和复大的同事都有点"发虚":如果说以前所治疗的"极端"病例都是平民百姓,这次却是一位特殊人物。他住院后第二天,从北京和全国各地打来找徐克成的电话就接连不断,这其中既有教授的朋友,也不乏省、市的领导,包括徐克成曾经的上司。

来院探视的"要人"也是一个接一个,总会堵住徐克成问:

"问题不大吧?""问题不小。"

"有把握吗?""没有把握。"

"你怎么能这么回答?"有人愠怒了。

"因为,我不能对您说假话。"面对一连串的疑问和不信任,徐克成如实回答。

信言不美,美言不信。作为一个救死扶伤的医生,信口开河无异于胡说八道、草菅人命。

徐克成在电话里对吕有勇教授诉说了自己两难的苦衷。对方郑重地嘱咐他:"老朋友啊,别人不相信你,但我相信你,我们北京的许多专家都相信你。我们是研究了你院的情况才请你出手的。陈教授在北京已不可能治疗,但在你们那里,可能会起死回生。"

幸好有吕有勇教授的信任,但吕教授的信任,又像泰山一样沉重,徐克成顶着巨大的压力,领着复大的医务人员为患者制订了周密的治疗计划。

3月2日上午9点,徐克成率领医疗团队对陈教授进行手术,整个手术中输血1200

毫升，切下的肿瘤总计5公斤。

当手术成功的消息传到清华大学，陈教授的上百位学生齐聚校园向南方高呼："老师，我们等着你！"中央有关部门的领导也来了电话，表示祝贺和慰问。一直陪伴陈教授的中国医科院教授、博士生导师、胸外科专家赵凤瑞说："我被复大折服了！复大做了我们北京不敢做的事。"

7月18日，陈教授出院前，清华大学党委书记一行访问复大。徐克成有点不好意思地说："您是中国最高学府的最高领导，来到我们广州这所小小的肿瘤医院，让我们受宠若惊啊。"

书记笑道："山不在高，有仙则名；水不在深，有龙则灵。医院不在大小，关键在特色！你们创造了奇迹，这是最大的贡献，你们就是老大，我们相信你！"

清华大学领导接陈教授出院

第二十三章　她与徐克成一同亮相CCTV

"每当天空又下起了雨,风中有朵雨做的云。每当心中又想起了你,风中有朵雨做的云。"这是中国台湾歌星孟庭苇在20世纪90年代唱红的一首爱情歌曲。1995年应中央电视台(CCTV)邀请,孟庭苇作为唯一受邀的台湾艺人,参加了一年一度的"除夕联欢晚会",演唱了这首脍炙人口的《风中有朵雨做的云》。歌曲优美的旋律、浪漫的意境、温暖的景象、甜蜜的情意,含蓄委婉,收放有度,通过央视的传播,家喻户晓,红遍全国。

爱,是人类永恒的主题。徐克成的医德仁爱之心,也是患者津津乐道的主题,成为患者心中不灭的生命之光。

被中宣部授予"时代楷模"称号的徐克成,受到越来越多的人的爱戴与尊敬,他就像歌词里所唱的那样,成为癌症患者头上的一朵"祥云",洒下甘甜的"春雨"。

莫言说过,在辽阔的生命里,总会有一朵或几朵祥云为你缭绕!

丹麦的郭林女士不仅获得这朵"祥云",而且也像孟庭苇一样,被邀请走进CCTV。

2014年5月中旬,中宣部将在CCTV举办"时代楷模"颁奖典礼的消息,传到丹麦。丹麦的郭林女士得知这一消息后,马上给徐克成来电要求参加,到中国最负盛名的媒体平台上讲述自己的治癌经历,这是她多年的愿望。

郭林患的是胰腺癌。2007年10月,郭林因"胆囊痛"到医院检查,发现胰腺内有直径2.8厘米大小肿块,肝内也有三个肿块。意外的发现让她几乎"休克",她在丹麦最大的医院接受了活检,一周后结果显示是胰腺癌伴肝转移。医生没有隐瞒她,告诉她可以化疗,但不管怎么治疗,生命可能只有两三个月。她接受了化疗,尽管她知道这种治疗不会给她带来实际好处,但这似乎是每个癌症病人都必须经历的常规治疗。她每天都在担心这些治疗的副作用,准备在头发掉光后离开世界,不给她的丈夫和女儿带来痛苦。

郭林的丈夫是设计师,他们有两个女儿、四个外孙。她的家人对医生的说法不能理解,甚至有点愤怒,他们想让郭林到国外治疗。郭林的女儿查阅了文献,发现对她母亲所患的胰腺癌,治疗方法除了化疗还是化疗,生存期最长就是3~6个月。她失望了,暗暗大哭了一场。几天后,她在网上看到一个名叫里拉(Lena)的女士写的一篇文章,文章讲述了她在中国治疗癌症的经过。这位女士患有胸椎软骨细胞成骨肉瘤,在丹麦接受手术后病情加重,下肢瘫痪,转往美国接受高剂量化疗和干细胞移植,后瘫痪治好了,但并发败血症;后又经抗感染治疗,治好了败血症,但肺部和胸壁出现了十几个转移灶。她最后去了中国广州,在复大肿瘤医院接受了冷冻治疗,控制了病情。郭林的女儿找到了里拉进行咨询,她决心到中国为救治母亲寻找一条生路。

丹麦的医生听说郭林准备去中国治疗,立马劝阻:"你们发疯了!难道丹麦的医疗水平没有中国强?"郭林没有听医生的劝阻,她和丈夫毅然卖掉位于哥本哈根市中心的大房,换了一套小房,变现了一笔钱,直飞中国广州。

郭林在复大接受了CT引导下经皮冷冻治疗,两周后出院。1个月后,她回院复查,带回三件"礼物":一张丹麦最大的报纸,上面刊登了记录郭林在复大治疗全过程的报道;一张VCD,是悄悄随同郭林来复大暗访的记者拍摄的,上面同样记录了郭林治疗的经过;丹麦医院最近给郭林拍的CT片,她的胰腺肿瘤缩小了2/3,肝内转移灶消失。

2008年10月底,徐克成和穆峰博士应丹麦癌症协会邀请到丹麦做学术交流。飞机降落在哥本哈根机场,当徐克成一行刚走到机场出口,远远就看见郭林挥舞着五星红旗迎接他们的到来。在异国他乡看见自己国家的国旗,又是拿在外国友人手里,徐克成和穆峰心里有说不出的兴奋,

徐克成与郭林(左)

也带着几分自豪。

在丹麦进行学术交流期间,郭林一直陪伴着徐克成一行。学术交流结束后,郭林陪同徐克成一行吃晚饭,在海边一家西餐馆坐定后,谈起她的疾病,她眼睛红了,大家一阵沉默。一分钟后,郭林突然深情地开口:"我多想有一天到你们中国的最大的电视台讲讲我的治病经历。原本以为只能活几个月,但现在我依然快乐地活着,我要让全世界所有胰腺癌病人知道:胰腺癌不是绝症。"

中央电视台这次举办"时代楷模"颁奖典礼,给郭林带来了机会。郭林受到徐克成的邀请后,马上办签证、订机票,于19日飞来广州,然后与徐克成一起去了北京。

2014年5月22日下午3时,位于北京南郊的CCTV摄影大厅内,"时代楷模"颁奖典礼如期举行。徐克成和来自江苏的农技专家赵亚夫等获颁"时代楷模"奖章。

郭林坐在观众席前排中央。著名主持人敬一丹主持发布会。当视频中出现郭林在复大治疗的影像时,摄像机转向了郭林,屏幕上郭林眼里盈满热泪。

第二天,郭林逛了天安门,又登上了长城。回来后,徐克成问她累不累,她说:"不累,好着呢!"两周后,中央电视台播放了"时代楷模"颁奖典礼。第二天,《新闻联播》和《焦点访谈》又播放了有关的新闻和对徐克成的采访,其中,郭林的画面尤为醒目。郭林很高兴,她专门录了下来,看了一次又一次……

中央人民广播电台、新华社、《人民日报》以及人民网、新华网、央视网、中国文明网等各大媒体同步发布,宣传徐克成先进事迹。

2014年5月29日晚,中央电视台《焦点访谈》以《时代楷模徐克成——厚德行医 医德共济》为题对徐克成做了采访报道。

笔者选取2014年5月30日《人民日报》刊登的徐克成先进事迹,让我们共同领略"时代楷模"徐克成所经历的峥嵘岁月。

"白求恩奖章"获得者徐克成:与癌共舞 仁医厚德

5月羊城,多雨潮湿。74岁的徐克成每天9时准时走进办公室,开始一天繁忙的工作。他的电脑里,一张张彩色照片记录了广州复大肿瘤医院铸造"国际品牌"的艰难历程——从小到大,从国内到国外,累计收治癌症患者7000多例,来自全球70多个国家。

"患者满意、医生安心、医院发展",广州复大肿瘤医院总院长徐克成终于梦想成真。2012年,这位与"癌魔"打交道数十年的老人获得国家"白求恩奖章"。

大医至仁,医德共济

梅州山区女孩味凤,右眼长恶性纤维肉瘤,四处求医未果。来到复大肿瘤医院,家长口袋只剩1000元钱,徐克成当场拍板收治。护士金利介绍说,当时徐克成肝叶切除手术刚过10天,伤口未愈合,他按着腹部,组织专家会诊。

肿瘤切除了,眼睛保住了,几个月后,徐克成又带领医生护士,驱车8小时,赴梅州回访,为12岁的味凤送去学习资料、文具。

这些年,广州复大肿瘤医院帮助了400多名贫困患者,资助和减免费用约600万元,公益性捐款1600多万元。2008年汶川大地震,该院派出了全省第一支民营医疗队,捐款捐物950万元,几乎掏出医院全部"家底"。许多人赞叹:"徐院长行的是医,送的是爱,守的是信,让我们看到的是美。"

上世纪80年代末,徐克成离开江苏南通医学院附属医院,调到深圳特区工作,便萌发了一个念头:创办一间"诚信、厚德、仁爱"的特色医院。创办"养和医疗中心"之后,他又应朋友之邀,创办广州肿瘤高新技术治疗中心,即广州复大肿瘤医院前身。4个创办人签名立据,约法三章:"不拿病人一针一线","绝对不收红包、回扣和吃请","如有违反,自动退出"。后来,这一"规矩"演变为"院训"——"厚德行医,医德共济"。

13年来,广州复大肿瘤医院从20张病床发展到350张病床,被评为"全国最佳肿瘤医院""最具社会责任感医院""全国诚信民营医院"。

它坚守道德底线——按社区门诊标准收费,优选治疗方案,控制用药比例。而"红包""回扣""吃请",谁碰,罚谁。

它散发人性温馨——对住院病人安排专车接送,送鲜花、果篮,送生日礼物、贺卡,还设立心理辅导义工站。医院还有西餐厅、印尼餐厅和阿拉伯餐厅。

徐克成自豪地说："我们鼓励记者暗访,也鼓励社会监督,至今没有发现违规之事。"

潜心钻研,医术高超

很难想象,徐克成曾是一位癌症患者,前后动过5次大手术。他常常自称"只有8岁"——从2006年肝癌手术之日算起,此后即如"新生"。"几次磨难都没有将我从这世界带走,既然活着,就要活出个样子,活得有价值!"每次动完手术,徐克成不等身体康复,就站到病人面前。

他潜心研究癌症防治规律,创立以冷冻消融、微血管介入和联合免疫疗法为主导的综合治疗模式,取得令人瞩目的成效。作为研究癌症的医生,又是战胜癌症的患者,徐克成与患者有了更多共鸣。每当病人情绪不稳定时,他会握住病人的手,轻松地开玩笑为患者打气。

"与其让患者在疼痛、忧郁和惶恐中离去,不如让他们有尊严地生活,享受生命过程。"他认为,癌症是一个全身性疾病,癌细胞无法彻底除净,应该考虑顺其自然,重点改善生命质量。为此,广州复大肿瘤医院在冷冻消融、微血管介入、联合免疫基础上,增加个体化治疗。它使70%左右中晚期癌症患者,包括常规治疗无效或复发患者,得以延长生命,或者近乎治愈。

著书立说,知足常乐

名医徐克成的最大愿望,是当一名作家。高中毕业,他一门心思报考大学新闻系,却阴差阳错被录到医学专业。自强不息,只争朝夕,徐克成一步步站到消化病学和冷冻治疗癌症技术的前沿。他担任中国中西医结合学会消化病学会副主任委员、国际冷冻治疗学会主席。他出版过《激素临床应用》《临床胰腺病学》《消化病现代治疗》《肝纤维化基础和临床》《肿瘤冷冻治疗学》等30多部专著、编著,发表论文400多篇,赢得同行一致认同。近年,徐克成还抽空写下亲历与感悟,编成《我对癌症患者讲实话》《跟我去抗癌》等科普读物。

2011年11月2日,第十六届世界冷冻治疗大会,徐克成主编的《肿瘤冷冻治疗学》获优秀著作奖。半年之后,他又写出了《现代肿瘤冷冻治疗》英文版,2012年出版,填补了世界肿瘤冷冻治疗英文专著的空白。如今,广州复大肿瘤医院成为世界冷冻治疗肿瘤例次最多的医院。

谈起写作,徐克成特别兴奋:"我这一世,愿意为之献身的可能就是'著书立说'。'书'数量不算少,'说'可能算不上,但知足常乐,人生无悔。"

郭林每年总要回广州复大肿瘤医院做免疫治疗。"与癌共存"造就了她的神奇经历,给她带来了新生。她说:"复大肿瘤医院是我在中国的家。我很幸运,免疫治疗让我的癌细胞'休眠'了。"郭林体内还存在小的癌结节,只有使用高清的磁共振(MR)才能看到。这些肿瘤处于"休眠"状态,与她"和平共处"。

2015年8月3日,郭林带着她17岁的孙子来到中国,这次是她第八次来中国,她说,要让她的孙辈感受一下"中国的家"。

世界卫生组织宣称:癌症是可以控制的慢性病。郭林的胰腺癌已经变成"慢性病",这对于一位胰腺癌病人来说,是奇迹。郭林对采访她的众多记者说她在享受生活,她是一个顽强和快乐的人,相信上帝一定会让她这样的人一直享受人生。郭林在复大肿瘤医院成功治愈后,仅2008年就有113名丹麦人来医院看病。

"每当天空又下起了雨,风中有朵雨做的云。每当心中又想起了你,风中有朵雨做的云。"郭林也喜欢上这首中国的爱情歌曲。

第二十四章　风雨过后是彩虹

有一首歌是这样唱的：

> 阳光总在风雨后,请相信有彩虹。风风雨雨都接受,我一直会在你的左右……

每天清晨,司机老彭会把车停在海珠区赤港东路一座公寓楼下,准时接徐克成上班。坐上车,老彭会把车载收音机打开,或听新闻,或听音乐。

《阳光总在风雨后》这首歌,徐克成每次听后都会产生无限感慨。

从医50多年来,一路有风有雨有彩虹,个中的甜酸苦辣常常在徐克成脑海翻滚。无论道路如何曲折,无论历程如何变化,徐克成始终坚信：乌云上面是晴空,风雨过后是彩虹。

2006年,徐克成遭遇了来自国际上的一阵"黑色风暴"。

成功处置马来西亚舆论"危机"

2006年10月,徐克成抱着病体全力救治马来西亚"象面人"取得成功期间,马来西亚的报纸连篇累牍地进行了报道,对徐克成的大爱精神和"大师"医术给予了毫不吝啬的宣传。用其中一位记者的话说,报道的密集程度不亚于他们国家大选。

然而,物极必反。11月1日中午11点左右,徐克成突然接到马来西亚一位记者的电话,他透露了一个惊人的消息：下午各大报纸将要发表一篇有关马来西亚脑瘤患者在广州复大受骗致死的报道，报道中有家属投诉，有广州证人的手机信息……

事情是这样的。有一个来自吉隆坡的患者，患桥脑肿瘤，在马来西亚无法治疗，预期生命只有一两个月。家属带着患者来到广州，先后咨询了七家医院，均被拒收。最后来到复大，找到当时在医院工作的吴念曾教授。

吴教授是脑外科专家，应用一种特殊的瘤床免疫疗法治疗脑胶质瘤，有效率达66%，有些患者，包括最恶性的Ⅳ级胶质瘤患者，不少已生存六年有余。中央电视台曾专题报道过他的事迹。

患者来到复大，吴教授对该患者进行了检查，认为治疗没有太大的把握，告知患者家属，只能试一试，并反复强调说明术后颅内出血的可能性很大。患者家属也一再保证：只要吴教授给治疗，一切后果由家属承担，因为"已无路可走了"。结果手术很顺利，术后头三天恢复也较好。然而，到了第四天，患者突然脑出血死亡，家属当时也没有太多怨言。

报纸上说，患者家属回到吉隆坡后，接到来自广州一个所谓"知情者"的手机短信息，说复大是一个"黑心医院"，医生也是假医生，"在复大的走廊里，每天都有死鬼的幽灵在走动……"

第二天，从吉隆坡到沙巴，马来西亚几乎所有的报纸均转载了这些消息。

看到报道，徐克成十分痛心和不解。复大刚刚成功治疗了"象面人"秀慧和嘉欣，就在这几个月里，马来西亚的媒体为此发表了300多篇文章，对复大大加赞扬，怎么一天时间，又被同样的媒体说成如此"黑""假""鬼"？

徐克成此时真正理解了国外所谓的"新闻自由"。为澄清事实，纠正视听，徐克成立刻请复大驻马来西亚代表刘丽宝女士在吉隆坡召开了记者招待会，请来了（有些是不请自来的）曾在复大治疗的患者。请他们一个个介绍了自己在复大肿瘤医院的所见所闻所遇所历……翌日，同样是这些媒体，又发表了这些患者的感受。

11月5日，一个星期天下午，徐克成正在深圳家中休息，接到医院办公室值班人员电话，说马来西亚《光明日报》两位记者突然来到医院，要求采访住院的马来西亚患者。徐克成问：看到他们的记者证了吗？值班人说是"真记者"。徐克成吩咐：欢迎他们采访，但不要陪同。一个多小时后，医院值班又来电话，说记者索取所有曾在复大住院的马来西亚患者名单、地址和电话。徐克成说"同意",让她马上通知病史室,送上病人的病历,满足他们的采访要求。

11月6日,马来西亚《光明日报》第一版刊登整版《复大调查记》,文中列出正在复大住院的26名患者,20人表扬了复大,5人提了意见,1人病情很重,有些埋怨情绪……

此后两天内,徐克成接受了《光明日报》记者电话连线采访,与马来西亚一位高层"不同意见者"辩论。第二天,《光明日报》第一版登载了徐克成和那位辩论者的大幅照片以及详细辩论内容。同时,该报登出记者电话访问曾在复大住院的100多位马来西亚患者的情况。有关中国复大肿瘤医院的争议,暂时在马来西亚停歇了。

2007年5月,马来西亚最大的华文报纸《星洲日报》特邀请徐克成、吴念曾和牛立志等三人举办了"肿瘤治疗新理念、新技术"报告会,与会的1000多名听众一齐站起来热烈鼓掌。报告结束后,有三位患者主动上台,讲述自己在复大治疗的经历。时任马来西亚"郭林气功会"主席的刘先生特地赶到会场,握着徐克成的手,红着眼眶,半晌,才讲出一句话:"徐院长,《星洲日报》给你们复大'平反'了。"

徐克成成功地处置了这一次由国内个别不怀好意的人挑起的国际舆论"危机"。

迎接来自丹麦的挑战

树欲静而风不止。这样的危机公关,2008年再次上演,不过这次不是马来西亚,而是来自西方国家丹麦的挑战。

前已述及,自从郭林在复大治愈后,仅2008年一年内,就有113人次丹麦人到复大住院治疗。

对于这么多患者来中国治疗,丹麦医生首先认为患者"发疯了",继之怀疑,最后有些愤怒,他们无法想象,一个发展中国家竟然吸引了一个发达国家这么多的患者。

丹麦有些政府部门看来也不满了,因为许多从复大住院回国的患者要求政府给他们"第二选择"的待遇。时任丹麦驻广州总领事多次到复大慰问丹麦病人后,也感动了,也动员病人回国后要求获得"第二选择"。原来丹麦国民有权"第二选择"到美国、英国等发达国家看病,国家承担他们的费用,但到中国看病不在其内。丹麦患者曾在电视台与他们的部长对此做过辩论。于是,在2009年3月,一系列的动作开始了:首先,丹麦的媒体,主要是一些没有宣传过复大的媒体,攻击复大的治疗方法"水平不高",并说有的丹麦患者回国后去世了;继之,丹麦癌症委员会的专家给徐克成发来邮件,要求徐克成提供冷冻等治疗的"循证医学研究成果";最后,丹麦给中国发来"照会",要求查明为什么有这么多丹麦人去中国治病,是否受骗上当?

面对质疑,徐克成心里很坦然,因为事实胜于雄辩。徐克成给丹麦媒体发去了丹麦患者获得成功治疗的实例;给丹麦癌症委员会回复了长篇邮件,列举了治疗的实绩,提供了在国外用英文发表的论文以及同行评议的复印件;再者,派牛立志博士赴丹麦演讲,将丹麦全部患者的治疗经过、症状改善和生存期延长,一一列举出来,与丹麦医生交流讨论;同时,邀请了三名丹麦医生来复大考察,参观治疗过程。

此事,也惊动了国内卫生部门高层。为了弄清我国医院在为外国人服务方面的情况,也为了保护中国医院,我国卫生部派出了多个调查组。2009年10月,事先没有打招呼,一个由国内多个权威机构专家10余人组成的调查组早晨8点上班时突然来到复大医院。在听取了徐克成的工作汇报后,马上到病史室随机抽取病史查阅,最后查阅了所有国外尤其是丹麦患者的病历,同时深入实验室、药房、各个病区,随机访问员工和患者,整整调查了两天。一位来自北大肿瘤医院的调查组专家对徐克成说:"不查不知道,一查竟让我们惊讶,你们真做出了特色。我们北京要是有你们这样小而精的肿瘤医院就好了。"

广州丹麦总领事夫妇前来复大参加丹麦病人联谊会

2010年2月3日,丹麦著名媒体Horsens Folkeblad发表了对癌症患者杰森(Jensen)在复大治疗情况的长篇访谈。

一场风波后,来复大治疗的丹麦患者有增无减,徐克成的内心充满无限感慨。

生命无国界,患者无贵贱。在徐克成心里,有的是对生命的敬畏,对病人尊严的捍卫。他说救死扶伤是医生的天职。

2009年11月,全国民营医院论坛在广州召开,原卫生部副部长、中国医师协会理事长殷大奎带领百位院长来复大肿瘤医院参观,说:"复大感动了我,我确实被复大感动了。"

徐克成、牛立志与殷大奎(中)在复大合影

2009年12月11日,《健康报》做了整版的特别报道,开篇标题是《一场参观震醒百位院长》,文章说:

> 复大医院,通过硬实力把医院影响力延伸到了国外,了不起,为民营医院树立了楷模,开拓了思路。
>
> 该院肿瘤疗法在国内的影响也逐渐增大,不久前,卫生部副部长黄洁夫饶有兴致地到该院考察工作,希望他们取得更好成绩。而让复大医院扬名海外的不止这些。他们攻克的一个个世界上极其罕见的巨型肿瘤也吸引了世界的目光。其中一些成功案例被英国的BBC等媒体竞相报道,并罕见地称赞复大医院是挑战极限、创造奇迹。

徐克成心中的痛

徐克成常说,医生也不是全能的,专家也有无能为力的时候,救死扶伤虽是医生的天职，但受种种因素的影响，有些患者还是在治疗后遗憾地离开人世，这也成了徐克成心中的痛。

我们常常寄希望于医生能"妙手回春"，但生活中，现实有时是残酷的，就像自然界的"春夏秋冬"，人也有自身的"生老病死"。医生不是"神仙"，徐克成也不是"救世主"，不少患者还是在徐克成的眼皮之下离开了这个美好的世界。而徐克成要做的就是让他们"走时有尊严"。徐克成说，我们可以延长患者的生命，可是我们永远不能让生命与死亡脱去关系。

一次，复大接收了一位从另一家医院转来的 23 岁的晚期肝癌患者。患者肝脏肿大达到下腹部，腹腔积液，下肢浮肿，伴有肺转移。家属一定要最后搏一搏。考虑再三，徐克成决定先给患者做支持治疗，出乎意料的是，刚刚给患者做锁骨下静脉置管，尚未注射任何药物患者突然意识不清，两侧瞳孔一大一小。这是一种脑衰竭的表现，其原因一是可能癌栓子脱落进入脑子里，引起脑栓塞；二是可能早已存在的脑转移灶破裂，而与插管本身并无直接关系。然而对这突如其来的病情变化，家属不能理解，指责这是一起医疗事故。

面对患者家属的指责，徐克成理性对待，不予辩解，而是迅速组织医护人员紧急抢救。医务人员寸步不离患者，从下午 4 点一直抢救到晚上 9 点，患者终因病情过重而去世。主治医生和护士等医务人员，马上为尸体进行认真擦洗，换上了家属提供的新衣服。家属目睹了整个抢救过程，态度转变了。

第二天早晨一上班，患者家属一行五六人来到徐克成的办公室，说："我的儿子生病一年多，从来没有看见像你们这样认真负责的医务人员。你们尽责了，非常感谢。"患者的兄弟说："昨天我们态度不好，向你们道歉。"

徐克成情不自禁地流下了眼泪，在一旁参与抢救的牛立志博士也流泪了。徐克成说："谢谢你们的理解，这些都是我们应当做的。"

前面曾经介绍深圳电视台的一位英文主持人，患上了晚期肝癌，痛不欲生，在徐克成的联合免疫综合治疗下，明显改善，她邀请电视台一位摄影师，将她在医院治疗的全过程进行了跟拍，她充满信心地对徐克成说："徐院长，等我出院后，我要拍摄一部电视剧，取名《生命的呼唤》。"徐克成给予了肯定和鼓励。遗憾的是，半年后，这位主持人因肝硬化和消化道出血，不幸离世。

一位中国科学院院士的夫人，深圳大学一名卓有成就的教授，患晚期子宫癌伴有转移瘤来到复大治疗，徐克成和同事们全力诊治，但终因病情恶化，在维持了两年后，不幸离世。院士给徐克成发来信息："谢谢你。我的太太是在无痛状态下离开的。她走得很安详。"

……

真是肿瘤无情，医者难为也。每当此时，徐克成心中既内疚，又痛心。他说，作为一名肿瘤医生，我希望每个患者都能得到最好的治疗，都能改善和延长他们的生命；作为一名癌症患者，我希望得到最有效又最无痛苦的治疗，让自己更长久地活下来。肿瘤医生是乐观主义者，我为是其中一员感到荣幸，为了使我们的癌症患者真正受益，希望不仅是给每个患者提供"标准治疗"，更重要的是，治疗前必须认真衡量各种治疗的真正价值。

而衡量这种价值，取得正确的治疗方案，并不是一件容易的事。因为科学越发展，遇到的阻力就会越大。

一次，一位下腹部肿块、伴有腹水的年轻女性患者来到复大肿瘤医院治疗。入院前，她在广州市几家医院做超声波和CT检查，诊断为卵巢癌腹腔转移。按常规检查腹水中结核杆菌和癌细胞，都是阴性；胸片上没有看到结核病灶。在患者腹胀十分难受的情况下，复大肿瘤医院先试验性地对她进行抗结核治疗，没有效果，又实施腹腔内试验性化疗，共3天，仍无结果。

结合检查报告，徐克成凭直觉感到这个患者不像是患癌，为了得到科学的数据，于是决定对这位患者做剖腹探查。半小时后，结果出来了：腹腔结核！这一结果令在场的所有人感到庆幸，皆大欢喜，医生高兴，家属高兴！

手术结束后，患者一家坚持要宴请医生以表谢意。鉴于医院纪律，徐克成和医生们婉言谢绝。

本来是一件开心的事，或者说是在科学数据的指引下，纠正误诊的成功之事。但是，意想不到的是，随着患者一天天康复，患者的家属对医院却有了意见。家属直接找到徐克成责问："你们为什么术前没能诊断结核？为什么你们要给患者做化疗？为什么要开刀剖腹,你们要负责任……"

这真是一件棘手的事。

鲁迅说过:"伟大的心胸,应该表现出这样的气概——用笑脸来迎接悲惨的厄运,用百倍的勇气来应付一切的不幸。"

徐克成表现出了这样的博大心胸。对患者家属提出的问题,他心里明白,正是因为对患者负责,才有了这些检查,自己其实是做了一件大好事,也是医疗过程中的一件成功的事。之所以当初没有能正确诊断,这是因为医生不是"神",医生诊断只能根据各种资料结合起来做出科学判断,没有证据,如何能肯定为结核?可以设想一下,如果不给这位患者进行手术探查,可能永远不能明确诊断,而患者则会一直被认为是患了卵巢癌,直到死亡。患者家属不但不会怪罪下来,反而还会认为医院是尽了力,对医院就不会有意见。

徐克成让患者的家属坐下,心平气和地做解释工作,终于取得了患者家属的理解。

医疗是一项极其复杂的劳动,难免会引来误解或怨言,像这样的不被理解的事,是医生常常遇到的困惑。但医生既然选择了治病救人这一职业,就意味着选择了奉献。只要有益于患者的生存,受到患者及其家属的误解,徐克成说:虽"怨"犹乐。

正如一位哲学家所说,只要我们诚实诚心,全心为他人,直到他人全心为你,我们"就能从履行职责的良知中寻求到最好的报酬"。

当然,在现实生活中,人不可能不犯错,医院也会有出现差错的时候。平时,复大肿瘤医院也会接到不少患者的批评,有时还是激烈的,每当这个时候,徐克成的观点是:有错肯定要认错,要改正;没有错,我们也有错,因为让患者感到不舒服、不理解,本身就是我们的"错"。"错"总在我方。

一位美国患者的妹妹,得知她的姐姐肾脏巨大肿瘤被切除,激动地与徐克成拥抱

一次,徐克成去印尼泗水看望病人。一位印尼的患者投诉:复大收了他的尿常规检查费用,但在他的出院报告中未见检查结果。这虽然是一件小事,也没有多少钱,却让徐克成整夜未眠。费用是小事,影响和信誉却是大事,而医院的作风建设关乎医院的前途。第二天早晨上班后,徐克成打电话给病区核实此事。病区回复说已为患者做过检查,但由于结果正常,就没有在病历上反映出来。

徐克成认为这确实是医院的问题,因为患者花了钱,无论多少钱,就应看到结果。徐克成当即写了一封致歉信给患者,真诚地承认错误,同时按费用的 10 倍返还患者 200 元人民币,最后得到了患者的理解。

什么是理解! 理解并非要靠激动的演说、冠冕堂皇的说教,而是要靠你做了什么和做得怎样。"心动不如行动",在现实生活中,有时只要伸一伸手,就可以牵出一份人世的温情,而医务人员的每个行动都是衡量心灵的尺码,患者的理解往往根植于医务人员是否全心全意地履行他的天职。

阳光总在风雨后。每天迎着朝阳,行驶在去医院的黄浦大道上,徐克成心中是快乐的。车窗外,霞光万道,车流如织,听着车载收音机里的歌曲,徐克成心中也升起了一轮朝阳!

下 篇
燃烧的金色年华

人生最美好的年华被称为金色年华。金色年华,有"初生之犊不畏虎"的冲劲,有"咬定青山不放松"的执着,有"天高海阔独往来"的潇洒,更有"风雨多经志弥坚"的追求。激情、浪漫、诗意、憧憬……犹如一个个跳动的音符,汇成一首首或高昂雄浑的交响曲,或舒展柔情的小夜曲,让汗水酿成琼浆,智慧凝成彩虹,关山初度路犹长,人生精彩在征程。

诺贝尔奖得主卡皮察说:"人生观建立的起点是在幼儿园。"徐克成教授的"幼儿园"是20世纪40年代硝烟弥漫的战场……燃烧的金色年华,浸染江风海韵,枕着南黄海的波涛,挽起长江入海的激浪,似展翅高飞的大鹏,南下"鹏城"搏击风云,遨游长空,60岁之前的人生"直挂云帆济沧海"。

第二十五章　在革命家庭的熏陶中成长

距广州约 1600 公里之外的南黄海之滨,有一个美丽富饶、濒江临海的县份,是一个把名字镶嵌在美丽词语中的鱼米之乡——如东,如日东升、如意东方!

如东,隶属江苏省南通市,地处长江入海口北岸。

如东,因海而生,傍海而立,倚海而兴。早在 2000 多年前的西周时期,如东仅是江口海中的一叶沙洲,史称"扶海洲"。清朝诗人李琪在《崇川竹枝词》有诗曰:"淮南江北海西头,中有一泓扶海洲。"这首竹枝词准确地写出了扶海洲的地理位置:"淮南"是淮河之南,"江北"是长江之北,"海西头"就是黄海的西岸。这"扶海洲"指的就是如东。

徐克成,就出生在这个穿越风雨沧桑的"扶海洲"。

1940 年 8 月,这个夏与秋交会的时节中糅杂着酷热的暑气,空气中弥漫着庄稼的清香。从如东县蔡家庄(岔北乡)村子里一农户家中,不时传来阵阵婴儿的哭声。

"他爸,我们终于有儿子了,给儿子取个名字吧!"孩子的母亲叶兰芬对孩子的父亲徐锦文说。

"听说,前天驻扎在栟茶的鬼子带着伪军又下乡扫荡了,十几个老乡遭了殃。现在日子艰难,孩子是生不逢时呀!"在一旁的孩子的爷爷徐守盛叹了一口气。

"国难当头,我们多生一个儿子,将来就多一份力量!"身为共产党员的徐锦文,眼里闪烁着刚毅的目光,"就给孩子取名'克成'吧,共克时艰,夺取胜利,取得成功!"

克成,徐克成! 从此,一个新的生命有了一个响亮的名字。小克成停止了哭声,在妈妈叶兰芬怀抱里露出稚嫩的笑容。

爷爷徐守盛、奶奶曹永芬和父亲徐锦文望着小克成,都在心里默默地祝愿着:克成,平安无恙,早日长大吧!

在那个国难当头、中国人民深受日本军国主义蹂躏的年代,小克成的母亲,曾怀过两胎,但在担惊受怕的逃难中都流产了。小克成的顺利出生,无疑给全家人带来了希望,全家人都沉浸在无比的喜悦之中,视小克成为"掌上宝"。

由于缺少营养,奶水不足,小克成生下来体质很差。爷爷便请来同村一位算命先生掐指一算,说,今年是庚辰年,龙年,这孩子是大海里的一条龙,必须在大海深处修炼四个月,四个月后才能见阳光,到时候会腾江越海,一飞冲天,是一条能拨开云雾给别人带来阳光和雨露的江海"蛟龙",前途不可估量。

算命先生的一番好话,说得全家人心里暖洋洋的。"现在你们还要做一件事,"算命先生用右手在左手掌心中顺时针画了三圈后,故作神秘地说,"到你家东北方向找一户人家,给小孩子认一个干爸、干妈,才能保证小孩顺畅成长。"

爷爷和奶奶,千打听万托人,终于找到一个符合条件的刘家,让小克成拜了干亲,取小名"刘宝"。并照着算命先生的说法,用"棺材钉"打了一个项圈,带在脖子上。祈求"小刘宝"长大后,有官(棺)有财(材),又按算命先生的盼咐,四个月不出家门。

小克成的家,地处栟茶与岔河的交界处,西临双甸、河口。四间坐北朝南的瓦房加上两间坐西朝东的草屋,虽不宽敞,但也能遮风避雨。但自从1938年3月17日,日军从南通城郊姚港附近登陆,南通沦陷以来,进驻栟茶与岔河的日本鬼子,经常下乡扫荡,老百姓是苦不堪言。小克成一家和村民们一样,受尽苦难。

为了早日赶走日本鬼子,小克成的父亲徐锦文加入了当地的抗日武装,积极投身抗日活动。

1941年1月,日本中国派遣军总司令部提出了:以长江下游为起点,逐次进行"清乡"的计划。以图实现"以华制华""以战养战"的目的,选择了苏中四分区作为清乡区。日伪军从江南运来500多万支毛竹,从长江边的天生港向北经白蒲、林梓至丁堰,再从丁堰向东经双甸、岔河、马塘、掘港、南坎,直至黄海之滨的鲍家坝,沿着公路与河道,构筑了100多公里长的封锁篱笆;对长江沿线及一部分海滨地带,也筑起了一道封锁竹篱笆。日伪曾经狂妄地宣称"篱笆筑成功,清乡便成功","篱笆打好了,新四军跑不了"。

为了彻底粉碎日伪的阴谋,在新四军第一师第三旅旅长兼苏中第四分区司令员陶勇、政委姬鹏飞统一指挥下,于7月1日夜,组织了4万多民兵、自卫队和农民群众,将

100多公里竹篱笆封锁线放火烧毁。顷刻,浓烟滚滚,遍地火光,燃烧着的竹篱笆就像一条怒吼的巨大火龙,沿着封锁线飞舞奔腾,漆黑的夜空被照得通亮。

"火烧竹篱笆"的成功,打破了日伪"强固"封锁线,吹响了全面"反清乡"的号角。延安《解放日报》把这一斗争称为华中军民创造的"辉煌的英勇奇迹"。

"火烧竹篱笆"的成功,也让徐锦文心中对抗日战争取得胜利充满信心。他在心中暗暗地说:儿子呀,你还小,还不能参加战斗,但你的名字"克成"就是胜利的号角!以至于后来在给儿女们讲这段故事时,是眉飞色舞,滔滔不绝。像刘兰芳说《岳飞传》那样传神:冲天大火绵延数百里,如蜿蜒盘旋的火龙,壮观的场面好似"火烧七百里连营",又仿佛赤壁之战中"谈笑间樯橹灰飞烟灭"。浓烟滚滚,火光冲天,日伪军惨淡经营三个多月的竹篱笆封锁线,一夜之间被烧为灰烬……

当时的小克成,还在襁褓中,自然不知道发生在家门口这威武雄壮的一幕,但长大后听父亲说起苏中军民"火烧竹篱笆"的故事时,也是斗志昂扬,情绪高涨。

其实发生在家门口的抗日故事还有很多,其中耙齿凌战役,最为典型,这是抗日战争时期苏中地区歼灭日军最多的第二大战役,就发生在小克成家西边不到10公里的河口乡。

每当父亲讲起耙齿凌战役时,就异常兴奋,小克成和后来一起长大的弟弟、妹妹们,会缠住父亲说:"再讲一个,再讲一个。"

1944年6月22日拂晓前,驻扎在栟茶的日军加腾中队200余人,伪军300余人,带迫击炮两门,轻机枪6挺,全部轻装向如东地区偷袭,妄图把地方武装部队消灭,便利他们"扩展清乡"。

偷袭途中,来到离徐克成家西边大约6公里的耙齿凌地带,遇到执行奔袭南坎任务的新四军第一师第三旅第七团,敌我双方在狭长的耙齿凌地带进行了两个多小时的白刃恶战,500多个日伪军被全部歼灭,击毙日军加腾中队长,活捉鬼子14名,伪军120余名,我军也牺牲了93名指战员。

这就是著名的耙齿凌战役,此战役打响了反"扩展清乡"胜利的第一炮,是继车桥战役后苏中第二次大捷。

革命故事,徐克成百听不厌,也让他学会了坚强。

1945年8月,徐锦文终于盼到抗战的胜利。在胜利的这一天,他兴奋地抱起小克成,亲了又亲,嘴里高呼:"共克时艰,夺取胜利,取得成功!"

爷爷奶奶也是高兴万分:"刘宝、刘宝,我家刘宝长大了,可以上学啦!"

然而,好景不长,1946年,蒋介石撕毁停战协议,发动内战,徐锦文又投入解放战争之中。这年徐克成6岁,懂事了,对身边发生的事开始有记忆。

诺贝尔奖得主卡皮察说:"人生观建立的起点是在幼儿园。"

徐克成未能赶上好时代,没有进入我们现在意义上的幼儿园学习,却在那个特殊年代进入了"特殊的幼儿园",一个硝烟弥漫的战场……

1946年10月,由粟裕率领的华中野战军在取得了苏中七战七捷的胜利后,根据党中央的统一部署,实现战略转移,主力部队北撤山东。驻南通地区的国民党军队便集中兵力,在通如一带进行全面"清剿",妄图消灭九分区和各县党政机关及地方武装。中共如东县委根据九分区地委的指示发动全县军民,全力以赴,紧张地进行反击国民党反动派向如东解放区进攻的各项准备,培养了一批地方武装力量,徐克成的父亲就是其中一员。

1947年1月,国民党军队纠集了大批的还乡团,对如东境内的革命武装力量进行疯狂"清剿",形势越来越严峻。

2月的一天中午,7岁的徐克成看到父亲徐锦文满头大汗,匆匆回到家里。一进家门就对爷爷奶奶说:"快、快,收拾一下,国民党来了,我们要出去躲一躲。"

徐克成跟着父亲、母亲抱着两岁的妹妹,深一脚、浅一脚,一路小跑,来到离家十几里的一个草荡里。那里已有几十位叔叔阿姨,徐克成后来得知,他们都是和父亲一样的共产党员。

徐锦文指挥大家,全部躲进草丛里,头上用草掩住。不一会儿,天空中传来愈来愈响的轰鸣声。妈妈把徐克成和妹妹紧紧抱在怀里。几架飞机从远方飞来,瞬间,草荡西边传来几声爆炸声。

等周边平静下来,徐锦文拨开草丛,来到徐克成和母亲躲藏的地方,把徐克成拉到跟前说:"国民党反动派和我们新四军打起来了,我马上要去支援前线,不能回家了,在家要听妈妈和爷爷奶奶的话,照顾好妹妹。"

小克成似懂非懂地点点头。他想起这些日子，父亲常常是神不知鬼不觉地回家，有时将一位叔叔或阿姨带回来，要妈妈为他们做好吃的，吃完就走；有时突然半夜来了几位叔叔阿姨，在家里床上或者地上睡几个小时，妈妈、奶奶就在门外为他们站岗，第二天天不亮，这些叔叔阿姨又走了。妈妈对徐克成说："这些都是和你爸爸一样为穷人打天下的好人，如果国民党抓了你，你死也不能说呀！"

小克成记住了爸爸的话，也把妈妈的话刻在心中。

1947年农历四月二十七半夜，这是徐克成永远也忘不了的日子。

夜空漆黑，没有月亮。远处隐约传来枪炮声。徐锦文执行完一项任务，刚回到家里，突然有人敲门，妈妈叶兰芬谨慎地打开门，是邻居张大婶，她急匆匆说："快走、快走，国民党来了，已到南庄，在那里烧房子呢，说还要来抓你们家老徐。"

徐克成的家是一个小园子，三边有小河，只有一个码头进出。

叶兰芬一阵紧张，赶紧对徐锦文说："你快走，不要管我们。"

徐锦文对叶兰芬说："照顾好自己和孩子，我走啦。你们也要到外面躲一躲。"说完拉开门，迅速消失在夜幕中。

叶兰芬抱着徐克成的妹妹，奶奶牵着徐克成的手，爷爷不肯走，说："我这把年纪了，国民党不会对我怎么样，这是我们的家园，我不走，要死也死在家里。"

无奈，徐克成在妈妈的带领下，一行人摸索着出了码头。

天乌黑，伸手不见五指。也不知道往哪里走，慌乱中，几个人先向东走。刚走了不远，忽然看见前面火光一闪，就听见嘭的一声，一颗子弹从耳边呼啸而过，徐克成和家人都吓出了一身冷汗，立即掉转头，仓促之间回到家里。

奶奶赶紧关上屋门对徐克成的妈妈说："今天我们逃不出去了，全家要死在一起了。"叶兰芬紧紧抱着徐克成和他妹妹，大气不敢出一声。

过了片刻，外面没有动静了，奶奶悄悄打开门，到门外观察了一会儿，回来说："国民党没有进来，说不定，一会儿还要来，我们还是出去躲一躲吧。"

几个人又胆战心惊地出了码头，这回向西逃。妹妹只有两岁，吓得哇哇大哭，只听妈妈叶兰芬不断地对她说："不要哭，不要哭，哭了要送命。"

奶奶是小脚，跑不快，小克成担心奶奶掉队或是摔倒，就拉着奶奶跑。平时，奶奶对小克成特别好,妈妈要带妹妹,他晚上就枕着奶奶的胳膊睡觉。奶奶看小克成瘦小,经常悄悄地藏了鸡蛋煮给他吃,希望他长得结实一点。

跑着跑着,奶奶直喘气,紧张地说:"今天我们逃不出去了,全家要死在一起了。"

小克成的鞋子也跑掉了,脚被地上什么东西刺得生痛。但顾不了许多,只是不停地跑。不知跑了多久,来到一块麦田里,实在跑不动了,几个人全瘫倒在田里。

这时,东方火光冲天,不少房子被国民党烧了,奶奶和母亲都哭了起来。她们最担心的不是房子,而是留在房子里的爷爷。

奶奶哭得趴在地上起不来,骂爷爷"不听话",一定被烧死了。

天渐渐亮起来。他们发现自己其实也没有跑多远,克成和妈妈向东边望去,能看到家里的房子在冒着白烟。他们又急匆匆地跑回家,看到西侧的两间草房全烧光了,中间的四间瓦房被烧塌两间。

"爷爷,爷爷"小克成哭喊着。

"刘宝,我在这里呢!"爷爷从猪圈里走了出来,原来国民党兵来的时候,爷爷躲进了猪圈里,他亲眼看见敌人点火烧房子,心中充满仇恨,恨不得冲出去跟敌人拼了。

傍晚,小克成的爸爸徐锦文也悄悄地回到家,他也没有跑太远,就藏在附近一条河里,头上顶着水草,在水里待了几个时辰。

他们含着泪收拾被烧毁的房屋,挤在摇摇欲坠的剩下的两间房内。看着一家人都好好的,徐锦文这才轻轻地松了一口气,对全家人说:"不要怕,房屋倒了我们再建,粟裕司令带领的解放军就要发起总攻,国民党猖狂不了几日了。"

小克成听了父亲的话,心里亮堂堂的,身高1.8米的父亲在他心中更加高大魁梧。也许,就从这个时候开始,在小克成的心里埋下了"在困境中看到希望,在危难中坚定信心,坚持就是胜利"的种子。

黎明之前的夜是一天中最黑暗的时刻。胜利前夕也是国民党反动派最猖獗的时候。

1947年农历五月初八,也是徐克成永远忘不了的日子。

这天,离小克成家房子被烧仅仅10天,一家人刚吃好午饭,突然枪声大作,离小克成家几里远的南方村庄陷入一片火海之中。

就在小克成全家不知所措时，一群人走进小克成的家里。小克成认识走在前面的是武工队队长、村长缪大叔。

缪大叔对小克成的妈妈说："大妹子，我们在南面刚和国民党兵交上火，估计他们很快就要到这里来了，你们赶紧跟我们撤退。"

说话间，外面枪声大作。

小克成和妈妈、奶奶，抱着妹妹出了码头就向北逃，爷爷还是不肯走。

这时，枪声从东边像雨点般传来。情急之下，缪大叔把跑在身后的小克成一把抱起，不停地跑。一边奔跑着，一边对小克成说："把头埋下来，不要怕！我护着你呢！要死我先死！"

至今，每当徐克成回忆起这段往事时，总是情不自禁地掉下眼泪，抑制不住心中的情感，感慨地说："我总忘不了缪大叔气喘吁吁的呼吸声和心脏的跳动声，还有子弹从头顶飞过的嗖嗖声。什么是共产党员？共产党员就是我护着你，要死我先死的那个人！"

这在小克成幼小的心灵播下一颗种子，以至于后来自己成为一名共产党员、成为一名救死扶伤的医生后，徐克成总是用"我护着你"来要求自己，以一句"跟我走"来全心全意为病人的健康想办法，护佑生命。

也不知跑了多长时间，缪大叔领着一家人来到一户人家。小克成问缪大叔："我爸爸在哪里？"他说："跟另一组武工队在一起。"

缪大叔把徐克成交给一位阿姨，说了一句"这是老徐的儿子"，就不知去向了。

原来这是当地一户地主的家。徐克成看到房子里有好多人，全部是阿姨。一会儿，奶奶和抱着妹妹的妈妈也气喘吁吁地跑来，躲进屋内。

徐克成和妹妹依偎在妈妈怀里。一位年纪较大的阿姨说，敌人可能马上就要来，要大家手挽手，紧紧拉着，谁也不要承认哪个是共产党员的家属，也绝不能供出乡里干部。

她声色俱厉地说："谁也不能当叛徒！"看着大家都看着她。她又鼓励大家说："今天来的国民党兵里没有'还乡团'，不认识我们，大家要大胆些，不承认就是了。"

大家都屏着气，不说话。屋里静得连一根针掉在地上都能听得见。妹妹很乖，躲在妈妈怀里，一声不哼。

一会儿，门外来了几个穿黄衣服的兵，端着长枪，前端的刺刀闪闪发出寒光。为首的那个进屋后就大叫："谁是共产党家属？不说出来就枪毙！"

一个兵走到小克成和妈妈面前，用刺刀敲敲小克成的头，问："你父亲是不是共产党，快说！"

七岁的小克成看着高出自己大半身的兵和明晃晃的刺刀，毫不畏惧，猛地抬起头，坚定地说："不是，不是。"

妈妈也大声地说："你们怎能欺侮一个孩子！"那个兵冷笑地叫着："好，不欺侮他，就欺侮你。"说着就要拉妈妈走。

周围的阿姨一起围拢上前，齐声说："你要欺侮她，我们就跟你拼了！"那个兵看看群情激愤的人群，感到了一股力量，有点害怕起来，说："好，看你们厉害！"说着，顺势把手伸到徐克成妈妈耳边，抓住耳环，猛地一拉，妈妈痛得叫了一声，耳边血流如注。

几分钟后，小克成听到门外传来鸡叫声，原来国民党兵捉起鸡来。

又过了几分钟，忽然，西侧房子里传来女人阵阵尖叫声和国民党兵的吆喝声。

女人凄惨的叫声中掺杂着国民党兵的淫笑声，一直持续了十几分钟。后来，声音渐渐变小。等国民党兵离开后，小克成跟着屋里的阿姨们来到西侧房间，里面一片狼藉，一位老奶奶坐在地上，痛哭不已。

老奶奶向人们哭诉着。原来，刚才国民党兵强奸了屋主人的姨太太张阿姨，张阿姨已经投井自杀了。

"这些坏蛋，不得好死！"众人们义愤填膺。

下午，缪大叔回来了，对小克成妈妈说："快，快跟我回去，老爷子被杀了。"

听说爷爷被杀，小克成立刻哭出声来。回到家，爷爷躺在门前地上，眼睛半睁着，身上盖了一张草席，旁边一摊血。翻开草席，见肠子从肚皮里流出来。妈妈、奶奶号啕大哭。

"爷爷，爷爷，我是你的刘宝呀，刘宝呀……"小克成哭得躺在地上不肯起身，心里骂着"万恶的国民党"。

邻居说，老爷子躲在家门口小河南岸一个芦苇荡里，本来没事，但他担心自己家里的牛被敌人牵走，就出来回家看牛，被准备走的敌人发现了，一个"还乡团"认出了他，说他就是共产党员徐锦文的父亲，敌人就抓住徐克成的爷爷追问："老家伙，你儿子去哪里了?"爷爷昂着头说:"不知道!"敌人就对他开了一枪,看老爷子没有死,灭绝人性的"还乡团"就用刺刀捅他的肚子,直到把徐克成的爷爷捅死,真是丧尽天良,残暴不仁。

后来解放了,这个"还乡团"被人民政府逮捕,在公审大会上,小克成义愤填膺,拿起一根木棍狠狠地敲打着他的头,以解心头之恨。

当时,敌人是猖狂到了极点,也到了他们灭亡的时候。

从 1947 年下半年开始,华东野战军十一、十二纵队于 1947 年 11 月 3 日夜在海(安)栟(茶)线先后发动了强大攻势,再次斩断敌军对一、九分区的封锁。从当年 12 月 5 日至 1948 年 1 月 24 日,先后攻克潮桥、马塘、岔河敌据点,歼敌 300 多人,俘获国民党保安大队大队长陈昆以下近 1000 人,缴获轻机枪 15 挺、长短枪 480 支及大批军用物资。

每当父亲回家带来前方的好消息,小克成失去爷爷的悲痛才能得到些许安慰。在那段东跑西躲、居无定所的日子里,由于常常在草窝里过夜,小克成身上生满了疥疮,是一位新四军的政委杜阿姨送来硫黄药膏,治好了疥疮,可惜,这位杜阿姨在渡江战役中牺牲了。后来,徐克成当了医生后,每当遇到疥疮病人,或上皮肤病课时,就会想起这位穿着新四军军服的杜阿姨。

1949 年 1 月 28 日,中国人民解放军收复白蒲,如东全境解放。2 月,在"打过长江去,解放全中国"的口号声中,徐克成的父亲,不忘将革命进行到底,又投入到支援渡江战役前线、迎接全国解放的新浪潮中,徐克成也进入了他的小学学习阶段。

这场战争"幼儿园"给了徐克成痛苦和仇恨,也教会了徐克成坚强和感恩。从父亲、缪大叔、杜阿姨以及众多参加革命的"干妈妈""干爸爸"身上,他看到了共产党员的英勇和大无畏的革命牺牲精神,硝烟熏陶了徐克成的坚强,战火锤炼了徐克成的刚毅。跟着共产党走,成为他毕生的信念,也成为他作为一名医生践行"救死扶伤,为人民解除病痛"的指路明灯!

华夏大地,曾枪炮隆隆,断垣残痕处的斑驳,诉说着千年的忧伤;扶海神洲,曾战火纷飞,沉浸在挥之不去的悲泣里……

如今,如东,一座东方深水大港——洋口港,屹立在长江入海口北岸,如巨龙的眼睛在南黄海闪烁;亚洲最大的海上风电场,风光无限,似"海上三峡",造福人民……

用一座青春的大港,托起你远行的梦想;用千只歌唱的风筝,放飞你富强的渴望;你踏着春潮的脚步,你绽放时代的芬芳,让中国形象闪耀自豪的光芒!

如今,徐克成只要回到家乡,有时间总要到洋口港走一走。站在连接洋口港阳光岛的12.6公里长的黄海大桥观景台上,徐克成凭海临风,壮志凌云,耳边响起如东县县歌《如意东方》的旋律,心中涌现的是对祖国的爱、家乡的情。算命先生说他是"出海蛟龙",可徐克成却说,自己只是大海里的一朵浪花,为促进人类健康,他愿做一朵奔向太平洋的浪花。

用一片蓝色的波浪,激荡你花开的梦想;用万朵金色的朝霞,灿烂你崭新的乐章;你喷薄太阳的热情,你释放江海的力量,让中国创造充满传奇的辉煌……

如东县县歌《如意东方》荣获第12届全国精神文明建设"五个一工程"奖,唱出了江海儿女健康向上的豪情,也唱出了徐克成这位精神文明建设的模范——"时代楷模"的心声!

啊,龙腾吉祥,如意东方,古老神州穿越风雨沧桑;凤舞好运,如意东方,幸福家园洋溢和美的欢畅!

第二十六章　天之生人也

著名作家王蒙说："人生一世,总有个追求,有个盼望,有个让自己珍视,让自己向往,让自己护卫,愿意为之活一遭,乃至愿意为之献身的东西,这就是价值了。"

1949年,幼年的徐克成迎来了全国的解放,新中国的成立结束了徐克成颠沛流离的生活,让徐克成背起书包,开始了新的生活,对人生有了追求和期盼!

从战争中幸存下来的乡下小学,只有几间残破的房屋和几个学历只有小学毕业的教师,教学也只是简单地认几个字,唱唱革命歌曲。到了小学五年级,徐克成的父亲将徐克成转学到岔河镇上的小学。

徐克成的父亲徐锦文,先后任乡财经主任、岔河粮库主任,后来任如皋县采购局副局长、白蒲供销社主任等职。父亲在岔河工作期间,徐克成常常坐在爸爸的自行车后座上去上学,让乡邻的孩子们羡慕不已。

但徐克成的学习,却没有一个同学羡慕的,由于在乡下学习时,基础不牢,虽有老师不断补课,却无法跟上,成绩总是最后几名。

1952年,好不容易到了小学毕业,徐克成考取了离家十几公里的栟茶中学。

栟茶中学是一所历史悠久的学校,由栟茶镇留日清末秀才缪敏之,留法经济学博士、中共早期党员徐一朋和知名人士蔡晦渔、蔡观明等于1928年集资筹办。学校创建之初,就号召进步师生继续发扬"五四"精神,向封建旧文化、旧观念开战,走向街头、乡村,给乡民剪辫子,动员妇女放足。

古镇栟茶,小镇很繁荣,学校就在闹市区。小学的"先天不足"让徐克成在初中一年级学习颇感吃力。但那时徐克成年少无知,没有感到努力学习的重要性,每天晚饭后,总要和几个同学溜到街上,花两分钱买上一包花生米,边吃边走回教室上晚自习课,有时来不及赶回,就会受到语文老师兼班主任张祥凤的严厉批评。

因此,徐克成每次看到张老师心里都会有一种畏惧的心理。

一天晚上,上完晚自习课,张老师请任课老师通知徐克成,到他办公室去一趟。这可吓坏了徐克成。

因为他是全校最厉害的老师。一次自习课时,徐克成与邻座的同学吵了起来,因为他的手臂越过了桌上中间"分界线",为此,张老师将徐克成狠狠地训了一顿,还让徐克成在全班做了检查。

"这次叫我去,是否我又犯了错?"徐克成在心里嘀咕起来。

徐克成战战兢兢走进张老师的办公室。说是办公室,其实就是一间小小的房间,同时也是张老师的宿舍。昏暗的灯光下,张老师正在批改作文。徐克成轻手轻脚地走到张老师桌前,张老师抬起头来,说:"来了,坐下吧。"

等徐克成坐下,张老师脸上露出了一丝微笑,说:"徐克成,没想到你还是有点才华的嘛!"

徐克成一惊。张老师平常难得笑的呀!他胆怯地问:"张老师,说我吗?"

"是呀!"张老师拿出徐克成的作文本,问道,"你自己感到文章写得怎么样?"

那是一篇写"参观小洋口闸"的记叙性作文。

徐克成对洋口闸的建设太有感情了。因为他的家乡几乎每年都要闹水灾,一闹水灾,村里和自己家的水稻、玉米、棉花就要被淹,村民们就要拼命地排水抗涝,几个人踏那个木头做的大水车,又重又沉,那份辛苦、那份忧虑是常人难以想象的。后来,解放了,政府就在内河通往黄海的唯一出口建了这座排涝减灾的小洋口闸。自从修了这道水闸以后,家乡再不闹水灾了。

上周,张老师带学生们参观小洋口闸。看到水闸排水时气势磅礴的场景,再回想家乡闹水灾时的凄惨,徐克成感慨万千,充满了感情,有了写作的冲动,是共产党为老百姓带来了幸福!徐克成按照自己的思路、想法,饱含深情写下了这篇作文。

徐克成对张老师说:"我只知道洋口闸太好了,救了我们全家的命。"

张老师哈哈大笑起来,说:"你知道诗人艾青说过什么吗?为什么我的眼里常含泪水?因为我对这土地爱得深沉。你把你的感情融入了你脚下的这片土地,正是你感到家乡的洋口闸太好了,有了切身感受,你的文章就写出了真情实感,所以你的文章也就写得好了。我要将这篇文章在全班展览,并推荐到《中学生》杂志上发表。"

这时,徐克成才借助微弱的灯光,看到张老师用红毛笔在作文上画了许多"圈"。

张老师是有名的儿童文学作家,经常在儿童文学刊物发表童话小说。徐克成虽然害怕他的严厉,但对他的才华却是十分崇拜。听到张老师的赞扬,徐克成像做梦一样。

张老师拍拍徐克成的肩,说:"司马光说,天之生人,各有偏长。小家伙,你有才华,好好努力,将来要当艾青、当鲁迅、当巴金,当作家。"

"才华?我有才华,我能成为作家!"徐克成的心受到强烈的撞击,就像从小洋口闸流向大海的水,汹涌澎湃,汇入大海,奔腾不息。

只能用"神奇"来形容。就在那一瞬间,徐克成,这个"天之生人"如"醍醐灌顶"忽然开窍。一下子变得十分"用功"了。吃过晚饭就进教室自习,不上街买花生米了。

他显示出了写作的天赋与才华。也许他的体内传承了如父亲名字"锦文"般做"锦绣文章"的基因,他的作文连续受到表扬,有的被作为"范文"在全校展览。在作文的带动下,其他科目成绩也一下子上来了,成为"三好学生"。后来,竟然被推荐当上了班级学习委员,又被选为全校少年先锋队副大队长。大队长是高一年级年龄却比徐克成大好多岁的大姐,出生于当地镇上。她十分和善,说话细声细语,对徐克成如姐姐一样地照顾和关心,这让徐克成从她那里学到了好多课本上学不到的知识。

1955年,徐克成以优异成绩从栟茶中学初中毕业,顺利考上学子们梦寐以求的地处如东县城的如东县中学。

栟茶中学初中阶段的学习成了徐克成学生生涯的第一个加油站,不仅端正了学习态度,激发了学习的热情,也对人生有了美好的憧憬。

岁月如烟,掩不住深深的情谊;山高水长,阻不断切切的思念。2018年10月2日,徐克成满怀感恩之情,回到阔别了60多年的栟茶中学,参加栟茶中学九十校庆纪念活动。在庆祝大会上,徐克成应邀讲话,学校给他准备了一份讲话稿,他看后觉得写得很好,但还不能完全表达自己的心声,于是在讲台上,他脱稿即兴演讲:

今天非常高兴,母校栟茶中学迎来90周年华诞,今天的大会取了一个非常特殊的名字"践行平民教育"。非常赞同这个名字,因为我一直认为,我就是一个平民。记得几年前,中央电视台采访我,要我对自己做个评价,我说:我就是一个平民医生,一辈子为平民看病,一个平民专家,没有当什么大官,天天在研究,怎样为平民看病,为平民服务。

人生是由故事组成的。母校将自己称为"平民"学校。我自己的人生故事就是从这个平民学校开始的。

不一般的开场白,赢得在场的嘉宾和师生们的热烈掌声,让徐克成心潮澎湃。

他回忆起在学校学习时的那段青春岁月,讲述了班主任张祥凤老师鼓励自己当作家的故事,寄语学校要自信,要创新。他说:

平民就是"平",没有背景,但也没有负担,没有依赖,只有自己成就自己。没有背景,只能比常人花更多气力。我们学校,尤其我们老师,一定要鼓励学生,我们不以"平"为满,也不以"平"为卑,更不要以"平"为骄,但我们不甘于"平",要脱"平"。要增长见识,身居栟茶,眼望世界。

他回顾了自己从南通到深圳,从深圳到广州创业的经历,深情缅怀给予自己创新力量的著名改革家袁庚和原卫生部部长陈敏章。

演讲的过程中,他还把自己的儿子一家介绍给大家,他说:

今天,我带来我的儿子一家。儿子儿媳都在美国毕业,孙子孙女现在上海美国学校。去年我带孙子到广州,和我一起去广东农村扶贫。今天来这里,就是让他们向我曾经的母校学习,不忘本,热爱自己的家乡和祖国。

其实,徐克成带家人到栟茶中学已经不是第一回了,他常常给孙子和孙女讲自己在栟茶中学的故事,就是要让在美国长大的孙子和孙女,知道自己是龙的传人,他们的根在南黄海之滨的江苏如东,一个美丽富饶的地方。

他说:

理念是成就事业的前提。近几十年来,我作为一个客居广东的如东人,获得了广东的几乎所有荣誉,我的人生有许多"不一样",创造了诸多第一,由此形成了自己的特色,卫生部称我为中国冷冻治疗肿瘤第一人,WHO 称我为世界肿瘤微创治疗做了贡献,曾经的卫生部部长陈竺赞扬我为中华民族做了贡献,创立了品牌。作为一个"平民"人士,我充满感恩。我们都是站在巨人的肩背上成长起来的,老师就是巨人。我衷心希望母校做"不一样"的事,做出"不一样"的成就,教育出"不一样"的学生。

会场一片寂静,继而爆发出雷鸣般的掌声。最后,他深情地说:

如今,我已是耄耋之年,但新的事业好像又重新开始。每个人都是活在当下,向死而生,只要活在这个世界上,就要"雄心志四海,万里望风尘"。今天,我应邀回母校,参加践行平民教育 90 年华诞,非常高兴,更多是感恩感激。

代代精英千载遍九州,莘莘学子百年传环宇。祝愿母校:积历史之厚蕴,更展宏图,再谱华章!

掌声再次响起,经久不息。栟茶中学校友、第十一届全国政协副主席李金华,也被徐克成的即兴演讲所感染,在主席台讲话时,他说,徐教授讲的全是肺腑之言,深深地感染了我,秘书准备的讲话稿很好,但我现在也要学一学徐教授,讲一讲自己的肺腑之言。

从如东县中学毕业,徐克成延续着张祥凤老师给自己构筑的作家梦,选择了自己喜爱的写作,高中毕业时,报考大学新闻专业。然而,世事难料,因为一个"三兄弟"照片事件而被拒之门外。原来,高中时徐克成和两个同学在照相馆里拍了一张合照,上面写了"三兄弟"。这不是"拜兄弟"吗? 有人这样评价。那时正是"反右"时期,时任班主任和给徐克成"启蒙"的张老师,都被划为右派。徐克成被列为"不可靠"学生,自然,作为政治性很强的新闻系便与他无缘了,而被录取到当时徐克成不感兴趣的南通医学院,去学医。上大学是徐克成梦寐以求的,虽然没有实现自己的"记者梦""作家梦",却实现了徐家几代人上大学的梦想。再想一下,小时候生了疥疮,不是政委阿姨送来的硫黄药膏治好的吗?

阴错阳差,也许命运就是这样的安排!

南通医学院是一所建于1912年的老校,由清末状元、近代教育家、实业家张謇先生创建。从1927年起,学校数易其名,先后称为私立南通医科大学、私立南通大学医科、私立南通学院医科。1952年,学院改建为公立苏北医学院,1956年改称为南通医学院。1978年,学院隶属交通部和江苏省双重领导,以交通部为主;2000年,在高等教育管理体制改革中,学院划归江苏省人民政府管理。2004年11月并入南通大学。

因此,1959年徐克成被录取时,是"南通医学院"挂牌的第三年。好学的徐克成,带着梦想和新奇跨入校园。南通医学院幽静、典雅,园林式的校园,随处可见苍树翠竹,百花争妍。古色古香的明清风格的建筑在绿树掩映下,焕发出油画般的色彩,美不胜收,让徐克成感到新鲜又陌生,流连忘返。

既然命运做了如此安排,徐克成在进入南通医学院后的第二天,就到学院的图书馆阅览室看书。图书馆,位于屋角宛若万云簇拥、飞逸轻盈的教学楼的底层。由于刚开学,图书馆阅览室里就徐克成一个人。快到阅览室关门时间了,徐克成还在看书。管理员来到徐克成身边,问看什么书。徐克成这才抬起头说,看学校的历史。

管理员是一位六七十岁的长者,矮墩墩的身材,饱经风霜的面庞,锐利的眼神和深沉的嗓音,让徐克成感到,他是一位具有深厚底蕴的人。

果不其然,管理员忽然问道:"小伙子,你知道张謇吗?"

徐克成茫然地摇摇头。

他说:"小伙子,你想了解学院的历史,就要知道张謇。"说完之后,他的眼里似乎有一束光照射出来,接着说:"他是我们学院的创始人。书童出身,给人家做伙计,凭着自己的奋斗,当了清朝最后一个状元,为国家、为民族做了很多事,南通城就是他建起来的,了不起呀!"

管理员的话,一下子吸引了徐克成。19岁的年龄,正是求知欲旺盛的年纪。"哇,清末状元呀!"徐克成惊叹一声。

当得知徐克成是从如东西部地区而来时,管理员显得有点激动。

"小伙子,看你的样子,天庭饱满,鼻子高大、耳朵宽厚,是后发之才,好好学习吧!你的家乡如东是个好地方,张謇的仕途之路就是从如东起步的呀!"管理员似乎沉浸在回忆中,给徐克成讲述了一段张謇与如东之缘的历史故事。

咸丰三年(1853),张謇出生在海门常乐镇。乳名长泰,取号吴起元。五岁入塾,15岁已修完《四书》《五经》。张謇的父母,都是饱尝过生活辛酸的平民百姓,在那个时代,要想改换门庭,摆脱受压迫受剥削的地位,只有指望儿子读书做官。当张謇16岁时,父亲就积极为他参加科举考试而张罗。

我国的科举制度,自唐以来,且不说它在束缚人才、挑选方法上存在许多弊端,就其本身的许多规定,也是赤裸裸地为封建统治阶级服务的,"冷籍不得应试"就是其中的一条。所谓"冷籍",在清代,即指三代以内没有做过官或三代以内不曾有人中过秀才、举人之类的家族。张家已是数代清贫,张謇的祖父张朝彦笆斗大的字识不了几箩,平日以耕种为业,荒时暴月兼以摇鼓卖糖聊助生计,后来入赘金沙镇上开瓷货店的吴家为婿,虽是衣食渐丰,但哪能入仕做官?其父张彭年继承祖业,除了耕种20多亩薄田外,也只能兼及瓷业,虽是粗通文墨,可哪能迈进官宦之途?这实实在在的"冷籍"之家,怎能进入科场考试?眼看一年一度的"县试"将近,急得张彭年坐卧不宁。他东奔西走,到处打听筹划,总算探得一个补救的办法:按官场世俗的惯例,在同族中请一个做官的人出来"认保",再请同县几个廪生连环"派保",就可以去应试。张彭年别无他法,就去与儿子的老师宋璞斋计议。

宋先生也早就想到这一点,他介绍张氏父子与如东(当时称如皋东乡)丰利张駉相识。

张駉,字世德,子名张镕,孙名张育英,侄张铨。他是当地的大户,有籍在册,子弟可以应考。时值张駉侄儿新丧,张謇就作为他的侄孙挽丁成礼,将吴起元改名张育才,取字树人,加入了如皋籍。次年二月,县学开考,张育才如期参加。临试之前,许多纨绔子弟华服翩翩,雄视古今,高谈阔论。唯有他还穿青布旧袍,站在大门旁的石鼓后面闷声不响。一连五场考了下来,张育才的成绩都不错,为他日后的仕途精进带来了希望与动力。

在21岁时,张育才经礼部核批,于南通直隶州注册入籍。25岁时,改名为"謇",取字季直。42岁时,得中甲午科第一名,并被光绪帝钦授翰林院修撰,成为中国1300多年科举制度下产生的504名状元中独具风采的一员。

如东为张謇迈向仕途的第一步助了一臂之力。后来,张謇得中状元后,不忘学业起步的丰利,支持并鼓励当地举人潘荫东创办了丰利小学,传为佳话。

徐克成听得入了迷。为张謇勤奋好学的精神所感动,更为张謇考了20多年才考上状元这种永不放弃的精神所折服,也为家乡如东养育了张謇而感到骄傲。

"我要做张謇这样的人,勤奋学习,回报家乡,报效国家。"徐克成心中充满了梦想。

后来徐克成知道了,这位图书管理员姓张,原来就是张謇家的老管家。从此,徐克成一有时间就到图书馆看书,然后等到关门前夕,听张管家讲张謇的故事。

徐克成还得知,张謇的母亲金氏就是如东栟茶人,而张謇后来娶的夫人居然是如东双甸吴家庄的姑娘吴道愔,生下唯一的儿子张孝若,为张謇延续了血脉。自己老家蔡家庄与吴家庄仅几公里之遥。

"要学张謇,就要比人家花更大功夫,才会有出息。"老管家拍拍徐克成的肩膀,语重心长地说,"我看好你,小伙子!"

又是一次鼓励。这次的鼓励比在栟茶中学学习时,张祥风老师的鼓励来得更强烈,因为张謇的形象已经深深地刻在徐克成的心中。

于是,徐克成不再局限于听老管家讲故事了,而是追随着张謇在南通的足迹:跑到学校对面的"博物苑"看更多关于张謇的故事,那是张謇兴办的中国第一家博物馆;到南通师范学校参观学习,那是张謇办的中国第一家现代培养师资的专门学校;到位于南通南郊的啬公墓,那是张謇安眠的啬园……

"天之生人也,与草木无异。若遗留一二有用事业,与草木同生,即不与草木同腐朽。"

在啬园一处墙壁上赫然镌刻着这样一行字,震撼着徐克成的心。

他又一次看到"天之生人也"这样的句子。张祥风老师第一次说"天之生人,各有偏长。国家之用人,备有众长"时,心里还有一种不以为然,认为张老师不过是引用了一句古人说的话而已。这次站在张謇墓前,徐克成豁然开朗,同是"天之生人也",正如著名诗人臧克家所说的"有的人活着,他已经死了;有的人死了,他还活着"一样,人生的意义、人生的价值、人生的归属,在徐克成脑海中犹如狼山脚下奔腾的长江在翻滚。

从此,张謇先贤的"一二有用事业"的草木论在徐克成脑海中扎下了根,并沿着这一"航道"向着大海奔去。

50年过去了,"一二有用事业"徐克成做到了,创办中国第一所民营肿瘤医院,成为中国冷冻治疗肿瘤第一人,建立"氢肿瘤医学"第一人,倡导"与癌共存"理念……徐克成的"一二有用事业"正在发挥巨大的效能,为健康中国、为促进人类健康留下了不朽的印迹!

在母校南通医学院张謇雕像前

第二十七章 伉俪情深风雨路

考入南通医学院,正是徐克成风华正茂的年龄。高大的身材,乌黑的头发,国字形的脸庞,浓密的眉毛下一双眼睛虽然不大,却炯炯有神,时不时透出一位青春男子的刚毅与清澈。正如唐朝诗人李贺的诗,"一双瞳仁剪秋水"。

双瞳剪水,迷住了不少女生。其中就有来自上海的姑娘阮荣玲。当然这仅是外表的吸引,而让徐克成走进阮荣玲内心的则是他的学识和做人的品德。

要知道,在那个特定的时代背景下,上海人的优越感特别强。对上海区域外的人统统看不起,统称"乡下人"。而一条长江将江苏分成苏南和苏北。历史上,苏北人到上海谋生,多数从事的是洗头理发、浴室搓澡、补衣修鞋和码头"抬杠棒"等底层什活。因此,上海人看不起这些"江北人",又把江北的人统称为"江北佬",明显带着一种区域歧视。

徐克成、阮荣玲夫妇

在南通医学院学习的同学中,来自苏南苏北的各占半数。衣着、举止和讲话,将两部分同学分得清清楚楚。徐克成自然是"江北人",自感难抬起头来。更让人感到不自在的是班上那些来自上海和苏南的同学,他们经常聚集在一起,哇啦哇啦讲上海话,徐克成自然不会"靠"上去,偶尔接近,他们的讲话就"戛然而止"。

经济水平和历史文化,决定和影响着人们的心理、心态和精神。徐克成明白,这种先天的优越条件,个人是无法改变的,要改变自己这种"不自在",唯有自己努力,干出成绩来,像张謇那样才能受到别人的尊崇。

"世上没有救世主,创办我们学校的清朝末代状元张謇不也是'草根'出身吗?相信自己,努力奋斗!"徐克成暗暗下定决心,他想起父亲给自己取名的初衷:共克时艰,争取胜利,取得成功。

徐克成如饥似渴地学习,高中时积累的文学基础,让徐克成很快喜欢上医学,学习成绩在班级上名列前茅,当上学习委员和课代表,几乎门门功课都是"优"。

在笔者与徐克成交谈这段往事时,徐克成说,现在中国高考,将医学列为理工类,我觉得不一定对。医文同源,古代医家中许多人都有深厚的文学底蕴。比如,孙思邈7岁的时候,就认识1000多字,每天能背诵上千字的文章,西魏大臣独孤信称其为"圣童"。20岁时,就能侃侃而谈老子、庄子的学说,精通道家典籍,完成了世界上第一部国家药典《唐新本草》。医学巨著《千金方》是中国历史上第一部临床医学百科全书,被国外学者推崇为"人类之至宝",等等。

由于徐克成的勤奋,他开始在学院崭露头角。

20世纪50年代,俄语是大学主要课程。徐克成的俄语学习进步很快,成绩优异。大学二年级时,他就利用课余时间翻译完成俄文版的《内科病理学》一书,得到医学院黄竺如院长的大加赞扬,准备送到上海科技出版社。后因为政治风云突变,中苏争斗,书未能出版,但徐克成因此成了全校闻名人物。院长、党委书记在全院大会上多次表扬徐克成,低年级或新生入校时,学校总要请徐克成去介绍学习经验。

而让爱情降临徐克成头顶的机会是一次俄语老师的生病。

俄语老师因病不能教课,他没有让教研室的其他老师代课,而是让他的学生徐克成代他去上课。给同班同学上课,这是徐克成意想不到的,特别要给班级上那些"神气活

"现"的上海和苏南的同学上课,他们服气吗?

心里带着疑问,徐克成找到班主任。班主任说:"这是俄语老师建议的,黄院长亲自定下的,你大胆去教课吧!"然后鼓励他说,"要自信,只有自信,才能自强,你能行的!"

既然是黄院长亲自定下来的工作,徐克成"走马上任"了。但他没有按教规程序上课,而是改变了原来老师上课的模式,增加了提问环节。

不知出于什么心态,也许是要"报复"一些苏南和上海同学看不起"江北人"的"傲慢",徐克成更喜欢向他们发问,让他们难堪,目的就是杀杀他们的"傲慢"与"娇气"。

对从上海来的阮荣玲,徐克成并不陌生。平时,她喜欢身穿一件旗袍式的连衣裙,脚穿红色皮鞋,烫着卷曲的头发,前来上课,在同学中十分"洋气",特别引人注目。阮荣玲生于上海,长于上海,中学就读于上海最有名的育才中学,是真正的"纯上海"人。在徐克成心目中,她是"高雅"的,也是"傲气"不可接近的。年级指导员是位"革命气"很浓的老干部,担忧地对徐克成说,上海人"资产阶级气味"重,你这位工农出身的,要当心。

现在,徐克成是她的"老师"了,自然要重点提问她,看她这位"上海育才"学生到底有多大"锐气",拿下她就能起到"杀'玲'吓猴"的效果。

没有想到的是,这位上海女同学,对徐克成的提问最"驯服",每次都是规规矩矩站起来,按徐克成的要求朗读课文,回答习题,偶尔回答不上来,会红着脸对徐克成说:"对不起,这道题目不会,课后,请帮助补课。"显得彬彬有礼。

她说到还真的做到了。下课后,她常常从她坐的第二排走上来,找徐克成为她辅导。先是辅导俄文,后来辅导其他课程。

她和徐克成讲话时总是细声轻语,而且用的是普通话,有时带出几句上海话后,马上又改讲普通话,还说一声"对不起"。

徐克成蓦然发现,这位上海的散发"资产阶级气味"的学生并不是原来想象的"神气活现";她并不"娇气",学习也很认真细心,课堂上集中精力听讲,课后勤奋刻苦,晚自修时常常是最后一个离开。

这让徐克成改变了对上海同学的看法,他有时为自己想捉弄他们的"小聪明"而感到惭愧。

那时学校经常组织勤工俭学,下乡参加劳动锻炼,阮荣玲都是和江北的同学们一样干活。徐克成主动找她做搭档。为了适应环境,她脱去旗袍换上劳动时穿的打了补丁的衣服,头发也用布包着,她开玩笑地对徐克成说要"去掉资产阶级气味"。

阮荣玲比徐克成大一岁,但徐克成总是时时关心着阮荣玲。有一次徐克成和她抬重物,身材瘦小的她在前徐克成在后,徐克成故意将扁担上系重物的绳索往后移,以减轻压在她肩上的重量,被她发现。她不抬了,说:"干活男女平等,你把绳索移到中间来,我不希望人家说我娇气,怕吃苦!"

什么是爱情?马克思说,在我看来,真正的爱情是表现在恋人对他的偶像采取含蓄、谦虚甚至羞涩的态度,而绝不是表现在随意流露热情和过早的亲昵。

徐克成与阮荣玲的爱情,从俄文"师生"关系开始"萌芽",又从劳动中"破土",在相互促进下长成"幼苗"……

暑期到了,阮荣玲羞涩地对徐克成说:"徐克成同学,我想带你到上海,见见我的家人,好吗?"

这是徐克成求之不得的好消息,心里当然是一万个愿意,不过还是有点担心,说:"你的家人会不会看不起我这个乡下人呀!"

阮荣玲嗔怪地对他说:"你呀,你呀,亏你还是七尺男儿,好男儿志在四方,将来你会挺进大上海的!"说完,阮荣玲不由得"扑哧"一声笑了起来。

那是徐克成第一次去上海,鳞次栉比的高楼、熙熙攘攘的人群、川流不息的有轨电车,就连狭长的胡同、弄堂里的煤球炉子,那里的每一样都让徐克成惊奇不已。

得知自己的女儿谈了一个"乡下人",阮荣玲的母亲有点不开心,因此当徐克成见到阮荣玲母亲时,她母亲第一句话问的就是"乡下怎么样呀?"让本来内心就惶恐不安的徐克成,更加不知所措,愣在那里。

幸好阮荣玲机灵,连忙接上话茬儿说:"妈,他不是来自乡下,是来自城里。"

她怕徐克成心里不舒服,悄悄地对徐克成解释道,上海人对外地人,不管是哪里,即使来自大城市,也认为"乡下",自然南通更是"乡下"了。她对徐克成说,不要"放在心上",她母亲对每个人都是这样。

阮荣玲的哥哥也帮妹妹说话,对妈妈说:"妈,妹妹处对象,主要一看人品二看成绩三看有无上进心,要相信小玲的眼光!"

阮荣玲出生于上海一个职员家庭,比她年长近 20 岁的哥哥毕业于上海交通大学,当时在一家国有大工厂担任高级管理职务,拿着 100 多元的高薪。她是靠哥哥的培养长大的,从上海育才中学毕业考进南通医学院。

阮荣玲的哥哥看到徐克成,很高兴,热情地问学习、生活和将来的志愿等情况,对徐克成说:"我小妹还小,第一次到外地上学,你还要多帮助她、照顾好她,你有什么困难也可以和我说。"

后来,阮荣玲的哥哥,对他们两人全力支持,每个月都要寄 15 元到 20 元,这对当时徐克成和阮荣玲来说,无疑是一笔不菲的收入,因为当时一个人一个月的伙食费只要六七元。

阮荣玲的姐姐见妹妹处了对象,自然也是高兴,领着徐克成逛南京路,带徐克成又是吃上海生煎馒头、炒年糕,又给徐克成买了皮鞋和中山装,说要把徐克成装饰成"城里人"。

这次上海之行,给徐克成留下了深刻印象,他第一次有了外出闯一闯的念头。

很快,寒假来临了。徐克成寻思着要不要带阮荣玲回如东老家,也让父母见见这位秀气的上海姑娘。

没想到,阮荣玲很爽气地答应了,同意随徐克成回如东农村见他的父母。

徐克成的老家虽然与南通只相距 50 公里,但那时交通不便,先要乘 5~6 小时的小轮船,靠上码头上了岸以后,没有汽车,只能坐"二轮车"(自行车),需要一小时才能到家。路面也是坑坑洼洼的,而且不时还要经过一座座小木桥,摇摇晃晃的,让人不免胆战心惊。阮荣玲坐在自行车的后座上,屁股被颠簸得生疼,凛冽的北风吹在脸上像刀割一样。徐克成要她闭着眼睛,双手紧紧把住前面的坐垫,两只脚牢牢蹬在车架子上。

好不容易到了家。

母亲见家中来了一位上海姑娘,惊喜交加,不知怎么接待是好,手忙脚乱起来,尽抿着嘴瞅着阮荣玲笑,两眼冒出泪花花。徐克成的弟弟、妹妹也迎上来,帮他们拿行李,见到这位未来的嫂嫂,弟妹俩高兴得也是傻傻地笑。

徐克成的家是一排四间连在一起的瓦屋,左侧还有两间厨房。徐克成领着阮荣玲一间间参观,看到正房里一张大床,上面已铺上崭新被褥。徐克成告诉她,这是妈妈专门为她准备的,阮荣玲一下子坐到床上,开心地在上面晃动起来,还笑个不停。

房前场上,热闹起来。徐克成的母亲杀鸡,弟弟在一个木盆里洗鱼,邻居几位大婶也来了,帮助洗菜淘米。小妹忙得搬柴草到灶膛,准备烧水煮饭。

徐克成一一为阮荣玲介绍,阮荣玲也跟着叫"婶婶""阿姨"。阮荣玲脱下外套,卷起衣袖,来到徐克成的母亲身边,亲热而大方地叫了一声:"妈妈,我来帮你脱鸡毛吧!"

看到这一切,徐克成的心里开心、舒坦。她一点儿也不"娇气"呀!

阮荣玲回上海时,徐克成专门送她到南通港码头。轮船要到晚上10点才开。阮荣玲到了检票口,一步一回头往前走了十几米,突然,她往回跑来,连声"克成、克成"地叫着,一把抱住徐克成,哭了,轻轻说:"我不想离开你。"

徐克成也是紧紧地把阮荣玲抱在怀里说:"我们永远在一起,不分离!"

生活总不会是一帆风顺的,爱情也如此。一天,阮荣玲突然找到徐克成,向徐克成"兴师问罪":"你和黄晔君什么关系,你口口声声说,我们不分离,可私下你却和黄晔君好上了!"

徐克成一头雾水,等阮荣玲平静下来,徐克成终于弄清了阮荣玲"骤风暴雨"的缘由。

原来,医学院编印的院刊在学生中要招收两名业余编辑。徐克成看到启事后,就报了名被顺利录用。同时录用的还有一位同学,是医学院黄院长的女儿叫黄晔君。

黄院长是日本留学回来的教授,他的夫人是日本人。黄晔君身材高挑,皮肤白皙,性格开朗。尤其是中日混血的脸庞,吸引了众多男同学的注目。在当时的南通小城,她也是"风云"人物。

那时正是"大跃进"时期,"新闻"报道特别多,徐克成和黄晔君的业余时间几乎全花在报道编辑上。平心而论,她的文笔不错,脑子灵活,成绩也很好,很多场合她的看法是对的,并没有"趾高气扬",但徐克成总感到她太"神气",不愿在她面前"低头"。有时为了一个稿件,他们常常争论不休,有时争论后可以一两天相互不讲话。后来发展到学业上,也常常要比个输赢。

这段当业余编辑的"二人转"插曲,曾在同学中传为佳话,阮荣玲也是清楚的。她自然了解徐克成和黄晔君曾经的"亲密相处",那是工作或者学习需要,阮荣玲没有放在心上。可后来有一次,阮荣玲到附属医院当实习医生,一天,黄晔君的妹妹来住院,经管医生就是阮荣玲。黄晔君妹妹问她"认识徐克成吗"?阮荣玲回答"肯定认识呀",黄晔君妹妹傻乎乎地说:"你知道吗?我家老五(黄晔君)和他很好呢,我父母亲对徐克成印象都很好。"

听了黄晔君妹妹的话,阮荣玲坐不住了,也沉不住气了,猜疑可是女人的天性,阮荣玲也不脱俗,于是有了"兴师问罪"的一幕。

徐克成耐心地向阮荣玲做解释工作,并带着阮荣玲找到黄晔君,当面询问:"我们谈过恋爱吗?"黄晔君笑得前俯后仰,说:"好是好过,就是没有擦出爱的火花!"

说完,黄晔君拉起阮荣玲的手,也拉起徐克成的手,把他们俩的手拉在一起,幽默地说:"这可是我第一次拉大才子徐克成同学的手哟!"说完又是一阵爽朗的大笑。

"祝你们两小无猜,早生贵子,白头偕老,做中国的'居里'夫妇!"黄晔君在笑声中郑重地祝福他们。

恋爱是缘分,没有缘分,再"亲近"也不能成眷属。阮荣玲最后终于相信:她的这位同学和徐克成之间,纯洁得甚至"连手也没有拉过"。

其实,当时在黄晔君心中,徐克成早已经是自己心仪的"白马王子",当成了自己的"初恋",只不过缘分未到。1961 年,南通医学院要选派学生到苏州医学院学习,南通医学院当年是苏州医学院的一个分院,黄晔君和其他 10 名学生被选到苏州医学院学习,与徐克成分开了两年。等黄晔君回到南通医学院的时候,徐克成已经和阮荣玲谈上了恋爱。黄晔君暗暗伤心,她欣赏徐克成的才华,也被高大帅气的徐克成所吸引。一次,徐克成的二妹妹徐梅到南通,黄晔君竟情不自禁地对徐梅说"差一点儿你要叫我嫂嫂了"。徐克成和阮荣玲结婚了,她只能把爱深深地埋藏在心中。当然,后来她找到了如意郎君,生下一对女儿,全家去了美国,过上了幸福晚年。2019 年,黄晔君在美国离世,徐克成把一种同学情谊和怀念留在心里。

不见风雨,怎能见彩虹。毕业三年后,徐克成和阮荣玲携手走进婚姻的殿堂,两人同时被分配到南通医学院附属医院工作。

一次,徐克成在急症室值班,来了一个脑炎病人,高热,抽搐,口吐白沫,呼吸突然停止,情况非常紧急,徐克成来不及细想,就一下子扑到病人身上,嘴对嘴,给病人做人工呼吸。病人得救了,徐克成内心充满了成就感,他没有告诉阮荣玲,只讲给妈妈听了。妈妈知道那个病人患的是传染病,心痛地流下了泪,对他说:"好孩子,善有善报,你要一辈子做好事。"

事后,阮荣玲还是知道了,作为传染科的医生,她当然知道,一旦传染,那后果是十分严重的。她责怪地说:"救人是对的,但要科学施策,保护好自己,不能盲目地把自己的性命搭上,你要是有个三长两短,我怎么办?孩子怎么办?"

望着妻子焦急的样子,徐克成无言以对,只能把妻子紧紧地抱在怀中。

阮荣玲说的"科学施策,保护好自己"的话,他虽然记在心中,但到了关键时刻,在危急的环境下,他又忘记了自己,只想到一心救病人。

在徐克成的从医生涯中,有三次都是在紧急关头口对口救活了病人。除了上面讲的这一次外,还有两次。

第二次是1991年在深圳蛇口工业区联合医院时,一次,徐克成帮助一位肝病患者做肝动脉化学栓塞,在手术台上给病人注射药物时,病人的呼吸骤然停了,危急之下,来不及考虑,徐克成迅速当场口对口进行人工呼吸,直至病人呼出了一口气。本来已经过去了,但在当天的手术记录上,管床医生照例把这件事记载在病历上:"在做插管的时候,病人突然呼吸起跳停止,现场给予口对口人工呼吸,呼吸恢复,心跳复苏。"一年后,医院科室互查病历质量,时为传染科主任的阮荣玲看到这份病历,她第一感觉就是:"这肯定是我家老徐干的!"回到家,她问徐克成:"一年前病历上记载的口对口呼吸,是不是你做的?"

徐克成只好老实回答:"是的,是我做的。"

阮荣玲显得很生气:"你回家怎么不讲?传染了怎么办?那个患者可是乙型肝炎呀!"从事传染科工作多年的阮荣玲对"传染"十分敏感。

"这个小事情讲了做什么呀!下不为例,下不为例!"徐克成连连宽慰阮荣玲,"我现在不是好好的吗?"

徐克成嘴上"花招",可到了危急关头,又忘了自己的承诺。于是有了第三次口对口的人工呼吸。

第三次是2003年,在广州复大肿瘤医院,徐克成给一个食管癌病人做胃镜。这个病人同时有肺结核。就在准备插管时,病人突然呼吸与心跳停止。徐克成迅速俯下身子,对病人实施口对口人工呼吸。生命,终于从死神手中夺了回来。

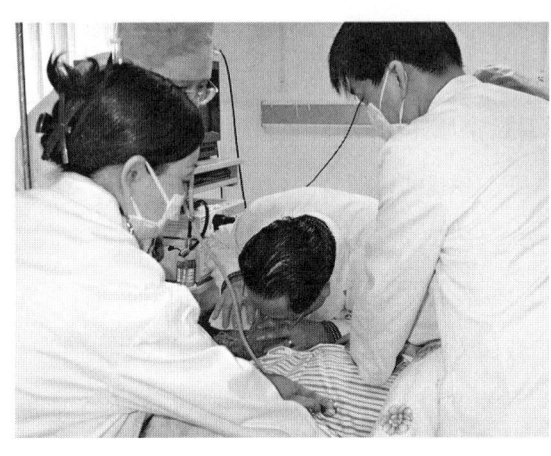

徐克成对病人实施口对口人工呼吸

虽然现在抢救呼吸心跳骤停有许多方法,但真正从事医疗救助工作的专业人员都知道,口对口人工呼吸仍是最方便、快捷的方法。当然,这个事也被徐克成作为"常规",没有在医院宣扬,更未让阮荣玲知道。

徐克成一直对阮荣玲有一层愧疚。"文革"时期,自己被"隔离"了四个月,阮荣玲终日在提心吊胆中以泪洗面,以至于流产,后来不敢生儿育女。他和阮荣玲,只生下一个儿子。

徐克成和阮荣玲1965年结婚,1966年他们在南通生下一子,取名宏汇。由于两人都在南通医学院附属医院工作,白天上班救治病人,晚上学习搞学术研究,没有时间顾及儿子,阮荣玲就将儿子送回上海交给自己的妈妈带。

光阴如梭,时间过得很快。儿子宏汇在上海开始读小学了,阮荣玲一方面想念儿子,另一方面考虑到对孩子的教育,决定还是把儿子带在自己的身边好,于是,在儿子上二年级的时候,将儿子转到了南通上学,一直到高中毕业,考上大学。

在儿子徐宏汇的记忆里,父亲与母亲,从来没有吵过架,也没有节假日。特别是父亲,每天回来就在书房里写论文,常常到凌晨1点多才睡。母亲一边辅导自己做作业,一边也在看书学习,还要忙烧菜做家务,以至于到年老了,儿子为她找保姆,她坚决不要。她忙家务忙习惯了。

严父慈母。徐克成对儿子宏汇的教育是严格的,宏汇小时候最怕父亲了,盼望着父亲天天出差。然而,徐克成一出差,家里的重担就全落在阮荣玲身上,阮荣玲总是默默地承担着。

儿子从上海工业大学毕业后，来到深圳。徐克成自己是苦出身，他也想给儿子"制造"苦日子。先到一家自行车厂做"电工"，又到香港朋友开的商场做"营业员"、外勤员。恩师孟宪镛夫妇知道徐克成的用心，一年后，看到徐宏汇吃的"苦"够多了，就担保他到美国攻读学位。在深圳罗湖海关送别时，宏汇问"爸爸还有什么话"，徐克成说："记住三条：一是路是自己走的，历史是自己创造的；二是记得感恩，感恩所有有恩于你的人，对你不好的人，要记住，但不要以恶还恶；三是将来一定回国，为祖国服务。"这些话，许多是徐克成的几位恩师送给他的，现在他"整合"起来送给儿子。儿子说，爸爸，我记住了。

1991年，徐克成正式调往深圳，在蛇口工业区联合医院兴办消化病中心。随后，阮荣玲也调到深圳工作，并在深圳安了家，一直到退休。

退休在家的阮荣玲正式成为徐克成的"后勤部长"，让徐克成有更多的时间用在事业上。后来，儿子认识了同在美国留学的哈尔滨女孩马丹珺，结婚后有了一双儿女。

也许是"惯性"使然，徐克成总希望后代有点"吃苦"的经历。对儿子是这样，对美国出生的孙子更是为此"忧心忡忡"。每年的暑假，徐克成总把孙子带到广州去跟他一起生活、学习一段时间，今天到实验室看看，明天安排到关爱健康工作室做做义工，后天带他去参加会议……让他从小就知道实验室是怎么做实验的，义工是怎么照顾病人的，教授们是怎样讨论、开展学术研究的。有时候，徐克成还别出心裁安排他到建筑工地搬砖头，体验体力工人的工作状态，让平时在家养尊处优的孙子，认识社会，了解生活的不易。孙子倒也乐在其中，在建筑工地搬砖头一点儿也不马虎。他妈妈马丹珺看到儿子，脸晒黑了，手上有了血泡，心里实在舍不得。可儿子却说："这是爷爷安排的作业，我必须完成！"当然，徐克成也常常"心软"，见到孙子孙女成绩全"A"，或者拿到奖，他也毫不"手软"，"红包"多多。

徐克成到广州创办复大肿瘤医院后，阮荣玲跟着徐克成又到广州安了家。

精神饱满的徐克成，似乎有用不完的劲，看病、科研、写书、公益活动，似乎比年轻时更忙。

在家承担全部后勤工作的阮荣玲，身体状况却越来越差。徐克成给她找了一个保姆，没到一个星期，就被过惯"苦日子"的她辞掉了。

2018年的一天,徐克成从广州到上海出差,忙到很晚才回到宾馆,打电话给在广州家里的阮荣玲,却一直没有人接电话,徐克成当时也没有多想,以为阮荣玲睡着了。第二天早上,徐克成接到阮荣玲的电话,才得知昨天晚上,阮荣玲在家摔了一跤,由于家里没有人,躺在地上整整一夜,幸好空调开着,吹了一夜,第二天早上才醒来。

徐克成火速赶回广州,把阮荣玲送到医院进行医治,诊断结果是脑中风,经过治疗,病情得到控制,出院时,儿子说,还是找一个保姆吧!但阮荣玲坚决不要。

到了2019年,一天夜里,阮荣玲起床上卫生间,又一次摔倒,这次比上次严重了,昏迷不醒,送到医院抢救了8个小时,好不容易才苏醒过来。

儿子看父亲整天在外忙碌,而且年龄也大了,母亲又不允许找保姆,就把母亲带到上海家里去照顾。

一边是放不开的促进人类健康的事业,一边是舍不得放手的风雨同舟的爱人,徐克成决定把广州的房子卖了,自己一个人租了一套公寓房,让阮荣玲回到上海,和儿孙们在一起有一个照应。

徐克成对儿子和儿媳说:"照顾好妈妈,妈妈对家里的贡献是无与伦比的。"

其实,早在17年前,徐克成就动员在美国工作的儿子和儿媳回国,履行出国时的诺言。听话的儿子带着妻子和子女,听从了父亲的安排,从美国回到上海。

有时,儿子和儿媳也会为家庭的事闹点小矛盾。徐克成把全家人召集在一起,同时也把儿媳的母亲请来,讲一些家庭故事,其中,最多的是赞赏阮荣玲。

在徐克成心中,处理家庭关系,教育好子女也是一门艺术。而对老人的关爱,是一个家庭文明的标志,体现了子女的品德、修养、善良,也是人性和天性的昭示。

"挺进大上海",这是50年前阮荣玲对"青年才俊"徐克成的期盼,如今,徐克成实现了阮荣玲"爱的愿望"。

要知道,中风对人脑的损伤是极大的,没有多久,阮荣玲的大脑开始快速萎缩,到2020年下半年,意识有时清醒,有时迷糊,她患上了阿尔茨海默病。

在广州的徐克成只要有时间,就赶回上海,坐在老伴的床前,抚摸着阮荣玲的手。这原是一双多么细嫩丰润的手,凝脂一样的皮肤,如今早已失去青春的弹性,皱巴巴布满皱纹,手背上的青筋盘旋如同山坳里挖出的老树根。徐克成心头一阵内疚,50年来,阮荣玲虽为传染科主任医师、正教授级，但处处把她自己置于"辅佐"的位置，而成就了自己的一番事业。

徐克成找来指甲剪轻轻地细心地慢慢地把阮荣玲的指甲修剪了一遍，再次把爱人的手握在手心里。这个时候，徐克成仿佛感到阮荣玲的手也在紧紧握住自己的手，眼角露出不易觉察的一丝笑纹。

2021年12月13日，笔者在原如东县政协主席陈建华的带领下，应约来到上海嘉定区徐克成家采访，并对完成的文稿进行修改完善。

中午吃饭时，徐克成扶着阮荣玲坐到桌前，与我们一起吃饭。她看着我们，微笑地说起话来，虽然吐词不是那么清晰，但我们还是能听懂她在说："你们是领导、老乡呀！"

徐克成坐在爱人左边，告诉她："他们是从老家如东来的政协领导，还有记者，还记得如东吗？"

阮荣玲点点头说："记得，我们是老熟人了！"

徐克成左手端起装着饮料的茶杯，右手轻轻地按摩着阮荣玲的头发，一口一口地喂着她。然后，又夹起盘子里一只藕饼，放在阮荣玲的嘴边。

"我老徐很好，那个时候又要顾家，又要忙事业，辛苦呀！"阮荣玲自言自语，想起了往事，"我是上海育才中学毕业的，哥哥培养我上学！"

吃着吃着，阮荣玲突然悲伤起来。徐克成侧过头靠近她的耳朵轻轻地问道："怎么啦？"

"想我妈妈了，我的妈妈到哪儿去了？有100岁了吗？"阮荣玲反复问着。

"你才80多岁呢，离100岁，远着呢！"徐克成像哄小孩子一样，在饭桌上和阮荣玲一问一答，"哥哥也走了，靠100岁了。"

吃过饭，阮荣玲在保姆的陪护下，坐在轮椅上到外面晒太阳。

第二天中午，阮荣玲坐到饭桌前，忽然又呜呜地哭了起来。

徐克成连忙坐到她身边问："怎么又哭了？"

"我想你呀！我舍不得你走！"阮荣玲有时清醒，有时糊涂。也许，她的潜意识告诉她，自己的丈夫"才俊青年"徐克成吃完饭就要赶回广州，她心中产生了依依不舍的情愫。

徐克成把阮荣玲揽进怀里说:"我不是在这里吗?"

阮荣玲依偎在徐克成怀里,一只手抱住徐克成的腰,一只手紧紧地抓住徐克成的手,像小孩一样又露出了灿烂的笑容。

徐克成慢慢地把阮荣玲带到窗前,对着阮荣玲说:"看!外面的花,多漂亮呀!"

阮荣玲嗫嚅道:"这是冬天的花开在云上!"

窗外的天空,悠然飘过一朵朵云彩,像舞台上的舞者,不急不躁,悠闲自得。

阳光透过窗玻璃,照射在两位老人身上。屋里的一切仿佛变得生机勃勃,透出一股暖意。

徐克成不时用手抚摸着阮荣玲的面颊,一只手紧紧握住阮荣玲的手,他们的脸上有甜蜜蜜的润泽,在阳光下传诵着不老的爱情。

伉俪情深,徐克成和阮荣玲,风风雨雨,相濡以沫,携手前行。

最美的爱情,就是当激情退去、容颜衰老,牵你的还是那双无怨无悔的手。

第二十八章　与恩师孟宪铺教授夫妇的非凡岁月

习近平总书记说:"一个人遇到好老师是人生的幸运,一个学校拥有好老师是学校的光荣,一个民族源源不断涌现出一批又一批好老师则是民族的希望。"①

笔者在采访徐克成时,多次听到徐克成怀着感恩的心谈起自己人生道路上的一个又一个好老师和挚友。他满怀深情地告诉笔者:"我是幸运的,在我的人生路上,遇到了一个又一个好老师,他们是我人生道路上的一盏盏指路明灯。"

如果说,栟茶中学张祥凤老师是徐克成在中学时代的"启蒙"老师的话;那么,孟宪铺、杨锦媛教授则是在大学期间"启蒙"他做人做事的恩师。

徐克成与孟宪铺老师

拜师孟宪铺

孟宪铺和他的夫人杨锦媛,1953年从中山医学院毕业,被分配到上海第二军医大学当医师和教师。由于他们全家的其他成员,不是在美国,就是在香港,被认为是"危

---

①《习近平:做党和人民满意的好老师》,《人民日报》2014年9月10日。

险"分子，1958年从军队"下放"到南通医学院，据说是"监控使用"。

大学三年级时，徐克成试着写了《吸收不良综合症》《胰腺炎的实验诊断》两篇综述。一天傍晚，趁着天黑，徐克成忐忑不安地来到医院"24间"孟老师的住处，战战兢兢敲开了孟老师家的门。

开门的是杨锦媛老师，虽然是第一次见面，但杨锦媛老师还是热情地把一脸局促的徐克成引进屋里。孟宪镛笑着对徐克成说："小同学你好，不要紧张，有事吗？来，坐下说！"

徐克成从书包里掏出一摞文稿，递给孟老师说，这是我写的综述，请老师指教！

站在孟老师面前，徐克成的心怦怦直跳。孟老师和杨老师的热情，让心里惶恐不安的徐克成有了一种亲切感。

孟老师高兴地问道："你写的？几年级了？""三年级。"孟老师眼睛顿时亮了，兴奋地拉徐克成在他身边的沙发上坐下，问："有人帮助你吗？""我就是来请老师您帮助的。"徐克成窘迫的心开始放下来了。

"好，我喜欢你这样肯钻研的学生。大学的学习不是被动接受知识，而是主动寻求知识，要学会思考！你的文本我先看看！"孟老师一直把徐克成送到户外的林荫道上。

一周后，徐克成如约来到孟老师家。孟、杨二位老师一起围着徐克成，在他们心中，能遇到一位勤奋的学生，自然是再高兴没有的事。

孟老师将文稿还给徐克成，说："写得不错，有自己的思考，我适当地修改了一下。"

徐克成接过修改后的文稿，傻眼了：两篇文章，都有用红笔改的一道道文字，其中一篇几乎重写，只剩下一小节自己写的文字，像孤岛一样。"这哪里是适当的修改呀，分明是孟老师倾注了全部的心血呀！"徐克成在心里默默地念道，为孟老师高尚的人格和谦虚的品格所深深感动。

"我，我，我……让老师费心了！"徐克成既惭愧又尴尬，半晌，才从牙缝里挤出一句话来。

杨锦媛老师拍拍徐克成的肩膀笑着说："小同学，不要紧，学习态度是第一位的，你有这样的学习劲头，以后一定会写好的。"

临走时，孟老师给徐克成出了几个题目，嘱咐徐克成要多读些文献，尤其是国外一些先进的理念、临床报告要多看、多学习、多借鉴,并结合自己的观察、感悟和思考再写些综述。

听了孟老师的话,徐克成心里亮堂堂的,这些话为徐克成指明了一条道路。作为学生的徐克成,没有临床实践,不可能写医学论文,但可以读国内外医学著作,汲取精华,写综述。

而要学习国外的先进知识,需要外文基础。徐克成发现,医学文献中英文比俄文文献多得多,涉及的医学领域也广泛,他决定自学英文。

语言文化的学习是触类旁通的。由于徐克成有良好的俄文基础,因此,学习英文时似乎可以"驾轻就熟",进步很快,几个月后就能看英文医学文献了,他将自己埋在图书馆里,翻译英文文献,写文献综述。那个时候,正在和阮荣玲热恋中,爱情的力量也让他的英文水平大幅度提高。

当有人问起阮荣玲,为什么徐克成的英文水平提高得如此神速时,阮荣玲想起徐克成讲的栟茶中学张祥凤老师说他是天才的故事,笑着评价道:他呀,他是一个天才,苏北农村里飞出来的小天才。

当只有他们两个人时,阮荣玲会用一根手指,轻轻点着徐克成的鼻子甜蜜地说:"你呀,不是天才,是鬼才!"

这时候,徐克成会憨厚地一笑,拉起阮荣玲的手,向着医学院旁边的濠河边上跑去。

濠河原为南通的古护城河,距今有千余年的历史,是国内仅存的四条古护城河之一。濠河形如葫芦,宛如珠链,被誉为南通城的"翡翠项链"。当时,医学院谈恋爱的小青年都喜欢到濠河边的杨柳树下谈情说爱。

两年后,徐克成毕业了,分配在南通医学院附属医院内科当住院医师,孟老师是主治医师。他将徐克成和另一位高一届的住院医师王医生找来,要他们将十几年来的《中华内科杂志》都要读一遍,再把一些内科重大疾病和症候群都写综述。孟宪铺对徐克成语重心长地说,这些都是别人的心血和成果,谁能取其精华,谁就能成为这门学问的"集大成者"!

写一篇好的综述并非易事。

看来,孟老师是在有意锻炼徐克成,安排他与王医生开展"竞争"。

徐克成与王医生住同一宿舍楼,徐克成住楼上。王医生是上海人,独子,家里条件好,他每天读书到深夜,母亲总是陪着他。

半夜以后,徐克成常常打开窗户看看王医生家是否还亮着灯。如果灯熄了,徐克成似乎得到某种"安慰"。如果他的灯仍然亮着,徐克成就坚持着,心里想:看谁的灯最后熄。就这样,他们常常到凌晨三四点才睡觉。

就在这样无声无息的竞争中,徐克成打下了良好的内科基础,写下一篇又一篇孟老师布置和没有布置的综述。

孟老师的培养方式十分特殊:一是布置任务,就是出题目,让你去找文献,写综述或评论;二是创造竞争环境,就像和王医生的"竞争"一样;三是鼓励你,信任你,安排工作。

徐克成成了孟老师的"得意门生"。

保护孟老师夫妇

在20世纪六七十年代那个特殊时期,一段时间内,原本被"监控使用"的孟老师夫妇成为批判对象。徐克成因为经常送文章给孟老师修改,和他们亲近,被批评为"立场不稳"。孟老师被戴上"资产阶级学术权威"的帽子,徐克成也受到了牵连。

医院党委书记将徐克成叫到他的办公室。书记是一位工农出身的干部,口粗,很会"骂人",下面干部都怕他。他让徐克成坐下,说:"你知道这场运动的目的是什么吗?"他将一份《人民日报》放到徐克成的面前,上面有一篇社论,徐克成看到文内他已用红笔画了一道道重重的红线,标出了"重点",主要是讲"革资产阶级学术权威的命"。

书记"语重心长"地说:"你是党培养的年轻知识分子,根正苗红,一定要听党的话,跟党走啊。"最后拍拍徐克成的肩,"党考验你的时候到了!"

但在徐克成心中,孟老师怎么会是"资产阶级学术权威"呢?

特别是随着"革命"的深入,许多像他父亲那样出生入死从战争硝烟中走过来的"革命叔叔""革命阿姨",一夜之间成了"走资本主义道路"的"反革命",那位找他谈话,说"党考验你的时候到了"的书记,后来也被打成了"走资派",喜欢思考的徐克成不理解。

在革命形势"一片大好"的大环境下,徐克成自然也加入了"战斗队",并在批斗孟老师的大字报上签了字。大字报上给孟老师罗列了一系列的"罪名",比如:给病人做硬式胃镜检查,被说成是不顾"贫下中农的痛苦和生命";写文章发表,这是"资产阶级名利思想";要年轻医生读书看文献,这是"引导下一代走白专道路"……

徐克成知道,这是莫须有的"罪名",其中有些还是针对自己的。徐克成很苦恼,又很无奈,无时无刻不念着孟、杨两位老师。

2021年11月,当笔者专程前往南通采访现年93岁的杨锦媛教授时,杨教授神清气爽,回忆那段往事时,思路清晰。她说:"徐克成是个大好人,在那个整天搞批斗的日子里,是徐克成保护了我们,60年了,我们和徐克成既是师生关系,更是朋友关系,一辈子的朋友!"

在那个动乱的年代,徐克成不可能不参加"战斗队",但他坚信知识分子没有罪,没有知识,就不能解除病人的痛苦,就不能履行"治病救人"的"天职"。徐克成"根正苗红",说话尚"管用",他把内科分成两个病区,一是重病号区,让孟宪镛去,"让他吃苦";二是结核病区,让杨锦媛

笔者在杨锦媛教授家中采访

去,让她"做点难事"。名义上是接受改造,实际上是保护,免得被批斗。

1967年,抄家成风。"为什么不抄孟宪镛的家?"有人提出,"他是学术权威,谁在保护他?"

徐克成偷偷找到前任医学院党委书记、正在接受批判的"走资派"景东:"景书记,你说,孟老师有什么政治问题?"

景东说:"他们是从上海转来的医学人才,他们的海外关系,南通没有几个人知道。只要我们不说,他就不会被打倒。"

一次,孟老师应邀去南京参加学术会议。徐克成说:你去,有事"我顶住"。果然"有事"了。一位领导知道了,对徐克成说:"公安局不让孟宪镛离开南通,你立刻通知他

回来!"

孟老师回来了,很气愤地责问徐克成:"为什么要我回来?"

徐克成感到一阵委屈,但能讲什么呢?他只好去问曾当过医学院党委书记和市委组织部部长的俞廷栋,他也无奈地说:"告诉孟医师,忍耐一下吧,我也认为对他不公平,我会尽力帮助。"

据杨锦媛教授回忆,在那样一个时代,他们那样的人,没有被批斗,没有被强迫劳动,仍然做医疗工作,这在全国可能少之又少。"我们安心做医疗、看病,孟宪镛学习针灸,后来他的针灸法连许多老中医都佩服不已;又学习神经科,把神经解剖和定位诊断搞得烂熟,'一专多能'。"杨教授笑着说。

编印《医疗教学参考资料》

徐克成厌倦了学院里"如火如荼"的"革命形势",想着在实践中多增加些知识积累。回到家里,他和阮荣玲一起,反反复复地翻看那些翻破了的《中华内科杂志》,有些篇章他俩都可以背下来。

1968年下半年,正好医院要向农村派医疗队。徐克成率先报了名,并担任了队长,带着一支15人的队伍,来到了家乡如东栟茶新林公社农村,接受"贫下中农再教育"。他们住在农民的家里,白天和农民一起锄草、割稻、挑粪,吃"忆苦饭";晚上,为农民们看病。

看到农村里落后的医疗条件,不少农民大病没钱看,小病不愿看,有的病人就躺在家里等死。骨子里带着对农村的感情的徐克成决定开办"乡村医生"训练班,为农村培养一批医疗"土专家"。全公社有18个大队,每个大队选出一名高中文化程度的青年,每天下午集中到公社礼堂,由徐克成和一位外科同事方医生讲课。从人体解剖、生理讲起,再讲到疾病的诊断和治疗。要知道,他们这样的做法整整早了后来风行全国的"赤脚医生"半年。

那是徐克成十分快乐、十分惬意,且有成就感的日子。许多日子没有学生教了,徐克成和同事们的教学热情空前高涨;而几年没有书读的农村青年,参加训练班的积极性也特别高。

徐克成和同伴们找了两间房,开起了诊室。其中一间作为"手术室",一间用作门诊,里面放了一张床,白天作为诊台,晚上是徐克成和同事方医生的卧床。他们带领"毕业"的乡村"赤脚医生",一副听诊器,一个药箱,挨家挨户,访病治病。说也奇怪,几个月的巡回,小至伤风感冒、胃肠炎,大至心脏疾患、各种癌症,看到了几乎所有的常见病。在普查了全公社3万多人的慢性病后,发现230多人患有疝气,100多人有大隐静脉曲张,这些人一个个被请来"诊室"。外科方医生主刀,徐克成当助手。他俩在一个多月内,就将这些病人的疝气、静脉曲张几乎全部"清除"了。

不长的时间,让徐克成受益匪浅,率领的医疗小队像"救世主"似的,被农民们奉为从天而降的神仙菩萨。

实践出真知。善于动脑筋的徐克成把在实践中收集到的病例、数据进行分析整理,按照孟老师的教诲,写成综述,准备投稿,但那时国内纯业务性的专业杂志都停办了,只有几本有最高指示的"工农兵"味特浓的杂志。

怎么办?徐克成想到了孟老师,心中有了想法,于是悄悄地找到孟老师,说我们自己能不能办一本杂志?即使是"传单式"的,当内部参考资料也好啊!

孟老师满面狐疑,猛地瞪大了眼睛:"克成,你就不怕犯政治错误吗?"

徐克成早就胸有成竹了,说:"孟老师,我们来个政治加业务嘛。政治上多用'语录',醒目点,让人看到政治挂帅就行!"

孟宪铺心动了。其实,他比徐克成更想有一个可以发表成果的园地。医院办公室主任殷永健是徐克成上大学时的年级指导员,对徐克成既了解又信任,虽然是老干部,"无产阶级思想"较浓厚,但他一直认为"革命没有知识不行",对知识分子尤其是"大医生"很尊重。听到徐克成要办杂志,连说"好好好",又听说孟老师参与,他拍拍胸脯,说:"你们办吧,天掉下来我顶住。"

徐克成拿出自己写的文章,孟老师也拿出"文革"前已经成稿的文章,文前加上"最高指示",文中插上"语录",作者全部用科室名字,又写了一篇非常"政治"的发刊词,刊头用黑体"最高最新指示"。就这样,首期上百页的南通医学院附属医院内部刊物《医疗教学参考资料》很快便刊印发行了,不仅送往本院各科室,还免费赠送到全国数百家医院。

很快,来自全国的信雪片一样寄到"编辑部",有个人的,也有医院的,均是索要《医疗教学参考资料》的。王振义、江绍基、姚光弼、黄怀德、萧树东、张志宏等中国著名的教授、专家都把自己的研究成果发来,希望刊登发表。

也就在这个时候,经孟老师介绍,徐克成认识了王振义教授。据杨锦媛回忆,当时在上海瑞金医院进行血液病治疗和研究的王振义教授因为信奉天主教,被打倒,整天洗厕所倒马桶。他和孟宪铺、杨锦媛是好朋友,看到孟宪铺和徐克成编的《医疗教学参考资料》后,就来到南通,把自己研究的成果交给孟宪铺,送印刷厂印刷,孟宪铺把徐克成介绍给了他。从此,他们两人也建立了深厚的师生关系。

徐克成和孟老师将所有业余时间全用到《医疗教学参考资料》上,他们要写作、组稿、修订,还要加上恰当的"语录",保证不犯"政治错误"。不仅如此,还要到印刷厂里和工人一起排字、校对。殷永健承担了向外邮寄发行的任务。

1969年,"革命形势"有所好转,孟宪铺和徐克成合编了一本"白皮"书:《皮质激素在治疗和诊断上的应用》,20多万字,深受大家欢迎。

1971年的一天,突然从南京来了一男一女,找到徐克成和孟老师,自我介绍说他们是江苏人民出版社的,名叫蒋迪安和胡明琇。出版社在"文革"中停了,刚刚恢复,要找书出版,问徐克成愿不愿意将《皮质激素在治疗和诊断上的应用》放到出版社出版,但不能署名,只能用医院名称。其实,在那个反"学术权威"的时代,谁也不敢也不想在书上署名。

这本书很快就出版了。这是江苏省在"文革"后出版的第一本科技图书,可能在当时、在全国也是屈指可数的了。

1971年,经过组织考察,徐克成在革命熔炉的锤炼中申请加入了中国共产党。

代理消化科科主任

1976年,"四人帮"被打倒后,我国拨乱反正,孟宪铺本来子虚乌有的"政治问题"也被推翻,得以平反。

不久,孟老师被任命为南通医学院消化科科主任。

1981年，孟老师应邀赴美讲学一段时间，他出国讲学期间，谁来代替他的工作？

按常规，在十分看中资历的老教学医院里，一般是由资历深的医生接替。可孟老师偏偏看上了尚是"住院医师"的徐克成，提议让徐克成代替他主持消化科工作。

这能行吗？当时，徐克成虽然以案牍成果在学术界已开始崭露头角，但他毕竟还是个"小字辈"呀，科室里的医生资历比徐克成高的有很多。

因此，对徐克成的非议来了。有人说他在"文革"中还贴过孟老师的大字报，问题很多，不能重用。有人打小报告，列举了徐克成在"文革"期间所谓的种种问题，说过错话，还有所谓"医疗事故"。徐克成曾被"隔离"反省了四个月。徐克成后来倒庆幸有这段时间。在反省期间，他认真地到供应室洗药瓶，了解到医院消毒是怎么回事，又要来一套《毛泽东选集》四卷英文版（当时不允许他读业务书），如饥似渴地通读了一遍。又让图书馆朋友偷偷送来一本日文版科技书，将日文自学到可以顺利读科技文献的程度。

审查了四个月，没查出问题。徐克成后来找到当时对他审查的负责人要"审查根据"。负责人苦笑说："那个时代嘛，你懂的"，"当时是有根据的……"，"你不是正好学了外文吗？"真是令人啼笑是非。

"堂堂正正做人"是徐克成一生的座右铭，但"审查"却让徐克成无缘职称评定。

虽然他的同事，一个个升了职称，变成了他的"上级"，他却听了孟老师的话：坚持住！他更加勤奋了，借着这段"清净"时间，日日夜夜，写出了《肝病实验室检查的临床意义》一书，20万字，又请孟老师当共同主编。后来当上中国工程院院士的上海第二医科大学仁济医院江绍基教授欣然为该书作序，称赞徐克成是"中国消化界一个不可多得的后起之秀"。该书在江苏科技出版社出版后，轰动全国，直到现在，有的医院实验室还将该书作为参考书。

前面说了，当时孟老师要提拔仍是住院医生的徐克成当代理主任，不可能不遭到反对。奇怪的是，反对不是来自科室内部，而是外面不相干的人。孟老师向时任南通医学院附属医院党委书记石超汇报，石书记说："好呀！就让他当代理主任。有事我负责！"那个时期，拨乱反正刚开始，即使医院的书记也不能马上把徐克成"拨正"，因为徐克成虽然"无官无职"，但消除"审查"的影响还需要经过"程序"。石书记虽然对徐克成很赞赏，甚至"疼爱"，但也只能做他职权内的事。

笔者2021年10月到坐落在南通狼山脚下的金水湾花园小区的石超家中采访时，已是99岁高龄的石超老人情绪高昂，声音洪亮，对40年前的事还记忆犹新，回忆道："徐克成这个人，我早看中了。对这样的人，我们共产党不用，谁用？"

采访中，石老书记对笔者说："事实证明，我没有看错徐克成，40多年过去了，我对徐克成的评价是三个'家'。一是优秀的医学专家，二是活跃的社会活动家，三是爱心公益慈善家。"最后，石老书记还感慨万千地说："徐克成还是一个懂得感恩的人，无论他后来到深圳工作还是到广州创业，每年春节回来，都要来看望我，不能亲自来，也要打一个电话问候！"

孟宪铺又找到时任医学院党委副书记杨立萍，一位革命老太太，快言快语，从外地调来，与徐克成过去不认识。听到孟宪铺的报告，一下站起来，说："我早听到市里有些领导在说徐克成'人才难得'。现在不用，更待何时。"

笔者采访石超

孟宪铺回到消化科开会，请大家推选代理科主任。结果徐克成以全票当选。

当选"代理主任"后，徐克成每天带着各级医生查房，后面跟的却是那些已经是"上级"的同事。讨论病例、修改论文，给进修生上课，工作井井有条。2022年春节，徐克成回南通探亲，顺便请来"三老"：老同事、老同学、老朋友。大家笑谈当年徐克成当"代主任"时的趣事，纷纷说"那是最增长知识的快乐时光"。

当时还是徐克成的学生、现任南通大学附属医院消化科主任的倪润洲教授回忆道："徐教授带我们学生查房，不是单纯地问问情况，而是一种教学式查房。他查房从基础理论到临床实践再到案例分析，都是条理清晰，而且能结合国内外临床实践进行讲解，让每一次查房变成一次教学和学术讨论，别具一格，我们每次都有很大的收获。迄今为止,在我接触过的这么多的医生查房当中,没有一个人的查房能达到他这个水平。""特别是徐老师讲课,通俗易懂,条理清晰,一堂课下来,黑板上的字从不涂改,四块黑板上写得满满的,条理分明,清清楚楚。比如,为了讲清什么是肝硬化,他归纳了一个'四字论',我至今都清楚地记得:得肝硬化有四个条件、四个主要病因、四个临床表现、四个诊断方法、四大治疗措施、四个预后指标,全部都是'四',容易记、容易懂。还有,讲肾炎时,归纳为'12345',更是通俗易懂,一对肾脏,两大病因,三大主要症状,四条诊断依据,五大治疗办法。"

2022年正月初十,徐克成专程从上海赶到南通,邀请昔日的学生、同学和同事在南通大饭店相聚,共迎新春,共话未来,从右向左分别是:倪润洲、杨大明、储祥元、葛政举、徐克成、刘艳华、林美华、李珍、曹娜英、姚野彬

晋升正教授

半年后,孟老师回国,被任命为医学院副院长,仍然兼任消化科的主任。

几个月后的一天,徐克成的"问题"突然"解决了"。第二天上午,徐克成算了算,从宣布"解决"仅仅过去14个小时,医学院宣布徐克成晋升为"讲师",再过几个小时,南通市卫生行政部门又宣布徐克成为"主治医师",他的科主任也随之"正名"。

速度之快,令人咋舌。

孟老师和杨老师将徐克成一家请到家里,好好吃了一顿广东菜。王振义教授在上海,也专门请徐克成和夫人去他家吃饭,当着上海好多教授的面,对徐克成说:"小徐呀,路在自己脚下,历史是自己创造的!"这话让徐克成终身不忘,他在儿子出国时的嘱咐就来自王院士的这句话。直到现在,王院士有时还叫耄耋之年的徐克成"小徐"。

1985年,在徐克成晋升讲师后不到两年,省里给南通医学院附属医院下达了一个晋升副教授的"指标"。孟老师主推徐克成去参加考试。徐克成不负恩师期望,以英文和专业均第一的成绩,成为"文革"以来南通医学院附属医院第一个晋升副教授的年轻医生。两年后,江苏省正式批准徐克成破格晋升为主任医师,并升为正教授。

由于孟老师当了副院长,对消化科的工作,当然不能再事必躬亲了,就时不时地、意想不到地,在早晨上班前,让保姆给徐克成送来一张小字条,上面往往寥寥数语:今天上午开会(或讲课),无空查房,你代我去,等等。

徐克成常常临时受命上阵……也习惯了。

这样的日子,日复一日,年复一年,让徐克成的业务能力迅速提升,管理水平也日臻完善。他对临床、消化理论的研究已相当精深,如庖丁施刀,目无全牛了。无论给大学生讲正规课,还是给研究生、同事们讲进修课,徐克成也学着孟老师的样子,不用讲稿,一支粉笔、一块黑板,引经据典,有论有据,深入浅出,滔滔不绝,一气呵成,并且能按规定时间结束,一分不多一分不少。

2011年南通大学成立一百周年,徐克成应邀回校庆祝,一群已在国内外学有成就的学生聚集到徐克成身边,回忆当年听徐克成讲课的情景,说他们"终身受益"。

一位在大连医学院当副院长的学生说,徐教授,我要邀请你到我们医学院再去讲一次课,让我的学生也感受一下当年你讲课的风采。

徐克成幽默地说,现在不行了,因为没有粉笔没有黑板了,进入不了那个状态了。

在上海中山医院当院长的樊嘉院士对徐克成说,我现在到外地讲课,很多技巧都是从您当年教学时学过来的,很实用。

还有一位徐克成带的研究生,在美国克利夫兰医学中心当教授,说,徐老师,您当年讲课的风格、那种方法,让我在美国教学找到了不少捷径,我的很多教学办法是按照您的思路来的。

几十年过去了,学生们还记得当时的情景,徐克成感动得流下了热泪。在徐克成的教学理念中,他认为给别人一碗水,你自己首先要有一桶水。教学不能千篇一律,要针对不同的群体,给予不同的教学方法。就像厨师炒菜一样,要根据不同食客的口味和不同的时令,烹饪出不同的菜肴来,才有吸引力。

回顾南通医学院的这段岁月,徐克成是感慨万端,有一种情结始终藏在心中。只要有机会总要回南通母校看看。

在他当选"时代楷模"后,中宣部组织演讲报告团在全国巡回演讲,每个省选一个省会城市和一个地级市。领导似乎知道徐克成的期待,到江苏演讲时,特地到他的家乡南通举办了一场。

回南通母校宣讲

到南通演讲后,又在南通大学附属医院增加了一场报告会。徐克成的学生、时任南通大学校长、后来当了中国工程院院士的顾晓松教授对徐克成说,徐老师,20世纪七八十年代,您是我的老师,现在您当上了"时代楷模",是我们的骄傲,也是我们学习的榜样。他邀请徐克成夫妇故地重游,在南通游览了三天,表示对老师的崇敬。

不忘师恩

1989年,在交通部领导的关心和支持下,徐克成进入深圳蛇口工业区联合医院,当上了副院长,同时主持南通医学院和蛇口联合成立的消化病中心,孟老师担任董事长,徐克成担任主任。在深圳这样一个特区,照样有"小人"挡道,趁徐克成去美考察期间,"小人"作祟,罗列徐克成12条"罪名",取消了徐克成专业负责人的资格。孟宪镛义愤填膺,据理力争,为徐克成主持公道,在会上慷慨陈词。

徐克成说:"一个人的成长需要四个条件:自身努力,抓住机会,好人提携,逆境锤炼。现在想想,如果说我今天取得了一定的成绩的话,那这四个条件缺一不可。我要感谢三个人:一是那位'小人'先生,没有他作祟,我不会下决心摔开'铁饭碗';二是中国第一个经济特区——蛇口工业区的创始人袁庚,他是伟大的战略领导人,鼓舞我'优秀的人应该自己创业';三是要感谢孟老师,虽然我离开南通时,对我不无微言,甚至有点生气,但后来却一直支持并鼓励我。2003年孟老师带领《交通医学》编委会成员来复大肿瘤医院参观、讲课。虽然医院规模尚小,但看到一些各有专长的年轻医生在快速成长时,特别高兴。在孟老师主编的《交通医学》杂志和专著《实用消化病诊疗学》中,特地收集了复大肿瘤医院年轻专家撰写的文章。"

师恩不忘,真情永存。点点滴滴都在徐克成的记忆中。

孟老师70岁生日时,他正在美国做访问教授,给老师写了一信。徐克成这样写道:

近年来,我们见面不多,但电话中经常交流。每次通电话时,我都听到你和杨老师抢话筒。杨老师说:你们俩总是有谈不完的话。我们交流各自的工作,相互嘱咐保重身体,但更多的是谈我们的学生。我们谈到姚登福,你如数家珍般告诉我他从事的科研题目、发表的论文;谈到了倪润洲,你告诉我他既能从事临床,又能从事科研,为人处世,勤勤恳恳;我们谈到了在海外的学生:沈博、朱伟星、吴健文、张石平……他们的成就常常让我们忘记了通电话的时间。

2007年春节,正月初五。你和杨老师,在倪润洲主任陪同下,从南通驱车四小时到我上海的家中看我。老师看学生,学生愧不敢当。但那次我们真正享受了师生的欢乐。

你说,你这辈子最大的快乐是有一批对你诚心诚意的学生。我可能不能算是你最好的学生,因为我增加了你很多的麻烦,让你操了很多心。2006年1

月,我接受了一次大手术。我不想早告诉你,但你知道了。当晚,你心绞痛发作住进医院。幸好你命大康复,否则我将抱恨终生!

今年3月,我回南通大学讲学。你突然"感冒",不让我到你家,怕传染给我。第二天,你却因中毒性肺炎住入医院。我去看你,因合并中毒性脑病你朦朦胧胧讲不出话。因工作关系,我被迫离开。后来几天,我到了国外,你病情愈来愈重。我当时悔恨异常,早知如此,为什么不推掉我的工作?

最近,我编著出版了一本《肿瘤冷冻治疗学》,你为我写了评述,你说:"……人生苦短,韶华难留。每当回味我们之间真真切切、和和谐谐、心心相印的赤诚之情,我都有一种难以抑制的激动……"我香港的一位朋友看了你写的这段话后,打电话说:"真羡慕你,你有这么一位好老师!"

孟老师,你老了,我也老了。但我们不能服老。其实,当我们在一起谈论、写文章、写书时,回忆几十年前一起工作的日子时,我们从来都是精神焕然的。18年前我离开南通,现在我却日复一日地思念南通。再等几年吧,我一定回乡,回南通,回母校,与你坐到母校医学院对面的南通人民公园的茶馆里,泡上碧绿的清茶,听你唠叨个完!

做你学生近50年,我足矣。愿你和杨老师健康长寿!

为祝贺孟老师70寿辰,徐克成夫妇赋诗一首以示祝贺:

一生为国赤胆心,德高望重世公认。
师情友情数十载,愿师长寿福如海。

2007年,孟老师80岁寿辰,徐克成又专程从广州回到南通为恩师祝寿。2013年,孟老师以85岁高龄辞世,徐克成悲痛万分,从广州飞回南通吊唁,因有特殊工作,午饭没吃,又匆匆赶回。

徐克成夫妇为祝贺孟宪镛教授70寿辰题诗一首

传承百年医脉，护佑百姓健康。2021年11月19日，通大附院迎来110周年华诞，杨锦媛教授、倪润洲教授等"百十佳"人物受到表彰。其中，作为通大附院血液科创始人的杨锦媛教授被授予"终身成就奖"。她深情地说："我热爱通大附院。我热爱江海南通，更热爱我亲爱的祖国。"2004年，已经退休的孟宪镛、杨锦媛教授，他们原本可以跟随女儿定居美国，但他们毅然放弃了已经拿到手的绿卡，回到祖国继续发挥余热，这让徐克成深受教育。

如今，已长成参天大树的徐克成，回想起孟宪镛、杨锦媛夫妇对自己的培养和提携，会情不自禁流下感恩的泪水："在孟宪镛、杨锦媛教授面前，我永远是一棵小树！"

第二十九章　肝癌诊断的创新与突破

1970年,徐克成的母亲突然被发现患了肝癌,不到3个月就去世了,这让徐克成悲痛欲绝。

平时临床上,经常发现一些病人,毫无症状,或者刚有肝区疼痛,一检查,就发现肝脏肿大,有拳头大结节,已是晚期肝癌。那时没有今天已普及的超声、CT,也无肝癌标记物可以检测,查肝癌完全靠医生的手,手触及肝脏又大又硬又有肿块,就是肝癌,而这种肝癌即使被诊断出来,已经到了晚期,基本上是无法治疗了。

要治疗肝癌,只有早期诊断。徐克成下决心研究肝脏。

主攻肝病酶学诊断

孟宪镛教授对肝脏早有研究。他在20世纪60年代研究肝阿米巴病取得很多成就,发表了许多论文,对徐克成提出的重点研究肝脏的想法十分支持。

当年,孟宪镛作为南通医学院消化专业的奠基人,为消化科确立了第一个研究方向——肝病酶学诊断。时在南通医学院附属医院检验科的杨振华老师是生化基础极深的检验专家(20世纪80年代调往北京,曾任中华检验学会主任委员),他创立和发展了一系列血清酶检测技术。于是,徐克成在孟老师、杨老师带领下,组建了酶学研究室,成立了研究组,开始了血清酶、酶谱和同工酶检测诊断肝病的研究。临床和实验技术的结合,很快产生成果,一篇篇论文相继在他们主编的《医疗教学参考资料》和不久创立的《中华消化杂志》等国内专业杂志上发表。"肝病酶学诊断"成为当时南通医学院的"标志"而迅速在业内闻名,南通消化科因而享誉全国。

为了开阔眼界,拓展思维,在肝病研究上取得成果。1971年,在孟老师的关心、支持和协调下,徐克成去上海医科大学附属中山医院消化科进修。

中山医院消化科是全国著名专科,老主任林兆耆教授是中国消化学和肝病学创始人,他所创建的基础和团队是中国首屈一指的。那时的中山医院病房大楼四楼东侧是消化病房,西侧是著名肝癌专家汤钊猷教授创立的肝癌病房。

徐克成进入中山医院后,师从肝病专家朱无难、刘厚钰和中西医结合消化病专家李其松教授。李其松是汤钊猷教授的爱人,由此,徐克成又得到了汤钊猷教授的指点,给徐克成打下了良好的消化病和肝病专业基础,临床水平也迅速提高。

南通医学院在全国来讲是一个小医学院,但在孟老师挂帅,徐克成研究和实践下,创造了一个又一个成果,引领南通医学院消化科走进全国一流科室的行列,在全国出了名,引起了中国消化病学奠基人之一的江绍基教授(后当选中国工程院院士)的注意,他曾经在一次全国学术研究会上讲:国内消化界最紧缺的就是年轻人,像南通医学院消化科的徐克成这样的年轻人太少了!他还对自己带的博士研究生们说要向徐克成学习。他希望徐克成到上海工作。但徐克成不想辜负孟宪镛教授的栽培,婉言谢绝了邀请。

收到人生第一张稿费支票

功夫不负有心人。前已述及,1981年,徐克成编著的《肝病实验室检查的临床意义》,30万字,在江苏科技出版社出版。这是徐克成第一本署名的正式出版的书籍。

发行之际,责任编辑徐欣约徐克成到位于南京的出版社见面。徐欣见到徐克成,马上递来一本32开的新书。徐克成打开书,闻着书中的油墨味,看到一些前辈老师对书的题词和写的序言,看到自己花费数百个日日夜夜一个字一个字写出的文字,变成铅字,徐克成高兴得真想大哭一场。

"徐医生,这是你的稿费单!"也许编辑徐欣注意到了徐克成激动的神情,故意提高声音叫了徐克成一声。

徐欣递给徐克成一张银行支票。这是徐克成有生以来看到的第一张支票,只见支票上写着"2750元"。徐克成的心更是嗵嗵嗵地跳得厉害。要知道,那时候,徐克成的工资每月虽然只有53元,但已经是相当高了,一般工人的工资只有30元左右。2750元,这是自己工资的几十倍呀。徐克成简直不敢想象,瞬间自己成为"富翁"了。

徐欣见徐克成欣喜若狂的样子,担心有闪失,让徐克成收好放进皮包里,并亲自陪徐克成到附近的一家银行,兑取了2750元。然后反复叮嘱:保管好,防小偷!真是尽了一个责任编辑的"责任"。

那时从南通到南京主要乘船。徐克成也是人生第一次奢侈,买了一张二等舱船票,将装钱的皮包紧紧绑在身上,半睡半醒,坐了一夜船,回到家里,和爱人阮荣玲分享这笔巨大"财富"。

第二天,重感情的徐克成向帮助编写这本书的老师和同事们一一送上报酬,然后用剩余的钱,购买了电视机、洗衣机,为自己的幸福生活"豪华"了一次。

《肝病实验室检查的临床意义》出版,标志着徐克成和孟老师以及带领的消化病团队在肝病诊断实验研究方面,达到国内领先水平,也给徐克成带来了空前的信心和干劲。他研究的劲头更足了。

1984年在苏州举行了"肝功能试验讨论会",1984、1985年《中华内科杂志》和《中华消化杂志》相继发表了由徐克成执笔的规范全国肝功能试验的文章。后来国内出版的几本肝脏病学专著,其中的肝脏实验室检查章节,均由徐克成撰写。

接着,徐克成在肝癌研究上取得突破。

1986年,《中华内科杂志》发表的一篇文章"GGTII诊断原发性肝癌",文中特地注明:"本技术是向南通医学院学习而来。"文章作者是当时的第一军医大学南方医院周殿元教授。

周教授讲的技术是徐克成在此前几年内开发的,是一项应用血清GGTII测定诊断肝癌的研究成果。在20世纪六七十年代,国际上应用血液中甲胎蛋白(AFP)测定诊断肝癌,这是肝癌诊断的巨大进步。但只有60%的原发性肝癌患者甲胎蛋白会升高,即显示阳性结果。另外,无肝癌的活动性肝炎患者也可呈"假阳性",妇女怀孕后正常妊娠时也会升高。因此,寻找新的肝癌标记成为当时全世界的目标。国外有学者在血清中发现一种伽马谷氨酰移换酶(GGT)的同工酶在肝癌时出现,但阳性率很低,检测方法复杂。

国际肝病学会主席、日本千叶大学奥田邦雄教授曾开玩笑地对徐克成说:"你如果真能将 GGT 同工酶检测肝癌的敏感性提高到 70%,你将是百万富翁。"

为此,徐克成全身心地投入实验中,不是为了当什么"百万富翁",而是为了实现母亲的遗愿,拯救千千万万个像母亲这样的肝癌患者。

成功分离出 GGTII 同工酶

这项研究,当时在日本也刚刚起步。那时,徐克成在南通医学院当消化科和消化研究室主任,又时值"中日友好船"破冰之旅之后,徐克成特地邀请奥田邦雄教授和当时已在国际上初露头角的小俣教授等来南通访问、交流。

徐克成与奥田邦雄教授

访问交流期间,他们共同对肝癌高发地区的鸭肝标本进行了共同研究和病理分析,徐克成的专业精神和独特创见,让奥田邦雄教授大为折服,他俩成了互相倾慕的朋友。

随后,经过无数次的实验和研究,徐克成对方法学做了重大改进,终于成功地从原发性肝癌患者血液中分离出 GGTII 同工酶,90% 患者血液中有此酶,而在肝炎患者、孕妇和正常人中几乎都测不出来。

测定 GGTII 诊断原发性肝癌的敏感性达到了 90%,特异性 95%,在甲胎蛋白阴性的肝癌患者,该同工酶也可呈阳性。换句话说,这一肝癌标记比世界上通用的甲胎蛋白还要敏感,并更有特异性,即一旦 GGTII 阳性,则 90% 以上的可能性是肝癌。进一步发现,GGTII 可诊断出小至 2～3 厘米大小的肝癌,即具有早期诊断价值。而且,对肝炎患者定期检测 GGTII,如果呈现阳性,90% 在 6 个月之内发生肝癌,即具有预测价值。

这是一项重大的发现和研究成果。徐克成据此撰写了一系列论文。

1985 年,GGTII 诊断肝癌的论文相继发表于《中华肿瘤杂志》《中华消化杂志》《中华内科杂志》，这些都是当时中国最顶尖的专业杂志。

1986年，*International Journal of Cancer*（《国际癌症杂志》）全文刊登了徐克成的论文"The diagnostic value of ahepatoma—specific band of serum gamma glutamyl transferase"；同年，汤钊猷院士主编的英文版 *Primary Liver Cancer*（《原发性肝癌》）在著名出版社施普林格出版，徐克成应邀在书中撰写了一个章节，题目是"肝癌特异性GGTII同工酶"。

这在国内肝癌研究领域让同行们刮目相看。

1986年，江苏省科委在南通医学院为GGTII诊断肝癌的研究成果举行论证会，周殿元教授和他的同事专门从广州前来参会，评价该研究成果达国内领先和国际先进水平；几天后，《人民日报》在头版刊登新华社报道《肝癌诊断的突破：GGTII诊断肝癌达世界水平》。

得知徐克成在肝癌诊断上取得重大突破，奥田邦雄教授邀请徐克成访问日本并进行演讲。1987年，徐克成作为访问学者赴日本进修，主要研究肝癌早期诊断。在千叶大学和东京女子医科大学做了关于GGTII诊断肝癌演讲。徐克成受到了最高规格的接待。

在日本期间，多数星期六或星期日，徐克成均陪奥田或小俣出诊。那是紧张的一天。往往早晨5点起身、乘火车或开车，到离千叶市几十公里的医院。一进医院，直奔病房，院长和医生们已在那里等着他们。随之，查房，做超声、内镜、血管造影、胃肠X线检查，全部由他们完成。忙到9点，他们到休息室，那里已准备好牛奶、面包。10分钟后，工作又开始。下午1点吃中餐，一般仅休息半小时。然后又开始忙碌，直到晚上8点。医院院长会在附近饭店等他们，桌上摆着丰盛的生鱼片、大虾。日本的生鱼片和虾别有风味，吃起来带有甜味，真是享受啊。大家边吃边聊，回到"家"常常已是半夜了。

在国内的时候，徐克成自认为工作很辛苦。到了日本，他才知道医生这个职业"辛苦"的真正含义。与日本同行相比，中国同行不能说不辛苦，但那种辛苦往往花在像菜市场那样的门诊上。门诊的"辛苦"一半以上本来可以交由相应的其他医生去完成的。

徐克成从日本那段经历中学会了很多。后来回国后，徐克成不仅能做作为消化科医生必须会做的操作，如胃肠镜检查，还会做超声、胃肠钡餐造影，甚至能阅读病理切片，这些都得益于在日本的那番"辛苦"时光。

日本医生的"认真"让徐克成大开眼界。他们绝不会为了赶时间"完成"一项工作，他们将病人的安全和诊治的正确始终放在首位。例如检查吧，对每个病人都要仔细观察，对任何有怀疑之处，都要做一系列的辅助检查。他们每个上午每个医生只检查10个病人，认为检查太多的病人，一定会犯错误。

这一套徐克成照搬回国。他后来在科室里坚持胃镜检查限制一定数量，宁可多安排检查天数。他凭这一条"本本主义"，接连发现了一个个"早期胃癌"。

好的医生必须不停地思考与探索。一个没有思辨能力的人不可能有所创新。

出版《消化病现代治疗》

1990年，中国唯一的英文版医学杂志《中华医学杂志》发表了徐克成的文章《肝癌特异性血清GGTII特异区带诊断意义再评价》；1991年，徐克成应邀赴美，在芝加哥举行的美国胃肠病学会上报告了GGTII同工酶诊断肝癌，获大会颁发的外国学者贡献奖；1992年，《美国胃肠病杂志》发表了徐克成撰写的论文，题目是《血清GGTII同工酶诊断肝细胞癌的价值：10年研究》。

1992年，徐克成开始主编《消化病现代治疗》，字数103万，1993年由江苏科技出版社出版。著名消化病专家、中国工程院院士江绍基评价本书："如果说，10多年前徐克成教授编著的《肝病实验室检查的临床意义》的出版，表明他已在学术界崭露头角，那么他后来发表的一系列论文和主编、参加编写的多部著作，则反映了他作为我国消化界后起之秀迅速成熟的过程。他和孟宪镛教授在肝病酶学试验、肝病实验室检查研究上所做的贡献，是众所皆知的。"江院士进一步说："我欣赏徐教授的聪明才智，更赞赏他克服困难的毅力和对事业的执着追求。"这让徐克成非常感动，江绍基教授对自己的恩情，徐克成永远记在心上。1995年，江绍基教授不幸逝世，进宋庆龄公墓需要一笔费用，他找到江绍基教授的儿子说，在你们子女为父亲准备的丧葬费里，算我一份。同时，没有告诉任何人，悄悄地每月给江绍基教授遗孀寄生活费，直至她到21世纪初期去世。

《消化病现代治疗》的出版在国内消化界引起很大反响。许多医院消化科，包括北京协和医院，将其作为临床必备参考书和研究生入学主要参考书。2001年，《消化病现代治疗》再版，由上海科技教育出版社出版，字数扩大到126万。世界消化病大师、上海消化病研究所、上海交通大学仁济医院终身教授萧树东评价本书是"一本理论与实践相结合的，具有特殊风格的专著"；北京协和医院潘国宗教授评价本书"把国际国内最新治疗成果和未来发展趋势提供给读者，无疑将成为消化科医师和内科医师的一部重要参考读物"；国际消化内镜学会候任主席曹世植教授认为本书"完成了一桩非常有意义的工作"，"博览群书，广集文献，无保留地奉献了自己的临床经验"，"充分体现了先进性和实用性，这是一般的治疗专著难以具备的"。

徐克成的研究获得中国和世界认可。

虽然最早提出GGTII同工酶对肝癌可能有诊断价值并非徐克成，但是徐克成第一个将其实用化，并应用于肝癌诊断。徐克成虽然没有成为奥田邦雄教授说的"百万富翁"，但给肝癌病人增添了一个新的诊断手段，造福无数患者。迄今为止，许多实验室仍将GGTII作为诊断肝癌的常规检测项目。

第三十章　铭记恩情存如血

淡看世事去如烟,铭记恩情存如血。徐克成铭记父母的恩情,用大爱支撑起一个大家庭。

本书前面章节多次提到徐克成的母亲因患肝癌不幸早早离开人世,这对徐克成无疑是人生的重大打击和无限的遗憾。也正是源于对母亲深沉的爱,造就了徐克成今天的大爱。

母亲叶兰芬的最后岁月

在徐克成心中,母亲近乎"伟大"。母亲很坚强,在解放战争时期,她坚决支持父亲的革命工作,面对国民党反动派的威胁,毫不屈服;母亲最辛苦,父亲在外地工作,家里的重担就全部落在母亲身上;母亲很善良,虽然家里穷,但她总是经常接济左邻右舍更穷的乡亲;母亲很感恩,她总是一遍又一遍对徐克成说:小时候"逃难",许多乡亲掩护过我们,你长大了,不要忘记报答他们。徐克成记住了,当他做了医生以后,家乡父老来看病,他总是对他们十分照顾。

继徐克成之后,叶兰芬又为徐克成相继生下两个妹妹和一个弟弟。徐克成比大妹妹徐媛大5岁,比弟弟徐跃华大15岁,比最小的妹妹徐梅大17岁。

四个孩子,让叶兰芬过早地衰老,患上了哮喘等多种疾病,下田劳作时,有时是上气不接下气,咳嗽得十分厉害。徐克成分配到南通医学院工作后,拿到第一个月的工资,就全部给弟弟妹妹买了衣服,以后每个月从53元的工资里拿出10元钱寄给母亲。现年65岁的二妹徐梅回忆道:"每回接到大哥的汇款单,是自己最开心的一天。"这天她会嚷着要跟妈妈到岔河镇上邮局拿钱,然后,要妈妈给她买一个油饼吃。一次,妈妈带小徐梅到邮局拿汇款,但忘了带私章,到了邮局却拿不到钱,只好返回十几里远的家里拿私章,全是步行,从上午走到下午,中午饭也没有吃,虽然很累,心里却是甜甜的。拿了钱,妈妈到镇上买了几个油饼带给孩子们吃,自己却舍不得吃。

徐克成家的老房子

"文革"期间,徐克成到栟茶办农村医疗队,离家近了,徐克成一有空就骑一辆破旧的自行车回家,帮妈妈做农活,洗衣服,还到河边踏水车车水。车水,就是踏着木头做的水车,把河里的水汲取上来灌溉农田。玲珑的小妹徐梅那时只有十一二岁,特别喜欢大哥徐克成,因为徐克成除了给家里汇钱外,回来时,还常常带几块糖果给弟妹们吃。看到徐克成回家,小妹总是天真地问这问那,比如:家里房子上的木头怎么都是黑的呀?徐克成告诉她,那是因为国民党兵过去把家里房子烧掉,后来用剩下的烧焦的木头重建的。为什么妈妈洗的衣服不晒到树枝上,哥哥你帮妈妈洗的衣服却要挂到树枝上呀?因为呀,哥哥个子高,衣服挂到树枝上,容易干呀!

在徐梅的回忆中,大哥比父亲还关心他们。教哥哥、姐姐和自己要好好读书,在家帮妈妈多干活。

在那个动乱的年代,妈妈对徐克成在外工作也是放心不下,听说徐克成被审查隔离后,更是寝食不安,带着徐克成的大妹妹徐媛来到南通医学院,想见一见徐克成,但被挡在学院门外。她们在围墙外,从桃坞路跑到健康路,又从健康路跑到桃坞路,跑了几个来回。

1970年底,妈妈感觉自己的肚子越来越大,而且越来越痛,在乡医院看了,没有诊断出结果,忍了几个月,实在忍不住了,来到南通找到徐克成。

徐克成用手一摸,摸到了肿块,大吃一惊,以自己的临床经验判断,是肝脏出了问题,立刻请孟宪镛教授等专家一同会诊,晴天霹雳,肝癌!

徐克成是欲哭无泪,对当时只有15岁的弟弟徐跃华和13岁的妹妹徐梅悲痛地说:"我们的妈妈,最多只有6个月的寿命了!"兄妹仨抱头痛哭。当时徐克成的大妹子徐媛已经嫁到双甸一户人家去了,而且生了三个小孩,也闻讯赶来,痛哭不已。

那时交通极不方便,汽车很少,而且全是沙石路,从岔北乡下到南通虽然只有40多公里,没有汽车直达。送妈妈到南通治疗只能坐被人们称为"机机快"的船。说是"机机快",其实只是比普通的背纤的船快一点儿,到南通也要四五个小时。

徐克成决定让妈妈留在南通治疗,由上小学的徐梅陪妈妈,徐跃华单独回去上学,还要看家喂养生猪。

1971年的春节越来越近,徐克成和爱人阮荣玲没了心思过年,大年三十,简单地吃了一顿团圆饭。妈妈坚决要从南通回老家,徐克成心里明白,母亲是救不回来了,便同意了母亲的请求。他把爱人阮荣玲从上海刚刚买回来给自己过年穿的浅咖啡色的羊毛衫背心脱了下来,给母亲穿上,对爱人阮荣玲说,过年了,给母亲也穿上一件新衣服吧!这也许就是母亲过的最后一个春节了!

1971年,农历辛亥年正月初七,徐克成带着母亲和妹妹从南通乘"机机快"回岔北乡下。到了立新桥码头下船,到家还有四五里路。母亲已经不能走路了,只能躺着。徐克成请老乡找来一条木船,让母亲平躺在船舱里,老乡掌舵,徐克成背纤,把母亲接回家。

乡下的生活当时虽然贫瘠,但一年一度的传统节日,人们还是喜气洋洋的,偶尔从不远处传来几声爆竹声,和孩子们嬉闹的笑声。可徐克成家里却冷冷清清的,不时传来母亲痛苦的呻吟声。母亲疼得实在扛不住了,徐克成就帮母亲打上一针吗啡止痛。到了正月初五六,母亲呻吟的声音越来越大,一个小时就要打一次止痛针。

打完针,徐克成坐在床上把母亲抱在自己怀里,就这么一直抱着,直到母亲迷迷糊糊地睡去。

2月9日,正月十四清晨,几乎一夜也没有合眼的徐克成,听到母亲用微弱的声音似乎在呼喊着自己的小名:"刘宝、刘宝……"

徐克成连忙把母亲抱在怀中说:"妈妈、妈妈,我在这里,我在呀!"

母亲痛苦地睁开眼睛,在微弱的灯光下,徐克成看到母亲蜡黄的脸上布满了皱纹,花白的头发在微微颤动,眼睛已经失去了光泽,眼角有泪水在渗出。

她断断续续地说:"刘宝呀,我走后,你要把弟弟妹妹带好,让他们成家立业,要照顾好你父亲,他革命了一辈子,还在外奔波。"

徐克成眼泪唰地就流了下来。母亲在生命的最后关头,心中想的不是自己,而是家人,这让徐克成心如刀绞。

一阵阵寒风从窗户缝吹进来,徐克成把母亲抱得更紧了。

母亲的声音越来越小,吃力地说道:"你是医生,要做一个好医生,为病人好好看病,要做一个好人、好人……"

徐克成一边抹眼泪,一边点头说:"妈妈,我知道了,我知道了。"

"刘宝呀,我们家有共产党的恩情、有乡亲们的恩情、有邻居们的恩情,你要懂得感恩……报答他们的恩情呀……"

说着说着,母亲闭上了双眼。

"妈妈、妈妈、妈妈,你睁开眼睛呀……妈妈……"

"妈妈,我是刘宝呀。""妈妈,我是梅儿呀。""妈妈,我是跃华呀。"

"你怎么就不管我们了……你才 56 岁呀……"

徐克成和弟弟、妹妹撕心裂肺的哭声在黎明前的夜空回荡,在寒风中"不愿离去"。早晨 3 点 58 分,母亲在徐克成的怀抱里带着对家人的眷念和不舍永远地闭上了眼睛。

母亲的离世,让徐克成如坠万丈深渊。他懊悔,为什么没能早点发现母亲的病情;他内疚,没有能让母亲过上一天好日子;他发誓,一定要攻克癌症这个恶魔,救治天下像母亲这样的癌症患者……

对弟弟与妹妹的爱

失去母亲的日子是痛苦的。徐克成要上班,家里剩下 14 岁的妹妹和 16 岁的弟弟相依为命。四间小瓦房里显得空空荡荡的,兄妹俩常常是吃了上顿没有下顿,因为口粮紧张,只能吃薄薄的糁粥。到了夏天,经常打雷,兄妹俩听到雷声常常吓得躲到灶膛前。

因为老人们常说,打雷时,躲到灶膛间,灶老爷在天上会保佑的。

徐克成把对母亲的爱,全部倾注到了弟妹身上。省吃俭用,每月除寄钱外,还寄来从嘴里省下来的粮票。

学校放假,徐克成就让弟弟跃华将妹妹小梅送到南通的家里来。那时,徐克成的儿子才5岁,正是需要照看的年龄。妹妹的到来,让徐克成的心稍许得到一丝安慰,吃饭时,总是让妹妹先吃,有好吃的菜,也总是先夹给妹妹吃。这让阮荣玲有点不开心。她对徐克成说,我在医院要工作上班不谈,在家里我要忙着烧菜做家务,还要带儿子,你倒好,心思全在妹妹小梅身上,儿子也不管。

徐克成理解爱人的心情,这是人之常情,不能怪爱人发牢骚,说几句怨言也是情理之中的事,便耐心地做爱人的工作:"荣玲,我能理解你的辛苦和不容易,但我们想想,儿子有你母亲照看着,是一种幸福,可小梅呢?她没有了妈妈,没有了妈妈呀!她已经失去了母亲的爱,我们不爱护她,谁来爱护她?"

阮荣玲只是嘴里说说,其实在阮荣玲的心里,她不仅深爱着徐克成,也爱着这个被母亲称为"乡下佬"的朴素家庭。

在徐梅的回忆中,嫂子阮荣玲没有一点儿上海姑娘的娇气。嫂子对哥哥的爱是真诚的,每天哥哥徐克成从外面回家,嫂子就像电影里看到的日本女人迎接丈夫回家那样,从哥哥手里接过包,把哥哥脱下来的外套挂到衣架上,然后,端起一杯早泡好的茶。对自己也是无微不至的关怀。

开学了,徐梅要回家上学。徐克成一直把妹妹送到汽车上,买好车票。至今徐梅还记得,那时南通到岔河的车票是1.65元。一次,哥哥下了车,想到自己要孤单一个人回家,眼泪就下来了,正哭着,忽然有人给她擦起眼泪来,她一惊,一看是哥哥又回到车上。原来,徐克成送妹妹上车后,也是一步三回头,舍不得妹妹走,看到妹妹在哭,就赶紧回来了。

徐克成弟弟徐跃华高中毕业了,那时是"文革"时期,没有大学上。但徐克成总感到对弟弟有种"歉意"。父亲晚年又是弟弟一个人照顾他。值得徐克成欣慰的是,弟弟也"遗传"了妈妈的坚强,他先去学做药剂师,后来成了当地小有名气的放射科医师,入了党,当上了当地医院的院长,直到退休后仍然奋斗在医疗战线上,为病人看病。

大妹妹徐媛在一家棉纺厂工作。2013年,不幸确诊为肝癌晚期,徐克成两次带徐媛到广州治疗，所有费用全部由他支出。他用让自己生存下来的复合疫苗为妹妹治疗，让她度过了四年的"快乐"生存期。娘亲舅大。徐克成作为舅舅，要求妹妹的三个儿子对妈妈要特别照顾。欣慰的是，三个外甥个个懂事孝顺，这让徐克成十分欣慰。

小妹徐梅进了当地最大的国有工厂工作，直至退休。对于她，徐克成更有"愧疚"之感，因为她最小，很小就失去妈妈，与二哥相依为命，而他这个长兄却没有好好照顾她。妈妈生肝癌住院，徐梅陪她。一次她去医院食堂买菜，回来路上跌了一跤，菜打翻了，自己的膝盖也跌得满是血，徐克成去接她，责怪她不小心，骂得她哭了好长时间。徐克成为此后悔到现在。

徐克成总认为没有对弟弟妹妹尽到做哥哥的责任。于是，想从关心他们的子女来作弥补。他把王振义院士送给自己的一句话"路在自己脚下，历史是自己创造的"——送给弟妹的孩子。

弟弟跃华和小妹徐梅各有一个儿子，同岁，同在一起上小学，同吃一锅饭。徐克成对他们同一个要求，同一标准支持。

在徐克成的关心鼓励下，小妹徐梅的儿子吴鑫鑫，成长为中国著名IT企业网易集团游戏市场副总裁。

在接受笔者电话采访时，这位中国网络游戏界大咖，深情地回忆道："舅舅对我人生影响最大的一次启蒙，是在我高二暑假的时候，舅舅在上海开国际学术会议，带着我和表弟（徐克成弟弟的儿子）跟着他同吃同住同开会。1999年那会儿去一趟上海还是不容易的，我们第一次知道原来外面世界这么大，浦东这么美，东方明珠这么科幻，金茂大厦这么高，这么多全球顶级名校的专家学者会聚一堂。从那一刻开始，我告诉自己，一定要走出去看世界。"

至今，鑫鑫的母亲还保存着大哥给儿子的来信和照片，一沓沓像珍宝一样收藏着。

其中有一封别具一格，是徐克成去美国做访问学者期间写来的。信中寄来15张美国的风光照片，所不同的是每张照片，徐克成都做了精心的批注。

鑫鑫你好：

知道你现在县中读书，甚为高兴；知道你非常自觉地勤奋学习，有明确的奋斗目标,更为高兴。

如东县中是我的高中母校,数十年的经历,已使她变成了一座知名的重点学校。你能进去,是你努力的结果,应把握好机会,不能丧失机遇。

寄上一些照片。

第一张:在美国著名大学 University of California, Los Angeles 即加州大学洛杉矶分校,医学院内的 Medical Couter——你应有志气,将来能去该校读 Master(硕士)!非常希望你有这一天!

第二张:在该医院 Laboratory 内。左边是 Dr. 杨,是在广州出生的,年仅 35 岁,在国内已是教授了——你应以他为榜样。

第三张:在美国 Florida 迪斯尼乐园中,背景是 DNA 公司的代表 Molecular Biology,这是 21 世纪的高科技——如果你未来能从事这方面的工作,则前景无量!

第四张:在洛杉矶一位教授朋友家中。该教授的家住房面积特大,有 Swimming pool 和宽大无比的房间——天外有天,你应争取更幸福。

第五张:在香港 Olympus(日本)公司,该公司特地欢迎我访问——只有有了成就,才能受到世人重视。

第六张:在美国尼亚加拉大瀑布前——为人、做事,当有像瀑布一样的气魄和冲劲。

……

舅:克成
1997.12.24

生活不仅有诗,更有远方!这封特别的信,给吴鑫鑫无形中指引了方向。徐克成的鼓励和鞭策,伴随吴鑫鑫一天一天地成长。吴鑫鑫考取了广州著名学府华南理工大学,于 2004 年毕业后加入网易公司,一步步奋斗直到进入高管行列。徐克成很欣赏这个外甥,他似乎从这个外甥身上看到了自己的影子。他很欣慰的是,这个自己看着长大的外甥,将他当年 15 张照片的期望一一实现了。

2000年,徐克成亲自送外甥吴鑫鑫到大学报到,左起:徐梅、吴鑫鑫、徐克成、吴勇

除吴鑫鑫外,如今,徐克成弟妹的子女都长大成人,大妹家的三个孩子,有两个考上公务员,在公安部门工作;弟弟家的儿子大学毕业,也在省城一家公司做技术工作。

俗话说,长兄为父。徐克成把对父母的爱全部转为承担起长兄应有的责任,关心爱护弟弟妹妹及其子女。每次回到老家,徐克成总把这些晚辈找来,一起吃饭,谈家常,谈工作,更谈照顾父母。

1999年7月,徐克成专程陪弟妹三人首次游览上海,左起:徐媛、徐克成、徐跃华、徐梅

过去，逢年过节，徐克成不仅要给弟弟和妹妹大大的红包，也给五个侄子和外甥各包一个红包，就是工作了也不例外。一次，他去看望刚到县化肥厂工作的外甥刘勇。刘勇是大妹子徐媛最小的三儿子，徐克成鼓励他要立足岗位，创造业绩，争取进步，并给他一个红包。刘勇说："舅舅，您从小就给我们钱，培养我们，现在我已经长大了，有工作有收入了，不能再要您省吃俭用的钱了，这个红包我不能收，你实在要给，就代我转给那些贫困的患者吧！"

听了外甥的话，徐克成的眼睛湿润了，他为外甥的懂事而高兴，也为外甥自强自立的精神所感动。在舅舅的影响下，刘勇以优异的成绩考上公务员，成长为如东县公安局看守所的所长。

感激父亲

心中常存感激心，路才能越走越宽。徐克成深知这样的道理，他说，登高山之巅，勿忘父母情；入成功之道，切记恩师意。

对父亲，徐克成十分尊敬。

父亲是抗日老战士、老党员、老革命，为新中国的成立做过贡献。徐克成永远忘不了小时候经历的那段战火纷飞的岁月，忘不了家里来的那位后来渡江战役中牺牲的新四军政委阿姨，一边给他抹硫黄软膏，一边对他说：你爸爸很了不起，我们新四军的粮草都是你爸爸供应的。爸爸当时是乡财粮主任，负责支援前线，支持"大军渡江，解放全中国"。徐克成很感谢爸爸，爸爸养育了他，培养他，直至大学毕业。在1948年大军渡江前夕，爸爸认为"革命成功了"，没有随军南下，回到家乡，以便照顾被战争破坏的家庭。

后来徐克成见识多了，思想变"复杂"了，曾为父亲失去"本来随军南下可当大官"的机会而惋惜，甚至有些"怨"爸爸当年"失去革命信念"，以致只在县里做了"科"级小官。后来知道，当时父亲没有"南下"，其实最主要的是舍不得好不容易"留"下的小名叫"刘宝"的儿子，就是徐克成。这让徐克成十分愧疚，暗暗责怪自己对父亲没有"良心"。

让徐克成对父亲感到愧疚的，还有自己长时间没有认他的一位"同父异母"弟弟。母亲去世后，父亲与他的一位女下属结了婚，徐克成和弟妹认为父亲有些"对不起"母亲，心里"不舒服"。其实继母是个"苦命人",她与前夫已经生有三个孩子,因为丈夫被打成右派,不得不离婚。她和父亲结婚后,又生下一个儿子。父亲1984年突然去世,还没有来得及安排他们"认亲"。但这也成为徐克成心中的隐痛,他想"寻找机会",完成父亲的心愿。

2018年的一天,徐克成接到小妹妹徐梅电话,说有个"哥哥寻亲来了"。前来寻亲的是继母与前夫生的大儿子吴培。吴培1957年出生于江苏如皋,旅居比利时20多年,是著名旅欧爱国侨领,明清外销瓷收藏、鉴赏家。吴培说,母亲临终时拉着他的手不肯放,叮嘱:一定要帮他这位徐家血脉的四弟认祖归宗,找到他的哥哥姐姐。

听着妹妹打来的电话,徐克成久久讲不出话来。他心乱如麻,五味杂陈。他感恩、感谢吴培,这位与他没有血缘的兄弟,是他一直在照顾着自己那位同父异母的小弟,又是他,这次主动前来成就自己多年未了的心愿;他感谢同父异母的小弟,这么多年来,忍受没有"名分父亲"的痛苦;更感谢已经去世的继母,是她当年照顾、慰藉了自己晚年的父亲……血缘,切割不断;亲情,犹如柔柔的阳光,让冰冻的心灵无声溶化。

两个月后的一个春光明媚的日子。徐克成夫妇,带着儿子儿媳和孙子孙女,从上海回到家乡,邀请吴培兄弟妹妹,在家乡最好的酒店,吃了一顿认亲饭,几十个人照了一张"全家福"。

徐克成与家人们在一起

饭桌上,徐克成作为长兄,宣布"徐家多了一位兄弟",话没有说完,他哭了,哭得很厉害……宋代诗人黄庭坚在《豫章集·濂溪诗序》中写道:"春陵周茂叔,人品甚高,胸怀洒落,如光风霁月。"徐克成以博大的胸怀,用雨过天晴万物明净的心情,迎接这位"兄弟"回家。这也是对父亲最大的报恩。

徐克成让弟弟将父亲母亲的坟墓好好整修了一番。父亲忌日,认祖的小弟到父亲的坟上,磕头,烧纸……

与此同时,徐克成还请妹妹和弟弟打听寻找自己小时候认的"干爸""干妈"的后人。他说,小时候家里穷,是"干爸""干妈"们用善良和纯朴的心护佑"刘宝"成长,要实现妈妈的遗愿,报答乡亲们的恩情。经过多方打听和寻找,终于联系到了"干爸""干妈"的孙子一家。徐克成也视他们为家人给予关心。

对家乡有一颗感恩的心

徐克成传承了父母的爱,让徐家这个大家庭过上了幸福美满的生活,为他这个大家庭带来了荣光,使得每一个家庭成员为之骄傲,他的事迹也被家乡如东人民所传诵。

一次,在五一节期间,刘勇参加一个朋友的聚会。席间,不知道是谁提到了徐克成,如东县人民医院大内科主任康小平感慨地说,他对徐克成很佩服,佩服的原因有两个:一是德医双馨,业务能力强,钻研精神首屈一指,在医患两方面均有较高声望,成为医务人员学习的榜样;二是不屈不挠的进取精神。他说,徐克成的事业不是一帆风顺的,他在成功的道路上有过曲折,在南通时也受过他人排挤算计,但是他不低头、不认命、不向困难低头,不向权贵弯腰,以实力证明自己,终成一番不凡事业,值得敬佩。康小平当时并不知道坐在对面的刘勇就是徐克成大妹妹的儿子,这让刘勇十分感动,他为舅舅感到骄傲,当他把这条信息发给舅舅徐克成时,徐克成说,是家乡人民哺育了自己,将来要回家乡多做贡献,对家乡要有感恩之心。

好人之城景色美。2021年12月3日,徐克成应家乡党委政府的邀请,回到生他养他的家乡江苏如东,参加由中共江苏省委宣传部、江苏省文明办、江苏省美德基金会主办的,南通市和如东县承办、协办的江苏省道德模范和身边好人(南通·如东)现场交流

徐克成在家中接待来访的家乡领导与记者,右二为如东县政协主席陈建华

活动。会上,徐克成与如东家乡的各级道德模范、中国好人、江苏好人、历届最美如东人代表等一起受到如东人民的礼赞和青少年们的献花。

徐克成作为道德模范代表接受了主持人的现场采访。主持人向全县人民隆重介绍徐克成:

> 一方水土养一方人,一片天地,筑一种魂。长期以来,多少如东人走向异地他乡,带着这里的泥土芳香,带着这里的人文品格,崇德立行,向善向上,不少人成为道德模范和中国好人。今天我们非常荣幸地邀请到时代楷模徐克成教授来到活动现场与大家见面。徐克成,广州复大肿瘤医院总院长、主任医师、教授、博导,我国著名消化病专家和肿瘤研究专家,半个世纪以来,坚持厚德行医,医德共济,带领医院以高尚医德、笃行诚信和精湛医术,救治病人,遍及全球 106 个国家和地区,获得全国时代楷模、全国道德模范提名奖等荣誉,现在就请徐教授为我们讲几句。

全场一片掌声。面对璀璨的灯光、热情的家乡人民,徐克成激动地说:

> 今天,我从广州工作的地方赶来参加好人之城的盛会,心情非常激动,如

东这片沃土是生我养我的地方,是这片沃土和乡情、温情哺育了我的人生基因,今天,我虽然已到耄耋之年,但是作为从医58年的医生,我为人民服务的心有余而力尚足,生命至上,人民至上,为了人民的生命健康,我愿意生命不息,服务不止。也希望我能为家乡做更多的事情,祝愿家乡兴旺发达,事业大发展,祝愿家乡父老乡亲们幸福安康!

爱家乡,首先要爱家。徐克成对父母有多爱,对家就有多爱,对家乡就有多爱,对祖国就有多爱,对所服务的患者就有多爱!

有一首歌唱得好:都说国很大,其实一个家。一心装满国,一手撑起家。家是最小国,国是千万家!

徐克成,心中有家乡,更有祖国。为健康中国,他奉献了毕生的精力和才华;心中装着家,不为别的,为的是让父母在天之灵得到安息,让儿孙传承中华传统优秀品德,在中华大地创造属于自己的传奇!

壬寅年清明节前,他吩咐儿子:清明节去看看如东老家祖坟。他说他"百年"之后,把他的骨灰分成三份,一份交给复大,撒到珠江口;一份撒到狼山脚下的长江;一份送到祖坟,在"九泉"之下,报答父母之恩。

第三十一章　一次改变命运的诊断

被中国科学院、中国工程院两院院士,清华大学教授吴良镛誉为"中国近代第一城"的南通,在20世纪80年代初,还是江北的一座不被人所知晓的小城。

因为一条大江,南通向南"难通"。一位《新华日报》的资深记者曾经发表过一篇著名的通讯《大江隔断了什么?》,提出大江隔断的,不仅是交通和地理方面有形的东西,而且还有思想和理念,精神方面无形的东西。大江,不仅是地理上的"长江天堑",更是思想上的"长江天堑"。

查出孙局长的早期癌症

1984年,44岁的徐克成正值风华正茂的金色年华,事业如日中天,和爱人阮荣玲的家庭生活,波澜不惊,外面的世界对他们来说,是"躲进小楼成一统,管他冬夏与春秋"。

然而,徐克成为交通部人事局局长孙哲的一次正确的诊断,打破了他们平静的生活,让徐克成的人生发生了根本性的改变。

南通医学院当时直属国家交通部管理。1984年的一天,孙哲局长陪同部长来南通医学院附属医院视察。

孙局长是一位老革命,部长早就知道孙局长胃不好,于是建议他趁这次机会,在"我们自己的医院"做胃镜检查一下。

扛过枪、打过仗的孙局长不以为然地说:"老毛病,在北京做过例行体检,查过胃镜,是有点'浅表性胃炎',食管正常,这点小毛病没问题。"

因为是部长安排的工作,医学院领导不敢怠慢,对孙局长说:"孙局长,您是知道的,我们的消化科可是全国有名的科室,再说,徐克成教授的技术也是一流的,您就让我们为您老服务一下吧!"

听院长这么一说,饱经风霜的孙老局长,当然不好意思拒绝下级的好意了。再说孙局长本身就是一个平易近人的老领导。

徐克成受命为老局长做胃镜检查。

这虽说是一次正常的,或者说是一次常规的例行检查,但徐克成还是做好了充分的准备,认真细致地为老局长做检查。

胃镜顺利地伸进老局长的胃里,胃里并无大问题,正像孙局长所说的那样,有一点"浅表性胃炎"。

然而,当镜子退到食管,距离门齿35厘米处时,徐克成惊讶地发现,胃镜里出现了米粒大小的白斑,如果不认真仔细地看,是容易被忽视的。

"这不是问题吗?"职业的敏感,让徐克成猛地打了一个激灵,脱口问道:"孙局长,您是哪里人呀?"竟然忘了胃镜插在他的嘴里,老局长自然讲不出话来。"听您的口音,应该是北方人,河南人,对吗?"

孙老局长,微微地点点头,表示对的。

徐克成清楚地知道,河南是食管癌发生率最高的地方,他暗自叮嘱自己:要小心,不能出差错!然后,他谨慎地在白斑处取样,仔细地钳夹出4块组织,送到病理科检验时特地关照检验科医生:小心呀,病人是部里"大领导"。

第二天,病理科医生给徐克成打来电话叫他赶快去。病理科蔡教授说:"老徐,你真神了,诊断出一个非常早期的食管癌,做了一件大好事。"

"真的吗?"徐克成脑袋顿时嗡嗡的。

"真是食管癌。"蔡教授用肯定的口吻说。

徐克成庆幸自己没有大意。如果迷信曾经的体检"食管正常",把食管里的"白斑"不当一回事,后果不堪设想!

徐克成在庆幸的同时,又为老局长的身体担忧。他迅速将这一情况向院领导做了汇报。

但是此刻,孙老局长已离开南通,到上海去了。院领导不敢延误,立刻打电话到北京,向交通部领导汇报情况。

一周后,孙老局长被安排住进北京一家著名的专科医院,再做胃镜复查,结果依然是食管未见明显病变。

交通部办公厅负责人直接找到了徐克成,提出疑问:"是不是诊断有误?这些天,孙老局长吃得香,睡得着,精力旺,怎么会得癌症?"

"请相信我们的诊断,"徐克成用肯定的语气回复,"病理切片在这里,检测结果不会出错的,现在最关键的是要采取应对措施,我建议迅速做手术!"

"你要推翻北京医院的检查吗?让孙老局长吃一刀吗?"部办公厅负责人反复咨询,不停地追问,他既要对孙老局长负责,也要尊重徐克成的诊断。

"不是推翻,我只相信我的眼睛和病理,相信科学诊断,不能再迟疑了!"徐克成坚定地说。

"以最好的安排,做最坏的打算!"经研究,部里做出决定,尊重徐克成的诊断,安排手术。几天后,孙老局长在北京接受手术。按部、院领导预先的布置,徐克成一直守在电话机旁等待消息。

孙老局长的胸腔被打开。胸科医生在对食管进行检查的时候,并没有发现肿块,也没有结节,甚至连外表色泽异常的现象也没有出现。

怎么办?切不切食管?这是摆在现场所有医务人员面前的难题。

而在电话的另一端,徐克成正在焦急地等候着,面前的电话铃刚响,他便立刻接起了电话。

"你能保证你们的诊断没有错吗?是否你们将病理标本搞错了?"为孙老局长开刀的医生话语中还是流露出疑虑。

"没有错,请相信我们的认真和慎重。我建议将距离门齿 30~40 厘米的食管全部切下。"徐克成尽管坚信自己的判断,却还是用温和的商量的口吻提出建议。

几天后,交通部卫生处处长在电话中告诉徐克成:手术之后,医院病理科对孙老局长的食管标本做了认真检验,外表看不出问题,但连续切片,在显微镜下还真的找到了"癌巢",大小只有 0.3 厘米,局限在食管的黏膜层。按病理分类,这是最早期的食管癌,1000 个食管癌患者里可能只能遇到一个。

听到这一结果，徐克成长长地舒了口气，紧绷了几天的神经，终于松弛下来。

徐克成在整个交通部大楼里一下子成为名人，从部长到普通干部，都在耳口相传，说徐克成"查癌有本事"。

大家也都祝贺孙老局长：老局长的命太大！

老局长的命确实大！

孙局长的虚惊一场

2009年，徐克成到北京开会，路过和平里时，忽然想起孙老局长家不是在这里吗？

25年了，老局长还健在吗？

回到酒店，徐克成给交通部老干部处打电话询问孙老局长的情况，接电话的是一位老大姐："您是徐克成教授吧，您救了我们交通部好几个人，我们都记着您呢！"

原来，这位老大姐当时在部卫生处工作。"孙局长经常唠叨您，您是他的救命恩人呀！"老大姐在电话里告诉徐克成，老局长除了有点高血压，其他都好。

"孙老一家看到您，一定高兴得不知怎么是好了。"她迫不及待地说，"您等着，我来联系，让孙老打电话给您！"

当天晚上，徐克成应约来到孙老局长家里。真是老干部，他的家十分简陋、朴实，几十年了，仍然住在三房一厅的老房子里，简易的沙发上已有多处破损，露出里面的麻丝。孙老局长和他的老伴双双拉住徐克成的手，连连说："你救了我，让我活到现在。"他们告诉徐克成，交通部他们这一辈的老干部好多人都先后离开了，有的死于心脏病，有的死于癌症，但老孙却活到现在。

孙老局长和他的老伴热情地在他家楼下附近一个酒店里宴请徐克成一行，点了满满一大桌子的菜。一边吃，一边讲交通部的过去，从老部长讲到秘书，从他们局讲到保健处，说到动情处，孙老局长激动地站起来，端起茶杯对徐克成说："今天以茶代酒，敬我们的徐教授一杯，是你改变了我的一生！"

徐克成站起来也激动地说："孙老局长呀，是你改变了我的后半生呀！不是您，我不会到深圳去呀！"

半年后,徐克成突然接到孙局长爱人的电话。她在电话里焦急地说:"徐教授呀,你还要救救我们家老孙呀!老孙又被诊断为晚期肺癌了。"

徐克成一听,心里咯噔一下,这是怎么回事呀?连忙说道:"不要急,什么情况,慢慢说!"

原来,老孙一段时间咳嗽,到医院一检查,发现肺部有问题,住进了高干病房,经过多项检查和增强CT,被诊断为肺癌晚期。医生告诉他们,已经不能开刀了,也没有什么特效药吃。医生只开了几期中成药,建议他们出院回家,住院治疗没有什么意义了。

孙局长的爱人在电话里接着说:"老孙坚决要到你这儿来治疗,他信任你!"

"我们的医院和北京的大医院不好比呀!"徐克成说的是大实话。2009年的复大肿瘤医院,创办才几年,无论硬件设备,还是人文环境,肯定与首都的大医院无法相比,徐克成心中自然有数。

孙局长的爱人带着央求的口吻说:"不管怎么样了,大小不重要,重要的是你救了他第一次生命,他还想请你救他第二次生命!"

几天后,孙局长在爱人的陪同下,乘火车来到广州复大肿瘤医院。

孙局长虽然消瘦了许多,但见到徐克成还是精神为之一振,坦然地对徐克成说:"徐教授,我也活了这么多年了,和那些早已过世的同事相比,我活的时间算长的了,现在生命也差不多走到尽头了,这次来主要是想再看看你!"

徐克成说:"孙老,谢谢您的信任,既然来了,我就要想办法救您,好不好!"

孙局长感激地握着徐克成的手说:"相信你!"

"胆欲大而心欲小,智欲圆而行欲方。"这是唐代医药学家孙思邈对良医诊病方法做的总结。徐克成深谙其道。他知道,帮助孙局长治疗,既要"胆大",自信;又要"心小",如同在薄冰上行走,在峭壁边落足一样,时时小心谨慎。既要"智圆",不拘泥权威的诊断,有自己制敌先机的能力;又要"行方",按规范程序进行,心中坦荡。特别是这次与20多年前不同,那时孙局长还算年轻,可现在已经是80多岁的人了,本身就危险,来不得半点闪失。为此,他召集院里的专家们慎重地进行研究诊断,制订治疗方案,既按规范的程序对孙局长的"晚期癌症"进行全面细致的复查,又按自己的理解和判断,对孙局长进行了"活检"。结果令人大吃一惊,老局长的所谓"晚期癌症",其实是一种"炎症"。

"孙老呀,你命不该绝呀!配点消炎药,你可以放心回家了!"徐克成为孙局长高兴。

"我现在不回去,我的第二次生命又有了,在你这里再待两个月!"孙局长像孩子似的执拗地说,最后还特地加了一句,"费用我们全部自理!"

徐克成见孙局长态度坚决,就遵照他的意思,让他住了下来。徐克成安排了一个单人房间,给他和爱人住,虽然小一点,但环境有了极大的改善。

孙局长真的住了两个月,身体全面恢复后,准备出院了。在出院前一天,他找到徐克成诚恳地说:"徐院长,我们明天要出院了,你要给我办一件事情!"

为老领导,也是老朋友办事情,徐克成当然愿意了:"说吧,孙老,你有什么事情尽管提,只要我能办到!"

"你召集一下,把帮我治疗的所有的医生和护士,全部请来,我要请他们吃一顿饭。"孙局长真诚地说。

这可为难徐克成了。医院自成立以来,不允许接受病人请客,这是铁的纪律!

"你不要解释,我不管你什么纪律,你们不吃饭,我就不出院!"孙局长不由分说,更容不得徐克成解释,加重语气说,"我是什么人?我和其他病人不同的!"

这真的让徐克成进退两难,但权衡再三,徐克成认为,帮助病人治疗,不仅要从身体上进行治疗,也要通过心理配合治疗,给予精神上的安慰。不接受孙局长的宴请,就会影响他的心情和精神状态,这对后面的康复会产生不利的影响。"吃饭,也是帮助孙局长治疗!"他与院里几位领导商量后,形成了这样的共识。

当天晚上,在医院附近一个酒店里,徐克成带领医院的十几个医生和护士参加了孙局长的宴请。饭桌上,孙局长洋溢着重生的喜悦,热情高涨,与医生护士们谈笑风生。

到结账时,两桌只结了150元。孙局长惊讶地说:"没想到,广州吃饭这么便宜!"

他没想到,徐克成和酒店总经理是朋友,饭前,徐克成已经帮他早就"买了单",只是让他结了一个"零头"。

临别时,孙局长夫妇紧紧握住徐克成的手,激动地说:"老天爷安排你到南方创业办医院,这条路走对了!"

徐克成也是激动万分,对孙局长又一次感激地说:"孙老局长,是你改变了我的人生。不是遇到您,我不会到深圳,也没有今天的复大肿瘤医院!"这不是徐克成的客套话,更不是恭维话,而是徐克成的肺腑之言。

"南飞"的心愿

还是让我们回到 1984 年。那年,徐克成为孙局长诊断出早期癌症,由此在交通部成了"熟"人。这让徐克成有机会走进交通部,有了后面一系列的机遇。

当年在孙老局长之前,部里因癌症而死去的干部,达 20 余人,没有一个患的是"早期"癌,都是在诊断后几年甚至几个月内就死去了。孙局长手术成功后,部里每年均要求南通医学院派人去为干部体检,点名由徐克成带队。徐克成不负众望,先后又检查出五例癌症,其中两例是"早期"癌症。

每年体检快结束时,部里领导总要问徐克成"有什么要求,尽管提"。

在带医疗队到交通部为干部体检期间,徐克成每天和局长、处长们一起排队买饭。本来副部长是在小食堂用餐,但一次一位女副部长和徐克成却排在一起。

不知道是徐克成前一天刚为这位女副部长做了胃镜检查的原因,还是上天要眷顾徐克成。反正,这天,这位穿着合身的呢质西裙,配着半高跟黑皮鞋,说话彬彬有礼,一派学者风度的女副部长,吃饭时来到徐克成对面坐下,一边吃饭一边与徐克成闲聊起来。最后,她笑着对徐克成说:"徐医生,辛苦了,有什么要求啊,跟我讲!"

徐克成没有想到领导会问"有什么要求"。他可从来没有想到"要求",来部里,就是奉献,"为人民服务",怎么能有个人要求呢!"谢谢部长、谢谢部长,我个人没有什么要求,来部里就是为你们服务的!"徐克成有点惶恐地说。

当事者无心,有心人却有心。下午,交通部办公厅张主任见到徐克成,说:"今天部长问你有什么要求,你为什么不提呀?她是分管科技的呀!"原来副部长跟他讲话时张主任就在他们旁边。

他后悔了:真是榆木脑袋!其实也是难为徐克成了,平时,他一门心思用在学术研究、临床手术上,哪有什么其他想法,一点儿思想准备也没有。

他小心翼翼地问张主任:"我个人确实没有什么要求,但我想为我们消化科申请 5 万元买一台胃镜好吗?"主任说:"太少了,申请 10 万吧! 回去赶快让你们医学院打报告来。"

一个月后,交通部下拨10万元,指名给徐克成的消化科购买胃镜。这给徐克成带来莫大的欣慰,也看到了更大的希望。在日本做访问学者时,日本千叶大学胃镜室有几十台胃镜,都是世界顶尖的。要把南通医学院消化科建成中国一流的,就需要投入,他感到责任重大。

第二年,徐克成带队再次到交通部帮助干部们体检。这次徐克成早有了思想准备,一定要更努力更认真地为领导和干部服务,争取再获得赞助。

机会来了。体检快结束时,部里十几个局长宴请医疗队,司局级领导都很朴实,没有一点儿官架子。说是宴请,实际上就是在部里食堂加了几个菜,外加几瓶啤酒。财务局郑局长是一位年近60的老革命,胖胖的身材,体检发现血糖高,前列腺也有些增生。坐在徐克成身旁的办公厅张主任提醒他:"那是财神爷,不要错过机会呀!"

徐克成开始懂得"公关"了。他先谈各种病的防治,再评价这次体检结果。那时的交通部司局长尚未年轻化,都年过半百,多半有这样那样的毛病,加之在场的徐克成的老病人、人事局孙局长"现身说法",大家对他既信任又尊重。

在向财务局郑局长敬酒之际,徐克成对他耳语:"给我点钱吧!""多少?"郑局长也轻轻地问。

徐克成举起一只手。"50万?"局长愣了一下,随之大声说:"先喝酒!"

第二天下午,办公厅通知徐克成到部长办公室。进门时,办公厅张主任、财务局郑局长、人事局孙局长均已在座。部长是一位五十几岁的人,中等身材,不胖不瘦,他还没有来得及体检,徐克成以前也未有机会与他讲过话。第一次面对面见部长,他多少有些拘谨。

部长和徐克成热情握手,让他坐在沙发上,自己坐在对面一张椅子上,说:"谢谢你,徐教授。你们为部里同志的健康做了大量工作。听郑局长说你们要买设备需要经费,就给你们拨50万元吧!够不够?"

徐克成紧张的心一下子松弛下来,忙说"谢谢部长",他万万没有想到,部长这么平易近人!

"感谢的应该是我们,现在你还有什么想法和要求吗?"部长好像心情不错,不仅问有什么困难和要求,还问起徐克成的爱人在哪里?小孩在哪里读书?

小孩?徐克成的心动了一下。他想起儿子曾经向他提出的"南飞"的要求。

儿子徐宏汇在上海工业大学学工程专业,正像徐克成当年考大学没能进入新闻专业而是做了一名医生一样,学工程并不是儿子徐宏汇自己喜爱的专业,受父亲的影响,儿子当时的想法也是想学医。

当年高考,儿子准备报上海二医大,第二天就要填志愿时,恰巧当天徐克成应医院里一位关系处得不错的司机要求,帮助他做肝活检。没想到,白天做了检查,晚上患者突然出现了腹部疼痛,而且是绞痛,这让司机和家属都联想是不是肝穿刺出了问题?徐克成当然紧张。从病痛情况看,没有腹腔出血体征,应该不会是肝脏破裂,但一时又找不到病因,只能打止痛针维持,整整折腾了一夜。

那时医院刚进了一台B超仪器,当成宝贝,还没有正式使用。到第二天早上,徐克成坚持要来做B超,一检查,原来是胆结石胆绞痛发作,跟肝活检没有任何关系。虽然是虚惊一场,但让徐克成很沮丧,心情乱成一团,觉得医生不好当,太难了,回到家,瘫坐在沙发上。

儿子跑到面前,问:"爸爸,今天要报考了,报考什么学校?"

"上海交大,或者上海工大。"徐克成回答得很生硬。

"爸爸,您原来不是要我考医科的吗?"

"不考医科!不考!"徐克成有点发怒了。

儿子不再吭声,他从母亲阮荣玲那里知道了父亲发怒的原因,转而报考了工科。从此徐克成留下一个心病。现在,每当看到与他儿子同龄的人在医学界取得成果时,总想起那决定儿子是考医科还是考工科的一幕。他为儿子没有从医感到遗憾,常常为那时候的一时失控而责备自己。

徐克成没有让儿子"子承父业",心里总有一点儿愧疚。

20世纪80年代,改革开放的春风吹遍神州大地,南通与天津、上海、广州、宁波、青岛等城市,成为中国沿海开放最早的14个城市之一,南通"通达天下"的精神开始显现出来,一大批有志人士从南通走出,跨过长江,南下创业。

一次去印度参加学术会议,回国路过广州。中山医科大学的同行请徐克成去做学术报告,前来听讲的广州医学院附属二院的叶副院长,十分欣赏徐克成,又邀请他去该院讲课。那时广医二院刚成立,急需科主任。叶副院长将徐克成请到家中,热情招待,又安排医学院党委书记接见他,一个目的:说服徐克成来广州。

广州是大都市,其繁荣、规模和地位,非小小的南通所能比的。即使是中国第一大城市上海,那时刚刚开放,其气势似乎也比广州差一截,这在徐克成心里烙上了印记。

尤其是不断传来深圳特区改革开放的消息,徐克成很是振奋。在上海读大学快毕业的儿子,假期到广州、深圳转了一圈,回来后大谈感想,并希望爸爸找点"关系",毕业后到深圳去。"最好全家去",儿子提出了"南飞"的要求。这多少让徐克成心里萌生了一丝"南飞"的冲动,也想满足儿子一个心愿,补偿没有让儿子选择医学专业的遗憾!

但一直下不了决心,加之,在与孟老师的一次闲谈中,谈到"南下"的问题时,孟老师没有表态。"南下"的念头也就浮光一闪,藏在心里。

没有想到,因为诊断出孙老局长的癌症,得到了为部领导体检服务的机会,更有了与部长直接对话的机遇。现在部长主动问自己有什么要求。

徐克成来不及认真思索,脱口而出:"我能调到南方去工作吗?"

"好呀!可以去深圳蛇口工业区工作,那是我们管辖的地方,正需要医生。"部长好像早就有考虑一样迅速表态。

蛇口工业区,位于深圳蛇口半岛,被称为中国改革开放的"试管",由香港招商局兴办,而作为招商局上级的交通部自然将其视为掌上明珠。

徐克成没有想到自己一个并不经意的要求,部长这么爽快地答应了,自己一切都没有考虑周全。他有些后悔了,他眼前出现了孟老师和他的消化科,吞吞吐吐地说:"就怕医学院不会放我。"

部长笑了,大家也笑了。只听部长说:"老张,给南通医学院发一公函,让他们放老徐!"部长对徐克成的称呼由"教授"改称"老徐"了,并对办公厅张主任下了命令。

离开部长室,大家向徐克成"祝贺":"徐教授,今天收获大呀。以后你到蛇口,我们看病更方便了。"看来这些局长、主任更喜欢到中国"南方"去。

那天夜里,徐克成失眠了:回家如何交代?

第二天上午,办公厅秘书送来一个信封,里面是给南通医学院的公函:"请允调徐克成同志去蛇口工业区工作……"徐克成愣住了:"是不是我闯祸了,真要调到那个遥远的地方去吗?"他以为自己眼睛看错了,但看到公函上盖的"中华人民共和国交通部"红色印章,他相信事情已经无法挽回了。

徐克成急匆匆奔上部办公大楼三楼的办公厅,找到张主任,恳求道:"不要写'调',写到蛇口工业区医院建立'联合消化病中心'吧。"

张主任笑了,说:"行!"亲自修改了公函。

带着一纸公函,徐克成忐忑不安地回到南通。

徐克成没有想到,与部长的这次见面谈话,彻底改变了自己的后半生。

鹏程万里大海起,崭新人生的大幕在徐克成眼前徐徐打开。他将冲破思想上的"篱笆",跨越"长江天堑",南飞!

第三十二章　大鹏展翅"鹏城湾"

北冥有鱼,其名为鲲。鲲之大,不知其几千里也;化而为鸟,其名为鹏。鹏之背,不知其几千里也;怒而飞,其翼若垂天之云。是鸟也,海运则将徙于南冥。南冥者,天池也。这是《庄子·逍遥游》中,庄子描写的大鹏形象。

"大鹏一日同风起,扶摇直上九万里。"想当年,诗人李白是何等的豪迈,才有这样惊世骇俗的理想和志趣。

出生于黄海之滨的徐克成,在知天命之年,借助天时地利人和的"大风",也如大鹏展翅从襟江抱海的南通起飞,向着有"世界之窗"之称的中国南方城市深圳飞翔。

南下深圳

从交通部带着公函回到南通,徐克成将公函送给医学院书记和院长,听从领导的裁决。

"联合办中心,这个主意真好,好!"没有想到,书记和院长看到公函,非常高兴,"感谢部长对我们医学院的关心,小徐呀,你为我们医学院改革开放迈出了可喜一步,做了一件大好事,我们支持你!"

书记和院长的话,让局促不安的徐克成沉静下来。但心中还是有些愧疚,他想到了孟老师对自己的培养之恩。

果然,孟老师听到这一消息,却没有医学院领导那样开心,但也没有反对,沉思了好长时间,跟徐克成订了几条口头协议:一是仍担任消化科主任,每月回来3～4天;二是将研究生带往蛇口,完成他们的学业;三是一年后回来,科里派人去替换。

徐克成答应了，是真心答应。这里毕竟是他学习工作了三十几年的地方，更重要的是，他和孟老师创建的消化科是省重点专科，也是闻名全国的全院最大的科室。

1989年1月，交通部财务局郑局长陪同徐克成，赶往深圳蛇口工业区。

深圳，位于中国南部海滨，毗邻香港，地处广东省南部，珠江口东岸，东临大亚湾和大鹏湾。深圳，别称"鹏城"，就源于深圳市东部大鹏湾畔的大鹏古城。

大鹏古城，始建于明洪武二十七年（1394），是明代为了抗击倭寇而设立的"大鹏千御守户城"，简称"大鹏所城"。改革开放后的深圳，无论是经济发展还是城市建设，都取得了举世瞩目的成就，人们将深圳称为"鹏城"，寓意深圳似展翅高飞的大鹏，搏击风云，遨游长空，勇往直前。

不愧为中国改革开放的最前沿。宽阔的马路，鳞次栉比的高楼，鲜花盛开的广场以及热火朝天的建筑工地和夜晚那绚丽多彩的霓虹灯，尤其是路边一块块标语牌上写的"时间就是金钱，效率就是生命"的宣传语，让徐克成心潮澎湃，激动不已。

蛇口工业区成立于1979年，位于深圳南头半岛东南部，东临深圳湾，西依珠江口，与香港新界的元朗和流浮山隔海相望，占地面积10.85平方公里。该工业区是招商局全资开发的中国第一个外向型经济开发区。

到了蛇口工业区。晚上，时任工业区总经理的乔胜利在上海酒家宴请郑局长和徐克成。乔总身材魁梧，身穿灰色西装，打着红领带，一口北方口音的普通话，身上透射出不断进取的气息。酒店里彬彬有礼的服务，新鲜可口的生猛鱼虾，样样让徐克成感到新鲜。

虽然是第一次见面，但大家交谈甚欢。当谈到徐克成的工作安排时，乔总竟出人意料地说："徐教授，我想聘请你当我们工业区联合医院院长。"没等徐克成回答，他又说："工业区的医院要按国际标准建设，想找一个有国际背景的专家担任院长，徐教授，你是最理想的人选。"

徐克成对乔总的提议没有任何思想准备。坐在身旁的郑局长用手碰碰他，暗示他赶快答应。但徐克成没有答应，因为他来时，与孟老师订了口头"协议"，再说，自己来不是要当"官"的，是来做具体业务工作的。他整理了一下思绪，说："乔总，谢谢你，我对蛇口还不熟悉，现在还不能答应你，何况医院已有院长了。"

乔总告诉他,那是副院长,主持工作。

但徐克成还是拒绝了他,说:"十分对不起,乔总,还是先让我把消化病中心办起来再说吧。"

第二天上午,医院主持工作的吴副院长来到工业区办公室,与徐克成见面。

吴副院长是位女士,衣服整洁得体,讲话字字清晰,两眼闪闪发亮。她自我介绍:1961年中山医学院毕业,长期在外省省医院从事血液病临床工作,是作为高级人才由工业区引进的。

徐克成注意到,她介绍自己每一项经历时都充满自信,特别讲到"中山医学院"时,甚至有些"得意"。

徐克成庆幸自己昨晚没有答应乔总的"聘请"。如果他真的当了院长,不是得罪了这位能干的主持工作的女副院长吗?而且,人家比他早两年毕业,年资高,又是中山医学院名校毕业,南通医学院的毕业生能"压"得住中山医学院毕业的吗?徐克成有自知之明。

成立消化病中心

成立消化病中心,需要人员。徐克成回到南通抽调消化科医生、护士和实验室技术人员共8人,组成了"赴蛇口医疗组",于1989年3月8日,从上海乘火车到达广州,再乘公共汽车到达蛇口。那时从广州到蛇口没有高速公路,汽车在坑坑洼洼的公路上走了9个小时才到。幸好除了徐克成已年近50,其他人都是青壮年,即使如此,大家也累得直不起腰来。

他们住进工业区医院为他们预订的招待所。简朴的4人房间,一夜竟然需要80元,对于月工资只有59元的徐克成而言,这无疑是一笔巨大的开销。第二天一大早,他们匆匆在大排档吃了炒粉,马上就搬入医院准备的一套面积很小的三室一厅,就近买了几张上下铺的床和草席,8个人,6男2女,在此"安营扎寨"。

几个月后,工业区将徐克成爱人阮荣玲调来医院,任命她为医院传染科主任。儿子徐宏汇也进了深圳一家贸易公司工作。不久,妻子和儿子的户口都迁进蛇口,成为深圳人。当时,户口进蛇口,比考大学还难。徐克成也想成为"深圳人",但他不敢多想,因为和南通医学院有协议,户口仍然留在南通。他仍然定期回南通医学院查房、做课题、讲课,那里是他弃之不去的"家"。

蛇口工业区医院当时叫"联合医院",由广东省人民医院帮助建成。主楼六层,中央空调,房间里的床铺全部从香港进口,整个医院明亮整洁,与当时内地医院相比,给人眼前一亮的感觉,让徐克成看到了在日本看到的医院影子。

吴副院长确实是一位高级专业人才。在她的支持下,消化病中心很快建立起来。中心设立理事会,孟宪镛教授和吴副院长分别担任正副理事长,徐克成担任主任。中心有一层病房,一间内镜室,一个实验室,医院配了护士。一个星期后,病房开始收治病人。

他们在深圳率先开展了内镜下逆行胰胆管造影和经肝动脉化学栓塞治疗肝癌,这当时在广东也算是领先的了。许多在深圳甚至广东尚未开展的血液生化检查也相继开展起来。

在徐克成南下深圳期间,国内消化界各种议论都有,有称赞,有不理解,而更多的是批评:"徐克成下海捞钱去了!"

为了排除杂音、证明自己一直在从事并钻研"学术"研究,兴办"联合医院消化病中心",旨在为更多的患者解除病痛,徐克成撰写的以"深圳蛇口联合医院"署名的学术论文开始在国内杂志上发表。另外,和南京鼓楼医院张志宏教授共同主编的《临床胰腺病学》由江苏人民出版社正式出版,60万字,这是国内第一本胰腺病专著。

民主推荐当上副院长

蛇口工业区早在1983年,就开始"冻结原来干部级别,实行聘任制",蛇口工业区也正式改"建设指挥部"为"管理委员会"。干部必须经民主推荐和评议,得不到拥护的就得下台。这些做法看起来似乎是少了点人情味,甚至是残忍,但是,懒人、庸才、滑头、关系户,没有几把刷子,在这里是没有生存空间的。

1990年下半年,工业区开始"评议干部"、遴选干部。在位的中层以上干部,在群众大会和电视上发表竞选演说，说政绩，说缺点，也说连任后的打算和承诺，要求大家支持，听众可以当场提问、批评。徐克成参加了几场这样的大会，看到自己很熟悉的一位医院"上司"，被人提问得满脸通红，还得笑着回答问题。

徐克成冥冥之中感受到"民主"的气味，又似乎领悟到达尔文说的"物竞天择，适者生存"的含义。他尚不是"深圳人"，只能静静观察着一切，尽管如此，他感到新鲜和满足，因为这些毕竟发生在祖国大地上，他愈来愈喜欢上蛇口。

没想到的是，徐克成很快也尝了尝这种"民主"的气味。

一天，徐克成接到院长室通知，让他去工业区管理委员会党委，领导要找他。

来到工业区管委会党委办公室刚坐下，党委副书记来了。他是一位50多岁的干部，打着领带，身穿西装，文质彬彬，风度潇洒。几个月前副书记来医院考察，院长曾将徐克成介绍给他。

徐克成马上站起来，迎上前去。副书记热情地拉着他并排坐在沙发上，开门见山："请你来也许觉得很突然，群众推荐你当副院长。"

"群众推荐我当副院长？"浓烈的民主氛围，让徐克成既感到意外又是感动，"可我的户口还不在这里呀！"

"户口不是那么重要的，关键是你在这里工作，这里是特区嘛！"

这回徐克成没有拒绝出任蛇口联合医院副院长。原来的一位副院长退休了，主持工作的吴副院长叫徐克成将办公室搬到她隔壁的"副院长室"。为了工作方便，也为了不彰显与吴副院长"平起平坐"的姿态，徐克成坚持在原来的"中心主任室"办公。

一个月后，蛇口工业区管委会发函到南通医学院，"商调"徐克成，原因是"照顾夫妻关系"。南通方面有点气愤了，原先说好了是去办"联合中心"的，怎么不讲"信用"呢？

这让徐克成有点难堪，这并不是徐克成的初衷。

为了缓解这种尴尬局面，"冷淡"了几个月后，工业区总经理出函，邀请南通医学院领导到蛇口"考察"指导工作。盛情难却，医学院及其附属医院书记、院长等领导来了。这是他们第一次到特区，他们在邓小平题写名字的"海上世界"合影留念，感叹改革开放的英明正确。工业区领导，阐述了医学界投身改革开放的重要意义，讲述了徐克成对深圳蛇口联合医院的重要性，也对南通方面为改革开放前沿提供人才所做的贡献进行了赞扬，说了不少好话，最后总结起来就是：联合医院的成绩，都是交通部一家人的荣誉，我们同属一个系统嘛。区领导苦口婆心，终于说服了南通方面的领导。当然，工业区乔总在当时最好的酒家宴请他们，"革命小酒"也发挥了"润滑剂"的最好效能。

1991年12月30日，徐克成终于正式成为"深圳人"。第二年，从第一军医大学南方医院消化科硕士毕业的左建生来到该院，成为徐克成的得力助手，后来一直跟着徐克成到广州创办了复大肿瘤医院。

联合医院办得有声有色，一时间，联合医院的"消化病中心"成为广东省著名科室，上海、北京的许多专家老朋友纷纷前来参观、交流、学习。

春回大地百花艳，鹏城万里气象新！"鹏城"海阔天空，绿草如茵，空气清新，让徐克成心旷神怡，他常常带着南通来的同事，骑着自行车到赤湾山上，对着山脚下浩渺的大海，猛地深呼吸，像小孩一样，高声呼喊"深圳我来啦——"；有时会迎着晨晖，眺望香港、大鹏湾、盐田港和沙头角，朗诵海子的诗歌：

……
愿你有一个灿烂的前程
愿你有情人终成眷属
愿你在尘世获得幸福
我只愿面朝大海
春暖花开！

第三十三章 袁庚的"特色酒"

深圳,一块创造财富的宝地,一方创造奇迹的热土。

当徐克成一脚踏上这片神奇的热土,就注定了徐克成不平凡的人生。

不同寻常的早茶

一个星期五的下午,徐克成刚刚下班回家,接到蛇口工业区办公室打来的电话,让他明天早晨8点在家等候,说有人会来接他和太太去喝"早茶",但没有说是谁请客?

广东"早茶"就是吃早饭,在蛇口这样的"早茶"店随处可见。这让徐克成有点丈二和尚摸不着头脑,如果是病人或者是朋友请的话,不会由工业区办公室通知。工业区是蛇口最高领导机关,请徐克成喝"早茶"的人一定不是普通人。徐克成不敢怠慢,对爱人阮荣玲说了这件事,让她心里有个底。

果然,第二天早晨不到8点,一辆白色面包车开到徐克成家的楼下,他和阮荣玲赶忙下楼。

一位高个子身体胖实的青年从车上下来,热情地打开车门,将他们迎上车。车子向蛇口码头方向开去,在南海酒店门口停下。身穿紫红色旗袍的酒店迎宾小姐将他们领进大堂,再向里穿过宽宽的过道,进到一间包厢内。

一对老年夫妻站起来,上前同他们握手。徐克成定睛一看,心中不觉咯噔一下,他认得,这不是中国改革开放的实践者、蛇口工业区创建者袁庚董事长吗?

徐克成做梦也没有想到,是袁庚夫妇宴请。

袁庚,改革开放的马前卒。1961年任中央调查部一局副局长,曾破获轰动世界的国民党谋划暗杀刘少奇的"湘江案"。1975年10月,他调任交通部外事局副局长,受部长叶飞委派调查招商局经营状况。完成调查后,他写了一份请示报告,他在报告中所提的建议被列入中国实行改革开放政策具体内容之中。1978年底,时任交通部香港招商局常务副董事长的袁庚在国家副主席李先念批准划拨的宝安县蛇口半岛2.14平方公里土地上,坚持破冰之旅,创建蛇口工业区,被誉为中国改革开放实际运作第一人。在蛇口,他以"大不了回秦城监狱去"的大无畏精神,敢于冲破思想牢笼,在荆棘丛中杀出了一条血路,响亮地提出"时间就是金钱,效率就是生命"的口号,影响了全中国。

徐克成与袁庚

几年来,无数次从报纸电视上看到这位中国改革开放的先行者,他那大气凛然的形象、睿智的讲话,早就在徐克成心中留下不可磨灭的印象。现在这位智者、这位从东江纵队的抗日青年到华野二纵的铁血战将、从外交部驻雅加达要员到交通部高官、从香港招商局大佬到中国第一个经济特区——蛇口工业区创始人……就坐在自己的面前,徐克成激动万分。

袁庚已是年过古稀的老人了,却一点儿也不显老,目光炯炯,严饰边幅,精神矍铄。此时,来接徐克成的青年进来了,袁庚说:"介绍一下,这是我儿子。"徐克成感到了从来没有过的亲切。

包厢是一间在花丛中的独立房,落地玻璃墙外的鲜花正盛开着,花间有几只黄鹂小鸟正在叽叽喳喳叫着。房间中间,铺着雪白的台布的圆桌上已放上几碟早点。袁庚让徐克成坐在他的左边,阮荣玲则和他的太太紧靠着坐在右侧。

袁庚将点心一块块夹着送到徐克成和阮荣玲的盘子里,一旁站着的服务小姐漂亮、优雅,不时周到细致地为他们添茶。

袁庚说:"你看,这些小姐的服务多让人开心,她们拿的工资比内地你们教授高得多,这是她们用优质的服务换取的报酬,理所当然。"

袁庚的男低音很重,很难想象他是深圳前身的宝安"土著"人。他说:"现在我们就是要改掉大锅饭。什么都讲平均,这是办不到的,因为工作不同,产生的结果和效益也不同,怎么能报酬一样呢?为了这种平均,大家得过且过,漫不经心,情愿过穷日子。穷不是社会主义,不让老百姓过富裕日子,不是好主义,也不是共产党人要干的事。"

徐克成知道这位老爷子的许多名言,尤其是"时间就是金钱,效率就是生命",振聋发聩,激荡人心,令人奋进!

"听说你很了不起呀,"袁庚端起茶杯,呷了一口,茶杯里的茶叶翻滚起来,"其他人查不出的癌症,听说你查出来了,这就很好呀,这就是效率,用时间换取效率,赢得生命,你说,这是个什么主义?蛇口这个地方是开放的,允许发表各种不同见解。我不一定同意每个人的主张和言论,但是,我要誓死捍卫每个人发表不同意见的权利。"

从小就对文学有浓厚兴趣的徐克成知道袁庚的最后一句话引用的是一位英国女作家在《伏尔泰之友》书中的话,感到眼前的长者不仅有独特的视野,更有渊博的知识,这让徐克成内心充满了崇敬之情。

"从内地来深圳干什么?就是来试一试,闯一闯,做别人没有做过的事,这就是深圳特区的特色,你在医院主管消化病中心,你管,就要管出成绩来,也要做出特色来!"袁庚的话语重心长。

徐克成和他的爱人阮荣玲静静地听着,就像学生虔诚地听着老师在讲课。他俩面前的这位谈笑风生的长者,不是导师,却胜于导师。

这顿"早茶"整整吃了两个多小时。到底吃了些什么"特色珍肴",徐克成过后一点儿都想不起来。不过,徐克成听到了从未听过如此开放、如此坦然、如此毫无顾忌的讲话,让他的大脑有了丰富的营养,这些讲话像一股清泉流入他的心田,让心灵充盈起来。

徐克成后来感慨地说:"袁董的这些讲话,影响了我一辈子。"至于,袁庚为什么特地邀请徐克成吃"早茶",徐克成至今也没有弄明白其中的原因,但他心中知道,袁庚是一个尊重人才、爱护人才的真正干实事的领导干部、一个彻头彻尾的改革家。

按袁庚的"理念"干

几个月后,在工业区培训中心礼堂,徐克成又一次聆听了袁庚的讲话。他重点讲了做老实人,说老实话。他说:"有一个人问美国总统,在大街上,你遇到一位美女,你的想法是什么?总统说'强奸她',但是,我是人,有理性,不会那样做。"袁庚说:"这位总统讲实话,说出了内心的真实想法,比我们一些领导干部讲空话套话假话,不知高明了多少倍。"

会场顿时响起一片掌声,徐克成拼命鼓掌,他从袁庚讲的"诚实、诚信"的故事中,悟出了如何做人,做老实人,做诚实事的道理。

"真实是一切的生命。"在徐克成的心坎上落下了根。

最让徐克成震惊和难忘的是 1992 年春节前,在"海上世界"举办的春节招待会上袁庚的一次讲话。

"海上世界"原为法国建造的一艘豪华游轮"明华轮"。1984 年 1 月 26 日,邓小平同志及夫人、王震同志及夫人、杨尚昆同志及夫人一行视察"明华轮",邓小平欣然题字"海上世界"。

在中国改革开放总设计师邓小平的指引下,"海上世界"承载了新的历史使命,深圳正朝着应有尽有的国际滨海新城的方向发展。因此,在"海上世界"举办春节招待会,意义非凡,出任过交通部部领导的首长几乎都来了。

袁庚坐在主席台上,腰板挺直,面色红润。他以出人意料的话开了头:"各位首长",他向坐在主席台上的几十位首长看了看,"我要讲'反动话'了,不知你们高兴不高兴?我说,不要管社会主义还是资本主义,老百姓开心就是好主义……"

听到这里,徐克成和在场的人,都为袁庚捏了一把汗:老爷子,你可能又要受"气"了!

袁庚接着说:"我坐过国民党的牢,也坐过共产党的牢,坐共产党的牢最长(编者注:1968年4月6日,51岁的袁庚,经康生批准被拘捕,囚禁于秦城监狱,直至1973年9月3日,才被释放回家),但我对共产党的信心、为人民谋福利的宗旨,从来没有动摇过。关键是中国要富强,民族要振兴。"他手指着窗外,"你们看,那是深圳湾,对面是香港,10年前,晚上站在这个地方,对面灯火辉煌,这里乌漆墨黑,不远的水中,有人在游泳,不时传来轻轻的惨叫。第二天早晨,就在我们现在开会的船下,漂浮着偷渡失败的尸体。各位首长,我们可爱的共产党人,我们的心难道不痛吗?"袁庚停下了,看得出,他的眼里充满了泪花。

瞬间,雷鸣般的掌声经久不息。

这位为党的事业奋斗了一辈子的老共产党人,讲出这番出自肺腑的不能再"内心"的内心话,再次让徐克成对什么是"诚信""善良""服务"有了全新的理解,理念得到前所未有的培育和升华。

"不管什么主义,老百姓满意,就是好的主义","讲实话、做实事",作为分管业务的副院长,徐克成将这些从袁庚那儿接收过来的"理念",在医院逐步实践起来。

蛇口联合医院的员工当时来自全国各地,许多来自边远地区的医院,由于长期缺乏学习,也很少接触国内外先进技术,因此有的医务人员虽然"年资"高,但业务能力却跟不上,以致将已经废弃的落后的技术和方法仍作为"正确"的诊疗手段在使用。

按照袁庚提出的"干,就要干出特色"来的要求,徐克成在消化病中心推行了"一切以病人为中心"的理念,从医疗到护理,学习香港和国外模式,实行严格的质量考核。

他考察了香港的医院,将"资本主义式"的"全员培训"制度引入医院。从消化科开始,每天进行半小时业务学习。但每天学习让很多人不习惯,徐克成只能"让步"到"每周两次",最后"每周一次",他亲自讲课,又请院外专家来院辅导,而且还实行"胡萝卜加大棒"政策,对参加学习的人要点名,听完课后随即考试,成绩记入个人考核档案,分数做年终奖发放参考,这是"大棒"。同时给予"胡萝卜"——免费享用点心饮料。

他引入"日本式"的医疗全程服务;他开办了英语训练班,订购了许多英文专业杂志和书籍;他利用看病关系,找到当时同在蛇口"掌权"的非工业区政府机构,让他们资助,为消化中心购买了最先进的胃肠镜;他让一家香港老板开的医疗器械公司资助,开展了

"幽门螺杆菌感染快速检测";他以身作则,拒收"红包",拒绝"吃请"……

他做着自认为"副院长"该做的工作,他要协助院长让这所历史短暂的医院尽快走上"正轨",无论香港的技术,还是日本的服务,不谈什么"主义",只求实在,让工业区老百姓"满意","一切为病人",院长也很支持,与他很"合拍"。

美国访问归来受打击

1991年,美国瑞特州立大学邀请徐克成作为访问教授,去美研究肝癌病理。徐克成十分高兴,因为这可以将在南通和日本的研究继续下去了。徐克成向工业区领导请了3个月假,开始了美国学术之旅。

瑞特州立大学位于俄亥俄州的代顿市,大学医学院病理科教授是印度人,他对中国的肝癌研究很有兴趣,他的助手是徐克成在南通医学院带的研究生。徐克成夜以继日地读文献、观看病理资料,3个月内,他看完了从国内带去的和美国这位病理教授提供的肝癌切片,写成了5篇有关"小肝癌"的论文和综述。接着,他又写信给工业区领导续假,应邀去位于巴尔的摩市的约翰·霍普金大学和位于新奥尔兰市的杜伦大学做了短期访问,在杜伦大学还做了有关肝癌治疗的报告。

徐克成兴致勃勃,幻想着未来,他感谢工业区,感谢联合医院,感谢他们支持他在美国做了很为受益的学术访问。他要继续在美国从事研究,还要将在美国学到的"医院管理"带回深圳应用。

他憧憬着像袁庚老爷子那样解放思想,脚踏实地干起来的美好明天。

然而,岁月无情,一向支持徐克成工作的吴副院长退休了,从外地调来一位院长。他来自一家医学院的附属医院,专业是儿科,副教授。徐克成对他充满了期待,相信他能干得更好更出色。

就在徐克成赴美半年后回到医院,却发现医院的人似乎对自己不那么热情了,感到医院的气氛一下子变得沉闷起来。

问身为传染科主任的爱人阮荣玲。她告诉徐克成,近几个月来,科室同事对她似乎也不那么"听话"了,估计与袁庚有关系。因为,工业区发生了大的变化,"气氛"变了,总在传说不能再像袁庚那样埋头干事,"仅抓指标"了。

徐克成有点茫然,但还是来到院长办公室,汇报美国之行。院长几乎没有笑容,简单地讲了几句,就不再与徐克成交谈。徐克成只好去向工业区分管医院的总经理助理汇报,然而,他一边看电脑,一边应付着徐克成,讲些文不对题的话,眼睛几乎没有正视过徐克成。

徐克成愕然:怎么回事,难道我做错了什么?

一周后,那位总经理助理和院长正式找徐克成谈话,证实了徐克成的推测,他们列举了徐克成的许多"错误"——

为什么在消化病中心另搞一套?

为什么一位香港资本家资助你的学生,花几万元给他交了研究生培训费?

为什么在医院里,打击那些从边远地方调来的医生护士,说他们业务不行,要"继续教育"?

还有一些医疗上的"错误",共有7~8条。

……

徐克成被这突如其来的"为什么"给打蒙了,不知所措。被免去消化病中心主任职务,仅担任副院长,而且院长又聘请了一位院长助理,说是协助徐克成分管业务,实际上是将徐克成架空了。

离开了消化病中心主任的岗位,就离开了心爱的事业,当初到深圳来的目的,就是想在消化病研究上能有更大的发展和成果。徐克成不免有了失落感。

爱人阮荣玲知道丈夫的心思,也常常看见他沉思,心疼地对徐克成说:"不上临床了,你可以把这几年的研究成果整理出来呀!"

在阮荣玲不时的安慰下,徐克成振作起来,开始主编《消化病现代治疗》一书,并将从南通带来的研究生全部顺利带到毕业。

清闲的日子,却让徐克成的心始终不得"清闲",有些麻烦事会主动找上他。

当时进特区工作非常困难,每年医院只有几个"指标",为了争指标,人们常上下"活动"。徐克成不负责人事,又被"闲置",只是挂名的副院长,却不时被人抬出来当"枪靶子"打。

一天,徐克成在上海开会,阮荣玲打来电话,责怪道:为什么反对王医生进特区?徐克成说没有呀,从来没有人讲起此事!

原来,在徐克成出差到上海后的第二天,医院的院长找到王医生,说,小王呀,很麻烦,本来你今年可以进户口的,但徐院长出差前特地对我说,他不同意你进来。

徐克成感到莫名其妙,真是啼笑皆非,甚至可以说是胡说八道。

事实上,这位王医生是上海人,她曾经为户口的事找过上海老乡阮荣玲,希望徐克成帮忙。但徐克成只有一个"空衔"无人事权,没有能力为她做这件事。

对无力帮助王医生,徐克成心里其实一直感到遗憾。但现在倒好,自己却被人说成是阻碍王医生进户口的"拦路石",徐克成感到非常气愤。联想到近期一系列的事情,他终于知道了自己的处境。

递交辞职信

他想到了袁庚。一个星期天的上午,他鼓起勇气,带了一瓶洋酒,敲开了位于蛇口海滨的袁庚的家门。门开了,袁庚一手拿着老花眼镜,一手拿着报纸,让徐克成坐在他身边,亲切地询问发生了什么事。

徐克成迫不及待讲了自己的遭遇,然后问袁庚:"袁董,这是特区,是蛇口,怎么也有这么多乌七八糟的事?"

袁庚面上闪过一丝暗影,叹了一口气,随之,他笑了,看着徐克成,好像从未见过那样,意味深长地说:"有本事的人,要自己干事业,你是有本事的人呀!"

徐克成疑惑地看着袁庚,小心翼翼地问道:"袁董,你是说,让我离开医院,自己干吗?"

袁庚笑了起来,没有正面回答,而是给徐克成讲起牛顿与苹果的故事,接着又讲起"赵氏孤儿"的故事来。

两个小时过去了,这位老人还在津津有味地给徐克成讲故事,不知不觉就到了中午时分。袁庚拿起徐克成带来的洋酒,说:"在我这儿吃饭吧,我们喝一杯。"

徐克成看看手表,时针已经到了12点。

袁庚接着说:"就说这种酒吧,法国到处都是,充其量就相当于你家乡江苏的洋河大曲,为什么在中国卖这么贵,你还要带来送我呢?就是人家在酒上有创新,你看它的包装,它的瓶子的色泽,就连它的瓶塞,都有讲究。"

听袁庚这么一说,徐克成眼前一亮,似乎听懂了什么。接上话茬儿说:"袁董,我懂了,那我就自己办医院?"

袁庚又笑了,说:"我说有本事的人,就是有本事,你要办,就要像这瓶酒那样,有特色。我们的医疗制度必须改革,不搞多元化,是不行的,仅靠公立医院,医疗服务不会好,你要创'特色酒'啊!"

"特色酒?"徐克成仿佛看到了当年掉在牛顿头上的那只启发了"万有引力定律"的苹果。这"特色酒"不就是掉在自己头上的那只"苹果"吗?

"那我就离开工业区、离开医院,自己办医疗中心?"徐克成既是问袁庚,也是在问自己。

袁庚还是没有正面答复徐克成,只是拍拍他的肩,说:"我们坐下来,好好享受你的酒吧!"

1993年3月的一天晚上,徐克成照例看完《新闻联播》,然后走进书房。出版社寄来了《消化病现代治疗》校对稿,但他看不进去,脑子里反复回味着袁董的话,想着《新闻联播》播报的祖国大好形势和深圳特区蒸蒸日上的新闻,心中有一股热浪在翻滚。那是鹏城湾的海浪,也是南黄海的波涛,间或是珠江的浪花,也许是长江的潮起,说不清,反正涌起的是"干事"的"思潮"。

爱人阮荣玲走进来,送来一杯茶。徐克成一把拉住她的手臂,说:"荣玲,我想辞职!"

阮荣玲知道丈夫的心思,她看着神情凝重的徐克成,又看看桌上写了一半的"辞职信",她的眼神凝固了,在一旁坐下来,半响,她轻声说:"你决定了?"将手伸到徐克成的面颊上,爱抚地摸了几下,眼中泪水唰唰流出来。"克成呀,都年过半百的人了,你⋯⋯得想想⋯⋯"阮荣玲胆小,紧张得没话说了。

作为家庭一员,阮荣玲不能不考虑这些问题,何况,为了儿子在国外少打工,集中精力读书,她还要经常从香港给他汇点美元。但是,她知道丈夫的脾气,大学毕业时,她本可以分配回上海,为了徐克成,毅然留在南通;"文革"动乱期间,她支持他去农村巡回医疗,自己一个人照顾年仅3岁的儿子;徐克成到蛇口,她更是说走就走。这一次徐克成要走几十年从未走过的"路",她不敢预测未来,但她相信她的丈夫。她对现行医院的许多现象早看不惯了,也期望有一次"变革",正如邓小平说的"大胆地试,大胆地闯"。

夫妻俩相对而坐,谁也不讲话。外面下起了雨,打在窗玻璃上,簌簌作响。远处响起雷声,渐渐临近,变成爆裂声。早春出现雷雨,气候变得反常了!

徐克成看着妻子,心中突然感到愧意,他拿起写了一半的辞职信,准备撕去。阮荣玲一把拉住他的手,说:"不!写下去吧!"

第二天上班后,徐克成将辞职信送到工业区总经理办公室。

"体制内"生活大半辈子,已过了知天命之年,突然自断"皇粮",对今后的路能否走好,徐克成心中没有底。但在离开前,徐克成要为自己找回"清白",就去问自己信任的、在工业区一直口碑很好的党委书记,自己的那些"错误",到底是不是"错误"?

党委书记安慰徐克成,不要记挂在心,忘掉这些事吧!这是个别人的个别举动,别有用意,不会有什么好结果的。

果然,几个月后,那位总经理助理被"双规"了。院长一下子对徐克成"热情"起来,说不是他的错,他是没有办法,因为上面要找一些"批判内容"……

徐克成并不相信什么因果报应。但几年后,徐克成见到这位曾为同事的院长时,他已重病缠身,脑瘤让他嘴角歪斜了,说话也不像以前那样头头是道、流畅顺滑了。他说:"对不起,三十年河东,三十年河西,世事变化,盛衰无常,不谈了。"

人生各有因缘,自觉的人生,自度的人生,利他的人生。

徐克成,并没有过多地怨恨这位院长,甚至有些感谢,因为正是当年他给自己制造的那些"错误",才让自己走了出来,虽然后来自己办的治疗中心很小,但是有了属于自己的事业,救治了一个又一个鲜活的生命。

用宗教的一句话来说,这是普度众生。后来,徐克成遇到了江苏佛教协会副会长、南京灵谷寺住持真慈大师,对普度众生有了更深的理解。

用净化的心灵对待万物

2005年,真慈大师71岁时,多年前患的多发性骨髓瘤又转发食管癌,住进复大肿瘤医院,徐克成给真慈大师的食管癌做了光动力治疗,食管内放置了金属支架,使几个月未吃干饭的大师重新能进食稀烂米饭、面条和面包了。

但他已几个月未进庙宇念经了,希望能到广州的寺庙去念经。第二天,徐克成陪真慈大师前往位于广州市越秀区的光孝寺一起朝拜大佛,这时,大师脸上闪着光,念念有词,一副虔诚的样子。这让徐克成深深地体会到:任何金钱和地位,比不上净化的心灵。

一周后,医院为真慈大师举行了化缘大会,医生护士向大师捐款。大师给大家做了"佛法和医道"的讲座,并把为他捐的款全部捐给正在住院的最困难的患者。他说,要让芸芸众生,共享恩惠!

半年后,徐克成去南京灵谷寺拜访他,他正在忙着筹备一座新殿堂的落成典礼,他送给徐克成一帧书本似的木制品,上面的字迹娟秀,功力极深,是真慈大师亲笔书写的《大莲经》。徐克成视为珍宝,一直展于家中客厅。

"佛法和医道"是相通的,都是以人为本,用净化的心灵对待万物!从真慈大师身上,徐克成看到了人生的真谛。

徐克成夫妇拜访星云大师

再后来，徐克成两赴台湾访问交流，结缘星云大师。从大师赠送的《合掌人生》中感悟人生。星云大师说，回顾我自己的一生，从12岁出家，在佛门里度过一甲子以上的岁月，虽然曾经有一些教界人士因为嫉妒而排斥我，但也感谢有很多师长慈悲照顾我，很多同参关心鼓励我，很多信徒发心护持我，甚至一些不同信仰的人给我好因好缘，这些我都点滴感恩在心头。我无以回报，只有发愿好好弘法利生，以佛法来济世利人，唯有如此，才不辜负十方大众护持我的这一份"道情法爱"。

徐克成不是信徒，但从中却读出了人间万象与众生实相，进而对人生的哲理有了深入的思考，看到了生命的意义。

事情就是这样难以预料。徐克成递交辞职报告后，真要离开时，似乎又恢复成了原先的"香饽饽"。工业区主要负责人找到徐克成说："你是我们花大力气引进的高端人才，怎么能随意离开？"又进一步强调："你是我们引进的真正的专家，你走了，人们会说我们不重视人才，望你三思而行！"

但徐克成坚持要离开，袁庚说的"特色酒"一直在脑海中翻腾。这位负责人沉思了好一会儿，似乎做出最后决定，说："如果你一定要离开，仍然是医院副院长，工资奖金照拿，只要一年回来开一两次会。"

对这些许诺，徐克成已经激动不起来了，只是礼节性地说了一声："谢谢！"

两个月后，工业区办公室通知徐克成，辞职请求被批准了。徐克成收拾好办公室，最后一次让医院的"公车"送自己回家。

事后，工业区党委书记告诉徐克成，在批准辞职前，按常规对徐克成做了审计，没有查出任何问题。他说："你真不简单，那么廉洁，是个好同志。"

对自己在纪律上，徐克成有100%的把握。在副院长位上，他分管药品器材。一次，药房主任请他赴宴，说是一家医药公司要推荐一种药物，希望"网开一面"予以照顾，同时送来一张让他签字的药物采购申请单和一个暖水杯。他第一次训斥了他管理的下属，药房主任"难堪"地走了。

事实上，那时候医药公司或厂家请吃饭、外出旅游是"常规"，对药房主任的那次批评，似乎有些"过分"。离开医院时，徐克成把那只暖水杯特地端端正正放在办公桌上。

在徐克成离开医院两年后，医院"出了事"，有人坐了牢，药房主任也在其内。徐克成庆幸：为人还是光明磊落，诚实为好。

筹办养和医疗中心

从蛇口联合医院辞职时，一切都并没有准备充分。徐克成没有创业资金。虽然那时每月的工资比内地同行高十几倍，但绝对数就是一千几百元，所有存款在儿子出国时给他买了机票，自己要办医疗中心，到哪里去筹集资金呢？

就像袁庚讲的"赵氏孤儿"的故事一样，奇迹发生了，现实版救孤的民间医生"程婴"出现了，徐克成这位"孤儿"有了新生。

两位多年交往的香港朋友，一位林姐、一位朱先生，在得知徐克成要自己办"医院"缺少资金时，专程来到蛇口，叫徐克成不要操心，他们给钱。这真是"雪中送炭"。徐克成庆幸自己从来奉行交朋友不要"功利主义"的原则，结交朋友，可能一辈子也"用不上"，但到关键时，"君子之交"显真情。

"要是，我失败了，将来还不了怎么办？"徐克成首先做了最坏的打算。

林姐和朱先生相视而笑："还不了就算了，但希望你还，也相信你能还！"

徐克成进一步说："真还不了，工作没了，活不下去，怎么办？"

他们竟用开玩笑的语气说："那就算了，活不下去，我们'养你'。"

拿着林姐和朱先生借的40万元，徐克成在深圳南头租下一栋小楼，请来了几位肝病、外科、妇科、儿科专家，又找来自己的学生和过去的同事。1993年7月1日，"养和医疗中心"挂牌了。开张那天，虽是一家私立的医疗机构，但深圳市卫生局的副局长、南山区的书记等官员也亲临现场捧场。深圳和广州医界朋友，还有几位来自美国的医生，一起前来祝贺。

在公立医院工作和自己办医，不是一回事。什么都要从"最优""最省"考虑。在蛇口联合医院当副院长时，出门有车，电话报销，招待客人医院出钱，现在不同了，出门自己搭"中巴"，什么花费都自掏腰包。

徐克成一直记住袁庚的话，造"特色酒"。为了能够在公立医院林立的深圳立足，徐克成将在美国访问时就在思考的管理办法,在以前医院没来得及用上的点子,尝试着嫁接到自己的医疗管理体系里来——例如实行护士服务"一对一",医疗服务"全程跟踪",病人疗效信息反馈,收费一律公开,诚实信用为本……

他坚持:医生护士与病人发生矛盾,责任总在医生护士方。服务是天职,除了合理报酬,没有任何代价!

这些新花样、新流程、新项目、新气象,让平时上医院看病"拉关系""找后门""看脸色"的普通老百姓,顿时发现自己这个病人,原来是医院的"上帝""财神""座上宾"。从"养和"出来的患者,心情开朗,精神愉悦,医生开的药还没吃哩,病却好了一半。

徐克成自己是著名消化病专家,他又从武汉请来我国著名肝病专家李绍白教授,他用中西结合方法治疗肝病,受到许多病人的欢迎。他们在国内最早地应用干扰素和核苷酸类似品治疗乙肝,最早地开展了 PCR 检测乙型肝炎病毒。

左建生,从广州第一军医大学研究生毕业后,经他的导师介绍,成为徐克成的得力助手,他的胃肠内镜和肝动脉插管技术非常熟练。徐克成和他一起"走出去",到深圳、惠州、中山各地医院,开展内镜下胰胆管造影、经皮肝动脉化学栓塞、肝活检等当时被认为是高难度的治疗,在技术上竟无一操作失败。开始坐"中巴",后来开着新买的本田车,几乎走遍广东全省。几年内,他们不仅在这些医院,为上千名患者进行了诊治,帮助患者解除了病痛,还给"医疗中心"带来了可观的效益,挖到了"第一桶金"。

"特色酒"散发"特色芳香"。养和医疗中心虽小,但做出了特色。习惯了在一般医院看病的老百姓看到了养和医疗中心的"不同",纷纷来到中心就诊,一时"生意兴隆"。

10 个月后,徐克成连本带利将钱还给林姐和朱先生。他们说,当初"希望你还",是为了激励你,你怎么当真了?徐克成说,做人讲究的是诚信,怎能"无功受禄"。他们一起享受了一顿美餐,开开心心地庆祝了一番。

中心建立不久,徐克成主编的《消化病现代治疗》在上海科技教育出版社出版了。这本 140 多万字的巨著,由于其内容较新,编排独具风格,很快受到国内消化界的关注,成为许多医院的临床参考书。

1996 年,深圳人民医院、深圳红会医院等消化科专家找到徐克成,组建了第一届深圳消化病学会,徐克成出任主任委员。同时当选的还有深圳市人民医院副院长刘建波教授。

有人说,深圳是经济的绿洲、文化的沙漠。这话有些夸张,但与内地比较起来,在那个年代,它的"文化"确实不怎么样。例如医学会和各个分会,内地早已健全,在这里却是空白。

成立消化病学会后,徐克成想要发出自己的声音,准备开一次全国性的学术会议。不但要开,而且要开得有水平,有档次,更要有特色,有品位。

为此,他联合香港消化内镜学会,邀请了国内几乎所有著名消化病专家,会议定名为"首届深港澳消化病学术大会"。

在邀请领导方面,徐克成放眼所及,他要邀请卫生部陈敏章部长参会!

正是这一决定,又让徐克成的人生发生了根本性的改变。他把袁庚倡导的"特色酒"从深圳带进广州(参看本书第13章)。

2006年4月23日,虚年90岁,大病初愈的袁庚,应蛇口工业区邀请,乘船游览蛇口海域,察看晚年献身的这片热土,度过了90大寿。而身患肝癌,刚做完手术仅三个月的徐克成,此时,正在马来西亚看望"象面人"秀慧和嘉欣,他在心中默默遥祝这位人生的导师、生命的贵人,健康长寿:袁董,到您百岁期颐之年,我们共喝"特色酒"!

如徐克成所愿,2016年1月31日,袁庚虚岁100岁,与世长辞。而他提出的"特色酒"的芳香已经融进了徐克成创造的冷冻治疗、与癌共存、践行中国式控癌和氢医学发展的新征程,在推动构建人类卫生健康共同体的道路上散发出更加馥郁的清香。

他的精神在徐克成心中永存!

第三十四章　"手臂延长"无止境

与雷锋同年出生的徐克成，2012年被中共广东省委宣传部、广东省卫生厅评为"雷锋式的好院长"。

"人的生命是有限的，可是，为人民服务是无限的，我要把有限的生命，投入无限的为人民服务之中去……"雷锋精神始终激励着徐克成在为患者服务的征程上奋进。

徐克成对雷锋精神有着深刻的认识。年过八旬，他越来越感到时间的珍贵。他说："我一天也不敢懈怠，能为患者多工作一天，就是我人生的意义。"

古人云，人生七十古来稀。百岁老人、著名科学家杨振宁2004年在清华大学演讲时说，我今年快82岁了，人生是有限的，但人生的事业可以无限。他用吴昌硕和齐白石的故事进一步阐述了年龄与事业的关系。他说，我从前常常看一些吴昌硕的画、齐白石的画，上面写"时年75"，或者"时年81"，当时我觉得这是中国画家的一个传统，现在我懂了，不只是这样，这里头有很复杂的含义。第一是很庆幸，我已经活到75岁了，我已经活到81岁了；第二是我现在还能画画，我还能写这句话，那就代表我还有很多年可以画画。一个老年人，对于人生有限这件事情，是自觉或者不自觉地，随时都知道的。因此，我希望在有生之年，能够帮清华大学搞一个好的高等研究中心，能够训练出一批年轻人。我是在想"超越人间是有限的这个大限"。

老年人的心，尤其是智者的心是相通的。时年82岁的徐克成有着与杨振宁当年82岁时同样的感受。他知道，人过八旬，不再年轻，他常常对身边的人说：我的生命会在某一天，或在为患者看病的时候、或在学术报告会现场、或在上班的途中、或在看书读报写作时、或在睡眠中戛然而止，但为患者服务的职责不能停止，推动构建人类卫生健康共同体的使命不能停止，还要延续下去，这就需要培养新一代的接班人，一代接着一代干。

2012年7月26日,距离2006年切除肝叶整整6年半后,徐克成又接受了一次全麻颈部手术。术前,徐克成没有告诉儿子,也没告诉爱人。只是把总经理叫来,对他说:"这次要是我出不来了,今后这个医院就靠你了。你一定要记住:第一,要善待病人,永远不做对不起病人、对不起自己良心的事;第二,要善待员工,让他们真正感受到自己是医院的主人和事业的创造者;第三,要善待人才,人才是科技之本,只有不断科技创新,医院才能发展。"

年龄、疾病,让徐克成感到了生命的危机。为了达到杨振宁所说的"超越人间是有限的这个大限"。早在10多年前,徐克成就开始实施"手臂延长"工程,培养人才。他说,培养出新一代的接班人,就是在延长自己的手臂,就是在延续自己的生命。只有让年轻的品德好的,有干劲、有能力、有水平、有理想的新生代沿着老一辈开创的道路走下去,中国的健康事业才会后继有人,生生不息。

左建生,这位第一军医大学消化科硕士毕业就投奔深圳,跟随徐克成几十年,志同道合的同事,这样做了,并做出了成绩。他说:"我的强项就是执行力。我相信徐院长,他说的,有时一时可能不理解,但我会去做。"在培养人才上,左建生是得力助手。

牛立志,就是徐克成的延长的"手臂"之一。

接班人牛立志

牛立志从第四军医大学胸心外科博士毕业以后,在时为第一军医大学南方医院的心胸外科工作。

2002年的一天,当时复大肿瘤医院还在建立前期,牛立志来到徐克成办公室。徐克成问:"你有什么要求?"牛立志说:"我看到你提出的院训'厚德行医,医德共济',很有哲理,想加入你们团队。"徐克成说:"我们医院那么小,你不顾忌吗?"牛立志说:"我研究了你的履历,你不也是从'小'过来的吗?"徐克成送给他刚刚出版的新书《消化病现代治疗》,让他先读,"三天后我们再交流"。

三天后,牛立志来了,说他已在南方医院办了手续,决定离开了。再过一天,徐克成代表时为"广州肿瘤高新技术治疗中心"的复大肿瘤医院宣布牛立志为临床主任，主持冷冻治疗。

牛立志很辛苦，一天12小时泡在病房里，无休息天。上下班骑着一辆从南方医院带出来的老旧摩托车，花费一个小时，既花时间，又不安全。徐克成和左建生商量，给他买了一辆"夏利"。要知道，那个年代，有汽车的医生很少很少。

徐克成给牛立志买车还有一层意思：民营医院不是没有前途，看！牛立志不是开上汽车了吗！徐克成坚信，办好医院，人才是保障！但让人才有自豪感，也是人才培养的关键。

徐克成对包括牛立志在内的年轻医生培养有着独特的方法：第一，因才定向。对于不同的人，根据他的背景、基础、能力，他会提出不同的努力方向。对牛立志来说，他是博士，科班出身，手又巧，徐克成要求他不仅手灵艺高，做一个好的手术医生，而且要做学问，在"学"上刻苦努力，做"大家"。第二，身传帮扶。引导、帮助收集资料，写论文，参与编写专著。牛立志英文基础好，但读英文文献尚不熟练，徐克成就一周四次开文献阅读会，让牛立志随机找文献，先带领大家读，徐克成随时纠正。他要求，作为学科带头人，读英文专业文献，要与读中文文献一样迅速。第三，多见世面。徐克成在医院制定了制度，只要被邀请，或者论文被接受，或者于医院发展有益，都可以参加国内外学术会议，所有费用，医院承担。第四，充当"护台"，承担责任。鼓励年轻医生大胆探索和创新，对他们的成绩和创造，及时表彰和奖励。徐克成鼓励牛立志等年轻医生说得最多的一句话就是："你大胆地做，相信你没有问题，如有问题我来承担！"这既是鼓励也是信任。

"徐院长那么熟练地阅读文献，那么博学勤于讨论学术，让我终身受益。他既是最好的医生，又是学术大师。"牛立志在接受采访时，激动地对笔者说。

用人不疑，疑人不用。牛立志很快将冷冻治疗开展起来。

《羊城晚报》为此写了一篇500字的报道，一下子吸引了上百名癌症患者前来住院。

徐克成专门带着牛立志到上海，拜会王振义院士，聆听王院士讲如何做人做事。吴孟超、汤钊猷院士来复大肿瘤医院讲课和查房，他总是将牛立志等年轻医生推到"前台"，让他们认识"大家"，见识"大家"的风采，聆听"大家"的知识和经验。

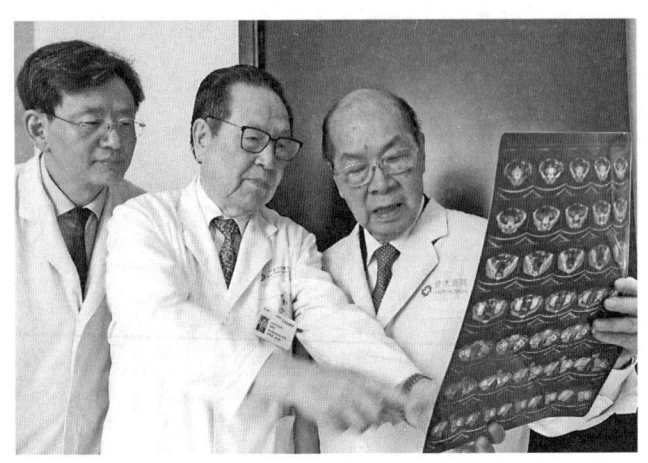

徐克成、牛立志与汤钊猷院士一起研讨病例

有人对徐克成说,你这样做,会不会"教会了徒弟打师父"?徐克成听后哈哈一笑说:"师父就应该毫无保留地把自己的一切本事教给徒弟,要是徒弟有出息了,师父不是更风光吗?他打赢了你,青出于蓝而胜于蓝,这是好事呀!"

徐克成认为:培养人才,是一种格局、一种自信,说到底,是培养者的素质和情怀。2002年5月,为到治疗中心仅仅两个月的牛立志争取了一个到香港参加国际消化肿瘤学术会议的名额。

这是牛立志第一次到香港,他感觉一切都是那么新鲜。从此,参与国际竞争、走国际化医学道路的信念在他心里扎下了根。

后来徐克成只要出国,就带牛立志出去"见世面",从中国的香港、台湾到东南亚,从美国到欧洲,跑了一个又一个地方,他知道,将来的世界就是一个地球村,不仅要服务国内的病人,还要服务国外的病人,健康是人类共同的主题。

2003年,复大肿瘤医院正式成立,徐克成推荐牛立志担任副院长。牛立志也不负徐克成的期望,在冷冻治疗领域创造了一个又一个生命的奇迹,将徐克成的事业延续下来。这里笔者撷取三个故事以飨读者。

第一个故事:抢救香港"漂白水大王"

1994年,香港"漂白水大王"76岁的王先生,患了肝癌,香港玛丽医院为他进行了手术切除。9年后,肝癌复发了。肿瘤有两个:一个在右肝顶部,靠近横膈,另一个犹如茄子一样悬于肝下方,周围是肾、结肠和十二指肠。老先生同时患有糖尿病,虽然在服降糖药,但血糖控制一直不理想;又有前列腺肥大,每小时一次小便,血压也高。贤惠的太太走遍了香港的医院，远在美国的儿子也到处咨询，得到的意见几乎一致：手术切除虽然可行，但风险太大。

2003年3月初，王先生未经儿女同意自行来到复大肿瘤医院，要求为他进行氩氦刀冷冻治疗。王先生的儿女得知消息后，坚决不同意，写信给复大，理由是："这样高龄、重病的患者，香港的医生都不敢治疗，你们有能力治疗吗？敢承担责任吗？"最后下了用英文写的"通牒"："你们必须放弃对我们父亲的治疗，我们已决定马上让他回香港……"

王先生年轻的太太终日陪伴在他身边，没有明确表态，私下对徐克成和牛立志说：她夹在中间，左右为难。而王先生发脾气说："我的病由我决定，谁也不能代替我。"他用上海话说："我是上海人，侬是江苏人，阿拉是同乡，我相信老乡。"

怎么办？那是一个晚上的9点，牛立志找到仍在办公室的徐克成，谈了自己的三点想法：第一，王先生不可能耐受手术，如果能手术，香港医生早为他开了。他有高血压、糖尿病、前列腺肥大，手术后的"关"过不了。第二，王先生的肝癌，虽然是复发，但只有两个，边缘较清楚，局部治疗不困难。第三，除了肝内肿瘤，其他器官都无转移，如果能控制肝内病变，他再活10年没有问题。

徐克成从内心同意牛立志的看法。但如何说服王先生的儿女呢？牛立志眼中噙着泪花说：用真诚，用行动。徐克成稳了稳自己的心态，说："牛博，快去制订方案吧，按你的意见办，有事我负责！"

牛立志组织医生仔细研究了老先生的病情，制订了三步治疗方案。王先生对方案极力支持。他的子女把这计划发到美国，他们有位美国朋友是医生，那边回答"这一计划可能是最好的选择"，子女才勉强同意。

一周后治疗开始，第一步治疗肝内复发灶。在超声引导下经皮插入冷冻探针，做两个轮回冷冻—复温。治疗过程中，没有进行全身麻醉，王先生不断与手术操作的医生谈自己的感觉。

那天，王先生的五六位亲属全部被破例允许进入CT室外间，隔着玻璃窗，清清楚楚地观看了牛博士治疗的全部过程。那场面，心理脆弱的人肯定难以承受！对于王先生的亲人来说，每一项治疗操作都带来切肤之痛，而带给医务人员的，则是责任、风险和成功的期望。

牛博士用精湛的技术取得治疗的成功,大家都松了一口气。

当晚 10 点,当徐克成来到病房,只见紧张了一天的牛立志仍坐在专家室的办公桌旁,面前放着王老先生的病历,旁边放着吃了一半的盒饭,也许他是在思考患者下一步的治疗,也许是在回顾下午的治疗过程。

徐克成没有打扰他,但从心里感到一阵欣慰。

几天后,第二步重点治疗肝下的肿瘤,也取得成功。一个月后,接受了第三次治疗,王老先生顺利出院。为表达对祖国内地医生治愈自己的感谢之情,他向香港社区捐献了大量漂白水以支持抗击当时发生的非典疫情。香港《东方日报》对王老先生夫妇在抗击非典中的义举给予了报道,称他为"漂白水大王"。

第二个故事:让准备"安乐死"的患者娶了一位年轻的妻子

2004 年 9 月,一位来自汕头叫李太为的患者,患了食管颈段癌,住进复大肿瘤医院。检查发现肿瘤在距离门齿仅有 22 厘米的食管上端,长有 5 厘米,主要长在食管与气管之间。老李吃不了干饭,吃稀饭尚须十分缓慢地一点点吞咽,稍有不慎就引起呛咳、气喘、全身紫绀。患者全身消瘦,一米七八的身高,体重只有 48 公斤,病情严重,似乎陷入"绝境"。

一个星期六的下午,徐克成和牛立志等几位专家为老李进行了紧急会诊。患者已接受了常规治疗,无须讨论是否给予放化疗了,唯一要讨论的就是有无"高招"救他,会诊似乎陷入僵局时,牛立志提出用冷冻治疗。

这让徐克成大吃一惊:这是食管,不是肝脏和肺呀!冷冻已成功用于肝癌、肺癌等实质器官肿瘤,但治疗食管肿瘤,尚无文献报告。如果冷冻冻坏了食管和气管壁怎么办?何况肿瘤附近还有大血管,更有心脏!但牛立志分析了病情,认为肿瘤从食管壁向外生长,如果将冷冻控制在肿瘤内,应该不会引起食管或气管穿孔。牛立志是心胸外科医生出身,对食管气管区域的解剖十分熟悉,徐克成相信他的判断。

在 CT 引导下,牛立志分两次为李太为做了经皮冷冻治疗,先从右侧冷冻,一周后再从左侧冷冻。冷冻后出现局部肿胀,气管受压引起呼吸困难,但一周后即有缓解,两周后吞咽困难也有改善,三周后出院。

2005年中央电视台《健康之路》栏目闻讯来广东采访李太为。在采访李太为的时候,竟发现了他鲜为人知的神奇故事。老李时已67岁,4年前丧妻,自己是一交通公司员工。患癌症后,由于肿瘤压迫气管,一旦感冒就出现呼吸困难,多次到医院急救。子女看到爸爸十分痛苦,曾试探性询问当地最大的医学院附属医院,可否给予"安乐死"?李太为可不想死,一天,他独自来到广州,找到复大。汕头那边的儿女、朋友和同事发现老李不见了,均以为他自杀了,到各医院寻找,又到殡仪馆查死人名册……一个多月后,老李突然回到家,引起一场轰动。一个邻居老太太在路上看见他,大叫一声,扭头就跑,口中连叫:"鬼鬼鬼!李太为还魂了!"

老李出院回家后第三年,娶了一位比他小15岁的女士,开始享受"老来福"。

第三个故事:让世界瞩目的巨瘤被切除

2007年8月3日,路透社向全世界发出一篇报道《超级巨瘤,中国医生突破性治疗》。这个故事还要从湖南《三湘都市报》记者李凌的电话说起。

2007年4月初,记者李凌给徐克成打来电话,说湖南郴州有一患者叫黄春才,面颈部有巨大肿瘤,被称为"外星人",正到处求医,并说肿瘤要比马来西亚"象面人"的肿瘤大10倍。刚被治疗马来西亚秀慧搞得"死去活来"的徐克成,一口拒绝了李凌的要求。但一个月后,李凌再来电话,电话中李凌几乎哭着说:"徐院长,求求你了,我代表湖南13家媒体的记者求求你收下这位可怜的患者。"

徐克成被打动了,让时年31岁的黄春才住进复大肿瘤医院,主治医生是牛立志。

8月2日,第一次手术开始。麻醉是手术的前提,为了保证安全,除了复大自己的麻醉师外,还请来外院的麻醉专家。但黄春才病情复杂,对这样复杂的插管,麻醉专家还是第一次遇到,插管一次又一次的失败,患者已上了基础麻醉,也许会在插管过程中死去。徐克成焦急万分:怎么办?

他看了看已穿了手术服准备上台做手术的牛立志,说:"牛博,你来插管!""我行吗?"牛立志有些迟疑。"行！相信你一定能成功。牛博,我们没有其他路可走了,有问题我负责!"徐克成坚定地鼓励他。

牛立志从麻醉师手中接过纤维支气管镜,凭着高超的技术和沉着冷静的心态,仅用一分钟,一次插管成功！接下来,冷冻,手术。40分钟后,黄春才最大的一个肿瘤被顺利切下,12.5公斤,术中输血900毫升。当天中午12点半,中央电视台午间新闻播送了手术成功的消息；第二天,美联社、路透社向全世界相继播发了新闻《超级巨瘤,中国医生突破性治疗》《难以想象的手术成就：湖南巨瘤患者治疗成功》……一个月后,复大为黄春才做了第二次手术,切下了左侧肿瘤,5公斤。

总共17.5公斤的肿瘤被切除了,黄春才的生命重新开始了。

看到牛立志一步步成长,徐克成自然是乐在心里。在徐克成的关怀和提携下,牛立志在冷冻治疗领域走上了世界舞台,以其精湛的技术被病人誉为"双刀奇侠",与徐克成多次获得世界性大奖,并当选国际冷冻治疗学会执行委员、亚洲冷冻治疗学会副主席等一系列职务,他率领的团队完成了世界近万例复杂的微创冷冻治疗。在中国深圳召开的第21届世界抗癌大会"我国十年冷冻治疗十年回顾与发展暨全国冷冻治疗协作组第一次工作会议"上被授予"中国氩氦刀冷冻治疗特殊贡献奖"；在徐克成的引领下,还当选为"广州市劳动模范""广东好医生""广东医院优秀院长"。

2010年,徐克成带牛立志出席在美国费城举行的世界肿瘤介入治疗大会,听到有关"不可逆性电穿孔"消融癌细胞的报告。2012年,美国批准使用这种技术治疗肿瘤,命名为纳米刀,首先接受纳米刀治疗的疾病就是肝癌和胰腺癌。徐克成决定引进到中国,帮助更多的癌症患者重获新生。

2013年,他让牛立志到美国接受纳米刀培训。有着深厚冷冻消融基础的牛立志,对这项崭新技术迅速产生了浓厚兴趣,学成回国。2014年,徐克成带领牛立志主编的《肿瘤消融新技术：不可逆性电穿孔》由上海科技文献出版社出版,本书重点收集了全世界有关纳米刀治疗胰腺癌的研究和应用成果。

2015年6月,用纳米刀治疗肝癌和胰腺癌,终于获得中国相关部门的批准。批准后第二天,牛立志就在复大肿瘤医院完成了中国大陆第一例纳米刀治疗胰腺癌手术。

2019年，徐克成将院长一职交给牛立志，自己担任荣誉总院长。

2021年11月27日，国际冷冻治疗学会(ISC)在中国北京线上举行第21届国际冷冻治疗大会。徐克成以ISC名誉主席身份，做了题为"一种利用氢气调节免疫功能改善冷冻消融的新模式"报告，牛立志做了"肺磨玻璃样结节的冷冻消融"的报告，赢得了与会专家学者的肯定和好评。经过选举，主席由以色列人担任，牛立志出任新一届ISC副主席。

徐克成携牛立志与国际冷冻治疗学会主席Franco先生进行交流

牛立志，是徐克成培养的接班人中的杰出代表。现在，病人称牛立志是"天下氩氦第一刀"。徐克成每每听到这个赞扬，脸上总情不自禁露出灿烂的笑容。

对倪润洲的知遇之恩

自2001年徐克成到广州创办复大肿瘤医院以来，带出了一支德艺双馨的专家型团队。这是一支大医精诚的团队，这是一支继往开来的团队，给复大肿瘤医院带来的是清新的风、和煦的阳光和生命的奇迹。

其实，早在南通医学院附属医院期间，徐克成就注重培养新人，比如，后来也成为教授的倪润洲、杨大明等一批优秀的接班人。

如今是南通大学附属医院消化科学科带头人、主任医师、教授、博士生导师的倪润洲，谈起徐老师，他总是十分感恩，说："徐老师最了不起的是慧眼识才。如果不是当年那场徐老师的'突然考试'，也许我的人生就是另一个样。"

倪润洲1982年从南通医学院大学毕业。1984年考上了生化专业的研究生。一次，徐克成在给研究生、进修生和实习医生讲学后，组织了一次没有任何复习准备的考试，倪润洲考得第一名。这给徐克成留下了深刻印象，其后，倪润洲调进消化科，在徐克成指导下，做了许多研究，其中不少都达到国内先进水平。当时的南通医学院消化科是国务院首批批准的硕士学位授权点，且在江苏省是唯一的。

如今，倪润洲已经成长为二级主任医师、教授、博士生导师、医学博士，是江苏省消化病学会副主任委员，肿瘤学组副组长，南通市消化病与消化内镜学会主任委员，江苏省及南通市医疗事故鉴定委员会专家，江苏省"六大人才高峰"及"333工程"人才。获得首届"江苏医师奖"、江苏省"百名医德之星"以及"十佳口碑医生"等荣誉称号。自2006年起，他接任的消化科，在徐克成教授离开10多年后，重振雄风，"三E"新技术有了突飞猛进的提升：逆行性胰胆管造影术（ERCP）及经内窥镜括约肌切开术，传承了徐克成教授那个时候的技术，日臻成熟，成为江苏省消化病治疗的代表性技术；治疗性超声内镜（EUS），达到了国内先进水平，比如，发现有梗阻性黄疸，可以通过超声连接，把内镜伸进通过十二指肠进行穿刺，取得隐性组织来做诊断、做治疗；内镜下黏膜剥离术（ESD）也取得新的突破。消化科临床和学术研究综合水平进入了全国前50强。

与倪润洲同是徐克成学生的杨大明，后来晋升为主任医师、教授，成为消化内科超声诊断和腹腔镜诊断的专家，一直不忘徐克成的教诲，亲切地称徐克成为"徐老师"。

"天使"的形象与光芒

徐克成说，医务人员代表了医院的形象，是患者眼中的"天使"，必须整洁、美观。他要求医院后勤部门，不要省钱，一定要买那种笔挺的不起皱纹的白大褂。而且要求，男医生，白大褂里面一律穿西装打领带，脚上要穿皮鞋；护士一律戴耳环，涂淡色口红，化淡妆。

一次，有个医生来上班，穿着西装打着领带，可脚上却穿着旅游鞋，显得不伦不类，被徐克成看到了，马上掏出1000元让办公室人员帮他买了一双新皮鞋换上，这位医生羞愧不已。除了给医生买皮鞋，徐克成还给医生买过衬衣和领带。每到"三八妇女节"，徐克成总会自己掏腰包，给全体护士每人买一支口红。

新冠肺炎疫情前，复大肿瘤医院半数住院病人来自海外。为此，他号召全体医务人员必须学英语，每周定期组织辅导学习，结业考试成绩列入年度目标考核。现在，医院大部分医生和护士都能用英语与病人交流，这在广州是第一家。

徐克成说："在我的家乡有一个清末状元张謇，他是实业家，也是教育家、慈善家，倡导实业救国，他说，一个人办一县事，要有一省的眼光。办一省的事，要有一国的眼光。办一国的事，要有世界的眼光。我们医院现在虽小，但我们的眼光也要像张謇说的那样，要放眼世界！"

第三十五章　厚德行医，党建引领向远方

徐克成始终记得陈敏章部长的那句："部长连红包也禁不了"，陈部长还嘱咐他建个医院，做"部长做不了的事"。

在筹备建立复大肿瘤医院时，徐克成和左建生花了几天几夜思考"院训"，这个院训就是使命！最后想起陈部长两句叮嘱：好好做人、好好做事。

做人，就是做"德"，做事，就是为"医"。他们把陈部长说的八个字延伸开来，定下院训：厚德行医，医德共济。

拿回扣的总经理羞愧地自动辞职

当年，筹备建立复大肿瘤医院时，成立了筹备领导小组，领导小组共四人，除徐克成、左建生外，还有广州的两位医生。徐克成被推举为董事长。在确定院训后，筹备领导小组开会讨论制定了"三不"铁律：不收红包、不拿回扣、不接受吃请。这是"高压线"，不管是谁，谁碰谁负责，不仅赔偿病人医药费，甚至可被除名。他们把这些郑重记录在案，四人签了字，又站起来，四双手交叉握在一起，让人照了相，以作纪念。

但也许是"习惯"不易消失。一周后，一个证据送到徐克成面前：领导小组"二把手"、总经理拿了回扣。总经理是很有水平的超声医生，热情，能干。他负责采购B超仪，30万元采购费用，厂家"感谢"他10万。徐克成真正为难了。虽说他在深圳联合医院当副院长时，曾训斥过当时的药房主任给他送来保温杯，可现在，这是在一起创业的人呀！在那时，10万元，可是一笔不小的数目，都是投资人股东的钱呀！他连夜召开领导小组会，将"证据"摊在面前，含着眼泪问"怎么办"？

总经理流下眼泪,说:"对不起。我违反了纪律,我离开吧!谢谢大家。"

复大肿瘤医院的前身"广州肿瘤高新技术治疗中心"成立后,许多病人奔着"新鲜"来到中心住院,其中不乏熟悉医生的老病人。继任总经理的医生很有人脉,服务也好,对徐克成很仰慕,也是他邀请徐克成到广州领着大家筹备医院的。但他上班时总是闷闷不乐,有时就让病人到他家里去"治疗"。这当然在员工中引起很大反响。他很坦率,对徐克成说:本来请你来领着我们办医院,就是要赚钱,现在钱没有赚到,又要负责任,太不划算了。他带着感情地说:"徐教授,我们道不同不相为谋,分开吧!"

徐克成深深体会到当年陈敏章部长说"红包也禁不了"时的无奈,不是部长无能,是"习惯"太强大。"使命难违,陈部长已经离开我们,"徐克成想,"部长一定在九泉之下看着自己。"

高举"三不"红旗

中医说:正气在内,邪不可干。"三不"铁律是正气,看似小事,但事关社会发展、党风民风、利国利民。徐克成和左建生一起,改组中心,吸收志同道合的股东加盟,包括受过袁庚"熏陶"的蛇口人王怀东。正是他,后来担任董事长,支持徐克成把"三不"这面红旗高高举起。

一次,广东省卫生厅的一位姓冯的副厅长到医院看望病人朋友,乘电梯下楼回去,听到两个病人家属在说,这里的医生真的好,送了几次红包都被退了回来。另一个说,他也送了几次,都被拒绝了,后来托熟人送,收下了,但发现那个红包的钱转到住院费用里了!冯副厅长感到很惊讶,第二天,他带来一组记者,在医院召开记者会。几天后,报纸发表了采访记录。此事一时传为佳话。

一天,医院的一位清洁工看见一位病人艰难地搬着大行李箱离开,清洁工赶紧上前接过行李,把它放在已停于路边的车里。这一件举手之劳的小事,深深感动了这位来自印尼的华侨。正当清洁工转身离去时,这位印尼华侨往她手里塞了一沓东西,还没等她明白是怎么回事,车子已经开走了。打开一看是印尼盾,每张一万,一共五张,清洁工没有迟疑,找到行政科,一张不剩地上交了。行政人员想为这位清洁工记功,却发现她的名字并不在编,她是尚未转正的临时工。"红包"兑换成人民币不过40元钱,但这件小事触动了全体员工,也让院长徐克成备感欣慰,他亲自奖励了这位清洁工500元人民币。

许多人会质疑,真的一次收红包或者吃请的事都没有吗?对此,有人来到复大肿瘤医院暗访,所到之处,所见所闻,都是复大人的两袖清风。

有一次,一位与徐院长从小一起长大的朋友患上了肺癌,在上海进行了手术治疗,三年后肺癌复发,他选择了到老朋友的医院来治疗。手术中,医生正为他进行气管检查时,患有心脏病的他突然心脏停跳了,此情此景可谓紧急万分。但大家并没有慌乱,而是立即采取急救措施,为他进行心肺复苏,经过一轮抢救后,终于把他从鬼门关抢了回来。醒过来后,他非常感激复大医护人员给了他第二次生命,说什么都要请相关的医护人员吃饭。无论医生怎么耐心地和他解释医院的"高压线",他都不松口,还表示说:"无论如何我得请为我治病的医生护士吃一顿饭!否则,我就不出院。"

如果不接受他的好意,会影响他的心情,而病人稳定积极的心理状态有时是最好的治疗。反复研究后,医生只好接受了这次邀请。那天晚上,病人、家属、复大人融为一体,都沉浸在快乐的气氛中。这已经不是所谓的吃请了,复大人把它变成了一场庆祝会,庆祝他的重生。至今他可能都不知道,当晚宴会的费用虽然是他支付的,但医院同时给他减免了与宴会费用相同金额的医疗费用。

在徐克成创立的"三不"铁律严格管理下,复大肿瘤医院形成了一种"自爱、自律"的浓厚氛围,复大人都自觉地维护着医院的廉洁形象,秉承正直的道德操守,把"收红包、拿回扣、接受吃请"视为一种耻辱。医院很早就成立"行风办",保证制度的实施。徐克成用制度上的"手术刀"根治了"红包"这一寄生于社会大环境中的"癌细胞",让"红包"在"复大"绝迹,这是徐克成最了不起的"挑战",无疑是对一种社会"绝症"的"妙手回春"。

2011年8月9日,《中国纪检监察报》以《从"三不"原则看医院如何破解义利迷局》为题,用一个整版报道了复大廉洁之风。摘录一小节如下:

> 凡是来过复大的人都知道,这里有着严格的规章制度,标明了"高压线",

最为人熟知的就是"三不":"不收红包、不拿回扣、不接受吃请。"为此还配套制定了两条"土政策":一是欢迎媒体自由采访,本院人员不"陪同";二是违反"三不"者,将承担相关病人的所有在本院医疗费用,并给予行政处分,直至除名。院长徐克成曾开玩笑地对病人说:"如果你们没有钱,没有问题,可以花一千块送给我们的医生或护士,他们收下了,你就不用付医药费了。"

可能有人会质疑:"高压线"都是高层压低层用的,那你就错了,复大的"高压线"是针对全体员工的,即使是院长也不例外。

2010年的一个晚上,执行院长牛立志博士像往常那样,工作到很晚才回家。刚刚把车停下,就有人敲车窗。牛博士刚把车窗拉下一点儿,一个包裹就扔进了车里。转眼间,扔包人就走远了。牛博士打开包裹一看,里面整整齐齐地包着2万元钱。牛博士当即就把事情告诉了徐克成院长,并商量着怎么处理这些钱。原来,送钱人来自辽宁,是当地一个煤矿的老板,不幸患上了胆管癌,辗转来到复大进行治疗并取得了很好的疗效,当时已经出院了。这个病人非常感激牛博士为他解除了病痛,延长了生命。他深知复大的"高压线",他想:在医院里给钱,牛博士是肯定不会收的。于是,他把"酬金"包好,等候在牛博士回家的路上,把钱塞进牛博士手中。当牛博士打电话给这位老板时,老板说:"我知道复大不能收红包,但是你们的规定太死板了,我只是想表达一下我的感谢,您就收下吧。"患者已经回到了辽宁,钱退还回去是不可能了,怎么办?这时,徐院长想起今年3月初,有位来自辽宁的贫困病人,她患了卵巢癌,正在医院里治疗。徐院长已经在院内为她进行了几次捐款,但还是不够,徐院长灵机一动,便想到了处理这笔钱的"妙招"。最终,那两万元钱以煤矿老板的名义,捐助给了他的这位患病老乡。

广东省纪委常委、监察厅副厅长秦通海到复大考察医院廉政建设情况,对复大根治红包现象极为关注,并评价是"民营医院的旗帜,廉洁行医的窗口,医德医风的标兵"。

"是患者养活了复大,成全了复大,我们有什么理由收患者的红包呢?"这已经成了复大上至总院长、总经理,下至保洁员的共识。

《中国纪检监察报》同版还刊登了广东省纪委常委、监察厅副厅长秦通海署名评论《诚信立院 大医惠民》：

在社会对民营医院总体认可度不高的情况下，复大医院的成功经验，为民营医院加快发展、健康发展树立了榜样，提供了有益的启示。

坚持诚信惠民的办院理念，赢得社会认同，是民营医院实现长远发展的根本。复大医院坚持诚信办院，用"特色技术、真诚服务"为患者着想、为患者服务，以降低收费、捐款筹资、扶危济困、严格自律赢得了社会的赞誉，以诚信惠民提高了医院的知名度和诚信度。这同时也为复大医院创造了丰厚的利润，并以每年20%多的速度递增。

坚持科技兴院，打好创新牌，是民营医院发展壮大的根本出路。复大医院广纳良才，拥有一批国际知名专家学者，并实行专家治院，发挥了人才的最大效用。同时，该院大胆引进国际先进医疗技术，结合国情进行技术再创新，创造了享誉世界的过硬医疗技术品牌，使复大医院在激烈的市场竞争中站稳了脚跟，得到了发展。复大医院的经验告诉我们，在科技发达的今天，民营医疗机构要在竞争中生存和发展，科技兴医是根本出路，也是未来医疗卫生事业发展的必然趋势。

树立人文意识，加强医患沟通，是构建和谐医患关系的关键所在。复大医院加强内部管理，严格行业自律，并实行细致入微的人性化医疗服务，建立了医务人员与患者之间的良好关系，形成了医患"一家亲"的良好局面。复大医院对病人的治疗方案不以营利为目标，而是以最佳疗效为最终目的，建立了主治医生、病人、院长沟通机制，有效避免了手术后的纠纷产生。复大医院的做法证明，民营医院只有本着"德技共济"的理念，优化服务，加强医患沟通，才能构建和谐的医患关系。

报纸编辑最后还做了点评：

对于带着"民营"帽子的复大来说，追求盈利本无可厚非。复大尚在筹建时，徐克成和左建生等创始人就决意创办一家真正能解决病人实际问题、真正给予百姓帮助的医院。他们不讳言野心，不讳言利益，他们想办世界上最好的肿瘤医院，也想拥有充裕的财富。在义与利双轮驱动的发展中，复大以良知和创新盈利，带给我们许多的启示。

从 2005 年至今(编者注：2011 年)，复大向社会捐款达 1500 万元。汶川大地震发生时，当时账面上仅有 1050 万元左右流动资金的复大，却分两批，捐给灾区 950 万元。利用在国内外获得的数十次奖励款和自身的业务收入，复大成立了救助基金，帮助身患重病却家庭困难的病人和社区孤寡老人，费用高达 450 万元。

复大医院"大医精诚之心"的跳动，必将带起更多医院的觉醒与改革。

复大肿瘤医院成为广东省纪委的联络点，成为广东省党风廉政建设最好的单位之一。

评审，审的是良心

不仅要做老百姓放心的医院，还要让老百姓用放心的药。徐克成说，药品质量的优劣，关乎病人的生命，来不得半点马虎。

宁波一家制药企业，为了自己的一个产品能够及早通过专家组评定，特地安排一个国家级协会的肝病组成员到成都开会，安排专家们到成都、九寨沟等地游玩，同时对这家企业的"保健品"治疗"大小三阳"进行评审。时为肝病组副组长的徐克成也在被邀请之列。

组织者是肝病组组长、国内一位很有威望的老教授。当天召开评审会，组织者希望参会专家早点签字。

徐克成态度明确地说："这个字，我们不能签，至少我们不能推荐。"

那位组织者对徐克成说："我们都来了，厂家已经安排明天参观游玩，你不签字，我如何交代呀？况且，评审费都给你们拿来了！"

徐克成坚定地说："钱不能拿，字肯定不能签。"上海和广州的几位到会专家一致支持徐克成。

徐克成知道这让那位组织者很为难。他很尊敬这位老专家，他们私人关系也很好，但"真实""科学"原则不能违背，诚信为上。"评审，审的是良心。"徐克成把已经写好的评审书拿过来，认真做了修改：通过审查，我们看到了该企业过去治疗的那些经验和效果，认为这个产品是值得研制的，建议做进一步的研究和探讨。

2012年3月12日，《南方日报》发表评论员文章《广东需要千千万万个徐克成》，向徐克成致敬，号召全体党员干部向徐克成学习，在平凡的岗位上忠实地履行一位共产党员的责任和义务。同年7月17日《光明日报》报道《徐克成：让道德的血液在医院流淌》；7月18日《人民日报》发表通讯《徐克成：雷锋式的好医生》……2014—2016年，广州复大肿瘤医院，连续三届获中国医院协会表彰的"全国百姓放心示范医院"。

"厚德行医，医德共济"是复大的院训，也是徐克成的座右铭。面对一系列荣誉表彰和宣传夸奖，徐克成内心十分平静，他清醒地认识到，这些都是一名共产党员应该做的本职工作，想想当年父辈在战火纷飞的年代，冒着枪林弹雨，抛头颅洒热血的日子，现在的一切都不值得一提。

党建的力量

和平年代，同样需要党员冲在前面，以党建的力量引领发展。

复大肿瘤医院党委是广东省"全省两新组织党建工作示范点"，在中国共产党成立一百周年前夕，医院党委被广东省委表彰为"优秀基层党组织"，是全省唯一受表彰的民营企业。

现任党委书记刘建国早在30年前就仰慕徐克成，以他为师。他最欣赏徐克成的是诚信、博学、助人。刘建国从医科大学毕业后就在河北创建了医药公司，开发出一种新药"强肝胶囊"。20世纪90年代，治疗"大小三阳"的"神药"风靡社会。刘建国总感到"有问题"，去请教徐克成。徐克成看了"强肝胶囊"的配方，认为这是来自治疗肝硬化的

复大肿瘤医院为汶川特大地震捐款 500 万元

名方,但不可能治疗乙型肝炎的"大小三阳",建议他转变药物适应症,改为抗肝纤维化。由此,该药成为中国第一个注册的抗肝纤维化制剂。在刘建国支持下,徐克成和左建生到广东西部的廉江市人民医院,指导当地医生对近 300 例乙肝携带患者,做了 900 多例次肝穿刺活检,探讨强肝胶囊对肝组织学的改善作用。随后在廉江举行了国际肝纤维化和慢性肝病治疗研讨会,美国著名肝病专家、康州大学教授 Dr. Wu 夫妇到会做有关报告,肯定了有关肝纤维化研究成果。这是广东西区第一次召开如此规模的国际学术会议。

徐克成对刘建国的认真和诚信经营十分赞赏,力劝他加入复大,主管复大附属的医药公司。后来刘建国又被任命为医院总经理。他每到一个岗位,就把那里办得红红火火。

2009 年,复大肿瘤医院成立党支部,徐克成任第一任支部书记。2011 年,成立医院党委。2013 年,徐克成推荐刘建国担任党委书记。为让他集中精力抓党建,在徐克成的建议下,从 2018 年开始,刘建国不再担任总经理一职,专职担任党委书记。

复大人运用"思想建党,文化建院"的理念,绘就了以"时代楷模"徐克成为首的群英图。许多医务人员入了党,有的成为"优秀共产党员""优秀基层党务工作者"。在抗击新冠肺炎疫情中,医院共产党员冲锋在前,涌现出许多可歌可泣的动人事迹。

党建的力量,不是长江却胜似长江,惊涛拍岸,气吞山河;不是高山却胜似高山,顶天立地,气贯长虹,引领复大肿瘤医院,走向更加广阔的未来。

党旗指引再出发

从医近60年,恰为一甲子。斗转星移,时移世易。从长江边到珠江畔,从狼山脚下到白云山巅,徐克成每到一处,总爱极目远眺,看到了大江东去汇入大海的澎湃,看到了无限风光在险峰的雄伟。世纪的暖风,时代的潮流,在天地间涌动,也在他心中激荡。"天地之大德曰生",悠悠文脉,承载起一代又一代"医者"的光荣与梦想。

他想起2005年,当上爷爷时的喜悦;他想起2006年,自己患肝癌动手术获得新生时的感叹。生老病死是大自然不可抗拒的规律,他把获得新生的这一天当成生命的起点,对当时还是咿呀学语的孙子杰登笑眯眯地说,你2005年出生的,我是2006年重新获得生命的,你比我还大一岁哟。天真的孙子后来信以为真,2012年春节期间,徐克成带一大家子去印尼巴厘岛度假,有朋友为徐克成举行晚会,说庆祝徐克成的"新生"。他的孙子杰登突然叫起来:"爷爷,我今年8岁,你才7岁,你要像妹妹一样喊我哥!"

杰登的妈妈马丹珺连忙说:"杰登,可不要乱说!"

全家人与在场的朋友们不由得"哈哈"大笑起来。

这个家总是充满了童趣的欢乐。儿子徐宏汇对妻子马丹珺说,我们家呀,有三个孩子,一个是老爸,另两个是儿子杰登和女儿凯瑟琳。

全家在国外旅游

走过82个春夏秋冬的徐克成,已到耄

耋之年,该是歇一歇的时候了,儿孙绕膝,正是含饴弄孙,享受天伦之乐的美好时光,向着期颐之年迈进!

曹操《龟虽寿》曰:

> 神龟虽寿,犹有竟时;螣蛇乘雾,终为土灰。
> 老骥伏枥,志在千里;烈士暮年,壮心不已。
> 盈缩之期,不但在天;养怡之福,可得永年。
> 幸甚至哉,歌以咏志。

其实,老骥伏枥的徐克成正"年轻"。

一元复始,万象更新。2022年元旦,徐克成在朋友圈发了一个感恩、祝福的小视频。在视频里,徐克成赋诗一首:

> 岁月静好残雪辉,
> 事业追梦若艳梅。
> 十七犹是少年心,
> 凯歌送给有恩人。

是呀,2022年,徐克成的大孙子已长成18虚岁的小伙子了,按当年在印尼巴厘岛度假时孙子的算法,新生的徐克成2022年才"17岁"。

"十七犹是少年心。"17岁,人生的金色年华,激情燃烧的岁月,徐克成永远豪情满怀、朝气蓬勃、踔厉奋发、笃行不怠,引领复大肿瘤医院,在健康中国、构建人类卫生健康共同体的大道上,向着美好的未来奋进!

用生命温暖生命!

这是我写完这部报告文学作品后最大的感受。与其说,这是一部报告文学,我更愿意把她称为"真实世界的记录",一篇来自历史长河中的没有文学修饰的"现场报道"。

徐克成在接受采访时说:"少修饰、多平素,讲好故事,真实出华彩!"

认识徐克成教授,是在2016年的秋天,徐克成请同是"时代楷模"的原江苏省镇江市人大常委会副主任、农业专家赵亚夫来如东,为家乡的"三农"发展"把脉问诊"。同时,他安排时间到县人民医院为癌症患者进行义诊,于是,作为地方媒体的一名记者,我有幸在义诊活动现场见到并采访了这位德医双馨的肿瘤专家。

缘于这次采访,徐克成教授的仁爱之心在我心中留下了初步印象。2020年,如东县政协如东名人文史研究会要编写"江苏省如东名人系列"丛书,时任政协主席的陈建华找到我,安排我来采写徐克成教授的医德人生。接到任务,心里惶恐不安。虽说,当了多年的记者,采访过众多企业家和文艺家,写过一篇又一篇的人物通讯;也是省作协会员,创作过上百篇文学作品,出版过两部文学专著,主编过多部文集,但为这样一位德高望重的在国际上都享有盛誉的专家写传记,还是第一回,何况"他老人家如果搞文科、做文字、当作家,其笔底风云之狂飙,不知会吹落多少文化人的顶戴"(作家刘迪生在《南国高原》一书后记中所言)!

微笑,是徐克成教授的标配!

谈到高兴处,徐克成教授会从心底发出哈哈哈的朗朗笑声,让我忐忑不安的心,在笑声中释然,在笑声中,慢慢树立起自信。

更难能可贵的是,徐克成教授捧出了十几本他的著作给我做参考,并给我发来几万字的他亲自撰写的病例和与患者之间交往的一个又一个精彩的故事,让我心中有了底气。

徐克成教授渊博的知识、儒雅的风度、严谨的作风、宽厚的医心,深深地吸引着我一步一步进入他的内心世界,随着他的脚步前行。他救治过的一个又一个患者在眼前浮现,似乎在对我说:"是徐院长,用生命温暖着我们的生命,用仁爱之心为我们撑起一片生命的蓝天!"时时激励着我奋笔疾书!

我不敢懈怠!我知道,我的笔下寄托着无数癌症患者对徐克成教授的崇敬之情;我也知道,徐克成教授期盼在我的笔下表达他对几十年来关心、爱护、帮助过自己的领导、老师、学者和同事们以及国际友人的感谢之情,表达对自己无比信任、理解、支持的患者的感谢之意,更要表达自己为人类健康发展奋斗终生的雄心壮志。

他说,如果说今天我取得了一定的成就,那是因为我是站在巨人的肩上一路走来的,没有他们的支持和提携,就没有我徐克成的今天;病人也是我最好的老师,是他们的配合、支持和理解,甚至用生命的代价,支撑起我在"中国式控癌"和谋求人类健康的科研道路上迈出了铿锵的脚步。

随着采访的深入,一位慈祥、随和、幽默、儒雅、执着、潇洒的教授形象呈现在我的面前,他的翩翩风度、高尚人格、激情洒脱、超强记忆、责任担当彻底地折服了我。

我难以置信,一位耄耋老人在微信中发信息,一个字一个字地打,居然能超过1000字。当我常常在微信中收到徐教授发来的这样的长信时,我不禁感动得掉下热泪。几次面对面的采访,他滔滔不绝,一讲就是一天或者两天,我惊叹他惊人的记忆力,他能记得一个又一个患者的名字,甚至手术的日期。当然,我能理解,因为这是他干出来的,是自己的亲身经历,刻骨铭心,自然如数家珍。但他也有遗忘之事,于是,他就会在某个深夜,或者某个清晨,忽然想起,把觉得要补充讲述的事实和想法用微信发给我,于是我的笔下有了更多鲜活的故事。

"真实,才有生命!"当我把初稿赶出来寄给他审阅时,他给了我极大的鼓励,在微信里发来信息:"看完初稿,我几次流泪,我的人生经你的笔,让我思考,好像我要学学过去的我,让我不禁问自己,我现在还能再做一次那过去的我吗?你写出了我的真实世界,谢谢你!"

"能再做一次那过去的我吗?"82岁的徐克成,这样问自己,不由得让我肃然起敬。我说,能! 曹操不是在《龟虽寿》一文中说,老骥伏枥,志在千里;烈士暮年,壮心不已吗?

2022年元旦,徐克成赋诗一首:岁月静好残雪辉,事业追梦若艳梅。十七犹是少年心,凯歌送给有恩人。他要把自己患病做手术的2006年作为人生新的起点,他戏称自己现在"只有17岁"。因此,在家乡举办的"好人见面会"上,他通过电视直播向全县人民发出自己的心声:"作为从医58年的医生,我为人民服务的心有余而力尚足,生命至上,人民至上,为了人民的生命健康,我愿意生命不息,服务不止。"

他一直强调,人要学会报恩、重视报恩。在采访和微信留言里,他多次提到江绍基、吴孟超、汤钊猷、王振义、钟南山等院士对自己的关心和支持。江绍基院士逝世后,他悄悄地每月汇钱给江院士的遗孀,在听到吴孟超院士逝世噩耗的当天,悲痛万分,通过微信语音,接受了我和多家媒体的采访,表达对吴院士的缅怀之情;每当提到他的恩师孟宪镛、杨锦媛教授时,总是怀着感激的心说,是他们培养了自己,他们是塑造他人格和引领他学术研究道路上的第一任导师;他特别强调,要写写党的一些优秀的领导干部过去对自己的培养和关心,比如,改革开放的先行者袁庚,卫生部部长陈敏章,南通市委书记邢白、副书记唐真寿等一大批领导干部,是他们指引了自己,让自己没有迷失方向,并保护了自己,要有缅怀之情;他特别强调,要感谢广东省委省政府和广州市委市政府等几任领导,对自己和广州复大肿瘤医院的关心和支持,要把对他们的感恩之情,用来回馈社会,为新时代的人类健康做出自己的贡献,这是对他们最大的报恩……

为此,在微信中,徐克成不止一次反复地表明自己不是一个完人,要用辩证的哲学的眼光看待历史,看待人生。他说:"你都写了我过去的似乎优秀的事,这是一个缺陷。能否挖掘我的弱点甚至错误?我最心痛的是那个混乱的年代,我做过好事,也做过错事。"知耻近乎勇!

广东省委宣传部文明办副主任、原宣教处处长吴祖清在与我电话交流时,也说:"徐克成的先进事迹已经写了很多了,现在写徐克成,就要带着哲学的思维去写徐克成普通而不凡的人生,写出一个有血有肉的徐克成,一个生活在人间烟火中的徐克成!"

一个生活在人间烟火中的徐克成!吴祖清主任的话,一语中的,徐克成是人,不是神!

8年前,广州市作家协会副主席刘迪生老师为徐克成专题撰写了一部报告文学《南国高原》,获得广东省"五个一工程奖"、广东省报告文学奖。这本书成了我学习的典范,摘录借鉴。广东省作协主席蒋述卓说,《南国高原》的出现,令人觅见了南方文化青年的艺术标高——想来这也许是南国大地的另一方高原吧。

《南国高原》,这是徐克成的医学"高原"、品格"高原",也是刘迪生老师的文学"高原",无以逾越。书中生动的细节描写、细腻的心理刻画、严谨的谋篇布局和真实的鲜活故事,正如中国作家协会主席团成员、办公厅主任李一鸣评价:"是一部深具思想张力和艺术构建的独具匠心的作品。"让我受益匪浅,深受启发,当然也给我带来了压力与挑战。如何写出不一样?我不断地思考、调整,先后三次推翻了原来的提纲和篇章结构,对原有的采访材料进行了分类和整理。在多次采访徐克成本人后,又对徐克成周边的同事、部下、同学乃至家人进行了广泛深入地采访,收集了徐克成一些鲜为人知的爱情、家庭、生活故事,力求全面真实还原徐克成80年来的风雨人生。

创作是艰苦的,我每天的写作时间超过了8个小时,但榜样的力量是无穷的。从一年平均要写20万字论文的徐克成身上,我汲取了无穷的力量。每天早上坐到电脑前开始写作,一直写到晚上。甚至,改掉了午睡的习惯(主要是心中充满激情,睡不着),也不休息。有时实在感觉很累了,就躺在椅子上打一个盹儿,原本计划 15 万字的篇幅,不知不觉写了 30 万字,仍觉得意犹未尽,还有许多内容没有能写进去。

也许精神是会"传染的"。徐克成在身患肝癌动手术后第 13 天,刀口尚未拆线,就"溜"到办公室办公;第 16 天就为面部患巨大肿瘤的小孩咮凤会诊,第 64 天就飞往马来西亚,看望"象面人"秀慧……2020 年下半年,我因急性胰腺炎住院治疗 20 天,出院后,身体尚在恢复中,我就全身心地投入创作思考和资料收集中,半年后飞赴广州采访,妻子常常责怪,不要命啦!

感谢妻子、女儿和可爱的小外孙的支持和理解。尤其是上一年级的小外孙常常埋怨说:"外公爷爷,双休日也不陪我玩,只知道自己一个人在书房里写文章!"自接受创作任务以来,我基本上过上了"饭来张口,衣来伸手"的"贵族生活"。这是家人的奉献,也是徐克成"厚德行医,医德共济"的大爱精神融进了我的血液中。同时,要感谢所在单位如东融媒体中心的领导给予了我创作的充裕时间。感谢县政协陈建华主席的信任和几次亲自带队赴广州、上海采访,还有文史委主任王伟东提供保障协调和后勤服务工作。

最后,感谢复大肿瘤医院牛立志、刘建国、孔小锋、陆天雨、牛涛等所有接受采访的医务人员、彭细妹、Amy 等志愿者和徐梅、徐跃华、徐宏汇等徐克成的家人,还有杨锦媛老教授、已经 100 岁的石超老书记、倪润洲教授等徐克成的老师、同事、同学们,是你们提供了第一手鲜活的资料,让这本书有了灵气和生命。

感悟人生,感悟生命。一年来的辛勤创作,使我的思想得到升华,灵魂得到净化,对人生有了更深刻的认识,对生命有了更哲学的理解。

书稿经过了徐克成三次逐章逐句的修订和面对面的交流,但取一个什么样的书名却让我费了一番脑筋。按照徐克成的要求,既不要太文艺空泛化,也不能夸大拔高化,书稿几易其名,一直未定。徐克成说,我是一名医生,一个研究肿瘤的医生,又是一名癌症患者,一个初步战胜了"癌王"的幸存者,书名就取《医生徐克成》吧!这让我肃然起敬，为徐克成教授有这样一颗平常心而感动。在陈建华主席等领导的指导下，最后大家一致把书名定为《大医精诚——徐克成》，以示对徐克成院长个人的尊重和对他为健康中国所做出的突出贡献的崇敬。今年正月十一，徐克成携儿子徐宏汇从上海回如东看望回老家省亲的栟茶中学校友、第十一届全国政协副主席李金华。李主席十分高兴地对徐克成说："今天见到你们父子俩特别高兴，我要学习你老当益壮的精神，继续做点力所能及的事情。"李主席的谦逊深深地感动着在场的所有人。徐克成把样书拿给李主席看，李主席饶有兴趣地翻看着，并欣然接受了徐克成对题写书名的请求。

广东著名作家黄国钦说，徐克成选择了一条布满荆棘的生命旅途：他在最得意时背井离乡，在最信守处遭际合作伙伴背弃，在最艰难境况下创办复大肿瘤医院，却又自身遭遇癌症的挟持……这个悬壶济世的医者，他的境界、抱负，他的追求、襟怀，他的前瞻、哲思，他的学术、技术，他的慈悲、慈善，给了我们很大的震撼。

我力求写出这样的"震撼"！

然而，限于学识水平和疫情对采访的影响，以及时间跨度几十年等因素的制约，本书还不能全面、准确地写出徐克成的"医德人生"，难免有疏漏、讹错和不当之处，敬请读者批评指正。

最后再次感谢关心并促成此书出版的所有领导、老师和挚友，是你们给予了我梦想的天空！

袁金泉

2022年仲夏

情透纸背写乡贤

刘迪生

徐克成老先生说"请"我为袁金泉先生的书稿写点东西。囿于与老先生的特殊渊源,实在驳不下面子,便硬着头皮领可了。打开书稿,一页页看下来,竟被作者的谋篇布局之诡谲,叙事运笔之巧妙,思维放达之远诣,遣词用句之精到所吸引。可谓大开大合,肆意汪洋,爱不释手地一口气读了下来,暗自叩案叹服。

自古"文无定价""文人相轻",但一篇文章的成色还是有目共睹的吧。徐克成老先生作为这个时代极为罕见的南国地标式的人物,为其粉饰作文的多了,我也忝列其中啊。

作为纪实文学,写大事件比较讨巧,为人物作传很难。但是,翻开二十四史,不过是帝王将相的故事罢了:人类文明史的一页页,不就是由这样的名士大家们承接起来的吗?牒牒案牍之间,形成人类历史文明的耿耿星河。

袁金泉的长篇报告文学《大医精诚——徐克成》是一部相当成功的人物传记。我最大的感觉是"真、信、活"。我尽管写过徐老先生,却在这点上有点自愧弗如袁金泉先生内中投入之厚重。他们都是苏中人——老乡,"老乡见老乡,两眼泪汪汪"。

酒以情醉,墨以情浓,爱以情死。

袁金泉先生,用情至深矣!

《大医精诚——徐克成》分为上中下三篇，包括上篇"风中有朵雨做的云"，中篇"岁老根壮骄叶阴"和下篇"燃烧的金色年华"，全景式地描述了徐克成医生"中国式控癌"的最新实践和研究成果。主人公是我的老朋友、"癌症克星"徐克成先生——暨南大学附属复大肿瘤医院荣誉总院长、教授、主任医师、博士生导师。多年前，他以身抗癌，倡导"与癌共存"理念，开创了癌肿综合治疗模式，践行和致力于"中国式控癌"的研究和实践，成为中国以冷冻消融为中心的肿瘤微创消融治疗和以免疫、氢医学为中心的肿瘤康复的先行者，创造了一个又一个生命奇迹。

多年前，我在《南国高原》一书中介绍过徐克成和他的医学世界。徐克成教授创办"私"立广州复大肿瘤医院，并经营得风生水起，获评"全国最佳肿瘤医院""全国诚信民营医院""最具社会责任感医院""三级甲等医院"。膺任国际冷冻治疗学会（ISC）主席，荣获中宣部"时代楷模"、全国卫生系统"白求恩奖章"、"感动广东十大人物"、"广东好人"等荣誉称号……在我眼里，徐克成是一位年逾古稀的老爷子，西装革履、高岸卓立，有着飘然偶见红尘的"谪仙人"风采。徐老先生谈吐十分幽默、乐观，爱笑，经常远远能听见他的朗朗笑声。跟他聊天，百无禁忌、臧否古今，又感觉他是个不屑城府的性情中人，有着宽博的心胸。虽然他身上已经有了无数的荣耀，但是他非常平易近人、随和大度，医院的同事和他关系很好，一方面非常尊重他，一方面也能跟他非常亲近。除了他高明的医术，感觉他就是一位非常普通、平凡、低调、慈眉善目、笑口常开的老爷子。

"志士长医国，良医亦念民。"徐克成和他的医学世界，确乎是一块突兀在东方文化版块的精神高原。最令人惊讶的是，在复大肿瘤医院，医疗领域的另一种"癌"——"红包"绝迹，捐助踊跃，全球100多个国家的上万名患者因为这里分享了战胜癌魔的快乐，一首首生命的歌谣缠绵悱恻，动人魂魄。徐克成行的是医，送的是爱，守的是信，奉献的是善与美。

"素衣赤胆豪侠义，白发苍颜天使心。"《大医精诚——徐克成》的细节呈现非常感人。作者在上篇的章扉中写道："大自然有风雨雪霜，人生四季有疾病痛伤，无论是当今肆虐全球的新冠肺炎，还是世界性疾病癌症，只要医生心中'滴滴全都是你'，你的世界就会有'氢'云直上的人生，滋润万物的祥瑞之雨。"作者写了徐克成与卖菜农民的真实故事，以病人家属之口徐徐讲出徐克成为患者治病、关爱患者的细节，包括徐克成通过微信为患者转去2000元钱，刻画出一位心怀苍生疾苦又细心有爱的仁者医生。类似这样的细节呈现还有很多，比如打电话为糖尿病患者安排饮食；在被病魔折磨得不成样子的友人的八十大寿宴会上，忍不住当场痛哭；为贫困患者彭细妹拿出2000元购买衣服等。

《大医精诚——徐克成》的写作从社会和人性的多个维度着笔，谱写了一位"时代楷模"燃烧的金色年华。"从衣着打扮和病情来看，这是一个贫穷的患者，而且已经到了生命的尽头，虽说是义诊，但后续治疗费用是巨大的，而且能不能救治还是一个大大的问号。不救治，从原则上讲，没有什么问题，没有人来责问更没有人来追究责任！"生活是现实和残酷的，面对此种棘手的境况，徐克成也会有片刻的犹豫，也会产生对现实的种种顾虑。"救死扶伤忙昼夜，寒冬炎夏省昏沉。饮誉五洲人敬仰，南丁格尔术回春。"正如作者所写，在经过短暂的犹豫之后，患者"无助的眼神里透出的求生的亮光，让徐克成内心隐隐生痛"，于是，医生"治病救人"的天职和使命重新占据上风，回魂附体。最后，徐克成以"菩萨之心"救治了这位贫困的患者彭细妹。彭细妹康复后，回到医院做义工，回报自己的救命恩人，回报社会，读来感人至深。

"南国有高原，悬壶沐春风。"《大医精诚——徐克成》一书如实展现了"氢气控癌"的研究成果，讲出了医学界的中国好故事，增强了国人的学术自信，也为更多读者和患者了解徐克成医生及其抗癌实践提供了一个有意义的文学读本。癌症相关的医学研究"路漫漫其修远兮"。徐克成积极的态度和有效的治疗，以及在抗癌过程中对疾病、对治疗、对自我不断地深入了解和深刻反思，这一作为个体的人生历程，可以复盘到更多人身上，甚至更多领域，启发我们如何认识自我、调适自我、挑战自我，如何让自我价值放诸更广阔的天地中去思考生存的意义、生命的价值。

作为徐克成医生事迹的一位报告文学作者,我依然很想在此简单讲述一下徐克成医生的事迹以及他的抗癌理念和实践。

18年前,徐克成患的是"中位生存期只有19个月"的癌症。徐克成很震惊但反而激起了他的斗志,他觉得医生患癌症也许是"好事",可以"以身试法"去深入了解哪些治疗对患者是"最适合"的。他在自己身上实践各种治疗方法,出版了图书《我对癌症患者讲实话》。随后,他将让自己"活下来"的策略和方法服务于病人,编著了图书《跟我去抗癌》。

作为一名肿瘤医生,徐克成希望每个患者都能够得到最好的治疗,能改善和延长他们的生命;作为一名癌症患者,徐克成希望得到最有效又无痛苦的治疗,让自己更长久地活下来。肿瘤医生应该是乐观主义者,徐克成为自己是其中一员感到荣幸,为使我们的癌症患者真正受益,希望不仅是给每个患者提供"标准治疗",更重要的是治疗前必须认真衡量各种治疗的真正价值。

徐克成的"治癌观",概括起来就是:践行"消灭"加"改造"的"中国式控癌",让患者长期健康地"与癌共存""向死而生",高高兴兴地、有尊严地、有幸福感地活在当下。

每个人的成功都有缘由。阅读《大医精诚——徐克成》一书,我们收获更多的是对医学的了解、对癌症的了解、对健康的智慧性认知。《大医精诚——徐克成》的作者关注时代发展、观照民生痛点、呼唤真善美的回归。医生徐克成和他的复大肿瘤医院的高度,是深圳特区的高度、客家文化的高度、袁庚和他们那一代猛士的高度,是对功利哲学、伦理沉陷、操守沉降、道德崩溃、人格矮化的感召与救赎。

最近,朋友圈的一则"水滴筹"启事一直萦绕在我的心头,又一位同窗罹患癌症,且还是癌症中的"头号杀手"肝癌,而他还不到50岁。随着环境恶化和生活重压,癌症成为越来越高发的病种,严重威胁着人们的生命健康。有人感叹说,进入医院的肿瘤科,看到来来往往的癌症患者,会产生一种身在普通外科的幻觉,就像在看感冒一样,令人唏嘘和无奈,更深感无力。希望在不远的将来,氢气抗癌的成果能够运用得更普遍,能让越来越多的人受益。

如果说经典是古人留给我们的言教,那么传记给我们留下的就是身教了。读一本名人的传记就是在学习一个人的人生经验和智慧。一个人能够被后人立传,名垂后世,他的故事一定能够给后人很多启迪。徐克成在挑战死神、拯救生命,但在我看来,他挑战的更是没有底线的堕落黑暗,拯救的是这个时代虚伪的灵魂——或许,这才是徐克成最了不起的"挑战"与"拯救",堪称对某种社会"绝症"的"妙手回春"。从这个意义上讲,《大医精诚——徐克成》在传递拯救的力量,传递爱的力量。

爱的力量可以驱散前路的阴霾,走向明天,希望满怀。珍爱自己,珍爱身边的人,世界一定会更好。经历近两年的全球新冠肺炎疫情,我们一次次迎来曙光,又一次次陷入困境,不管形势如何艰难,始终如一支持我们走过风雨、走过坎坷的是我们的坚韧、顽强、团结、友爱。我们每个人都犹如地球上的一只小蚂蚁,然而心连心、手牵手,让我们的力量在不断增强。

袁金泉先生的力作《大医精诚——徐克成》出版,世人会更加全面地了解徐克成老先生这一位"苏北展叶南国红"的非凡人物。离我写《南国高原》已过去10年了。徐老先生这10年的故事,让我新奇,让我感动,让我震撼,有些章节都让我忍不住潸然泪下。我相信读者们会与我一样,不仅是开卷有益,也一样会新奇、感动、震撼……

刘迪生,《南国高原:徐克成和他的医学世界》作者、全国重大典型报告团撰稿人、华夏杂志社总编辑、广州市作家协会副主席。